KB268465

월경^{越境}의 기록

＊ 이 성과는 2009년 교육인적자원부의 재원으로 한국연구재단의 지원을 받아 수행된 것임.
  (32A-2009-1-A00127)

월경^{越境}의 기록

－재조(在朝)일본인의 언어·문화·기억과

아이덴티티의 분화－

박광현·신승모 편저

어문학사

책머리에

'재조(在朝)일본인'이라는 용어는 그 자체가 아직 낯설다. 최근 들어 '재조일본인'을 표제로 많은 학술대회가 거행됐지만, 사실 그들에 대한 명확한 규정은 아직 어렵다. 출생, 가계, 거주 기간 등과 같은 객관적인 조건이 일차적으로는 그들을 규정하는 기준이 되겠지만, 자의식과 같은 주관적인 조건도 무시할 수 없기 때문이다.

그럼에도 최근 학계에서 '재조일본인'을 표제로 한 연구가 활발한 것만은 분명하다. 그러나 '재조일본인'을 의식하지는 않았지만, 그들에 대한 연구는 오래전부터 있었던 것이 사실이다. 어떻게 보면 학계의 식민지 연구 성과 중 많은 부분을 차지하고 있다고 해도 과언이 아니다. 특히 식민 통치의 첨병으로서 관료, 학자, 교사, 기자, 문인, 사업가 등 다양한 직업군을 비롯해 조선 내 다양한 일본인 커뮤니티에 관한 연구가 바로 그러한 범주에 속한다.

그렇다면 왜 최근 들어 '재조일본인'을 표제로 한 연구가 눈에 띄게 늘어난 것일까. 이는 우선 우리의 식민지 연구가 적어도 제국—식민지 간의 관계를 상보적으로 파악하려는 움직임이 있었기 때문일 게다. 또한, 조선으로 건너온 식민자의 '아이덴티티'가 결코 단일할 수 없다는 사실에 주목했기 때문일 게다. 계급, 젠더, 지역, 출생 등의 차이나 도한(渡韓) 시기와 세대의 차이에 따라 그들은 복수의 아이덴티티를 가지고 있었다. 그것은 일본인이라는 동일자라는 이념과는 다른 형상의 것이었다. 그런 사실들에 기초한 연구들이 진행되면서 우리 학계의 식민지 연구는 한층 폭과 깊이를 더하게 되었다.

어느 일본 역사가의 지적처럼 재일(在日)조선인의 역사와 표리관계에 있는 재조일본인의 역사는 상대적으로 학계의 관심 밖에 있었다. 그의 지적은 사실 두 연구 대상에 대해 어떻게 인식하고 있는가는 바로 현대 일본의 국가적 정체성(national identity)을 묻는 일이라는 것을 강조하기 위한 문제 제기였으리라.

최근 다종의 회고나 잡지 등이 연구 대상으로 발굴되면서 식민지 조선에서 일본인이 실제로 어떠한 문화생활을 영위하면서 자신의 아이덴티티를 구상했는지에 관한 연구의 외연이 넓어지고 있다. 이 책의 필자진 또한, 이 책이 그 결과의 하나라고 믿고 싶다. 특히 이 책은 한국학과 일본학을 넘나들고 또 아우르는 학제 연구를 지향하면서 재조일본인의 문화와 지식, 그리고 아이덴티티와 기억의 계보를 연구자 간, 분과 간, 논문 간의 상호 소통을 통해서 그려내고자 한 공동연구의 결과물임을 밝힌다.

이 책의 구성은 모두 3부로 구성되었다. 우선 I부는 '식민 문학과 언어 권력'이라는 타이틀로 5편의 글을 모았다. 박광현의 「재조일본인 잡지의 문예란과 식민지 일본어 문학의 기원—『韓半島』와 『朝鮮之實業』의 문예란을 중심으로」는 조선 내 일본어 문학의 기원과 그 전개과정을 살피면서 재조일본인의 문학이 일본 '내지' 문학에 대한 동시대성＝동일지향과 비동시대성＝차이화의 교합을 통해 이뤄졌음을 밝히고 있다. 신승모의 「일한서방(日韓書房)과 '일본어' 권력」은 조선의 근대문화와 출판계, 그리고 지식사회에 적지 않은 영향을 끼쳤음에도 지금까지 자료나 연구 방법상의 제약 등으로 거의 검토되지 못했던 조선 내 일본인 경영 서점에 대한 논의를 시도하고 있다. 특히 이 글은 제국의 '외지서점'이 '일본어'라는 권력을 등에 업고 조선에 대한 '知'와 표상을 재조일본인 사회와 식민 본국에 발신, 유통해가는 양상의 한 가지 사례를 보여주었다. 박영미의 「재조일본인의 조선 한문학 연구와 식민지 지배 이데올로기」는 마쓰다 고(松田甲), 다다 마사토모(多田正知), 후지쓰카 지카시(藤塚鄰)를 중심으로 재조일본인 한문학자의 조선 한문학 연구를 분석하고 있다. 1908년 이후 조선 고서 총서 간행의 의미와 더불어 재조일본인 학자들이 조선통신사 연구에 집중한 이유가 무엇인지를 분석하며 식민지 지배 이데올로기의 실천이었음을 논증하고 있다. 김계자의 「재조일본인 잡지 『조선시론』과 동시대 조선 문학의 번역」은 일본어 번역으로 구성된 '조선'이 의미하는 바와 '일본어'로 생성·번역되는 '조선'의 문제를 도출해서 논의하고 있다. 박광현의 「조선문인협회와 '내지인 반도작가'」는 1939년에 결성된 조선문인협회를 중심으로 논하면서 그들 중 스스로 '내지인의 반도작가'라고 불렀던 재조일본인 작가들이 제국 안에서 '조선적인 것'을 그리는 행위의 의미와 정치성에 관해 규명하고 있다.

다음으로 Ⅱ부는 '식민의 아이덴티티/기억의 전유'라는 타이틀로 5편의 글을 모았다. 조은애의 「식민자와 만나는 법, 그 불편한 재현의 장소들—

염상섭 소설을 중심으로」는 염상섭 소설 속에서 식민자의 존재를 경성이라는 표상 공간과 결부시켜 읽어내고 있다. 기유정의 「모리타 요시오(森田芳夫)의 국체 논의와 식민 2세 아이덴티티론—『綠旗』(錄人) 소재 글을 중심으로」는 조선 식민자 2세 출신인 모리타 요시오의 아이덴티티를, 주로 녹기연맹이 발행한 『綠旗』에 투고된 그의 국체 논의에 대한 분석을 통해 살폈다. 특히 모리타가 조선을 일본 본토의 밖이자 '식민지'로서가 아니라 오히려 제국의 '구심'으로 위치시키는 방식에 주목하면서, 이 같은 문법은 모리타가 자신을 조선출신자(朝鮮っ子)로서 명확하게 인식하고 있기 때문에 가능한 것이었음을 검증한다. 나카네 다카유키(中根隆行)의 「어느 재조 일본인의 '인양' 체험기—무라카미 교시(村上杏史)의 『수기 삼천리(手記 三千里)』를 읽다」는 일본 패전 후 가족과 함께 일본 에히메(愛媛)현으로 귀환한 하이쿠(俳句) 시인이자 식민자 2세인 무라카미 교시(村上杏史)의 경위를 검증하고 있다. 무라카미의 조선인양체험기인 『수기 삼천리(手記 三千里)』의 내용과 하이쿠 작품집 등을 분석하여, 그의 인양체험의 특징이 조선에서 하이쿠로 연결되는 인적 네트워크를 활용한 것이었음을 밝히고 있다. 김혜인의 「식민자의 젠더화된 초상—두 개의 전후(戰後), 식민 기억의 재구성」은 해방 후 잔류 일본인에 대한 조선인의 기억과 표상을 당시에 실질적으로 전개된 '젠더화'라는 매개과정을 살피며 논의한 논고로, 한반도를 둘러싼 전후 냉전체제 속에서 식민 기억이 현실 정치 속에서 재구성되는 양상도 선명하게 보여주고 있다. 신승모의 「'전후' 일본사회와 식민자 2세의 문학」은 식민자 2세의 문학이 전후 일본사회에서 갖는 역사적 의미라는 문제의식하에서, 이들의 문학이 전후의 일본사회에 등장하게 되는 문맥과 그 시점의 의미를 동시대 일본사회와 문학계에서의 정황을 보조 동선으로 참조하면서 파악한다.

마지막으로 Ⅲ은 '흥행'하는 제국의 극장·영화라는 타이틀로 3편의 글을 모았다. 양인실의 「제국—식민지를 이동하는 영화인들」은 '국경'을 넘어 제국 일본 영화공간의 일부를 구성했던 재조일본인과 영화의 관계를 재조명하면서, 재조일본인 사회에서 영화가 수행했던 역할을 살피고 있다. 강태웅의 「만주개척단 영화 〈오히나타 마을(大日向村)〉」은 1937년 '분촌(分村)'을 하여 만주에 이주한 나가노(長野)현의 오히나타 마을(大日向村)의 사례를 영화화한 만주개척단 영화 〈오히나타 마을〉(1940)을 분석하고 있다. 일본영화와 만주영화협회(만영)의 영화, 그리고 검열자료 등으로 살피면서, 만영이 추구하고, 보여주려고 했던 영상이 무엇인지를 "만주스타일"이라는 용어로 수렴하여 이것과 영화 〈오히나타 마을〉의 차이를 분석하고 있다. 홍선영의 「재경성(在京城)일본인의 '극장'과 문화정치」는 식민지 시기 '경성'의 일본인 극장이 제국 권력의 문화적 파장 가운데 다양한 문화적 역동성을 생성되는 공간이라고 파악하고, 당시 핵심적인 근대 미디어로서 경성의 일본인 경영 극장을 실증적으로 고찰하고 있다.

이 책의 기획은 한국연구재단 지원의 공동 연구 〈식민 지식사회의 집단적 정체성에 관한 학제 연구〉(연구책임자: 박광현) 팀의 총서 발간 계획에서 시작되었다. 이 책은 연구팀의 구성원뿐만 아니라 학술대회 등을 통해 연구의 취지를 공유한 국내외 연구자들의 연구논문이 포함되어 있다. 특히 이번 결과는 한국연구재단 지원의 〈근대 일본의 조선붐과 문화담론의 재구성〉(연구책임자: 박진수) 팀과의 학술 교류에 힘입은 바 크다. 본 연구팀의 학문적 지향에 공감하고 흔쾌히 원고를 제공해주신 여러 선생님께 감사의 말씀을 전한다. 이 책이 식민 지식사회의 문화와 아이덴티티, 나아가 근대 한국의 문화와 지식 연구에 관한 새롭게 관심의 폭을 넓혀가는 데 기여할 수 있기를 바란다. 마지막으로 이 책의 편집과 교정을 맡아 고생한 어문학사의 배정옥님을 비롯한 모든 분께 감사의 말씀을 전한다.

남산골에서

박광현·신승모

차례

제1부 식민 문학과 언어 권력

제1부 • 식민 문학과 언어 권력

재조일본인 잡지의 문예란과 식민지 일본어 문학의 기원
―『韓半島』와 『朝鮮之實業』의 문예란을 중심으로

박광현

1. 잡지 문예란의 탄생

개항 이후 일본인의 조선 이주는 자신들의 커뮤니티를 위한 인쇄매체를 출현시켰다. 1881년 부산에서 발행된 『조선신보』를 비롯해 대개 개항지를 중심으로 이주자가 급증하면서 먼저 일본어 신문이 발행되었다. 그리고 잡지가 발행되었는데, 이 글에서 살피고자 하는 『한반도(韓半島)』와 『조선지실업(朝鮮之實業)』이 거기에 속한다. 특히 『한반도』는 러일전쟁의 전조가 보이기 시작했을 때, 재조일본인이 3만을 조금 넘어선 시기에 발행한 잡지이다. 청일전쟁 직후인 1895년에 주한일본공사관의 발의로 일본외무성의 지원을 받아 아다치 겐조(安達謙藏)가 발행한 『한성신보』가 국문과 일문 4면의 격일 간 신문이었던 점을 감안하면, 1904년에 온전히 일본어로 편집된 잡지를 발행했다는 사실은 당시 급격히 인구가 증가하긴 했지만, 엄청난 도전이었다고 할 수 있다.

"내지인이 조선으로 이주한 것은 메이지 9년(1876-인용자) 부산 개항 후에 정착 개시를 알리더니 청일전쟁 전후 점차 증가하였고" "그 이주지는 주로 개항시장에 한정되었다." 러일전쟁을 전후로 그 분포가 "점차 내륙 각지에 파급되어 특히 보호 정치 확립 후에 현저하게 그 수가 증가하였다."[1] 이렇듯 러일전쟁기는 재조일본인의 기원에 관한 회고에서 대개 중요한 전환점이 되었던 시기로 여겨졌다. 이 글에서 주로 관심을 두고자 하는 조선 내 일본어 문학의 형성에서 러일전쟁기는 그 기원이 되는 시기일지도 모른다. 앞서 언급했듯이 그보다 이른 시기에 신문이라는 인쇄 매체가 존재했기 때문에 면밀하게 따지자면 그 형성의 기원을 좀 더 이른 시기로 소급할 수는 있다. 하지만 일단 당시 '도한자(渡韓者)'의 인구 이동이나 인쇄 매체의 급증 양상 등을 고려할 때, 조선에서의 자기들 커뮤니티 혹은 자기동일성을 기반으로 한 잡지 등의 매체를 통해 스스로를 표현하고자 했던 욕망을 적극 드러내기 시작한 시기라는 점에서 일본어 문학의 형성에 기원으로 이 시기를 잡는 것은 그리 큰 문제가 되지 않으리라 생각한다. 따라서 이 글은 조선 내 일본어 문학의 기원과 그 존재 양상에 대한 논의가 될 것이다.

---

1) 朝鮮総督府, 『朝鮮に於ける内地人』, 1923, 1쪽.

【표】 일본인의 조선 내 이주 현황(누계)[2]

연도	인구		
	전체	경성	부산
1904	31,094	5,323	11,996
1905	42,460	7,677	13,364
1906	83,315	11,724	15,989
1907	98,001	14,879	18,481
1908	126,168	21,789	21,291
1909	146,147	28,788	21,918
1910	171,543	38,397	24,936

일본인은 최초 개항지인 부산, 인천, 원산의 범위를 넘어서 조선 정치경제의 중심이자 통감부의 소재지였던 경성을 비롯해 진남포, 목포, 군산, 마산, 성진 등 주요 개항지에 주로 거주했다. 1910년 기준으로 조선인 총인구가 12,115,449명인데 비해 일본인의 171,543명이라는 숫자는 겨우 1.4%에 해당한 것이었다. 이 글에서 분석의 대상으로 삼고자 하는 잡지 『한반도』(1903. 11)와 『조선지실업』(1905. 5)의 창간 시점에[3] 그 인구수가 3만 명에서 4만 명 내외에 불과했다는 점을 생각한다면(혹여 일본어의 독해가 가능한 조선인의 숫자를 염두에 두더라도) 이 잡지들의 구독 가능 대상은 지극히 적은 숫자가 아닐 수 없다. 그럼에도 불구하고 그들은 왜 잡지를 발행하고,[4] 게다가 무슨 이유로 거기에 문예란을 두었을까. 특히 문학의 경우

---

2) 이 표는 이 글의 주)에서 제시된 자료들의 통계를 필자가 종합, 정리하여 작성한 것임.

3) 이 두 잡지는 창간 시점은 다르지만, 『韓半島』가 정간지가 아니었고 『朝鮮之實業』이 월간이었기 때문에 『韓半島』가 5호(1906.6)까지 발행되는 동안 3호(1906.3)부터 두 잡지의 발행시기가 겹치는 점에 유의할 필요가 있다. 또한, 이 글에서 사용한 텍스트는 단국대학교 부설 동양학연구소에서 영인한 『東洋學叢書第十伍輯:開化期 在韓日本人 雜誌資料集: 韓半島』(이하 『韓半島』, 제이엔씨, 2006)와 『동양학총서:開化期 在韓日本人 雜誌資料集: 朝鮮之實業』(이하 『朝鮮之實業』, 제이엔씨, 2006)임을 밝혀둔다.

4) 『京城繁昌記』(岡良助, 博文社, 1915)에서는 신문, 잡지, 통신 등의 번창기도 기록하고 있는데, 거기에 따르면 1883년 井上角伍郎가 "時事와 朝日 양 신문의 통신원으로 조선공사 竹添進

단순히 생각해 봐도 내지에서 왕성하게 생산된 문학을 가져다 읽어도 무방할 것을 왜 스스로 쓰려고 했을까. "초호(初號)는 인쇄소가 원격지에 있기에 편집 마감 등을 위해서 충분한 편집상에 뜻을 반영할 수 없었음에도 불구하고"[5]라는 『한반도』 편집자의 고백처럼 발행의 어려움을 겪으면서도 발화하고자 했던 것이 무엇이었을까. 그것은 적어도 '자기표현 욕망'의 측면에서 생각할 필요가 있고, 그때 '자기표현'이란 조선에 거주하는 자로서의 자기동일성(identity)의 표현이라고 할 수 있다. 또한, 잡지나 그 소재의 문예란을 조선 내 도한자 커뮤니티의 형성에 중요한 기제로 상정했던 까닭일 것이다. 다시 말해, 자신들이 일본인이면서 본국을 떠나 조선에 거주하는 일본인=재조일본인이라는 이중적 자기동일성을 발견하고,[6] 또 자신들의 존재를 '내지'에 호소하기 위한 차원에서 문예란이 상정되었다고 할 수 있다.

—를 따라 경성에 와서 박영효, 김옥균 등과 함께 같은 해 11월부터 한성순보"가 신문 발행의 기원이라 밝히고 있다. 그리고 "1895년 거류민의 질서가 정비되어 제반 사업이 발흥함과 더불어 신문이 필요가 인정되어" "공사관의 후원 아래 일한 兩文의 한성신보를 발행"하였다고 적고 있다.(같은 책, 307쪽) 이런 변화는 점차 지역 신문이나 잡지의 발행으로 이어졌는데, 그것을 주도한 인물들에 대해서는 좀 더 면밀한 검토가 필요하겠지만, 대개는 청일, 러일의 양 전쟁 때 종군기자로 조선에 건너온 후 정착한 인물들이 다수 차지한 사실을 확인할 수 있었다.

5) 長谷川自適, 「謝告」, 『韓半島』 1호, 1903. 11, 2쪽. 그리고 덧붙이기를 "제2호부터는 경성에 신설의 인쇄사와 인쇄 계약을 맺으면 가능한 모든 란의 기사를 증가하고 재료를 선택하는데 힘쓰겠다."고 하였다.

6) 특히 이 시기 재경일본인의 이중적 자기동일성과 표상의 문제에 관해서는 박광현의 논문 「재조일본인의 '재경성(在京城) 의식'과 '경성' 표상—'한일합방'의 전후시기를 중심으로—」 (『상허학보』, 29집, 2010. 6)를 참조.

2.『한반도』 소재의 소설과 일본어 문학의 기획

1903년 11월에 창간된『한반도』는 재조일본인 사회가 거의 최초로 발간한 종합지 성격의 잡지이다.[7] 러일전쟁을 전후로 5호까지 발행된 이 잡지는 한반도사에서 간행했는데, 편집 겸 발행인은 도쿄(東京) 전문학교(현 와세다 대학의 전신) 출신의 하세가와 긴타로(長谷川金太郎)가 맡았다. 이 잡지의 특징 중 중요한 한 가지를 든다면 같은 시기의 그 어떤 잡지보다도 문예란의 비중이 컸다는 사실일 것이다. 우선 창간호의 목차만 보자.

① 논설: 「일본민족은 어떻게 해서 한반도에 번식할 수 있었나」, 「영(英)민족탁월론을 읽고」, 「조약지계(條約地界와 토지사용에 관해서」 ② 사전지리: 「효종북벌의 계략은 어떠했나」, 「한국과 외국의 관계」, 「사외(史外)의 사론(史論)」, 「순귀비(淳貴妃)」, 「이지란(李之蘭)」, 「수도경성」, 「북한산기행」, 「의주기행」 ③ 인정풍속: 「풍속인정기」 ④ 문학: 「한문학(韓文學)」 ⑤ 소설잡조: 「소설 첩(小說囲いもの)」, 「여름의 화성대(和城臺)」, 「우창소품(雨窓小品)」, 「무제록」 ⑥ 실업: 한국에서의 제일은행권 발행의 연혁 및 현황」, 「본년도 제일계(第一季) 인천상황(商況)」, 「경성화폐 교환처 8월 중 상황보고」 ⑦ 교통과 안내: 한국에 있어서 전신의 현재 및 장래」, 「경부철도연로 명승기」, 「경성안내」, 「평양안내」 ⑧ 근사요건(要件): 「용암포의 실황」, 「의주 토산품」 그 외 한성편편(漢城片片), 해외안신(雁信), 문원(文苑,), 잡보, 회보, 광고(굵은 글씨―인용자)

---

7) 「韓半島 해제」, 『韓半島』, 1쪽.

이렇듯 다양한 편집 항목에 따라 구성되어 있지만, 그 내용은 모두 조선에 관한 지식과 정보, 그리고 시사에 할애하고 있다. 이 정도로 조선만을 대상으로 지면을 분할할 수 있었던 것은 역시 그동안 신문 등의 발간을 통해 축적된 경험이 있었기 때문임은 두말할 필요 없다. 신문의 지면은 지극히 시사적인 사건과 정보를 균질적으로 전개해 보여줌으로써 동일 장소에 거주하는 사람으로서의 동시대적 감각을 배양한다면, 『한반도』와 같은 종합지는 특정 장소를 대상화해서 실용과 지식의 범주에서 '설계'[8]되었을 뿐만 아니라 시의성에 따라 그 내용을 조정하여 구성하였다는 특질을 가지고 있다고 할 수 있다. 이는 『한반도』의 편집 방향이 '조선 사정'류로 분리될 수 있는 기쿠치 겐조(菊池謙讓)의 『조선왕국』(1896)이나 시노부 준페이(信夫淳平)의 『한반도』(1901) 등에서 보여준 전통적인 '조선 사정'에 관한 편집 방법을 취하고 있으면서도 더 나아가 시의성과 경험의 직접성(=현장성)을 강조하여 편집하고 있다는 점에서 확인할 수 있다.

그렇다면 『한반도』의 지면상에 문학의 위치와 성격은 어떠했을까. 앞서 제시한 목차에서 알 수 있듯, 이 잡지에서 문학과 관련된 항목은 '문학', '소설잡조', '문원' 등이 있다. 『조선지실업』의 기사 중에 "한반도사 발행의 『스미레(スミレ)』라는 문예잡지"[9]가 소개된 바 있듯이, 『한반도』를 발행한 한반도사는 문예 즉 조선에서의 일본어 문학에 대해 당시 높은 관심을 가졌다는 점을 확인할 수 있다.

---

8) 한기형은 근대 초기 사회에서 신문과 잡지의 성격 차이를 "신문이 대체로 '근대를 상상'하는 특질을 드러냈다면, 잡지는 이와 달리 '근대를 설계'하려는 노력"을 보여주었다고 지적하였다.(한기형, 「최남선의 잡지 발간과 초기 근대문학의 재편―『소년』『청춘』의 문학사적 역할과 위상」, 한기형 외, 『근대어·근대매체·근대문학』, 성균관대학교 대동문화연구원, 2006. 312~313쪽)

9) 『朝鮮之實業』 6호, 1905. 10, 29쪽.

창간호에만 '문학'란이 있었는데, 거기에는 아유카이 후사노신(鮎貝房之進)의 「한문학(韓文學)」이라는 제목의 글이 실린다. '한문학'이란 "일본에서 국문학이라고 하듯 한국 고유의 문학"[10]이라고 정의하고, 신라 때부터 조선조에 걸친 한국의 문학사를 개략적으로 기술하고 있다. 아유카이는 일본문학사와 비교하는 방식을 통해 한(漢)문학의 영향 때문에 "한국은 언(言)의 나라이지 문(文)의 나라가 아니다."[11]라 하고 진보나 발달이 존재하지 않았다고 주장한다. 특히 이 글은 서두에서 "한문 및 유학에 관해서는 시테하라 타이라(幣原坦) 학사(學士)의 유학계통에 양보"[12]한다고 했듯이 한국연구회 등에서 발표한 내용을 정리한 글로서 '조선'에 관한 지식의 구성을 위한 당시 지식계의 활동 속에서 만들어진 글이라고 할 수 있다.[13]

따라서 이 글에서는 주로 '소설잡조'란과 '문원'란에 관해 살피고자 한다. 그럼 먼저 창간호의 '소설잡조'란에 실린 창작물을 보자. 여기에는 소품(小品)과 록(錄)이라는 전통적 에세이 장르에 해당하는 「여름의 왜성대(夏の和城台)」, 「우창소품(雨窓小品)」, 「무제록(無題錄)」과 같은 '잡조'와 구분하여 굳이 '소설'이라는 제목을 붙인 「소설 첩(小說囲もの)」이라는 작품이 게재되었다. 그런데 첩을 의미하는 '囲いもの'라는 제목만으로도 충분한데, 왜 '소설'이라는 장르명을 부기했을까. 이는 '잡조'의 한 범주로 '소설'을

---

10) 鮎貝房之進, 「韓文學」, 『韓半島』 1호, 1903. 11, 83쪽.

11) 위의 글, 85쪽.

12) 위의 글, 83쪽.

13) 鮎貝房之進이나 幣原坦은 모두 1900년대 초에 발족한 '한국연구회'의 중요 회원이었으며, 또 長谷川 역시 1903년부터 '한국연구회'에 참가했다. 결국, 두 사람의 발표는 그 모임을 통해 조직적으로 조선에 대한 정보 수집과 연구를 위해 이뤄진 것이라고 짐작할 수 있다. 따라서 이 논문에서 다루고자 하는 재조일본인의 일본어 문학과는 조금 거리가 있는 항목이라 할 수 있다.

염두에 둔 것이라기보다 '소설'과 '잡조'를 대등한 관계로 병렬한 데서 기인한 것인데, 이는 2호부터 소설란이 독립할 것임을 예견케 하는 대목이다. 또한, 적어도 거기에 실린 「여름의 왜성대」 등과 같은 에세이와 구분되는 장르로서 인식한 작품이자, 그것은 당시 조선에서 창작된 일본어 문학에서 소설이 아직 낯선 장르였음을 의미한다. 그만큼 이 소설은 '경성'을 배경으로 재조일본인이 창작한 최초의 소설이라는 실험적 의미가 있는 것이라 할 수 있다.[14]

　더구나 그 작자가 편집 겸 발행인이었던 하세가와(長谷川)였다는 데 더욱 문제적일 수 있다. 그는 '소설잡조(小說雜俎)'란에 그 외 자적헌주인(自適軒主人)이라는 필명으로 쓴 「여름의 왜성대」뿐만 아니라, 「간행사」, '사전지리'란에 「북한산기행」, '교통과 안내'란에 「경성안내」(필명 自適生)를 싣는 등 각 항목에 글을 발표한다. 이처럼 편집자가 한 호에 다수의 글을 발표하는 예는 당시 흔한 일이었지만, 그렇게 잡지 편집의 전권을 행사하던 인물이 스스로 소설이라는 장르의 필요성을 느끼고 작가 출신이 아닌 자신이 직접 그것을 썼다는 점에서 실험적이며 문제적이라고 할 수 있다. 이 소설은 게이샤 출신의 오스즈(お鈴)라는 여인이 다른 여자에게 남자를 빼앗기고 '경성루(京城樓)'라는 유곽으로 다시 돌아와 게이샤가 되었다는 지극히 단순한 줄거리이다. 특히 유곽 주변의 인물 관계를 소재로 쓴 단

---

14) 『한성신보』에 이미 「조부인전」을 비롯해 1896년부터 里談과 俗談, 전통적 '소설'류, 문답 형식의 짧은 글, 설화, 艶事 등과 같이 "흥미로운 글"을 실었는데, '소설'란이 독립된 것은 1897년 1월 이후이다. 김재영은 이것이 "국문독자를 끌어들이기 위한, 위기 타개책의 일부"이자 '신문 개량 계획안과 직접 연관이 있다고 주장하였다.(김재영, 「근대계몽기 소설 개념의 변화」, 『한국 근대 서사양식의 발생 및 전개와 매체의 역할』, 소명출판, 2005, 49쪽/53쪽) 하지만 「囲いもの」는 재조일본인이 경성을 배경으로 쓴 일본어 소설이라는 점에서 특히 실험적이라고 할 수 있다.

순한 줄거리라는 점에서 흔히 에도(江戶) 희작(戲作)의 대표 중 하나인 샤
레본(洒落本)이나 닌죠본(人情本)의 잔존적 양식에 가깝다.[15] 에도 희작 혹
은 그 양식을 빌린 작품들[16]이 메이지 시대에 들어서도 통속소설을 요구
하는 대중적 기호를 만족하게 하며 읽히기는 했다. 하지만 같은 시기의
내지에서는 쓰보우치 쇼요(坪內逍遙)의『소설신수(小說神髓)』이후 오자키
고요(尾崎紅葉), 고다 로한(幸田露伴), 시마자키 도손(島崎藤村), 모리 오가이
(森鴎外) 외에도 다야마 가타이(田山花袋)의『이불(蒲団)』등을 필두로 한 자
연주의 문학에 의해 고전과의 단절이 본격화하기 시작했다는 점을 감안
하면,[17] 그에 비해 너무도 진부한 소재와 양식의 소설로 볼 수 있다. 따라
서 하세가와의「소설 첩」은 동시대성의 획득에 소홀했으며 자신이 내지
에 향유했던 전통적 문학의 양식을 빌려 쓴 것이라고 할 수 있다. 내용상
으로도 주인공인 오스즈라는 인물이 자신의 운명을 봉건적 세계와의 갈
등을 통해 개척해 나가지 못하고 있다. 이 희작은 유곽을 배경으로 대화
체의 형식을 취하면서 등장인물인 유녀(遊女)들을 전혀 개성을 지닌 인물

---

15) 일본의 근세 문학사에서 戲作은 다양한 장르로 나타났다. 그 중 '遊里소설'의 형식을 취하
고 있는 것으로는 人情本과 洒落本이 있다. 하지만 이 둘도 엄밀히 말해서는 구분되는 것
인데, 흔히 인정본이 洒落本에서 파생된 것으로 이해되고 있다. 그 둘의 차이를 가지는 중
요한 요소에 대해서 도널드 킨은 '사랑(愛)'이라고 말한다.(ドナルド・キーン,『日本文學史 近
世編 下』, 中央公論社, 1977, 295쪽)

16) 특히 1890년 이후 일본 문단을 대표한 尾崎紅葉나 幸田露伴 등은 근세 戲作의 형식을 빌려
작품을 쓰기도 했다. 이와 관련해서는 吉田精一의『現代文學と古典』(『吉田精一著作集23卷』,
櫻楓社, 1983, 36~46쪽) 참조.

17) 吉田精一는 쓰보우치 쇼요(坪內逍遙)가『小說神髓』에서 馬琴을 매도했는데 그것은 자신이
馬琴을 너무나 애호한 나머지 자신 안의 가지고 있던 馬琴적 요소를 근절시키기 위해서였
다고 한다. 그는 또한, 일본문학의 근대화를 달성하기 위해서 결연한 결의가 필요했는데
그 결별의 중요한 요소는 '戲作者 기질'을 추방하는 것이었고, 자연주의에 의해 그것이 부
정되었음을 주장했다.(吉田精一, 앞의 책, 48쪽)

로 그려내지 못했다.[18] 그것은 조선에서의 일본어 소설의 기원이 어떤 양식을 취했는가를 보여주는 것이기도 하다.

『한반도』 소설이 내지의 소설과 가장 뚜렷하게 드러낸 특징은 이러한에도 희작의 잔존 양식에 조선을 배경으로 창작된 것이라는 점이다. 즉장소의 문제가 중요한 데, 이 소설은 양식과 내용뿐만 아니라 장소의 문제에서 흥미로운 문제를 제공한다. 오스즈를 소개하는 도입부에는 다음과 같은 묘사가 있는데, 여기에서 작가는 확연한 서술자의 위치를 제시하고 있다.

> 오렌지색의 달은 남산의 소나무 가지를 감추고 산에 면한 온돌에 정원수의 그림자를 비추고 왜성대에서 군가를 부르는 병사의 목소리가 바람을 타고 전해지고 용맹하기는 해도 또한 무언가 생각에 잠기게 하는 소리다.[19](강조—인용자)

그들이 살아가는 장소는 바로 경성이라는 공간 중에서도 '남산의 소나무 가지'라는 현미(顯微)한 세계가 관찰되거나 '왜성대의 병사 목소리'가 바람 타고 들려오는 '어떤' 장소이다. 1904년에 경성의 일본인 인구는 5,000명을 조금 넘는 숫자에 불과했으며 그들은 대개 남산 주변에 거주했다. 바로 그 장소를 벗어나지 못하는 상상력만을 발휘하고 있다. 그 바깥의 세계는 원경(遠景)으로 처리될 뿐이다. 남자의 변심에 괴로워하는 오스즈가

---

18) 中村幸彦의 지적한 바에 따르면 "근대문학과 비교해서 戲作에 결여된 부분은 인생과의 진지한 대결이었다."(中村幸彦, 『戲作論』, 中央公論社, 1982, 132쪽)
19) 長谷川自適, 「小說囲もの」, 『韓半島』 1호, 1903. 10, 91쪽.

실의에 빠져 멀리 내다본 원경(遠景)은 바로 "북한산 백악(白岳)의 조망에 시선을 옮길"20) 수 있는 곳, "뭔가를 골똘히 생각에 잠긴 듯"21) 바라본 북한산이었다. 소설의 공간은 내내 남산과 북한산의 공간에 대한 체감의 차이를 두면서 전개된다. 이 소설에서는 조선인을 표상하는 단어로서 '총각(チョウガ=조선인 미혼 남성을 칭함-인용자)'과 '한인(韓人)'이라는 단어가 사용되는데, 그 또한 비슷한 방식으로 사유 된다. 남편이 다른 여자를 숨겨두고 있다는 사실을 알고 실의에 빠진 오스즈는 "말도 통하지 않는 총각에게 말을 건다 해도 소용없다. 외톨이나 다름없는"22) 자신의 신세를 한탄하는 장면에서 '부재(不在)'나 다름없는 존재로 '총각'을 기술한다. 또한, "아리랑 노래의 애상에 한인(韓人)이 노래를 부르며 가는데 오스즈가 노랫소리 쪽으로 시선을 옮길 때"23)라는 식으로 인물의 구체성이 부재한 애상의 정서를 자아내는 후경화된 조선인만이 기술될 뿐이다. 이러한 정황들은 결국, 소설로 형상화할만한 경험의 부재를 의미하는 것이기도 하다. 또한, 그만큼 이 소설은 굳이 그 배경이 경성이 아니더라도 무방한 수준에서 쓴 것이다.

바다를 건너온 일본어가 조선어(조선문화, 조선인)의 압도적인 환경 속에서 그에 따른 모순적 상황을 이 소설은 담아내고 있지 못하다. 다시 말해 이 서사는 에도(江戶)적인 정서나 양식에 따르고 있으며 지극히 일본의 문화적 관습에 바탕을 둔 공통 감각을 기초로 읽히기를 기대하고 있는

---

20) 앞의 글, 98쪽.

21) 위의 글, 98쪽.

22) 위의 글, 92쪽.

23) 위의 글, 93쪽.

듯하다. 또한, 그로 말미암아 그러한 모순적 상황을(재조일본인이라는 커뮤니티의) 새로운 공통 감각으로 확보하거나 공유하지 못한 탓에 오히려 소설은 내용면이나 양식면에서 전근대적 일본의 관습에 충실히 기대어 있다고 할 수 있다. 그 점은 이 소설이 조선이라는 장소성이나 근대소설의 양식면에서보다 오히려 일본의 전통과 일본인으로서의 공통의 문화적 관습을 강조하며 내지와의 동시대성을 얻고자 했던 무의식이 반영된 것이라고 할 수 있다.

3. 『조선지실업』의 창간과 가인 집단의 활동과 그 한계

부산을 애초 발행지로 삼아 창간된 『조선지실업』의 문예란은 어떠했을까. 이 잡지의 '문원'란의 상황을 살펴보자. 조선실업협회의 회칙에 따르면 협회의 설립 목적은 "조선의 부원을 개발하고 모국과 각종 사업의 연락을 원만 민활하게 하는 것"(제1조)이며, "그 목적을 달성하기 위하여 기관 잡지를 발간하다."(제3조)라고 밝히고 있다.[24] 이 협회의 주요 사업 중 하나로 이 잡지는 "잡지신문은 문명 이기(利器) 중 최대 이기"이며 "하나의 공적 기관"이라는 사실을 명시하고, 조선의 "지리인정풍속관습, 농상공업의 제반, 어업광업 등 제계의 현상, 거류동포의 정태(情態)"를 게재

---

24) 『朝鮮之實業』 1호(1905. 5. 10), 1~2쪽. 조선실업회가 결의하고 실행할 세 가지를 밝히고 있는데, 1) 도한기업자의 소개 안내, 2) 시사문제의 연구 3) 기관잡지 『朝鮮之實業』의 발행이라고 했는데, 그런 점에서 1)과 2)가 목적과 성과를 담아낼 이 잡지의 역할은 무엇보다 중요했다고 하겠다. 심지어 이 협회는 "실체를 가지고 구체적인 활동을 벌인 조직이라기보다는 잡지 발간을 중심으로 회원을 확보하고 운영된 것"이라는 주장까지 한다.(『朝鮮之實業』의 「해제」 ix쪽)

하여 "도한자(渡韓者)의 좋은 안내"가 되고자 발행된다.[25] 정리하자면, '도한자' 커뮤니티의 '모국'과의 관계를 중요시했다. 또한, 이 잡지는 "한국 유일의 실업잡지"[26]를 표방하며 최초 발행지를 부산으로 삼았는데, 1907년 1월(19호)부터 협회를 "대확장"하여 경성 아케보노쵸(曙町)에 사무실을 두면서 조선 전국지의 성격을 띠기 시작했다.[27]

이미 앞서 '들어가며'에서 제시한 인구통계를 보면 알 수 있듯이, 조선 내 일본인의 최대 거주지가 경성으로 바뀌는 시기에 『한반도』와 『조선지실업』은 각각 경성과 부산에서 발행되었다. 이 발행지의 차이는 잡지 편집의 방향에도 큰 영향을 끼쳤던 것으로 판단된다. 그 중 특히 『조선지실업』의 경우는 부산을 애초 발행지로 출발하여 "조선실업협회라는 조직을 형성하고 그 회원을 모집하는 형태로 독자를 획득해갔던"[28] 잡지로서, 그 발행 부수는 기무라 겐지(木村健二)가 이미 『한국통감부통계연보(韓國統監府統計年報)』(1909)에 기초해 조사한 결과에 따르면, 『만선지실업(滿鮮之實業)』으로 개명한 1909년 현재, 발행지(發行地) 26,620부, 발행지 외 조선 내 13,580부, 내지 20,200부, '청국(淸國)' 12,800부, 그 외 169부를 발행하여 총 73,369부를 발행하였다.[29] 이 잡지가 월간이었던 점을 감안하면 매호 평균 6,000부 내외를 발행했던 것을 알 수 있다. "한국의 부원(富源)을 개발하고

---

25) 앞의 글, 2쪽.

26) 内田竹三郎, 「丸三年」, 『朝鮮之實業』 24호, 1907. 6, 28쪽.

27) 이 잡지를 발행한 지 1년 만에 회원이 1,200여 명으로 증가하고 지회 또한 마산, 삼랑진, 대구, 김천, 경성, 인천, 목포, 영산포, 광주, 도쿄, 야마나시(山梨), 기후(岐阜), 야하타(八幡), 가사마쓰(笠松), 와카야마(和歌山), 후쿠오카(福岡) 등 18개소로 확대되었다.(12호)(「解題」, 『朝鮮之實業』, x 쪽)

28) 木村健二, 『在朝日本人の社會史』, 未來社, 1989. 153쪽.

29) 위의 책, 156쪽.

모국과 각종 사업의 연락을 원만 민활하게 할"[30] 목적을 내세웠던 조직목표 등을 고려할 때, 이 잡지의 지향은 조선 내 일본인이라는 커뮤니티의 범주적 한계를 넘어선 것이라고 할 수 있다.[31]

그러한 잡지에 문예면의 비중은 어떠했을까. 회를 거듭하는 과정에 그 비중의 변화는 없었을까. 또한, 그 비중의 변화는 어떠한 양상으로 나타났을까. 그 변화의 양상이 의미하는 것은 무엇일까. 이 장에서는 그러한 문제에 관해서 『한반도』의 차이를 중심으로 살펴보도록 하겠다.[32]

일단, 창간호의 목차를 보자. 사진동판, 회고, 회지, 인물월단(人物月旦), 문원, 만록(漫錄), 잡록(雜錄), 특별조사, 잡보, 기서통신(寄書通信), 각종 법령, 광고로 편집된 이 창간호의 체제는 이후에도 크게 변하지 않고 계승된다. 잡록이나 만록 등에 에세이와 달리 특히 '문원'란을 두어 회

---

30) 「朝鮮實業協會會則」, 『朝鮮之實業』, 1호, 1905. 5.

31) 木村健二의 저서에 각 지역별 회원의 변천이 제시되어 있는데 1909년까지의 일본인 회원의 분포를 제시하고 있다. (木村健二, 위의 책, 160~161쪽 참조)

32) 『韓半島』 창간호의 '문원'란의 구성은 어떠했을까. 일단 '문원'란은 독립된 편집 항목이 아니라, '漢城片片', '海外雁信', '문원', '잡보', '회보'의 순서로 구성된 권말 소식란의 하나로 기획된 항목이었다. 한시만을 게재한 그 '문원'란을 통해서는 '문원'이라는 용어가 산문을 배제한 개념이라는 점과 일본의 전통적 시 양식인 하이쿠(俳句)나 와카(和歌) 등을 애초에 배제했다는 특징을 발견할 수 있다. 반면, 『朝鮮之實業』의 '문원'란이 하이쿠 중심으로 구성되있던 짐을 생긔하면 그 의미는 심상치 않다. 이는 당시 한문이라는 독자 장르에 대한 이미를 따져볼 필요가 있기도 하지만, 부산과 경성이라는 장소나 인구 구성의 차이를 재조일본인이라는 존재가 어떻게 받아들였는가 하는 관련 속에서도 생각할 필요가 있다. 이 글의 '들어가며'에서 제시한 재조일본인의 인구 구성에서 알 수 있듯이, 『韓半島』 창간 당시 경성 거주 일본인의 인구는 5,323명(1904년)인 반면 부산의 경우는 11,996명(1904년)으로 두 배가 넘었다. 1915년에 간행된 『京城繁昌記』에서 하이쿠나 와카가 일찍부터 "俗談平話의 사이에서 생겨나" "경성 7만의 인구 그 작자도 또한 많다."(岡良助, 앞의 책, 544쪽)라는 언급에서 알 수 있듯이 대중적으로 향유가 가능했던 장르였던 점을 생각하면 『韓半島』보다 『朝鮮之實業』이 먼저 하이쿠 중심으로 '문원'란을 구성했던 이유를 짐작할 수 있다. 『朝鮮之實業』의 발행 기간과 겹치는 『韓半島』도 3호(1906. 5)부터 재조일본인이 급증함에 따라 한시 중심에서 탈피한다.

원의 영초(詠草) 즉 '일일회'의 하이쿠(俳句) 26수를 「춘계잡제(春季雜題)」라는 제목으로 묶고, 귀문(鬼門)이라는 필명으로 「하이쿠를 짓는 표준」이라는 하이쿠 작법의 기초를 실었다. 이 귀문이라는 필자는 주목할 만하다. 그는 2호에는 동일 제목의 글을, 그리고 3호에는 「하이쿠의 수식(俳句の修飾)」이라는 제하의 글을 싣고 있을 뿐만 아니라, 초기 '문원'란에 가장 많은 하이쿠와 산문을 게재한 인물 중 한 명이기 때문이다. 또한, 초기 '문원'란의 체제나 다른 글들을 통해 알 수 있는 것은 그가 하이쿠의 선자(選者) 내지는 첨삭자의 역할을 했다고 짐작되기 때문이다. 3호의 「명가총담(名家叢談)」란에는 당시 귀족원 의원으로서 한국의 재정고문으로 초빙되어 조선에 와 있던 메가타 다네타로(目賀田種太郎) 방문기 중에 문예란의 필요성을 언급한 대목이 나오는데, 특히 창간호에 실린 귀문의 하이쿠를 인용하여 이 잡지에 하이쿠와 같은 '한(閑)문자'도 실어 독서의 취미를 북돋으며 "먼저 식후 연초랄 수 있는 여유를 위해 독자의 희망을 채우는 것입니다. 일체 무취미의 사람들은 불선(不善)에 빠지기 쉽습니다."[33]라며 '문원'란의 필요성을 언급한다. 이런 점으로 볼 때, 귀문이 '문원'란에서 행한 역할을 짐작할 수 있다. 그리고 창간호 '문원'란에는 「초하잡음(初夏雜吟)」과 '협(袷), 량(涼), 초선(初蟬)'을 하이쿠의 시제로 제시한 현상 과제를 싣고 있다.[34]

　　일본의 조선 경영에 필요한 "과학적" 정보의 전달을 제일의 목적으로 삼았던 이 잡지 안에서 '문원'란의 역할은 '한(閑)문자'로서 '도한자'의 취미

---

33) 「目賀田種太郎氏談」, 『朝鮮之實業』 3호, 1905.7, 20쪽.
34) 이 현상과제의 부상으로 1등에는 『朝鮮之實業』 1904년의 1년분, 2등에게는 반 년분, 3등에게는 3개월 분의 구독권을 주며 누구나 출시할 수 있다고 덧붙이고 있다.

를 고취하는 데 있었고, 그를 위해서 가장 적절한 장르가 하이쿠라고 여겼다. 하이쿠는 5·7·5음절의 단형시인 데다 계어(季語)와 절자(切字, きれじ) 등의 형식상의 제약을 받지만, 그 제약이야말로 오히려 '한(閑)문자'의 여흥을 담아내며 일본인이라는 동일자의 감각을 공유할 수 있는 적절한 장르였던 것이다. 반면 그런 제약은 조선이라는 장소에서 체험하는 상황적 서사를 담을 수 없는 한계를 노정할 수밖에 없다. 그때문인지 여기에 실린 대개의 하이쿠는 조선에 살아가는 자신의 삶을 반영하고 있지 못하다.[35] 이처럼 전통적 양식으로의 표현과 그것으로 표현해낼 수 없는 조선에서의 '특수한' 삶 사이의 부조화는 (자신들이 살아가는) 장소에 대한 무감각에서 비롯된 것일 수 있다. 그리고 그것은 '일본적인 것'에 대한 애착인 동시에 일본인으로서의 자기동일성에 대해 집착한 결과라고 할 수 있다.

또한, 창간호부터 '문원'란은 '회원 영초(詠草)'의 하이쿠 작품을 실었는데, 첨삭 지도를 전제로 한 '영초'라는 표현에서 알 수 있듯이, 회원의 친목을 목적으로 한 가단이 활동한 공간임을 확인할 수 있다. 이국에서 하이쿠라는 장르의 전통성, 일본어 및 일본인이라는 공통 감각을 통해 일체감을 배양하려 했다는 점에서 일단 그 활동은 노스텔지어의 하나로 이해할 수 있을 것이다.

4호부터는 마사오카 시키(正岡子規)의 대표적인 문하인으로서 다카하마 교시(高浜虛子)와 함께 하이쿠 혁신운동을 펼치고 하이쿠 잡지의 대표

---

[35] 반면 鬼門의 글 뒤에 실린 한 수가 눈에 띈다. 그것은 八家子兵站司令部 소속의 笑鬼라는 필자의 「步哨夜」라는 작품인데, "空さむくかりの宿寢の夢さめて/古鄕偲ぶ夜半の月哉"라고 노래하고 있다. (『朝鮮之實業』3호, 1905. 7, 26쪽)

격인 『호토토기스(ホトトギス)』[36]의 하이쿠 선자(選者)로도 활동했던 벽오동(碧梧桐)의 글 「하이쿠 단편(俳句斷片)」을 3차례에 걸쳐 연재하고 있다. "지방에서 하이쿠를 연구하는 사람 중에 빈번히 중앙의 유행을 신경 쓰는 사람이 있다."로 시작하는 이 글은 "자신이 신뢰하는 표준 없이" 하는 모방의 무의미함을 지적한다.[37] 그렇게 볼 때 이 글의 의미는 이 잡지 편집자들이 중앙 문단에서 활약하는 거장의 말을 빌려 지방=조선에서의 하이쿠가 나름의 조선적 특성이 있어야 한다는 뜻을 주장한 것이라고 할 수 있다.

그런 점에서 다카하마 덴가(高濱天我)라는 인물이 '문원'란에 등장한 시기는 중요하다. 왜냐하면 그때부터 '문원'란의 지면도 점차 확대되었고, 조선적 특성 및 사명감을 다루는 경향의 글들이 자주 눈에 띄기 시작했기 때문이다. 다카하마는 9호의 「논설강화(論說講話)」란에 조선에서의 일본문학의 사명을 언급한 「한국의 시제(詩題)—일본어의 대확충에 있어서—」를 발표하는데, 거기서 시제란 "특히 사책(史冊)이 결핍한 한국으로서는 진정 가련한 동화(童話)에 있어서도 많은 감흥"과 "점차 멸망해가는 노(老)문명국…(중략)… 망국적 운명을 보고서는 이런 통절한 취치(趣致)"를 일컫는

---

36) 이 잡지의 창간호에 이미 『호토토기스(ホトトギス)』를 광고하고 있다. 제9호의 '문원'란에는 「似非俳人の初夢」(太郎冠者)이라는 제목의 글이 실렸는데, 이 글은 노가쿠(能樂)의 형식을 빌려 어느 하이진(俳人)의 꿈 이야기를 전하는 글이다. 하이쿠가 잘 지어지지 않아 고민하던 작중 시테(シテ:노가쿠의 주역)가 "지금 유행의 결실을 맺었습니다. 동도(東都=도쿄) 배서당(俳書堂)으로부터 발매되는 호토토기스의 온수를 복용하면 平癒할 것임에 의심의 여지가 없습니다."(『朝鮮之實業』 제9호, 1906. 2, 23쪽)라고 하여 호토토기스가 하이쿠를 잘 짓게 만들어주는 약으로 비유되고 있다.

37) 碧梧桐, 「俳話斷片」, 『朝鮮之實業』 4호 1905. 8, 36쪽. 하지만 이 글들이 초출인지 아니면 재수록의 글인지는 확인할 수 없으나, 5호와 7호에 연재된 내용을 보았을 때 편집자의 기획으로 재수록된 글로 짐작된다.

것이었다.[38] 조선 경영에 있어 망각해온 것은 실로 이 '한국의 시제'를 등한시한 사실이라고 말한다. 또한, 일본은 "언령(言靈)의 행영국(幸榮國)"[39]이기 때문에 그러한 '한국의 시제'를 문학화할 시인 문사의 분발을 촉구하며, "고래의 폐습을 탈피하고 크게 성황리에 신시대에 있어서의 흥국의 문학을 진작할"[40] 것을 촉구한다. 여기서 '고래의 폐습'이라는 한계에 대해서는 어디까지 의미를 확대할 수 있을지 의문이 들지만, 적어도 이 잡지의 기발간물에 대해 비판하는 대목으로 읽을 수 있겠다. 그렇게 볼 때 이 글이 결국, 부제처럼 조선에서의 일본어의 '대확충' 즉, 보급을 주장한 것이라는 점에서, 일본어의 동일성이 이미 전제된 가운데 활동하는 내지의 문단과는 차별화된 재조일본인 시인과 문사의 역할을 스스로 부여하고 있는 점에 주목할 필요가 있다. 혹자는 한국의 "바야흐로 언론은 모국에 비해 크게 자유롭지 않으며 범위는 협소하다."며 "문예취미가 전무한 이쪽(조선-인용자)에 있어서는 文士(ぶんし, 분시)는 蚊士(ぶんし, 분시)"라는 냉소마저 있다며 분발을 촉구하기도 한다.[41] 아무튼 다카하마는 재조일본인 시인과 문사가 자신의 소명을 다할 때 "문명 일본의 웅쾌(雄快)한 대(大)비약은 세계사에 광명을 더할 것"[42]이라고 결론을 맺고 있는데, 그들

---

38) 高濱天我, 「韓國の詩題」, 『朝鮮之實業』 제9호, 1906. 2, 8쪽. 이와 같은 정서는 여러 글에서 찾아볼 수 있는데, 그 중 하나를 더 예를 들어 보면 1894년에 처음 경성에 들어온 혹자는 "지금 눈앞에 수백 년을 경과한 고도성(古都城)이 존립하고 게다가 파퇴(破頹)한 곳으로부터 석양의 광선이 미끄러져 온아하나 무력한 인민이 유유히 왕래하는" "망국의 산하"를 보고 "대단히 시적"이라는 말로 연민의 감상을 내뱉는다.(對星樓山人, 「十伍年間の韓客搓記(上)」, 『朝鮮』 6호, 1908. 8, 52쪽)

39) 高濱天我, 앞의 글, 6쪽.

40) 위의 글, 7쪽.

41) 內田竹三郎, 「丸三年」, 『朝鮮之實業』 24호, 1907. 6, 28~29쪽.

42) 위의 글, 5~8쪽. 高濱天我은 '문원'란에서는 눈에 띄는 인물인데, 이후 그는 조선을 소재로

의 '문학'은 일본문학의 해외진출의 결과물로서 내지의 그것과는 차별화되고 또 동시대성을 띠지는 않지만, 일본의 '대비약'에 기여할 사명을 띤 것이라는 점을 강조하고 있다.[43]

'문원'란에서 하이쿠의 높은 비중이 줄곧 유지되는 가운데, 7호와 8호에 와서는 좀 더 다양한 장르로 구성되고 또한 '도한자(渡韓者)'로서의 자기동일성을 드러낸 노래들이 실린다. 7호는 신유행가라며 나파부시(喇叭節)의 3수를 소개하거나, 교토(京都)지방의 민요 미야즈부시(宮津節)라는 형식을 빌린 「한해어업의 노래(韓海漁業の歌)」(鷄林漁夫作)를 실었는데, 특히 후자를 통해서는 '계림어부'라는 필명을 사용한 것처럼 조선이라는 장소에 구애된 작가의 의식을 엿볼 수 있다. 그러나 이 또한 「조선경영의 노래」와 같이 전형적으로 조선으로 확장한 국민 의식이나 조선 경영의 사명감을 노래한 것에 불과하다. 그리고 "소달구지 쫓는 아이 황야(荒野)로다/한인(韓人)의 뺨에 부는 가을바람 기장에서 운다."(挾花)[44]고 노래한 와카(和歌) 한 수도 실린다. 그것은 하이쿠 등과 같은 전통 장르 양식에 조선이라는 소재=시제를 담아냄으로써 자기동일성을 구성하려는 의도에서 비롯된 것이라고 할 수 있다.

혹은 쓰시마(対馬) 등과 같은 조선과 깊은 유관성을 지닌 다수의 신체시를 발표한다. "韓에 온지 10년이 지나 故里에 지인도 없이 늙은이가 되었네."(10호, 22쪽)라고 읊은 시로 보아 청일전쟁 시기에 조선에 건너온 인물로 여겨진다.

43) "아아, 한국의 시제. 이 한 마디는 결코 헛되이 暗中에 묻힌 염가의 물건이 아니다. 이것은 진심으로 일본인이 한국 경영의 한 사업으로 삼고 또한, 나아가서는 우리의 숭고한 일본문학의 메이지편(明治編)에 있어서의 異彩로서 세계에 자랑하기 충분한 일본인의 영광이 아니겠는가."(글, 8쪽) 이렇듯 내지 일본문학과의 차이화는 곧 자신들의 사명감으로 연결된다.

44) 『朝鮮之實業』 제7호, 1905. 11, 30쪽.

또한, 8호의 '문원'란에는 하이쿠와 속곡(俗曲)을 게재하고 있으며 또 산문류의 「대편굴(大偏屈)」, 논개의 서사를 기록한 「의랑암(義娘岩)」(조선조 서유영의 부(賦)와 김학봉의 한시를 부기)과 「마산포의 도연(徒然)」을 게재하고 있다. 역시 산문이 게재됨에 따라 '문원'란이 점차 조선의 자연, 풍물, 역사를 소재로 한 내용으로 채워지기 시작한다. 특히 「마산포의 도연」(芦村)의 경우 "미개한 한국의 지명으로서 그 얼마나 풍경을 표방하고 지극히 시취(詩趣)가 풍부하고" "타향의 객은 그 고아한 풍취"에 반할 것이라며 마산포를 절찬한 글이다.[45] 『조선지실업』의 발행지가 부산이라는 사실을 생각하면 촉석루와 마산포 등과 같은 장소를 제재로 쓴 글들이 이 잡지에 수록되었다고 해서 그리 새삼스러운 일일 수 없다. 다만, 그것이 "세계의 공원으로서 자랑할 내지에서도 쉽게 볼 수 없는 정도로, 우선 아키노쿠니(安藝, 지금의 広島)의 미야지마(宮島)[46]라고도 할 만한"[47] 장소에 대해서 소일의 감각으로 묘사한 글이라는 점은 조선을 전체화하기보다 특정 지역에 대해서 자신을 동일화하는 방식으로 그 장소를 자기화하는 감각에 의해 작성된 것이라는 특징을 지적하지 않을 수 없다. 즉, 자신들의 거주지인 부산과 그 일대의 장소에 대해서 자신들=내지인들 고유의 심상화나 동일화의 방식으로 그것들을 읽어내기 시작했던 것이다. 이렇게 조선에서의 일본어 문학이 형성 초기에 나타난 특징 중 하나는 바로 전통 장르에 대한 고수와 '조선'이라는 시제의 발견이랄 수 있다. 이는 조선에 대한 식민화=자기화의 연장선상에 있는 것이었으며, 재조일본인이라는 자기

---

45) 芦村, 「馬山浦の徒然」, 『朝鮮之實業』 제8호, 1906. 1, 27쪽.
46) 일본의 3경 중 하나인 경승지.
47) 芦村, 앞의 글, 27쪽.

동일성을 구성해 가는 과정 중에 자연스럽게 이뤄진 것이라고 할 수 있겠다.

4.『한반도』 소재 소설과 (비)동시대성

앞서 지적했지만,『한반도』 문예란의 가장 큰 특징 중 하나라면 역시 소설 장르의 존재일 것이다. 이 장에서는 거기에 수록된 소설들을 간단히 분석하고 호를 거듭하면서 그것이 어떤 양상으로 변화해갔는지를 살펴보고자 한다.

『한반도』는 2호(1904. 1)부터 호를 거듭할수록 문예면의 비중이 커진다. 일단 2호에서는 1호의 '소설잡조'가 '소설'로 변경되는데 이는 본격적으로 독립된 '소설'란의 등장을 의미한다. 실제 3편의 소설과 「조선백동담(朝鮮白銅譚)」(1)이 연재되기 시작한다. 그리고 창간호의 '문학'란은 폐지되고 '문예잡조'란이 설정되었는데, 여기에는 이전 '소설잡조'에 실렸던 '소설' 이외의 산문 즉 조선에 관한 정보를 잡기, 잡관(雜觀), 록(錄) 등의 제목을 단 글들과 조선의 기생이나 관녀(官女)를 소개한 글들을 싣고 있다. 한편 '문원'란의 변화도 눈에 띄는데, 양적인 확대는 물론 장르의 다양성을 보여주고 있다. 2호부터 한시나 부(賦)뿐만 아니라 와카(和歌)와 하이쿠를 수록하고 있다. 그중 한시나 부가 역시 창간호와 마찬가지로 '문원'란의 주요 장르였다.[48] '문원'란은 3호(1906. 3)부터 '소설'란이나 '문예잡조'란에 뒤이어

---

48) 와카나 하이쿠는 '長谷川自適君 한반도를 발간함을 듣고 보낸다'(槐園)나 '한반도 제1호의 발간을 보며'라는 제목처럼 특정 사안을 소재로 한 작품이 실려 있다. 한시와 와카의 내용은 창간호와 마찬가지로 조선 경영의 義奮이 충만한 작품들로 구성되어 있다.

독립된 항목으로 편집된다. 그로써 소설―문예잡조―문원이라는 문예란의 구성이 완성된다. 2호에는 한시 이외에 와카와 하이쿠는 물론 경성의 봄 정취를 읊은 「춘십수(春十首)」라는 제목의 신체시가 실리기도 한다. 『조선지실업』의 '문원'란이 처음부터 '일일회'나 '삼일월회' 등과 같은 도한자, 즉 주로 부산 일대에 거주하는 가인 집단의 활동 공간으로 구성되었는데, 『한반도』에서도 5호(1906. 6)부터는 인천와카바회(仁川若葉會)의 와카 작품을 싣는 등 경인지역의 가인 집단의 활동 공간으로 이용된다. 그만큼 발표 지면의 확대가 이뤄졌는데, 창간호가 고작 2면이었고 4호가 3면이었던 데 비해 5호는 대략 8면에 걸쳐 편집되었다.

그렇게 문예란이 전반적으로 확대되는 과정에 2호의 '소설'란에는 「첫 모습(はつ姿)」(銀杏生)이라는 작품이 실린다. 창간호의 「소설 첩」과 내용이나 형식 면에서 그리 큰 차이가 없는 소설로서, "동양의 일대 파란"[49]이 나타날 조짐이 보인다는 메이지(明治) 36년(1903년) 그믐날의 어느 유곽을 배경으로 한 "한반도 거류 일본인"[50]들의 이야기이다. 비싼 '요리집'과 '경성루(京城樓)' 등의 유곽, 그리고 게이샤(여자)의 유혹에 빠진 방탕한 생활의 결말을 보여주는 이 소설은 교훈적인 풍자를 담고 있는 작품이지만, 지명이나 상점명 이외에 조선이라는 장소성이 부재한 작품이라고 할 수 있다. 즉, 굳이 조선이라는 장소가 아니어도 성립할 수 있는 소설이면서 그 양식적 측면에서도 에도의 전통을 기반으로 두고 있다는 점에서 더욱 그렇다. 단, "こまずみだ(고맙습니다)"[51](방점은 외국어라는 뜻―인용자)라는 조

---

49) 銀杏生, 「はつ姿」, 『韓半島』 2호, 1904. 1, 91쪽.
50) 위의 글, 91쪽.
51) 위의 글, 87쪽.

선어가 한번 나오는데 그것이 조선인과 주고받은 대화가 아니라 일본인 사이에서 오간 대화 중에 나온다는 점은 아주 사소한 장면이지만, 돌출적이며 새롭다. 또한, 가타카나로 표기하는 서양 언어와 달리 히라가나로 표시한 점도 흥미롭다. 마치 1930년대의 국어 교과서에서 'オンドル(온돌)'이 '국어'라고 가르치는 장면을 연상시키듯이, 이 장면의 "こまずみだ(고맙습니다)"는 조선어가 압도적인 환경의 조선에서 일본어가 새로운 국면을 맞아 '조선의 일본어'나 '일본의 조선어'로 변모하는 한 양상을 보여주는 대목이다.

3호의 '소설'란에는 세 편의 소설이 실리는데, 그 중 도리고에 쵸엔(鳥越長円)의 「두 명의 처(ふたり妻)」와 하세가와(長谷川)의 「일러개전전 7일 전(日露開戰前七日前)」은 모두 4호(1906.5)까지 연재된다. 특히, 「두 명의 처」의 경우 22장에 걸친 중편 분량의 소설로서 3호 수록분의 중간에는 14면이나 되는 광고를 삽입한 것으로 보아 광고 효과에 대한 기대가 컸던 것으로 판단된다. 이 소설의 4호 수록분에도 4면의 광고가 실린다. 이는 『한반도』에서 '소설'란에 기대했던 것이 무엇인지를 짐작하게 하는 대목이다. 그런 기대를 반영하듯 3호부터는 '소설'란의 표기법이 모든 한자어에 후리가나(ふり仮名)를 기입하는 표기체제를 채택하여 가독력을 높이고자 했다.

그렇다면 3호와 4호에 걸쳐 연재되었고 또한 분량면에서나 내용면에서 이 잡지 소재의 소설 중 가장 돋보이는 도리고에의 「두 명의 처」를 살펴보자. 이 소설은 우선 이 잡지에 실린 여느 소설과 같이 에도 희작의 잔존적인 양식임에는 분명하나, 서사를 이끄는 중요 인물 중 조선인이 대거 등장하거니와 내선결혼의 장면까지 연출되어 있다는 특징을 보여준다. 도쿄(東京) 태생으로 유곽에 팔려온 재이(才二, 본명 月田雪)는 인천의 사업

가 오하마 만토(大浜萬濤)가 상처 후 처로 맞이하기 위해 유곽에서 그녀를
구하는데, 오하마는 모친의 반대가 심하자 미안한 마음에 그녀를 자유롭
게 놓아준다. 그때 그녀에게 연심을 품은 홍반로(洪半魯)라는 조선인이 등
장한다. 반로는 그녀를 우여곡절 끝에 처로 맞이하는 데 성공하지만, 오
하마가 이제는 그녀를 맞이할 수 있게 되었다며 보낸 편지 한 통에 반전
이 일어난다. 그녀가 반로를 떠나 오하마에게로 간 것이다. 하지만 그녀
를 기다리다 오하마가 이미 새롭게 처를 얻은 뒤라 결국, 그녀는 오갈 데
없는 처지에 놓인다. 결국, 재이는 오하마 부부의 따뜻한 배려와 몇 푼의
노자를 받고 고향인 도쿄로 떠난다는 줄거리이다.

유곽 출신 여인의 경성 생활의 애환을 그린 이 소설이 이전의 다른 소
설과 차이가 있다면 역시 앞서 언급했듯이 조선인의 등장일 것이다. 그들
은 반로, 사한(思漢), 박기순(朴其順)과 그의 딸 백련(白蓮) 등 개성 있는 인
물들로서 오히려 일본인보다 더 많이 등장한다. 하지만 이들이 조선인이
어야 하는 개연성에 대해서는 의문의 여지가 있다. 다시 말해, 그들 조선
인은 일본인으로 대체되더라도 서사에는 아무런 영향을 끼치지 못한다
는 사실이다. 은행이나 사법 등의 근대 제도에 익숙하지 않은 어눌한 반
로이지만, 오히려 그의 순박함과 정직함은 재이나 독자의 동정을 불러일
으킨다. 반면, 중매쟁이로 등장하는 사한은 잔꾀를 잘 부리고 영악한 성
격의 소유자로 그려져 있다. 따라서 조선인의 인물 전형화라는 측면에서
이 소설이 다른 소설에 비해 진전을 이룬 것만은 분명하다.

그런데 이 소설이 지닌 한계를 단적으로 보여주는 문제는 바로 등장
인물들이 사용하는 언어의 문제일 것이다. 조선인 반로 등과 일본인 재
이 사이의 의사소통이 과연 어떤 언어로 이뤄졌을지가 궁금할 정도인데,

이 소설은 어떤 언어가 사용되었을까 하는 의문이 아무런 의미가 없는 듯이 서사 된다. 「소설 첩」에서 "말도 통하지 않는 총각(ㅊㄲ)에게 말을 건다 해도 소용없다. 외톨이나 다름없다."[52]며 남자의 변심에 상처받은 한 여인의 상념에 조선인 남성의 표상으로 '총각'을 끌어들인 것과는 전혀 다른 양상으로 그려져 있는 것이다. 더 나아가 조선인 사이에서마저 사용된 언어가 일본어였다고 하더라도 하등의 문제가 되지 않는 듯 전개된다. 그것은 이 소설도 에도 희작의 잔존적인 양식에 적절한 소재로 구성되어 있을 뿐만 아니라, 그들이 민족 간 갈등이 존재하는 현실 세계와 갈등을 겪는 인물을 유형화하지 못한 한계 때문에 빚어진 결과가 아닌가 생각된다.[53]

이와 같은 『한반도』의 소설에서 보이는 조선에 대한 경험 부재와 무의식, 그리고 전통적 문화 관습의 고수 양상은 물론, 『조선지실업』과 같이 일본인 공통의 감각에 기반한 전통 장르 하이쿠 중심의 구성은 모두 동시대성의 지향과 결여라는 이중적 맥락에서 이뤄진 것이라고 할 수 있다. 즉, '일본적인 것'에 대해서는 관습적인 차원에서 동일화 의식을 드러냈지만, 그는 곧 내지의 문학 혹은 문학계에 대해 '시간의 지체(time lag)' 양상으로 나타났다고 할 수 있다. 이러한 '시간의 지체'는 노스탤지어를 통해 극복되고 재현된다. 노스탤지어라는 말은 '고향'으로의 귀환을 갈망한

---

52) 長谷川自適, 「小說囲もの」, 『韓半島』 1호, 1903. 11, 92쪽.

53) 언어 문제와 관련해 「ふたり妻」와는 조금 다른 양상을 보여주는 것이 3호와 4호에 연재된 長谷川自適의 「七日間」이다. 이 소설에서는 조선인이 통행인으로 등장하는데 조선인과의 대화에는 조선어가 사용된다. 예를 들어 "何處へ至る乎"라는 일본어에 "おでがア"(어데 가)라는 조선어 후리가나(ふり仮名)를 써넣고 있다. "집에 가죠.", "좋소."라는 대화가 진행되는 그 장면만 등장하는 조선인이지만, 사뭇 의미 있는 실험적 장면이랄 수 있다. (『韓半島』 4호, 1906. 5, 137쪽) 이러한 변화는 편집자이자 이 소설의 작자인 長谷川만의 고민이나 실험이긴 했지만, 훗날 발행되는 잡지에 어떤 영향을 주었는지는 다시금 살펴볼 필요가 있다.

다는 의미에서 유래했지만, 미국 사회학자 데이비스는 노스탤지어를 과
거와 현재의 '필연적인 내적 대화'를 포함한 것으로 파악하고, 또 자기동
일성과 관련시켜 노스탤지어가 자기동일성의 연속을 강화하는 것이라
고 주장한다.[54] 과거를 소재로 한 정서인 노스탤지어는 자기동일성의 구
성에 있어 시간의 요소를 끌어들여 현재를 과거와 동일시하고 현재에 대
한 부정적인 감정이 과거에 대한 긍정적 감정을 배태하는 것이라고 할 수
있다.[55] 하지만 시간의 요소를 더욱 극대화해서 느끼게 하는 기제는 역
시 본원이라고 느끼는 장소나 문화로의 회귀 의식일 것이다. 따라서 이
두 잡지가 식민지 조선의 공간 속에서 '일본적인 것'과 '조선적인 것'이라는
관계성을 통해 자기동일성을 구축하기 위해서 '일본적인 것'의 좀 더 본원
적인 양식으로 회귀하려는 방법을 취했던 것이다. 그로 말미암은 '시간의
지체'는 오히려 자기 동일화를 강화하는 한 방법이 되었다고 할 수 있다.

5. 『조선지실업』 '문원'란과 자기표현의 욕망

다카하마의 「한국의 시제」라는 글이 『조선지실업』의 9호(1905. 3)에 실린
후 그다음 호부터의 변화는 더욱 눈에 띈다. 부산시회(釜山詩會)의 이름으
로 단카(短歌) 영초를 '천아(天我), 고환(孤丸), 시랑(詩郞)'이란 필명의 작가
가 각각 5수씩 발표하는데, 그 중 덴가의 「한국에 와서(韓ぶり)」는 "한(韓)

---

54) フレッド デービス, 間場壽一 외 옮김, 『ノスタルジアの社会学』, 世界思想社, 1990.

55) 나리타 류이치, 한일비교문화세미나 옮김, 『고향'이라는 이야기』, 동국대출판부, 2007,
244쪽. 그래서 이동에 따라 형성된 근대 도시 공간이 일반적으로 노스탤지어의 담론이 난
무하고 노스탤지어의 공간 양상을 나타내는 것으로 여겨왔다.

에 온 지 10년이 지나면 고리(故里)에 지인도 없이 늙은이가 되리'[56]라는
첫 시에서 알 수 있듯이, 조선에서 뿌리를 내리고 살아가는 '나'의 심정을
읊고 있다.[57]

『조선지실업』의 제10호에 미인지조(美人之助)의 글 「조선에서의 일본문
학」이라는 산문이 실리는데, 이 글은 조선에서 일본어 문학이 극히 빈곤
한 현황임을 진단하고, 조선 경영에 있어 '문적(文的) 방면'의 사명과 역할,
그리고 진흥을 촉구하고 있다. 특히 "문학적 집회는 부산의 일일회와 삼
일월회, 이것들은 하이쿠만의 것으로 아직 전도가 요원하다. 구작(句作)
은 뛰어난 점도 느낄 수 있다. 하지만 그들은 아직 오락적 취미를 벗어나
있지 않다. 심히 믿음직스럽지 못하다. 아, 통탄을 금할 수 없는 상황이
아닌가."[58]라는 대목은 '문원'란과 관련해 매우 의미 있는 글 중 하나이다.
'한(閑)문자', 즉 이 작가의 말을 빌자면 '오락적 취미'로서 문학의 역할을
강조했던, 마치 이제까지의 '문원'란에 대해서 비판하듯 "오랑캐꽃을 보고
울라 하지 않으며, 별을 동경하라 하지 않는다. 적어도 괄목 한산한하(韓
山韓河)를 흘겨보라. 반드시 그곳에 역사로부터 누락된 대(大)문학의 모습
도 있을 것이요, 혹은 시집에서 잊힌 대문학의 재료도 있을 것"[59]이라고

---

56) 天我 「韓ぶり」, 『朝鮮之實業』 10호, 1906. 3, 22쪽.

57) '문원'란에 주요 필자로 활동하는 天我가 『朝鮮之實業』의 10호(1906. 3)에 와카 「韓ぶり」를 발
　　표한 3개월 후 『韓半島』 5호에 「韓ぶり」라는 동일 제목의 작품을 발표하고 있는 것은 바로
　　두 잡지의 '문원'란 사이의 교류 지점을 알려주는 대목이면서도, 자생적 가인 집단이 하이
　　쿠나 와카 등의 전통 시가를 노래하여 집단적 정체성을 표현하려 했던 시기가 언제부터인
　　가를 일러주는 대목이기도 하다. 그는 같은 호 『朝鮮之實業』(10호)에 高濱天我라는 이름으
　　로 「対馬を眺めて得て」라는 신체시를 또한 발표한다.

58) 美人之助, 「朝鮮における日本文学」, 『朝鮮之實業』 10호, 1906. 3, 23쪽.

59) 위의 글, 24쪽.

주장하고 있다. 그 밖에도 「내공첩(乃公帖)」이라는 글에서 "문예취미의 결 핍이란 적어도 천학(淺學)을 의미하는 것이다. 사람은 개중에 취미를 자 각하지 않는다면 소위 목후관(木猴冠)이며, 오사카(大阪) 센니치마에(千日 前)이며, 도쿄 아사쿠사 제육구(東京浅草第六区)이다. 고결이라든가 심원이 라든가 야생의 산물에서 기대할 바가 아니다."[60]라고 주장한다.

이렇듯 하이쿠에 한정되지 않고 '문원'란을 구성하는 과정에서 '도한자' 즉 재조일본인들은 스스로의 위치와 사명, 그리고 조선의 장소성을 발견 하며 '한(閑)문자'나 '오락적 취미'의 문학을 넘어서려는 기획이 나오기 시 작했던 것이다. 그것이 '문원'란의 지면 확대라는 결과뿐만 아니라 다양한 글이 수록되는 결과를 초래했다고 볼 수 있다. 한편 그것이 조선에 대한 정서의 산문화라는 경향으로 나타나기도 했다. 예를 들어 11호(1906.5)의 '문원'란의 구성을 보면 '일일회'의 하이쿠 이외에 「낙동강 강가에 앉아서 (洛東江の岸上に座して)」(시, 高濱天我)[61], 망국을 동정하는 정서가 바탕에 깔 린 산문 「매몰되는 조선을 연구하라(埋沒せる朝鮮を研究せよ)」(美人之助), 일 일회와 삼일월회(三日月會)의 회원 글로 보이는 「뿌연 안경(くもり眼鏡)」(◎ ◎生記)[62], 한 달 동안의 일기를 와카의 형식으로 쓴 「고려일기(高麗日記) 3월」(美髮將章)로 구성되어 있다. 하이쿠를 제외하고는 '도한자'의 사명감,

---

60) 「乃公帖」, 『朝鮮之實業』 제18호, 1906. 12, 19쪽. '沐猴冠'이란 어울리지 않게 소인배가 높은 자리에 있다는 뜻이며, '大阪千日前'와 '東京浅草第六区'는 오사카와 도쿄에서 가장 유명한 유흥가를 지칭하는 말이다. 따라서 '취미'가 오락과 동일시하여 사용된 용어라기보다 계몽 의 의미가 내재된 용어로 사용되고 있음을 알 수 있다.

61) 이것은 비록 (신체)시이기는 하지만 낙동강이라는 구체적인 장소성을 바탕으로 '도한자'의 사명감과 정서를 드러내고 있다는 점에서 하이쿠의 정서와는 다른 면을 지니고 있다.

62) 하이쿠회의 일상적 풍경을 짐작게 하는 글로서 여기서도 현재 조선 하이쿠계의 한계를 지 적하고 있다.

정서, 생활 등을 읽을 수 있는 글이라는 점에서 '문원'란의 확연한 변화를 확인할 수 있다. 그 변화는『조선지실업』의 한계를 근본적으로 극복하지는 못했지만, 조선 내 일본어 문학의 존재에 대한 관심으로 점차 확대되어 가는 것만은 확실한 듯하다. 17호(1906. 11)에 수록된 하이쿠가 인천 '삼계포택우연회(森桂圃宅偶然會)'와의 교류를 통한 결과물이거나 18호에는 마산의 '월포회(月の浦会)'의 하이쿠를 수록하는 등 점차 부산이라는 범위를 넘어 회원들의 영초가 실리게 된다. 이와 같은 흐름은 앞서도 지적했지만, 19호(1907. 1)부터 경성 아케보노쵸(曙町)에 사무실을 두고 판매망뿐만 아니라 회원 및 독자의 전국지를 목표로 삼았던 지향과도 무관하지 않다. 이러한 지향이 23호(1907.4)부터는 오사카(大阪), 하카타(博多), 히로시마(広島) 등에서 내지의 각지에서 보내온 하이쿠를 게재하는 데까지 이르는데, 이는 '문원'란의 하이쿠 선자가 내지의 하이쿠 작가이자 연구자인 에슌안 소노모모(永春庵其桃)로 바뀐 데 따른 결과로 여겨진다.[63] 25호(1907. 7)의 하이쿠 모집 광고부터는 "메이지 하이카이(俳諧)의 진미를 구가하려는 자를 위해" '문원'란을 만든 것이라며 "초심 아직 숙성하지 못한 句라도 첨삭을 해서 다음 호 지상에 게재할 투고 희망자"[64]를 모집한다고 하고, 보낼 곳이 '시모노세키 하나노쵸(下關岬ノ町)　永春庵其桃'로 되어 있는데, 에슌안은 시모노세키에 거주하며 이미 21호(1907. 3)부터 하이쿠의「신파와 구파(新派と舊派)」라는 글을 8차례에 걸쳐 연재한 인물이었다. 그의 글「신파와

---

63) 이 잡지의 문예란은 크게 확대되어갔다. 그럼에도 불구하고 문예란에 대한 자체의 평가는 모두 "전도가 요원"한 수준이라는 비판들이 많았는데, 그때 '내지' 문단과의 관계를 통해 문제를 해결하려 했던 것이다. 永春庵의 등장은 그런 맥락에서 이해할 필요가 있다.

64)『朝鮮之實業』25호, 1907. 7, 28쪽.

구파」는 메이지(明治) 시기 하이쿠계의 동향을 신파와 구파의 각종 주장과 이론, 그리고 그를 통해 벌어진 신구파의 논쟁 등에 관해 전문적인 수준에서 소개하고 있다. 이런 '문원'란의 내지 중심의 전국화라는 흐름 때문인지 21호 이후 '문원'란부터는 조선 거주 내지인이 창작한 하이쿠의 비중이 대폭 줄거나 아예 사라지기도 한다.[65]

23호 '문원'란의 구성이 그런 양상의 대표적인 일면을 보여준다. 우선 도쿄부터 하카타에 걸쳐 투고된 하이쿠 39수가 실리고, 그 중 마지막에 에슌안의 작품 「시모노세키 화단의 목단을 본다(下の関花壇の牧丹を見る)」라는 제목의 연작 하이쿠 9수가 실린다. 여기서도 21호부터 하이쿠의 선자(選者)였던 에슌안이 '문원'란에 얼마나 큰 영향력을 행사했는가를 짐작할 수 있는데, 이후 그는 자신이 참여한 '하이쿠의 연가(連歌)'를 기획해 수록하는 것은 물론 아와노(阿波, 지금의 德島)의 설야(雪野)라는 작가와 오와리(尾張, 지금의 愛知)의 이도(二道)라는 작가, 그리고 이세(伊勢, 지금의 三重)의 경우(耕雨)라는 작가 3인이 「명월의 권(明月の巻)」이라는 제목으로 노래를 주고받은 하이쿠 연가를 기획하기도 한다.[66] 하여튼 그의 기획에 따라 '문원'란의 하이쿠가 다양해지고 그 비중도 한층 높아진다. 반면, 기존 조선 거주의 가인이나 회원들의 하이쿠가 점차 배제되는데, 특히 21호에서

---

65) 『朝鮮之實業』 24호의 '문원'란에 鬼門 등의 하이쿠가 실리지만 그 이듬호인 25호부터는 다시 출품자가 내지 중심의 전국적인 분포를 보인다.

66) 다른 호에서도 內地 가인들의 하이쿠에 필자의 필명과 함께 阿波, 尾張, 伊勢 등과 같은 옛 지명으로 거주지를 표시한 것도 하이쿠라는 전통적 장르를 생각할 때 사뭇 의미심장하다고 하겠다. 이미 1871년에 단행된 '폐번치현(廢藩置縣)'에 따른 잃어버린 옛 지명을 쓰고 있다는 사실은 바로 하이쿠라는 전통 장르의 영향이 아닌가 싶다. 그렇게 했던 이유는 옛 지명으로 인해 발현되는 노스텔지아적 감수성을 자극하고 더불어 근대 국가 이전으로 소급해 상상되는 근원적 동일성을 자극하기 위함이 아닐까 한다.

흥미로운 것은 초기 '문원'란에서 가장 큰 비중을 차지했던 '도한자'의 하이쿠가 에슌안의 「신파와 구파」(三) 뒤에 따로 편집된 사실이다. 물론 거기 실린 하이쿠가 모두 이제까지 하이쿠 회원으로 활동했던 '초정(草汀)'이라는 필명의 작가를 내지로 보내며 쓴 송별시들로 구성된 것이라는 뚜렷한 목적에 의해 편집된 것이긴 하지만, 하이쿠의 배경 면에서 내지에서 출품된 하이쿠와는 뚜렷한 변별성을 갖고 있다. 반면, 그러한 흐름이 '도한자'들의 하이쿠에 이제까지의 경향과는 다른 양상을 띠게 만들었다. "돌아보면 노을 건너 벗의 얼굴"(「諸兄と別るるに望む」), "봄밤 남대문에 사람들의 무리"(「夜十時京城に着く」), "되돌아보면 지근에 푸른 왜성대"(「京城を去る」) 등과 같이 초정의 하이쿠가 그 분명한 예일 것이다. 사실 이런 경향이 나타난 것은 이미 20호(1907. 2)부터라고 할 수 있는데, 귀문의 하이쿠만이 실린 그 호에서 "온돌에 밀칙(密勅)을 의논하는 이박(李朴)의 무리"라든가 "종국(宗國)의 신하 여기에 있는 기원절(紀元節)", 그리고 "결빙된 대동강에 머무는 배" 등과 같은 작품들이 실린 바 있다. 이 작품에서는 '이박(李朴)'으로 표상된 조선인의 반일 의식에 대해 은연중 드러내는 경계 의식이나 천황 이데올로기의 하나로 정해진 기념일인 기원절(紀元節, 일본서기에서 전하는 진무(神武) 天皇이 즉위한 기념일)을 맞아 '여기' 즉 조선에 와서 천황 이데올로기를 발화하는 위치를 분명하게 보여주는 작품들로, 조선이라는 장소성을 구체적으로 드러내며 '도한자'의 사명감이 충만한 위치를 보여주고 있다.

30호(1907. 12)까지 발행된 『조선지실업』의 '문원'란을 두루 살펴보면 그

편집자가 어느 정도 구분된다.[67] 1호부터 귀문의 주도로 하이쿠 중심으로 이뤄지다 다카하마 덴가가 9호부터 관여하기 시작하며 하이쿠 이외의 시가 장르가 등장하는 한편 산문 등에서와 더불어 재조일본인의 자의식을 담고 있는 글이 자주 수록되었다. 또한, 20호 이후에는 내지 거주자 에슌안이 하이쿠 선자로서 활동하면서 하이쿠에 한해서만 보자면 점차 내지 중심의 전국화 양상을 띠기 시작했다. 이렇듯 '문원'란의 편집자 교체에 따라 그 구성도 확연한 차이를 보였다. 그 외 '문원'란의 주요 필자 중 눈에 띄는 인물은 '내공(乃公)'이라는 필명의 인물인데, 그는 12호에 「부산항 24시」라는 산문에서 부산의 일상에 관한 구체성을 지닌 글을 쓴 것은 물론 18호 「내공첩」에서 "우리 재한자(在韓者)"[68]라는 표현을 쓴 것으로 보아 부산 거주 '도한자'로 짐작된다. 그런 그가 14호(1906. 8)부터는 「내공장」 혹은 「내공집」 등과 같은 제목으로 도한자의 사명을 강조하는 수상(隨想)에 가까운 산문을 연이어 싣고 있다. 따라서 이 잡지의 편집진 중 한 명으로 짐작되는데, '내공(乃公)'이란 '나'를 의미하는 것이기도 하니 편집 겸 발행인이었던 우치다 다케사부로(內田竹三郎)가 아닌가 싶다.

이렇게 '문원'란의 전반적인 편집 양상의 변화를 볼 때 잡지의 회원 범위가 내지로 확대됨에 따라 나타난 결과는 두 가지로 요약할 수 있을 듯하다. 그 하나는 하이쿠 작품이 점차 내지 중심의 전국화 양상을 띠고 있다는 점이고, 다른 하나는 하이쿠 이외의 시가나 산문 등을 통해 좀 더 적극 재조일본인의 자의식을 반영한 작품이 수록되고 있다는 점이다. 전자

---

67) 이 잡지의 주간이었던 內田竹三郎는 30호의 「謹告」에서 "다수 회원들의 희망"에 따라 明治 40년(1907) 12월로 종간하고 이듬해부터 『滿韓之實業』을 발간한다고 밝히고 있다.
68) 乃公, 「乃公帖」, 『朝鮮之實業』, 18호, 1906. 12, 23쪽.

의 경우는 초기 '문원'란이 '도한자' 가인집단에 의해 주도되었다가 내지 중심으로 이동되어갔음을 의미하는데, 이는 하이쿠가 지닌 장르적 특성에서 비롯된 것이기도 하다. 왜냐하면, 하이쿠는 거주 장소의 차이보다 '계어(季語)'와 같은 공통의 문화적 감각을 더 우선시할 뿐만 아니라 형식적으로도 작가의 상황적 서사를 담아낼 수 없다는 특성이 있었기 때문이다. 그리고 내지의 전문작가인 에슌안이 선자로 활동하면서는 발화 장소의 의미보다 미적 가치나 전통을 더욱 중요시하여 선별되었을 가능성이 크다. 그래서 에슌안의 등장 이후는 일시적이나마 잡지상으로는 '도한자' 하이쿠가 위축되는 양상을 보였다고 할 수 있다. 반면, 후자의 경우는 한마디로 장르의 다양성으로 지적할 수 있지만, 그 내막을 보면 산문의 급증과 신체시 등 새로운 장르의 확대로 요약될 수 있다. 하지만 그보다 중요한 점은 나파부시(喇叭節)나 미야즈부시(宮津節) 등과 같은 일본의 전통 민요의 변형 양식에 소재로써의 '조선'을 결합하여 새롭게 내지 일본인과 자기들 사이의 차이를 표현하고자 하는 욕망을 드러냈다는 사실이다. 특히 그럴 때는 '계림어부(鷄林漁夫)' 등과 같은 필명을 자주 이용하여 재조일본인의 자기동일성과 그 삶을 강조하는 경향을 보였다. 이는 내지 문학과 양식상의 동일성을 지향하면서도 '시간의 지체'를 드러내고 있지만, 재조일본인이라는 자기동일성의 표현 욕망을 담아내고자 했던 결과라고 할 수 있다.

6. 초기 일본어 문단, 동일과 차이의 교합

이상에서 보았듯이 『한반도』와 『조선지실업』, 이 두 잡지의 문예란은 조선어가 압도적인 환경 속에서 배태된 일본어 문학의 기원에서 두 가지 양상을 보여주고 있다. 특히 『한반도』 문예란은 당시 일본의 잡지들이 보여준 문예란의 체제를 모방하면서도[69] '소설'과 '문원'을 각각 독립시켰다. 그러면서 소설에 비중을 두려고 했는데, 그 또한 장르와 필자 등의 '빈곤'에 따른 여러 한계를 여실히 보여 주었다. 그럼에도 불구하고 '내지'와의 차이를 강조하며 '이향'='외지'의 일본어 문학으로서 자기동일성을 획득하기 위한 다양한 주장과 시도가 끊임없이 있었다. 하지만 그 주장과 시도는 『한반도』가 5호를 끝으로 단명했던 결과처럼 좌절되고 말았다. 『조선지실업』의 경우도 하이쿠 중심의 독자적인 '외지' 문단에 대한 욕망을 엿볼 수 있었지만. 결국, 내지문단에 종속되는 경향을 보이다가 좌절되고 말았다.

그들은 '일본적인 것'(설령 그것이 식민지의 '일본적인 것'이었다고 하더라도)에 대해 집착하는 경향을 보였다. 그런 측면에서 보면, 그들은 일본의 전통

---

[69] 그렇다면 여기서 이들 잡지가 발행될 당시의 '내지'의 잡지 중 문예란은 어떻게 구성되었는지를 한국의 상황에도 깊은 관심을 보였던 종합지 『太陽』을 통해 간단히 살펴보자. 1907년 8월호만 보면 '시사평론', '人物月旦', '논설', '문예', '학예', '잡찬', '시사휘보' 등으로 편집 항목을 분류한 체제를 보여주고 있는데, 이러한 체제는 거의 고정된 것이었다. 그 가운데 '문예'란은 97쪽부터 108쪽까지 차지하고 있다. 히로쓰 류로(広津柳浪)의 소설을 비롯해 모파상의 소설 번역물을 먼저 게재하고 에세이, 신체시, 문예시평, 한시, 하이쿠, 川柳 등의 순으로 이어 싣고 있다. 그 가운데 '독자 문단'란을 통해 독자 대중의 참여도 독려하였다. 이렇게 볼 때 조선에서 동시기에 발행된 두 잡지의 경향에서 보이는 장르의 빈곤은 어떻게 설명해야 할 것인가 하는 의문이 든다.

과 고유문화를 관습적 차원으로 받아들이며 '내지' 문학에 대한 동일화를 욕망했던 것으로 판단되지만, 이는 오히려 내지의 문학 혹은 문단에 대한 '시간의 지체(time lag)' 양상으로 나타났다. 즉, 에도(江戶)의 전통적 산문 양식의 잔존(『韓半島』)이나 하이쿠 등과 같은 장르 중심의 구성(『조선지실업』)이 그들에게는 노스텔지어를 구현하는 방법이었던 것이다. 이러한 내지 문학에 대해서 동일과 차이를 지향했던 것은 '도한자'의 일본어 문학이 표현하고자 한 욕망의 시발점이었던 것이다. 그것은 곧 그 '내지' 문학에 대한 동시대성＝동일 지향과 비동시대성＝차이화의 교합이야말로 당시 조선에서 일본어 문학이 존재했던 양상의 핵심이었음을 말해주는 것이라고 할 수 있겠다.

일한서방(日韓書房)과 '일본어' 권력

신승모

1. '외지'의 일본인 경영 서점

춘원 이광수의 소설 『무정』(1917)에서 경성학교 영어 교사 이형식은 "책을 사는 버릇이 있어 매삭 월급을 타는 날에는 반드시 일한 서방에 가거나, 동경 마루젠 같은 책사에 사오 원을 없이 하여 자기의 책장에 금자 박힌 것이 붙는 것을 유일의 재미로 여긴다."[1] 『매일신보』 연재 24회에 등장하는 이 대목은 근대적 학식을 갖춘 동시대 조선지식인의 한 전형으로 그려지는 인물 이형식이 근대적 지식을 습득하기 위해 '일한 서방'이나 '동경 마루젠' 같은 경성의 일본인 경영 서점을 찾고 있다는 점에서 흥미롭다. 이는 조선의 일본인 경영 서점이 '외지'로 이주한 재조일본인들뿐만 아니라 신지식과 문명개화에 목마른 당대 조선 지식인에게도 원하는 서적을

---

1) 이광수, 「無情」, 『이광수 전집』 1권, 삼중당, 1962, 65쪽.

구입할 수 있는 문화공간으로 인식되고 있었음을 보여주는 것이다.[2]

제국 일본의 지리적 권역이 동아시아로 확대되는 과정에서 책도 월경(越境)하고 이동하였다.[3] 1906년 부산에 요시다하쿠분도(吉田博文堂)가 개점한 이래, 일한서방(日韓書房, 1906), 오사카야고(大阪屋号)서점의 경성 지점(1914) 등 조선에 진출한 일본인 경영 서점은 식민지시기 동안 꾸준히 그 수가 증가했고,[4] 이 서점 공간이 조선인과 조선 근대문화에 끼친 영향관계도 과소평가할 수 없는 내역을 지녔으리라 여겨진다. 특히 당시의 '서점'은 서적소매점의 기능뿐만이 아니라 출판업을 병행하는 출판사의 역할도 수행하고 있었고, 이들 조선의 '외지서점'이 직접 출판한 일본어 서적의 성격을 분류·분석함으로써, 제국 일본의 '조선 知[5]와 표상이 '재(在)'

---

2) 주지하듯이, 메이지(明治)시기 이래 일본에서 발행된 서적에는 과학기술, 개화사상 등 신학문을 다룬 서구의 서적을 번역 또는 번안하여 소개하는 출판물이 많았다.

3) 이 글에서는 다루지 못하지만, 제국-식민지 시기 일본어 서적은 제국의 지리적 세력권에 발맞추어 조선뿐 아니라 만주, 타이완 등 '외지'로 유통되고 있었고, 그 유통과 판매를 담당하던 외지의 일본인 경영 서점도 꾸준히 그 수가 늘어났다. 히비 요시타카는 이 시기 식민지의 일본인 경영 서점을 '외지서점'이라 명명하면서, 그 전개과정을 전체적으로 살핀 바 있다. 日比嘉高,「第二次世界大戰以前における〈外地書店〉の展開」(미발표 연구), 동국대학교 BK21 사업단 주최 보고, 2010. 10. 11; 日比嘉高,「外地書店とリテラシーのゆくえ――第二次大戰前の組合史·書店史から考える――」,『日本文学』第62巻第1号, 日本文学協会, 2013. 1, 44~56쪽 참조.

4) 조선에서의 일본인 경영 서점 수의 양적 추이를 살펴보면 다음과 같다.

1907년	1922년	1923년	1924년	1925년	1926년	1927년	1928년	1929년
22점	27	98	147	193	230	308	336	338
1930년	1931년	1932년	1933년	1934년	1935년	1936년	1937년	1938년
291	291	298	323	337	334	349	361	380

(東京書籍商組合事務所,『全国書籍商名簿』, 1907; 全国書籍業聯合会,『全国書籍業組合員名簿』, 1938의 각 해당 연도에서 서점 수를 발췌)

5) 박광현은 도리고에 세이키(鳥越静岐)라는 만화저널리스트의 활동을 논의한 최근의 글에서 '조선 知'라는 용어를 'episteme'의 번역어로 제시하면서, 조선에 관한 지식 체계나 인식론적인 측면을 강조하는 의미로 사용하고 있다. 이 글에서도 이 용어를 차용하고자 한다. 박광현,「'조선'을 그리다 ― 100년 전 어느 만화저널리스트의 '조선' ―」,『日本學研究』제34집, 단국대학교 일본연구소, 2011. 9, 101쪽 각주7 참조.

조선 일본인의 담론 차원에서는 어떤 방식으로 구상·구축되고 있었는지를 파악할 수 있을 것으로 전망한다.

하지만 지금까지 조선의 일본인 경영 서점에 관한 연구는 한일 양국에서 거의 조사되지 못한 영역이기도 하고, 그 실태의 파악에서부터 검토를 시작하고 있는 단계라고 볼 수 있다. 우선 한국의 경우, 근대 한국의 서점이나 출판사를 검토한 연구는 다수 발표되었지만, 이들 연구에서는 주로 출판법[6]을 비롯한 일제강점기의 갖은 고난 속에서도 출판을 계속한 조선인 경영 서점, 출판사에 대한 통사적인 기술과 국권회복 운동으로서의 민족적 출판 활동만이 이 시기 '우리 출판'사의 전체상으로서 강조되고 있다.[7] 이는 한국 근현대 출판문화사의 주체적 연속성을 강조하고자 하는 연구자의 입각점에 의한 경향으로 이해되지만, 일본인 경영 서점의 활동과 그 역할을 무시한 채 복원하는 근대 한국의 출판문화사 또한 '결락'을 전제로 한 한정적인 복원이 될 수밖에 없을 터이다. 최근에 이르러 일한서방이 발간한 일본어 잡지 『조선』에 관한 연구[8]와 재조일본인의 조선

---

6) 일본이 제정한 조선 내 출판 정책으로 1909년 2월 23일 법률 제6호로 공포되었다. 총 16개 조로 구성된 이 법은 그 담당 기구를 내무 경무국으로 정하고, 각종 서적, 특히 교과용 도서의 발행은 교과서 검정 관계법을 관할하는 학부와 출판법을 주관하는 내부의 이중 검열을 거쳐야만 했다. 김봉희, 『한국 개화기 서적 문화 연구』, 이화여자대학교 출판부, 1999, 105쪽

7) 이 같은 연구로는 이중한·이두영·양문길·양평, 『우리 출판 100년』(방일영문화재단 한국문화예술총서 12), 현암사, 2001; 김봉희, 앞의 책; 백운관·부길만, 『한국 출판문화 변천사』, 타래, 1992 등을 들 수 있다. 최근 일제강점기 경성에 근거를 둔 출판 자본에 대한 검토도 이루어지고 있지만, 이 역시 한성도서주식회사 등 조선인 출판사에 대한 연구로 그 범위가 한정된 경우가 많다. 김종수, 「일제 강점기 경성의 출판문화 동향과 문학 서적의 근대적 위상 ─ 漢城圖書株式會社의 활동을 중심으로─」, 『서울학연구』 제35호, 서울시립대학교 부설 서울학연구소, 2009 참조.

8) 박광현, 「1910년대 『조선』(『조선급만주』)의 문예면과 '식민 문단'의 형성」, 『比較文學』 Vol.52, 한국비교문학회, 2010; 정병호, 「20세기 초기 일본의 제국주의와 한국 내 〈일본어 문학〉의 형성 연구─잡지 『조선』(朝鮮, 1908~11)의 문예 란을 중심으로─」, 『日本語文學』 제37집, 한국

고서 간행사업에 주목한 연구[9] 등이 발표되고 있어 이 테마에 관한 주목할 만한 성과를 내고 있다.

한편 제국 일본의 '외지서점'에 관한 일본에서의 연구는 최근 활발한 움직임을 보이고 있지만, 아직 '외지'에서의 출판유통 구조와 그 실태를 파악하고 있는 단계에 머물고 있다고 볼 수 있다.[10] 그리고 이들 연구도 주로 '만주'에서의 출판유통과 서점에 관한 연구가 대부분이어서 조선 내 일본인 경영의 서점에 관한 다각적인 연구는 이제 한일 양국에서 본격적으로 시작되고 있는 단계라고 해야 할 것이다. 또한, 이 같은 상황에는 무엇보다 자료발굴의 어려움으로 인한 연구 방법상의 제약도 개재해 있음을 지적해두어야겠다.

이 글에서는 이 같은 국내외의 연구동향을 살피면서, 한정된 자료를 가지고 조선의 일본인 경영 서점에 관한 시론을 시도하고자 한다. 구체적으로는 식민지시기 '경성'에서 서적 유통판매와 출판업을 병행한 일한서방을 중심으로 조선 내 일본인 경영 서점의 탄생 배경, 그 영업 내역과 출판서적의 성격 등을 살펴보고자 한다.

일본어 문학회, 2008 등 참조.

9) 崔惠珠, 「한말 일제하 재조일본인의 조선 고서 간행사업」, 『大東文化研究』 제66집, 성균관대학교 대동문화연구원, 2009 참조.

10) 渡辺隆宏, 「「周辺」の出版流通－満洲書籍配給株式会社設立への道程、大阪屋號書店その他－」, 『メディア史研究』 27号, 2010.3; 沖田信悦, 『植民地時代の古本屋たち 樺太·朝鮮·台湾·満洲·中華民国：空白の庶民史』, 寿郎社, 2007; 日比嘉高, 「第二次世界大戦以前における〈外地書店〉の展開」(미발표 연구), 동국대학교 BK21 사업단 주최 보고, 2010. 10. 11; 日比嘉高, 「外地書店とリテラシーのゆくえ――第二次大戦前の組合史·書店史から考える――」, 『日本文学』第62巻第1号, 日本文学協会, 2013. 1; 牧義之, 「「満洲」における出版物の流通：その特徴と問題点」, 『근대 동아시아의 문화: 접경과 횡단』(제3회 동아시아 국제 신진연구자 학술교류회 발표논문집), 2011. 2 참조.

2. 일한서방의 탄생 배경과 조선 내 위상

　주지하듯이 1876년 2월의 '조일수호조약'(강화도 조약) 체결로 부산, 원산, 인천 등 개항지를 중심으로 상업적 이권신장을 도모하고자 한 일본인들이 조선에 건너와 거류지를 형성한다. 그런데 1905년의 '제2차 한일협약'(을사조약) 체결로 이른바 통감정치를 시작한 직후부터는 기존의 거류민과는 성격을 달리하여 일본은 조선식민 사업을 전문적으로 실천해가기 위한 관료집단과 지식인 계층을 대량으로 조선에 이주시키게 된다. 그 이전까지 주로 상용(商用)을 목적으로 조선에 건너온 개항지 일본인 거류민들을 '자발적 식민자'라 정의한다면, 1905년 이후 주로 서울에 유입된 식민 지식계층은 당시 '신도래자(新渡來者)'로 불린 '정책적 식민자'들이었다.[11] 이들 '신도래자'는 총독부(통감부)관료를 비롯하여 관공리(官公吏)나 교원 등의 학무직, 언론계, 의료계, 종교계 등 다양한 분야의 종사자를 포함한 지식인 계층이었고, 이들과 이들의 가족이 대량으로 이주하면서 서울의 일본인 인구는 1905년 이후 급격히 증가하게 된다. 그런데 이때 이들에게 있어 당장 절실해지는 요구조건 중의 하나는 자신들이 조선에서도 모국에서와 같은 삶과 생활을 영위할 수 있도록 조선에 각종 취미거리나 오락시설을 마련하는 일이었다. 일한서방의 창립자인 모리야마 요시오(森山美夫)는 이 같은 재조일본인들의 요구에 부응하는 형태로 1906년 일본 서적과 잡지를 유통·판매하는 일한서방을 개점하였고 이 서점은 창업 당초부

---

11) '자발적 식민자', '정책적 식민자'라는 분류와 표현은 박광현, 「재조선(在朝鮮)' 일본인 지식
　사회 연구 −1930년대의 인문학계를 중심으로−」, 『일본학연구』 제19집, 단국대학교 일본연
　구소, 2006. 10, 120쪽을 참조했다.

터 호황을 누리게 된다.

> 그즈음 이곳(경성—인용자)은 외딴 섬과 같은 모습으로 무료함에 괴로워
> 하고 쓸쓸함을 호소함에도 불구하고 오락기관 등은 하나도 없었기에 이때
> 내 점포는 시의적절했다고나 할까 크게 우리 내지인에게 환영받았다. 또한,
> 그 당시 관리는 지갑이 두둑했기 때문에 비교적 고가인 것이 팔려, 지금 생
> 각해보면 마치 꿈과 같았다.[12]

모리야마 요시오는 1881년생으로 도쿄(東京) 출신이고, 와세다(早稲田) 대학을 졸업한 후 1906년 9월, 26세의 나이로 조선에 건너왔다. 그는 한성부에 오자마자 이후 재경성(在京城) 일본인들의 집단 거주지가 되는 진고개(현 충무로)에 영업소를 차리고 서적판매업을 개시하면서 점포명을 일한서방으로 붙인다.[13] 모리야마 요시오가 와세다 대학에서 무엇을 전공했는지에 대한 기록은 없으나, 그는 1896년 4월 도쿄에서 도분칸(同文館) 출판사를 창업한 모리야마 아키라노죠(森山章之丞)의 친동생이었다.[14] 메이지(明治)시기부터 다이쇼(大正)시기에 걸쳐 하쿠분칸(博文館)과 더불어 일본의 유력한 출판사였던 도분칸[15]의 초창기 영업활동을 곁에서 지켜봤

---

12) 森山美夫, 「朝鮮の出版及び讀書界」, 『朝鮮及満洲』第69號, 朝鮮雜誌社, 1913. 4, 166~167쪽

13) 川端源太郎 著作兼発行, 『朝鮮在住内地人 実業家人名辞典 第一編』, 朝鮮実業新聞社, 1913

14) 『全国書籍商総覧』, 新聞之新聞社, 1935, 6쪽.

15) 도분칸 출판사는 1896년 창업한 이래, 주로 교육, 역사, 종교, 경제, 상업 등의 전문서적을 간행한 출판사로 8대 사전을 발행하는 등 일본의 출판문화 향상에 일익을 담당했다. 1944년 기업정비령에 의해 산세이도(三省堂)에 통합되었지만, 전후 다시 독립하여 1958년 도분칸 출판주식회사로 사명을 변경하고 현재까지 출판영업을 계속하고 있다. 日本出版販賣弘報課, 『戦後の20年 日本の出版界』, 日本出版販賣, 1965 참조. 도분칸 출판사의 홈페이지 내 회사소개도 참조. http://www.dobunkan.co.jp/pub/guide/company.html (2011. 6. 3 검색)

을 모리야마가 조선에 건너와 가장 먼저 착목한 사업이 서점이었다는 사실은 우선 가계 사업의 영향을 받은 자연스러운 귀결로 볼 수 있겠다.

여기에 일한서방의 탄생에는 재경일본인들의 급격한 증가라고 하는 시기적인 배경도 큰 영향을 끼쳤다. 모리야마는 1906년 당시 서울의 서점은 2곳에 불과했고, "재경(在京)내지인의 희망을 충족시킬만한 신간서적은 거의 없"[16]을 뿐더러 그 가격도 우송료가 부가되어 비쌌기 때문에 스스로 서점업계에 뛰어들었다고 회고한다. 이처럼 그는 서적 유통업이라는 영리 목적의 사업을 시작하면서도 그 활동의 '공익'적인 측면을 부각시키고 있다. 즉, 일본의 신간서적과 잡지 등 '외지'에서의 쓸쓸한 생활을 달래줄 읽을거리를 요구하는 재경일본인들의 희망을 만족시키기 위해서라는 점을 강조하고 있는 것이다. 모리야마는 1906년 당시 서울의 서점이 2곳에 불과하다고 했지만, 이는 일본인 경영 서점이거나 적어도 일본어 서적을 구매할 수 있는 서점을 지칭한 것일 터이다. 당시 이미 영업을 하고 있던 광학서포(廣學書舖), 수문서관(修文書館), 신구서림(新舊書林), 중앙서관(中央書館), 한남서림(漢南書林) 등 종로 일대에 소재한 조선인 경영 서점은 조선어 해득능력이 없는 재경일본인들에게는 아무런 '읽을거리'를 제공해주지 못했고, 이런 상황 속에서 식민 본국의 서적, 잡지를 빠르고 정가 그대로 유통·공급하는 일한서방의 등장은 재경일본인들의 급격한 증가와 맞물려 그야말로 '시의적절'한 사업이 될 수 있었던 것이다. 재경일본인들에게 크게 환영을 받아 개점 당초부터 판매가 호조였던 일한서방을 기반으로 모리야마는 1907년부터 자사 제작의 단행본 서적을 왕성

---

16) 森山美夫, 앞의 글, 166쪽.

하게 출판해가는 한편, 1908년 3월부터 일본어 잡지『조선(朝鮮)』을 발행한다. 즉 서적 유통업에 이어 출판업에도 뛰어든 것인데, 이처럼 출판업과 소매가 혼합된 형태는 일본에서는 메이지시기부터 쇼와(昭和) 초기에 걸쳐 볼 수 있는 현상이었고,[17] 개항 이후 한반도의 조선인 경영 서점도 초기에는 출판과 제작, 판매를 통합한 체제로 운영하는 경우가 많았기 때문에,[18] 서점이 출판사를 겸하는 경우는 당시 한일 양국에서 흔한 일이었다고 할 수 있다. 하지만 일한서방의 등장은 조선 내 일본어 서적의 출판유

〈일한서방 외부전경〉　출처 : 『朝鮮』 제1권 제2호, 日韓書房, 1908.4

---

17) 大倉書店, 有斐閣, 春陽堂書店, 內田老鶴圃, 冨山房 등과 같은 메이지시기의 유력출판업자 대부분은 에도(江戶)시대 서사업자(書肆業者)의 업무형태를 답습해, 출판·取次(유통, 도매상)·소매의 세 기능을 겸비한 업종으로서 성립했다. 清水文吉,『本は流れる－出版流通機構の成立史』, 日本エディタースクール, 1991, 28쪽.

18) 이중한·이두영·양문길·양평, 앞의 책, 53, 176쪽 참조.

통이 정착되지 못한 초기 단계에 일본어 서적의 본격적인 유통시스템을 만들어냈다는 점에서 선구적이고,[19] 일본인의 이주 증가가 진행되는 가운데 일본어 잡지『조선』의 발행과 일한서방 제작의 단행본 서적을 다수 출판함으로써 조선(특히 경성)의 일본인 커뮤니티와 담론을 형성하는 데 지대한 영향을 미친 최초의 일본인 경영 서점으로 그 위상을 자리매김할 수 있을 것이다.

나아가 모리야마가 주목한 것은 일본어를 해득하는 조선인 독자층의 증가였다. 통감부 설치 이후 보통학교의 증설, 고등보통학교의 신설이 진행되면서 일본어 교육이 조선인들에게 보급되었고, 각종 일본어 교과서를 구입하려는 학생, 학부형을 중심으로 조선인들도 일본인 경영 서점을 찾게 된다. 또한, 앞서 언급했듯이 서구의 신지식을 번역 또는 번안, 편술한 일본어 서적을 통해 개화사상 등의 신학문을 습득하고자 했던 조선 지식인들이 단골 고객이 되면서 조선 내 일본어 서적의 유통출판 시장은 재조일본인과 조선인을 아우르는 형태로 확장해간다. 즉, 식민 정책의 교육제도에 의해 불문곡직하고 일본어 교육열이 높아지고, 일본어가 근대지식을 전달하는 매개 언어로서 당대 조선 지식인들에게 인식되는 시대 상황 속에서 조선의 일본인 경영 서점은 '일본어'라는 정치적 知의 권력을 등에 업고 성공을 구가하게 된 것이다. 그런데 모리야마는 이 같은 정황을 조선인의 '독서 취미'를 향상시킨다는 식민자의 도착(倒錯)된 소명의식

---

19) 모리야마의 회고에 따르자면, 종래 일본서적의 가격은 정가에 우송료를 부가했기 때문에 비싼 가격이었는데, 일한서방에서는 정가 그대로 받고 우송료 등은 받지 않았다고 한다. 그는 "자신의 희망은 신간서적의 공급을 신속하게 하고 싶은 것인데, 내지신문도 이틀 후에 볼 수 있는 오늘날 새로운 출판물 등도 자연히 신속하게 주문하여, 東都(도쿄)와 다름 없도록 만들고 싶다."고 포부를 밝히고 있다. 森山美夫, 앞의 글, 166~167쪽.

하에서 작위적으로 해석한다.

> 오늘날 조선인은 우리들의 좋은 단골이 되기에 이르렀다. 하지만 조선인
> 의 독서 취미는 학교 교과서 또는 일어연구 또는 법률 연구상 어쩔 수 없이
> 읽는 것 외의 재미있는 서적을 요구하는 경우는 대단히 드물고, 독서 취미가
> 지극히 낮고 아울러 협소한 것이다.[20]

1910년을 전후한 시기에 조선인의 일본어 식자층이 점점 늘어나게 된
요인에는 말할 것도 없이 제국이 강요한 외지에서의 일본어 교육이라는
시국적 배경이 가로놓여있었다. 가령 조선인이 신소설이라든지 잡지 등
의 "재미있는 서적"을 읽기 위해서는 조선인 서점에 가서 한글(언문) 또는
한문 서적을 구해보면 그만이었다. 조선인의 독서 취미가 낮음을 개탄하
는 모리야마의 발언에서는 실상 조선어가 압도적인 현실 속에서도 일본
어의 정치적 우위를 일상생활 수준에서 당연시하고, '독서 취미'가 높다(풍
부하다)는 '문명인'으로서의 자기 상을 무/의식의 수준에서 내면화하고 조
형하고 있는 식민자의 정신구조를 볼 수 있다.

요컨대 모리야마는 급증하는 재경일본인들의 독서 욕구에 부응하면
서 조선 내 일본어 서적의 유통 시스템을 창출하고, 일본어 잡지와 단행
본 서적을 자사 출판하면서 재조일본인 커뮤니티와 담론을 형성함과 동
시에 일본어를 해득하는 조선인 독자층의 '독서 취미'의 향상까지도 도모
한다는 '원대'한 포부를 품고 일한서방의 각종 사업을 전개해간 것이다.
그 포부라는 것은 애당초 영리 목적의 서적유통업자라는 기반에서 출발

---

20) 森山美夫, 앞의 글, 167쪽.

한 것이지만, 그의 심상은 조선에 선구적인, 조선을 대표하는, 조선 내 오피니언 리더로서의 출판업자라는 복수의 착종된 자기 상으로 확장되어 갔을 것이다. 그렇다고 하더라도 실제로 일한서방이 초기 재경일본인들의 커뮤니티를 형성하고, 정보의 집적소와 같은 역할을 수행했다는 사실은 확인해두어야겠다. 그렇다면 일한서방의 구체적인 영업 내역과 잡지·서적의 유통은 어떠한 것이었는지를 잡지『조선』,『조선급만주(朝鮮及滿州)』의 서점 광고, 서적 광고, 기사 등을 통해 살펴보겠다.

3. 일한서방의 영업 내역과 서적 발행

1906년 여름에 영업을 시작한 일한서방의 위치는 경성 혼마치(本町, 지금의 충무로) 2丁目이었고, 자체 산하부서로서 편집부, 출판부, 도서잡지부, 문방구부, 악기부, 기계운동구부, 교육품부를 두고 있었다. 초기 일한서방의 영업내용과 판매내역을 보면 "일한도서출판, 서적잡지 유통, 문방구류 일식, 악기교구, 운동용구, 동식광물 표본, 제도용구, 화양(和洋)

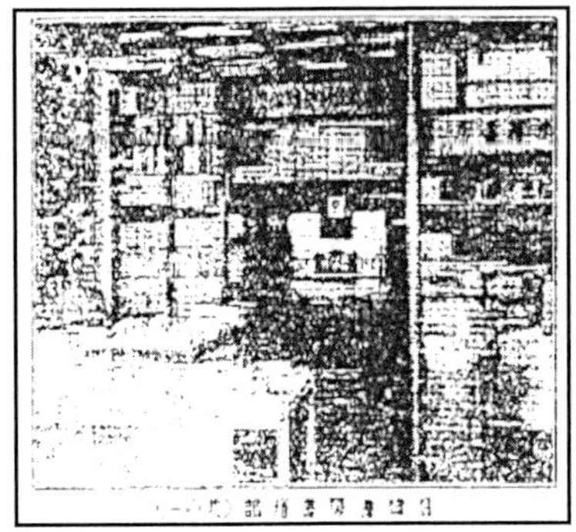

〈일한서방 내부〉 출처 : 『朝鮮』 제1권 제3호, 日韓書房, 1908.5

장부, 등사판, 진필판(眞筆版), 주판, 계산기, 복사지"[21]라고 명시하고 있는데, 그 영업 내역을 구체적으로 살펴보면 다음과 같다.

우선 '특약점(特約店)', '특약판매점' 또는 '발매소(發賣所)', '매팔소(賣捌所)', '대리점' 등의 형태로 일본 내지의 도쿄도(東京堂), 마루젠(丸善), 하쿠분칸, 도분칸, 오쿠라(大倉)서점 등과 같은 대형서점, 출판사와 유통·판매 협약을 맺고, 일본의 최신 서적과 잡지를 조선 내에 공급, 유통하는 시스템을 갖추고 있었다. 같은 시기 경성에서는 일한서방 외에 히라타(平田) 상점 등도 일본서적과 신문의 유통을 맡고 있었으나 일한서방 쪽의 유통 규모가 더 컸고, 1914년 오사카야고서점의 경성지점이 혼마치 1丁目에 들어서기 전까지는 일본서적의 경성 내 공급유통을 거의 독점하고 있었던 것으로 보인다. 일한서방이 식민 본국에서 들어온 서적은 소설, 시사평론, 전집, 여행기 등 상당히 다양한데, 이는 급증하는 재조일본인들에게 본국의 다양한 읽을거리를 제공함으로써 그들의 취미요구에 부응하고, 이를 통해 판매수익을 올리려는 경영 전략으로 이해된다. 일한서방이 내지 출판사나 중개상을 통해 입하해서 판매한 서적을 좀 더 구체적으로 나열해보면, 법률서, 경제서, 종교서, 역사서, 지리서, 지도, 수학서, 화학서, 물리학, 심리학, 논리학, 교육서, 식물학, 원예서, 양계 및 양돈서, 국문 및 국사, 일본문법, 한문서, 수양서, 실업서, 농업서, 공업서, 토목 및 건축서, 측량학, 광물학, 전기학, 영문서, 영어사전 및 불어, 독어사전, 조선어 및 외국어, 화자전(和字典: 각종 일본어 사전), 부기학, 가정서, 요리법,

---

21) 『朝鮮』第1卷第1号, 日韓書房, 1908. 3. 덧붙여 『조선』, 『조선급만주』의 서점, 서적 광고란은 부여된 쪽수가 없기 때문에 인용에서도 표기하지 않았다.

부인의 읽을거리, 미문(美文) 및 작문, 습자견본, 창가 및 음악, 시가 하이쿠, 서화, 회화 등 실로 전문서적에서 취미, 실용서적까지 다양했다.[22]

특히 일한서방은 1912년부터 경성부 국정교과서 특약판매소로서 조선총독부편찬의 교과서와 도쿄문부성 국정교과서를 경기도, 강원도 일부, 평안남북도, 함경남북도, 황해도에 배급 판매하고 있었는데,[23] 이 교과서의 판매는 제국 일본의 외지 일본어교육과 연동하면서 서점으로서는 최고의 상품이었고, 확실한 수입원이었다. 보통학교, 고등보통학교, 소학교, 중학교 등 각종 학교가 증설되고 공립 도서관이 등장하면서 교과서를 구입하려는 학생, 학부모, 교사들이 모두 일본인 경영 서점의 고객이 되었고, 또한 이에 수반하여 참고서, 부교재, 문방도구 등도 덩달아 판매될 수 있었을 것이다.

실제로 일한서방은 산하부서로서 '문방구부(文房具部)'를 따로 두고, 통감부, 총독부 등 관아(官衙)의 어용을 비롯해 일반판매를 하고 있었다. 취급하는 물품은 만년필을 비롯한 각종 필기구, 제도기, 잉크, 벼루, 수첩, 명함첩, 그림도구, 부기장, 일기장, 종이(편지지, 한지) 등인데,[24] 이런 물품은 일한서방에서 직접 제조하는 것도 있었지만, 주로 일본 내지의 제조업체에서 생산한 것을 '특약판매품(特約販賣品)' 또는 '대리점'이라는 형태로 조선 내에 유통 판매하는 방식이었다. 또한, 문방구류 외에도 기계장치, 각종 공업용 도구 등의 제품도 '한국대리점'으로서 일한서방이 판매하고 있었고, 서점사업을 확장하면서 각종 이화학(理化學)기기, 악기류, 운동기

---

22) 『朝鮮』第2卷第6号, 日韓書房, 1909. 2 참조.

23) 『朝鮮』第2卷第6号, 日韓書房, 1909. 2 참조.

24) 「日韓書房文房具營業課目」, 『朝鮮』第1卷第3号, 日韓書房, 1908. 5 참조.

구, 표본, 모형도 판매하는[25] 등 실로 다양한 물품을 구매할 수 있는 잡화상으로서의 면모도 지니고 있었다.

다음으로 일한서방은 자체 편집부를 두고 발행소, 발태원(發兌元)의 형태로 직접 서적을 출판하는 출판사로서의 체재와 기능을 갖추고 있었다. 1908년 창간호부터 1920년 사이에 잡지『조선』과『조선급만주』의 서적 광고란에 게재된 일한서방 발행의 서적명을 조사해서 이를 분야별로 정리해보면【표】와 같다.

【표】 일한서방 서적 출판의 분야별 출판현황(1908~1920)[26]

분야	종수	비율	순위
총류	6	5.8	5
철학	0	0	9
종교	0	0	9
사회과학	22	21.1	2
순수과학	2	1.9	7
기술과학	6	5.8	5
예술	8	7.7	4
어학	18	17.3	3
문학	2	1.9	7
역사	40	38.5	1
합계	104	100	

비고) 분야별 분류는 듀이십진분류표(D.D.C)에 따랐다.

---

25) 『朝鮮』通卷37号, 朝鮮雜誌社, 1911. 3 참조.

26) 창간호부터 1920년까지의 서적 광고란을 조사한 이유는 우선 1916년 무렵부터『조선급만주』에서 일한서방 발행의 도서목록을 거의 찾아볼 수 없게 되었다는 사실과, 초기 일한서방이 발행한 서적 내역을 살펴보려는 이 글의 논점에 맞추어 편의상 조사 시기를 1920년까지로 설정했다. 단, 『조선급만주』의 서적 광고란에서는 볼 수 없지만, 1920년 이후에도 일한서방은 꾸준히 신서를 발행했다.

우선 두드러진 출판경향은 경성, 경기도를 중심으로 조선 각 지역을 도해(圖解)한 지도, 전도류나 한일외교사와 조선왕조 때의 인물, 사건, 정변 등을 기술한 서적(역사)이 가장 많은 수치를 보인다는 사실이다. 이는 급증하는 일본인 도한자(渡韓者)를 위한 안내서로서의 성격을 지니고 있고, 마찬가지 맥락에서 초기에 일한서방이 발행한 서적에는 조선의 풍속, 민속, 새로운 법령 등을 정리한 서적(사회과학)이나 한국어 회화교재(어학), 한국의 풍경과 풍속을 소개하는 사진첩, 화첩류의 서적(예술) 등이 주류를 이루고 있다. 판매도 순조로웠던 것으로 보여, 가령 일한서방 편집부가 편찬한 『韓国風俗風景写真帖』 제1, 2, 3집의 경우 1년 만에 3만 부가 매진되었다는 기사를 싣고 있다.[27] 모리야마 자신은 식민 본국에서 들여온 잡지류의 판매실적이 좋아서 종류도 많아졌고 특히 부인이나 어린이용 독서물의 판매가 좋았다고 회상하고 있다.[28] 이는 1905년 이후 서울에 유입된 재경일본인들이 이전과는 달리 가족 단위로 이주해온 경우가 많았다는 사실을 보여준다.

한편 일한서방에서 발행한 잡지 『조선』은 1908년 3월부터 간행되었고 판권장을 보면 인쇄소는 일한인쇄주식회사[29]로 되어 있다. 창간호에 실

---

27) 『朝鮮』第1巻第2号, 日韓書房, 1908. 4.

28) 森山美夫, 앞의 글, 167쪽. 모리야마는 잡지 전체의 매월 판매부수가 1만 5, 6천부 이상이라면서 이 같은 판매 호조의 배경을 재조일본인 인구의 증가와, 독서취미가 널리 보급된 데서 찾고 있다.

29) 일한인쇄주식회사의 본사는 양관(洋館)식 건물로 메이지쵸(明治町, 현 명동)에 자리하고 있었다. 1907년 12월에 창립한 일한인쇄주식회사는 자본금 50만 엔, 직공 200여 명, 십수대의 인쇄기계를 갖춘 규모가 큰 회사였고, 그 영업은 활판, 석판제본 및 그 외 인쇄물, 활자 주조에 관련된 일체의 사업이었다. 川端源太郎, 『京城と內地人』日韓書房, 1910, 215~216쪽 참조.

린 「본지발간의 피로연」에서 편집 겸 발행자인 모리야마는 "소생은 서점을 하고 있습니다만, 한국에 아직 한국을 대표해야 할 잡지가 없음을 유감으로 여겨 발행의 뜻을 품게 되었"[30]다고 말한다. "한국을 대표"하고자 한다는 표현에서도 알 수 있듯이, 모리야마는 '일본어'라는 식민자의 지배언어와 영리 목적의 출판자본을 바탕으로 '조선(인)'을 다방면으로 연구해서 조선에 대한 표상과 知를 재조일본인과 식민 본국을 향해 소개, 발신한다는 '대표성'에의 욕망을 지니고 있었다. 창간 피로연에서 주간인 기쿠치 겐죠(菊池謙讓)는 "조선문제에 관해서 각 계급 각 방면의 취미를 정리하고 아울러 널리 세상에 소개하려고 한다."고 했고, 편집장 샤쿠오 슌조(釈尾春芿)는 "의견 있고 문자 있는 사람의 공유기관으로 삼을 생각……조선 통치상의 참고가 되고 조선 연구상의 자료가 되는 것은 모두 받아들여 거절하지 않을 방침"[31]이라고 밝히고 있다. 『조선』의 기사 체제와 배치가 동시대 일본의 종합잡지 『태양(太陽)』이나 『일본급일본인(日本及日本人)』과 유사하다는 사실[32]에서 이들 편집진이 조선에 일본식 잡지 체제의 '이식'을 시도하면서 조선에 관한 다방면의 기사를 내용으로 담는 공공매체로서의 대표성을 획득하려고 했다는 것을 알 수 있다.[33]

---

30) 「本紙發刊の披露會」, 『朝鮮』第1卷第1号, 日韓書房, 1908. 3, 94쪽.

31) 이상 인용은 위의 글, 94쪽.

32) 『조선』 제1권 제2호에는 각 신문사들이 본 『조선』에 대한 비평이 실려 있는데, 조선일일신문, 조선타임즈, 진남포신문이 이 점을 지적하고 있다. 「本誌『朝鮮』に對する批評」, 『朝鮮』第1卷第2号, 日韓書房, 1908. 4, 90~92쪽 참조.

33) 최근 잡지 『조선』 및 『조선급만주』에 주목한 연구가 학계에서 활발히 발표되고 있어 이 글에서는 잡지의 체재나 내용을 구체적으로 분석하지는 않는다. 『조선』과 『조선급만주』에 주목한 연구로는 박광현, 앞의 논문, 2010; 김계자, 「도한 일본인의 일상과 식민지 조선의 생성―잡지 『조선(朝鮮)』의 문예란을 중심으로―」, 『아시아문화연구』 제19집, 경원대학교 아시아문화연구소, 2010; 정병호, 앞의 논문; 식민지 일본어 문학·문화 연구회 편, 『제국의

그런데『조선』제3권 제1호(1909. 3)에는 발행자인 모리야마 요시오가 애독자에게 삼가 아룀」이라는 알림 글을 통해『조선』의 경영과 편집 일체를 편집장인 샤쿠오 슌조에게 일임한다는 내용을 싣고 있다. 그리고 발행사도 제4권 제1호(1909. 9)부터 일한서방에서 조선잡지사(朝鮮雜誌社)[34]로 변경된다. 모리야마는 발행자와 발행사의 변경이유로서 "본지도 이미 2주년째로 접어들어 점점 확장에 힘을 쏟기 위해서"라고 밝히고 있다. 즉, 이 같은 조처는 잡지『조선』의 사업 확장─지국 확충 및 판매망 확대 등─을 위해 이루어진 처사로서 일한서방만으로는 앞으로의 사업을 감당하기 어렵다고 보고 발행사를 샤쿠오 슌조가 경영하는 조선잡지사로 옮긴 것이다. 이후『조선』은 1912년 1월부터 잡지명을『조선급만주』로 개제하고 제국의 판도(版圖) 확장에 보조를 맞추듯 조선과 만주를 아우르는 잡지로 그 영역을 확장해간다.

한편 1916년 무렵부터『조선급만주』에서 일한서방 발행의 도서목록(서적 광고)을 거의 볼 수 없게 된 점도 주목된다. 그 원인으로 추측되는 바

이동과 식민지 조선인들─일본어 잡지『조선』(1908~1911)연구』(일본학총서16), 문, 2010; 崔惠珠, 「잡지 ≪朝鮮≫(1908~1911)에 나타난 일본 지식인의 조선 인식」, 『한국 근현대사 연구』제45집, 한국근현대사학회, 2008; 최혜주, 「한말 일제하 샤쿠오 이쿠오(釈尾旭邦)의 내한활동과 조선인식」, 『한국민족운동사연구』45, 2005; 윤소영, 「일본어 잡지『朝鮮及滿洲』에 나타난 1910년대 경성」, 『지방사와 지방문화』9권1호, 역사문화학회, 2006 등이 있다.

34) 샤쿠오 슌조가 경영한 조선잡지사는 1908년 3월에 창립되었다. 조선잡지사는『조선』과『조선급만주』의 발행 외에도 조선 고서간행회(朝鮮古書刊行會)를 조직(1908년 설립)하여 조선의 고서나 진서(珍書)를 발굴, 간행하면서 한반도의 고대사를 소개하고자 했다.(川端源太郎, 앞의 책, 1910, 217~218쪽 참조) 조선잡지사가『조선』을 발행하기 시작한 제4권 제1호(1909.9)에는 오가와 시게오(大川茂雄)의 글 「조선고적간행회 출판서적 해제」(30~33쪽)와 「본사의 조선고적간행」이라는 알림글을 통해 조선고적간행회규칙, 명예찬성원, 특별찬성원, 평의원, 제1기 발간서목, 편찬서목 등의 내역을 소상히 밝히고 있다. 덧붙여 조선 고서간행회의 설립과 운영을 검토한 연구로 崔惠珠, 앞의 논문, 2009가 있다.

는 우선 일한서방의 신서 발행이 이전에 비해 감소해서 서적 광고도 점점 줄어들었던 것 같고, 다음으로는 조선잡지사, 조선급만주사를 위시하여 1910년대 중반에 접어들어서 오사카야고서점의 경성지점, 간쇼도(巖松堂) 경성지점 등과 같은 일본인 경영 서점들이 새롭게 경성에 진출해 사업을 확장하면서, 일한서방의 영업 규모나 영향력이 점차 낮아졌다는 점 등을 생각해볼 수 있다.[35]

4. 일한서방 출판서적의 성격

잡지 『조선』의 발간 피로연에서 편집장 샤쿠오 슌조가 밝힌 "조선 통치상의 참고가 되고 조선 연구상의 자료가 되는 것은 모두 받아들여 거절하지 않을 방침"이라는 출판관은 그대로 일한서방이 출판한 서적들의 성격에서도 나타난다. 모리야마 요시오는 재경일본인의 '독서 취미'의 특징을 "제각각 다른 취미를 지닌 각자가 식민지론이라도 나오면 바로 그걸 읽는다는 경향은 내지에서는 볼 수 없는 바이다."[36]라고 지적하고 있는데, 식민지론이 재조일본인들 사이에서 많이 읽혔다는 사실은 그들이 식민자의 입장에서 조선을 자기네 방식으로 지적으로 영유하고자 하는 제국주의적 知에의 욕망을 공유·유통하고 있었다는 것을 말해준다. 모리야마는 식민지론에 이어 "지리, 역사, 어학서류"의 판매가 좋았다고 말하는데, 이 같은 사실은 앞서 이 글에서 정리했던 【표】「일한서방 서적 출판의

---

35) 그 외에 일한서방은 조선총독부의 월보를 발행하고 있었고, 매년 하기 강습회를 소학교, 고등 보통학교 등에서 개최하는 활동을 했다.
36) 森山美夫, 앞의 글, 167쪽.

분야별 출판현황(1908~1920)」을 통해서도 확인할 수 있다.

【표】을 통해서 확인할 수 있듯이, 초기 일한서방이 자사 출판한 서적에는 역사서가 가장 많았고, 특히 조선 각 지역, 지리를 도해하면서 그곳의 풍속이나 산업을 해제하는 자료집 형태의 서적이 많이 간행되었다. 가령 1912년 일한서방편집부가 편찬한 『最新 朝鮮地誌(최신 조선지지)』는 일한서방 출판 서적의 성격의 일단을 잘 보여준다. 우선 동시대 일본에서 간행된 조선 지리서류의 조사 자료집에는 팽창해가는 제국의 지정학적 전략과 의도가 함의되어 있는 경우가 많은 데 비해, 일한서방이 편찬한 『最新 朝鮮地誌』의 서언에서는 조선지리가 "제국지리 속에 부기(附記)되거나 만주지리와 함께 기술되는" 기존의 경향을 지양하고, "독자로 하여금 한 차례 통람하면 바로 반도 각 방면의 사정을 빠짐없이 알 수 있는 것"을 제공하고자 한다는 편찬의도를 밝히고 있어 흥미롭다.[37] 왜냐하면, 이는 조선에 거주하는 '재(在)'조선의 입장에서 '조선'만을 독립적으로 다룬 지리서의 중요성을 내외에 발신하고 있는 것이고, 주로 제국의 권역에 포함시켜 제국에 기여할 장소로서 조선을 파악하고 있는 식민 본국에서의 기술 입장과는 온도 차를 보이고 있기 때문이다.

이 책의 구성은 조선을 크게 자연지리, 인문지리, 각도 지리의 3편으로 나누어 상술하면서, 제3편 각도 지리에서는 「내지인 집단지」라는 장을 따로 설정하여 경성, 인천, 부산, 평양, 진남포, 신의주, 군산, 목포, 마산, 대구, 원산, 그 외 집단지에 거주하는 재조일본인의 호구, 기후, 교통 및

---

37) 日韓書房編輯部, 「緒言」, 『最新 朝鮮地誌』, 日韓書房, 1912.

통신, 경제 상황 등의 최신 정보를 제공하고 있다.[38] 이 같은 편집부의 기획을 통해서도 조선을 재조일본인의 관점에서 재장소화(再場所化)하면서 자신들의 위치를 내외에 표명하고자 하는 의도를 볼 수 있다.

한편 조선(인)에 관한 기술에서는 주로 통계나 문헌 자료를 제시하면서 설명하는 자연지리나 각도 지리에 비해, 제2편인 인문지리에서는 일한서방편집부 측의 자의적인 해석이 개입하고 있어 주목된다. 가령 「위생」에서는 다음과 같은 기술을 볼 수 있다.

조선인은 인삼을 복용하고 혹은 짐승 피를 마시는 등 섭생에 힘쓰는 듯이 보이지만, 대부분은 일종의 미신적 양생법을 지킨다는데 지나지 않는다. 근세의 소위 위생사상과 같은 것은 거의 없다고 해도 좋을 정도이다. 그리고 의료기관 등도 굉장히 유치해서 의사다운 의사는 거의 볼 수 없다.[39]

편집부는 통감부 설치 이전에 조선인의 의료기관으로서 광제원(廣濟院)이나 궁내부 소관의 적십자병원, 학부소관의 의학교 등이 있었다고는 하나 규모면에서나 수준면에서 근대 의료의 목적을 달성하기에는 충분치 못했다는 점을 지적한다. 그리고선 1909년부터 전국 각도에 설립되기 시작한 자혜(慈惠)병원을 비롯하여 일본 세력이 조선에 세운 의료시설의 우수성을 부각시킨다.

요컨대 신문명은 점차 조선인에게 위생사상을 환기하면서, 위생상의 시

---

38) 위의 책, 420~454쪽 참조.
39) 위의 책, 80쪽.

설, 의약 기관 또한 점차 완비하기에 이르고 있고, 유행병 같은 것도 근래 점차로 감소하는 경향이라 한다.[40]

이처럼 일본의 '신문명'이 조선에 가져온 긍정적인 측면을 강조하면서 문명인으로서의 자기 상을 담론의 차원에서 내면화하고 있는 것이다. 그런데 일한서방이 자사 출판한 서적에는 식민지의 풍속과 생활을 '토산', '토속'과 같은 표현으로 표상하고, 동시에 그 풍속과 생활을 다룬 저작 자체도 스스로 '조선 토산'이라고 자처하는 경우가 있어 흥미롭다. 경성일보 사회부장 우스다 잔운(薄田斬雲)의 『조선 토산 여보기(朝鮮土産 よば記)』(日韓書房, 1908)는 "저자가 경성 생활 1년 동안 건져 올린 조선 토산"으로서 "살아있는 조선 일반을 세상에 소개하려고 가장 취미 있는 관찰의 붓을 휘두른 것, 일독하면 조선 생활의 진상이 눈앞에 전개되는" 책으로 소개되고 있는데,[41] 이처럼 스스로 '외지 토산(토속)'이라고 자처하는 경우는 타이완의 일본인 경영 서점에서도 볼 수 있는 현상으로 타이완의 니이타카도(新高堂)의 입구 현판에는 '남방토속(南方土俗)'이라는 문구가 크게 달려 있었다.[42] 이 같은 표상에는 식민지에 대한 '이국취미(exoticism)'를 발현하면서도, 그 식민지에 거주하는 일본인으로서 자신들의 발화위치를 특수화하여 식민 본국에 발신하고자 하는 의도가 중첩되면서 생겨난 이중적 입장이 개재해 있을 것으로 보인다.

이상 초기 영업 내역과 활동을 중심으로 일한서방의 탄생 배경과 조

---

40) 위의 책, 82쪽.

41) 『朝鮮』第1卷第2号, 日韓書房, 1908. 4.

42) 니이타카도는 무라자키 나가아키(村崎長昶, 1870~1950)가 1898년에 타이완 타이페이 시에서 창업한 일본인 경영 서점이었다. 『全国書籍商総覧』, 3~4쪽 참조.

선 내 위상, 출판서적의 성격 등을 소략하게나마 파악해보았다. 1906년 서울(경성)에서 개점한 일한서방은 식민 본국에서 도서, 잡지를 수입해서 조선 내에 유통·판매하는 좁은 의미에서의 서점＝서적소매점에서 시작해서, 1907, 8년부터는 자체적으로 서적과 잡지를 발행하는 출판사의 기능도 동시에 갖춘 발행소였다. 또한, 각종 문방구류, 기계 도구, 이화학(理化學)기기, 피아노 등의 악기, 운동기구, 표본, 모형 등의 취미용품, 화투 등의 오락용구도 판매하는 잡화상과 같은 상점이기도 했다. 일한서방이 간행한 일본어 출판물은 조선에 대한 표상과 知를 생성하여 식민지 조선에 관한 지식을 습득·공유하고자 욕망하는 재조일본인들의 수요에 부응함과 동시에, 자신들이 수행한 '조선 知'를 식민 본국에도 발신, 유통해감으로써 조선(인)을 잘 알고 다방면으로 연구해서 소개한다는 '재(在)'조선 미디어로서의 대표성을 획득하고자 한 전략적 기획물이었다고 볼 수 있다.

요컨대 일한서방은 조선 내 일본어 서적의 출판유통이 정착되지 못한 초기 단계에 일본어 서적의 본격적인 유통시스템을 만들어냈다는 점에서 선구적이고, 일본어 잡지『조선』의 발행과 일한서방 제작의 단행본 서적을 다수 출판함으로써 조선(특히 경성)의 일본인 커뮤니티와 담론을 형성하는 데 지대한 영향을 미친 최초의 일본인 경영 서점으로 그 위상을 자리매김할 수 있을 것이다. 또한, 식민 정책의 교육제도에 의해 불문곡직하고 일본어 교육열이 높아지고, 일본어가 근대 지식을 전달하는 매개 언어로서 당대 조선 지식인들에게 인식되는 시대상황 속에서 일한서방은 '일본어'라는 정치적 知의 권력을 등에 업고 성공을 구가하게 된 것이다.

재조일본인의 조선 한문학 연구와 식민지 지배 이데올로기

박영미

1. 분석되는 '조선'과 조선 한문학

일본인의 조선에 대한 연구는 식민지 통치를 위한 사업의 일환으로 시작되었다. 구관 제도 조사 사업을 시작으로 각종의 조사가 대대적으로 이루어졌다. 이를 실시한 일본의 목적은 '조선'을 조사하고 계량화하여 식민지를 안착시키려는 필요한 자료로 이용하려는 데에 있었다. 그리고 이 자료들은 전문가의 손에 들어가면서 연구로 이어졌다.

1920년대 초반을 기점으로 시작된, 재조일본인의 조선 한문학 연구에 있어 대표적인 인물로 마쓰다 코우(松田甲, 1868~1945), 다다 마사토모(多田正知, 1893~?), 후지쓰카 지카시(藤塚鄰, 1879~1948)를 들 수 있다.

(1) '조·일 관계사' 연구와 조선의 '한학(漢學)'
: 마쓰다 코우(松田甲)의 연구

마쓰다 코우의 논문이 한일 교류사에 있어 조선통신사 관련 및 교류에 관한 담론들을 '최초'로 다루었다는 점과 지금의 한일 교류사 연구에도 인용되고 있다는 점에 비해, 그에 관한 연구는 거의 이루어지지 않고 있다.

마쓰다는 1868년생으로 1879년 공옥사(攻玉社)에 입학해 측량학을 배웠다. 19세가 되던 1882년에 졸업과 동시에 참모본부의 측량기사에 임명되었다. 청·일, 러·일 전쟁에 종군하였고 1906년 이후는 임시측량부의 측량 주임으로 대만, 조선, 만주 등을 답사하였으며 1908년에는 남청(南淸) 방면에 1909년에는 몽고로 파견되어 실측하였다. 그 사이 틈틈이 노구치 네이사이(野口寧齋), 모리 가이난(森槐南)에게 한시를 배웠다.

1911년 조선총독부의 임시토지조사국 기사가 되어 조선에서 생활하기 시작하였다. 1918년 임시토지조사국 감독관을 그만두고 조선총독부 체신이원양성소(遞信吏員養成所)에서 수신(修身)과 국어(國語)를 가르쳤다. 1918년 4월 임시토지조사국이 임무를 마치고 해산되었을 때 그는 동경으로 돌아가려고 땅을 처분했지만, 한시를 통해서 내선(內鮮) 교류상의 커다란 역할을 했다고 평가되어 경성에 머무를 것을 관계자들로부터 요청받았고 이런 이유로 영주하기로 결심하였다. 1911년 조선총독부의 임시토지조사국 기사가 되어 조선에서 생활하기 시작하였다. 1918년 임시토지조사국 감독관을 그만두고 조선총독부 遞信吏員養成所에서 修身과 國語를 가르쳤다. 1918년 4월 임시토지조사국이 임무를 마치고 해산되었을 때 그는 동경으로 돌아가려고 땅을 처분했지만, 漢詩를 통해서 內鮮交流상의 커다란 역할을 했다고 평가되어 경성에 머무를 것을 관계자들로부터 요청받았고 이런 이유로 영주하기로 결심하였다.

1923년 퇴직한 후에 조선총독부 관방촉탁(官房囑託)이 되어 문서과에서 근무하였다. 그는 이원양성소에서 교원으로 일하면서 조선과 일본의 문화교류에 대해 본격적으로 연구하였으며 진전된 연구 성과를 기대하며 관방촉탁이 되었다. 1945년 7월 17일에 조선에서 82세로 사망하였다.[1]

마쓰다의 조선에 관한 연구는 1920년대부터 1930년대 초반에 집중되어 이루어졌으며 총독부 기관지인 『조선』에 게재된 논문을 편집하여 1926년부터 1931년까지 『일선사화(日鮮史話)』 총 6권, 『속일선사화(續日鮮史話)』 총 3권을 간행하였다. 이외의 저작으로는 『조선잡기(朝鮮雜記)』(1925), 『조선만록(朝鮮漫錄)』(1928), 『조선총화(朝鮮叢話)』(1929)의 연작과 『조선의 금석(朝鮮の今昔)』(1927), 『한일관계사연구(韓日關係史研究)』(1929)가 있는데 이상의 저작은 모두 조선총독부에서 간행하였다.

마쓰다 연구의 특징은 조·일관계사의 규명이라고 할 수 있다. 그것은 대략 다음과 같이 정리할 수 있다. 1) 조선통신사에 관한 연구, 2) 이퇴계의 유학과 일본에 끼친 영향에 관한 연구, 3) 문학적·문화적(서적을 포함한) 교류와 영향 관계에 관한 연구이다.

마쓰다의 연구는, 논문의 목록에서 확인할 수 있듯이 문학과 역사, 철학을 넘나드는 '문·사·철'의 '한학' 영역에서 이루어졌다. 그러나 그가 역

---

1) 松田甲의 생평에 관해서는 權純哲의 「松田甲の日鮮文化交流史研究」(『埼玉大學紀要』 제44권 제1호, 2008)와 박영미의 「일제강점기 松田甲의 한문학 연구에 대하여」(『한문학보』, 우리한문학, 2010)를 참조하였다.

점을 둔 것은 역사였으며 문학은 역사의 증거자료로 사용되곤 하였다.

〈『일선사화(日鮮史話)』〉

「하카타와 조선인의 사적(博多と朝鮮人の事蹟)」(『日鮮史話』第一編, 1926)에 대한 연구는 그의 연구 특성을 잘 보여주는 논문이다. 하카타(博多)는 조선 통신사가 도일 시에 머무는 곳으로 일본에 있어서는 대한외교의 요충지라고 여겨지는 곳이다. 이 논문은 조선과 하카타와 관련한 역사적 관계를 규명하는 것을 목적으로 한 것이었다.

하카타에는 조선과 관련한 여러 가지 전설과 역사적 자료들이 있는데 마쓰다는 그중에 박제상, 정몽주, 신숙주의 예를 들었다. 박제상에 관해서는 『동국통감(東國通鑑)』의 자료가 많이 인용되지만, 오류가 많다고 지적하며 조엄(趙曮)의 『해사일기(海槎日記)』와 조경(趙絅)의 『충렬가(忠烈歌)』에 실린 박제상이 하카타에서 죽었다는 기사는 신뢰할 만하다고 하였다. 그러나 왜왕이 박제상의 다리 가죽을 벗기고 갈대 위를 걷게 한 일은 '전기(傳奇)'와 마찬가지로 확실한 증거가 없다고 하였다.

박제상과 하카타에 관해서는 이처럼 역사적 사실관계를 다루고 있는 반면 정몽주에 관해서는 문학적 접근을 하고 있다. 정몽주가 하카타에 머물며 썼던 '梅窓春色早 板屋雨聲多'는 매화도 없고 판옥도 없던 고려에서 일본의 풍물을 읊은 참신한 시구로, 인구에 회자되었다고 평하였다. 그리고 신숙주의 『해동제국기(海東諸國記)』는 일본에서 번각되어 간행되었을 뿐만이 아니라 지금도 중요한 연구 자료라고 하였다.

이렇듯이 문헌에 대한 고증, 한시의 인용과 해설 그리고 서지적인 연구에 이르는 일련의 과정을 통해 하카타와 조선, 즉 일본과 조선의 과거의 우호적 관계를 재생하고자 하였다.

(2) '문학'으로서의 조선 한문학
: 다다 마사토모(多田正知)의 연구

마쓰다가 조선사 연구의 일부로서 한문학을 다루었던 것에 비해 경성제국대학 예과 교수였던 다다 마사토모(多田正知, 1893~?)는 '문학'에 집중하였다.

다다 마사토모 1893년 2월생으로 니가타현(新潟縣) 나가오카시(長岡市) 조나이초(城內町)에서 출생하였다. 1912년 3월에 니가타현 사범학교(新潟縣師範學校)를 졸업하고 니가타현 고지군(新潟縣 古志郡) 이치노카이 소학교(一之貝小學校), 마키야마 소학교(槇山小學校), 쿠로조 소학교(黑條小學校), 나아오카시 사카노우에 소학교(阪之上小學校), 오모테초 소학교(表町小學校), 나가오카 여자사범학교(長岡女子師範學校) 등의 훈도를 역임한 후, 1921년에 나가오카 중학교(長岡中學校) 교유(敎諭)가 되었다. 이후 도쿄제국 대학(東京帝國大學) 문학부에 입학하여 1927년 3월에 졸업하였다.

1927년 경성제국대학 예과(豫科) 강사로 임명되었다가 1928년 교수로 승진하였다. 1933년 시학위원(視學委員)에 임명되었지만, 1935년 1월 25일 경성제국대학을 의원면직하였다. 그러나 경성제대 예과를 퇴직한 이후의 기록은 찾아볼 수가 없었다. 다다 마사토모는 중국문학자로 널리 알려졌으며 한학을 가학으로 한 시오노야 온(鹽谷溫)의 동경제국대학 제자로

1929년에 소오노야가 조선에 왔을 때 조선의 문인들과 수창한 시집『즙희
양광하시집(緝熙煬光賀詩集)』을 편집하여 헌정하였으며 이 일은 도쿄에까
지 알려질 정도였다. 그는 스승인 시오노야 온의 영향인지 근대 일본 관
변 유학 단체인 사문회(斯文會) 회원으로 활동하며 논문을 다수 게재하였
다. 그가 1930년 경성제국대학의 예과에 재직할 당시 조선어과에는 다카
하시 도오루(高橋亨)가, 지나철학과와 지나문학과에는 후지쓰카 지카시
(藤塚鄰)와 가라시마(辛島)가 같이 교편을 잡고 있었다.[2]

〈경성제국대학〉

문학 중에서도 특히 조선 한문학에 관심을 집중하였다.

그가 생각하는 조선의 문학이란 무엇인가. 다다는 조선 문학을 한글
로 창작된 것만으로 제한한다면, 훈민정음 이후의 문학만이 조선의 문학

---

2) 多田正知에 대한 정보는 그다지 많지 않다. 『조선인사흥신록』과 박영미의 「일제 강점기 在
朝 지식인 多田正知의 한문학 연구에 대한 試論」(『어문연구』 65, 어문연구학회, 2010)를 참조
하였다.

이 될 것이라고 하였다.[3] 이렇게 협의의 개념으로 조선 문학을 규정할 경우 '다만 이렇다면 신라 조에 이미 향가라고 칭해진 훌륭한 문학은 어떻게 될까. 훈민정음 즉 언문은 세종이 정식 제정 공포하기 이전부터 이미 존재해있었던 것은 아닐까'라는 어려운 의론[4]이 발생하게 된다고 하였다. 조선의 문학은 한자로 표기된 것마저 포함한 것이 되어야 한다는 것이다. 그가 보기에 '한문학'에 대한 견해는 종래 두 가지가 있었다. 하나는 한문학의 근본사상은 유교주의에 있기에 문(文)이라고 하는 것은 도(道)를 신는 그릇이 되어야 한다는 것과 시(詩)라고 하는 것은 정(情)에서 발하여지대 예의에서 멈춰야 한다는 것이 그것이다. 서양의 플라톤 문학관 등도 이와 유사(필자 역)[5]하였다. 유교의 재도론적 문학론과 성정론, 플라톤의 문학론은 문학의 효용을 중시하였다. 그렇기에 문학은 도를 해하는 것이고, 시인은 추방되어야 하는 존재이기도 하였다.

다다는 도를 수양하는 도구로, 사회적 교화의 도구로서의 효용성을 강조하는 한문학이 과연 문학인가에 대한 답을 구하여야만 하였다. 또 하나 '한자라는 것은 결국, 외래의 문자였으며, 한자는 어차피 수입된 문장이었기 때문'에 국문학으로서의 자격을 얻기 위해서는 외래성의 논란에서 벗어나야만 했다.

다다는 '문학이라고 하는 것에 대한 관점을 바꾸어, 문예는 문예일 뿐

---

3) 多田正知, 「朝鮮文學覺に書」, 『朝鮮之圖書館』, 조선도서관연구회, 1932, 1쪽. '어떤 일파가 제창한 것처럼 조선 문학을 조선 땅에, 조선인의 손에, 조선인의 문자에 의해 발표된 문학에 한정을 한다면, 협의로 해석해보면 그 근원을 이조 제4대 세종대왕 조에 제정된 훈민정음 이후에서 구해야만 되지 않을까.'(필자 역)

4) 多田正知, 위의 책, 1쪽.

5) 多田正知, 「高麗漢文學史」 3쪽, 94쪽.

이라고 한다면 그것은(한문학) 충분히 '가치'가 있는 것이라고 하며, 국문이 냐 한문이냐 하는 표기상의 문제가 아니라 문예로서 자격이 있는한 한문학도 국문학의 하나라고 주장하였다.[6]

조선보다 먼저 국문학에 대한 논쟁을 겪었던 일본의 경우, 이 문제에 대해 다음과 같은 결론을 내렸다. '한자는 외래의 문자이고 한문은 수입된 문장이다. 그렇지만 우리 선조는 매우 고심하고 노력하여 문자를 정리하고 자음을 전하고 자훈을 정하였다. 이로 인해 비로소 동화적(同化的) 문자가 되었다.[7] 일본문학에 '화문계(和文系)'와 '한문계(漢文系)'가 있지만 상호 보완적이기에 한자 및 한문은 제2의 국자(國字)이고 국문(國文)이라고 하였다.[8] 이보다 앞서 하가 야이치(芳賀矢一)는 『국문학십강(國文學十講)』에서 '문학 속에는 그 국민의 기풍, 사상, 감정이 나타나 있다. 국민의 사상, 도덕, 감정이라는 것이 국문학에 반영되어 있다는 점이 매우 중요하다.'고 주장하였다. 그의 견해에 따르면 국민의 사상, 도덕, 감정이 반영된 한 한문학도 국문학의 하나였던 것이다.[9] 다다의 조선 한문학에 대한 인식은 이러한 아카데미하에 생겨난 것이라고 할 수 있다.

다다의 한문학 연구에 있어 가장 주목할 만한 것은 조선 문학사의 저술이다. 그는 「조선 문학사(朝鮮文學史)」 1, 2, 3, 4를 통해 상대편(上代編)을 집필하였고 다음으로 고려 한문학사를 썼다. 이어서 「선조·인조묘문학의 일고찰(宣祖仁祖廟文學の一考察)」을 통해 조선 중기의 한문학사를 기술하였

---

6) 多田正知, 「高麗漢文學史」 3, 94쪽.
7) 岡田正之, 『日本漢文學史』, 共立社書店, 1927, 3쪽.
8) 岡田正之, 위의 책, 4쪽.
9) 芳賀矢一, 『國文學史十講』, 富山房, 1899, 6쪽.

다. 위의 저작 목록을 토대로 그의 조선 문학사의 목차를 재구성해보면, 다다의 '조선 문학사'가 비록 미완에 그쳤지만, 작가와 작품에 대한 각론이 갖추어진 것으로 보아,『조선 문학통사』저술을 목표로 하였던 것이 아닌가 한다.

전통적으로 조선에서는 시화류(詩話類)를 통해 문학사를 기술하였지만, 근대적인 연구의 방법을 통해 근대적 언어로 한문학사가 서술된 것은 1930년 전후의 일이었다. 다다의 경우는 한문학을 조선 문학의 일부라고 인식하였고, 한문학을 역사, 철학과 구분한 독립된 분과로서 연구하였다.

(3) 동아시아 문명 교류와 김정희 연구
　　: 후지쓰카 지카시(藤塚鄰)의 연구

1930년대 중반부터 1940년대 걸쳐 후지쓰카 지카시(藤塚鄰, 1879~1948)는 金正喜에 대한 연구를 집중적으로 진행하였다. 후지쓰카 지카시는 도쿄 제국 대학 중국철학과를 졸업하였고 제8고등학교 교수, 경성제국대학 교수, 대동문화학원(大東文化學院) 대학장을 역임했다. 호시노 호오조오(星野豊城)에게 배워 청조 경학을 접했으며, 고거학(考據學)을 바탕으로 경의(經義)의 재평가에 전념했다.[10]

그러나 그의 연구는 김정희에 그친 것이 아니라, 김정희를 중심에 놓고 조선과 중국, 그리고 일본의 교류, 즉 동아시아의 교류로 확대되어 갔다.[11]

---

10) 藤塚鄰 저, 藤塚明直 편, 윤철규 외 옮김,『秋史 金正喜 研究』, 과천문화원, 2008.
11) 藤塚鄰의 김정희 연구에 관한 저서는 국내에 번역되었다. 그가 1936년 박사학위 논문으로 제출한『李朝における淸朝文化の移入と金阮堂』을 1975년 그의 아들 藤塚明直이 편집해『淸

후지쓰카 지카시의 경우는 조선 문화를 김정희(1786~1856)를 통해 읽어 내었다. 그는 김정희에 대해 다음과 같이 평가하였다.

완당은 확실히 조선 500년 학계에서 <u>초특급의 초월적 존재였다.</u>(필자 강조) 완당은 청조 문화의 핵심을 완전히 파악하여 경학의 심오한 경지까지 들어가 새로이 실사구시 학문을 조선에 가장 먼저 소리 높여 외친 인물이다. 그럼으로써 송명 유학의 말류가 보이는 폐해에 빠져들어 편협한 채 앙상하게 말라버린 조선의 고루한 풍습을 단번에 날려버렸다. 그리고 혁혁한 새로운 면모를 선보인 학문적 업적에서 실로 완당이 제일인자가 아닐 수 없다. 청나라 학문의 조선 전래, 조선 학자와 <u>청나라 유학자의 학문적 교류는 근세 문화사에서 매우 중요한 문제다.</u>(필자 강조)[12]

〈후지쓰카 지카시〉

그는 주자학 위주의 당시 학풍을 일변시킨 '초특급의 초월적 존재'라

朝文化東傳の研究』로 출판하였다. 그리고 2008년 과천시문화원에서 윤철규, 이충구, 김규선에 의해 『秋史 金正喜 硏究』가 완역되어 간행되었다.

12) 藤塚鄰 저, 藤塚明直 편, 윤철규 외 옮김, 위의 책, 129쪽.

고 김정희를 높이 평가하면서도 청나라 학문의 조선 전래와 교류 등 중요한 담론들에 대해, '그러나 학술 발전이 크게 진전된 오늘날까지도 여전히 학자들 사이에서 이 문제를 되돌아보지 않는다는 점은 참으로 불가사의한 일이다. 그런데 오히려 이 문제는 지금부터 130년 전 일본의 도쿠가와 시대 석학들의 입에 올라 조선의 사절에 전했다.[13]고 하여 작금의 연구 풍토를 비판하였다.

그렇다면 후지쓰카가 말하는 130년의 상황으로 거슬러 올라가 보자. 1811년 조선 통신사가 대마도(對馬島)에 왔을 때 대학두(大學頭) 하야시 줏사이(林述齋, 1768~1841)[14]가 접대를 하러 마쓰자키 고도(松崎慊堂, 1771~1844)를[15] 수행하고, 고가 세이리(古賀精理, 1750~1817)와[16] 함께 통신사 일행과 문답을 하였다. 이때의 필담은 『접선음어(接鮮瘖語)』로 남아 있다.

고가 세이리(古賀精理)는 '청나라가 중국 땅에 들어온 이래 강희·건륭을 지나면서 나라를 향유한 지 오래되고 판도가 넓어져 부국강병의 업적이 전대에 비할 바가 아닙니다. 그런데 가경제가 뒤를 이은 지 벌써 10여

---

13) 藤塚鄰 저, 藤塚明直 편, 윤철규 외 옮김, 위의 책, 129쪽.

14) 하야시 줏사이(林述齋, 1768~1841)는 에도 시기 유학자이다. 이름은 衡, 자는 德詮 호는 蕉軒이다. 美濃 岩村藩主 마쓰타이라 노리모리(松平乘蘊)의 아들이다. 林羅山의 혈통이 끊어지지 1793년 幕府의 명령에 의해 林家를 상속하여 大學頭가 되었다. ja.wikipedia.org(검색일 2013. 5. 1)

15) 마쓰자키 고도(松崎慊堂, 1771~1844)는 에도 시대 유학자이다. 이름은 密 혹은 復이다. 자는 退藏·明復이고 별호는 益城이며 시호는 伍經先生이다. 肥後国 益城郡 木倉村 출신으로 1790년 昌平黌에 입학하였으며 林述齋의 가숙에서 佐藤一齋와 동문수학하였다. 1794년에 가숙의 영수가 되었고, 1802년에는 掛川藩校 教授, 1811年에는 朝鮮通信使가 쓰시마를 방문하였을 때 侍讀으로 수행하였다. ja.wikipedia.org(검색일 2013. 5. 1)

16) 고가 세이리(古賀精理, 1750~1817)는 에도 시기 유학자이다. 이름은 樸, 자는 淳風이다. 佐賀藩士의 아들로 쿄토에 유학하여 주자학과 야마자키 안사이학(山崎闇齋学)을 배웠다. 오사카에 塾을 열었고 고향으로 돌아온 후 1781년에는 弘道館을 설립하였다. ja.wikipedia.org(검색일 2013. 5. 1)

년이 지났지만, 전혀 별다른 소식이 들리지 않습니다. 통신사로 오신 제 공들 가운데 연경의 풍습을 보고 그 내역을 파악한 분이 있으실 터이니까 아끼지 마시고 들려주시기 바랍니다.'라고 질문하였으나 이 질문에 조선 통신사들은 말을 돌리며 답을 하지 않았다.

이에 대해 후지쓰카는 '줏사이(林述齋)와 고가(古賀精理) 같은 일본 석학 의 입을 통해 이미 이 문제가 제기되었다는 사실만으로도 뜻깊다고 하지 않을 수 없다'고 평가하였다.

1811년은 김정희가 북경에서 귀국한 다음 해였다. 그가 청에서 만나 인연을 맺은 사람과 그가 갖고 온 수확에 관해서는 후지쓰카의 연구에서 자세히 다루었다.

그러나 후지쓰카의 말대로 조선 통신사가 답을 회피할 정도로 조선인 이 청의 문화나 고증학에 대해 무지한 것은 아니었다. 당시 조선은 대명 의리론과 소중화주의를 이념으로 하였으며, 조선을 대표하는 외교사절 이었던 조선 통신사 사신들은 청나라에 대해서는 입에 올리고 싶지도 않 았을 것이다.

그러나 후지쓰카는 조선통신사의 공적인 입장에 대한 언급 없이 이를 1811년 당시만이 아니라 '그러나 학술 발전이 크게 진전된 오늘날까지도 여전히 학자들 사이에서 이 문제를 되돌아보지 않는다는 점은 참으로 불 가사의한 일이다'라고 비판하였는데, 이는 과거만이 아니라 당시 조선의 문화적·학문적 수준마저 폄하하는 것이었다.

이상에서 살펴본 것과 같이 마쓰다는 조선총독부의 관료로서 개인적 인 관심에서 조선에 대해 연구한 반면, 다다와 후지쓰카는 도쿄제국대학 출신으로 경성제국대학의 교수로 있으며 조선을 연구하였다. 다다가 문학이라는 데에 주목한 데 비해, 중국철학을 전공한 후지쓰카는 청조 고증학의 아시아적 전개와 영향에 관심이 있었다.

마쓰다와 다다 그리고 후지쓰카로의 연구에서 보듯이, 식민지 초기 조선 문학에 대한 포괄적인 연구가, 문학으로 집약되고 나아가 개인 연구로 심화되며 점차 전문화되었다는 것을 알 수 있다. 조선 한문학사에서는 특히 이들의 연구가 해당 주제에 대한 '최초의 근대적 연구'일 경우가 많았다.

2. 문헌고증적 연구 방법
: 청대 고증학의 전통과 근대 실증주의 사학의 영향

마쓰다, 다다, 후지쓰카 연구에서 가장 중시된 연구 방법은 문헌고증적인 연구 방법이다. 일본 메이지 시기의 학문은 청대의 고증적인 전통 위에 근대 실증주의 사학이 더해져 문헌고증적인 방법을 중시하였다. 마쓰다의 연구를 일례로 이들의 연구 방법을 알아보고자 한다.

1931년에 저작된 마쓰다의 「전등신화구해에 대해서(剪燈新話句解に就て)」는 『전등신화구해(剪燈新話句解)』 주석자에 대한 연구서이다. 현재 이 책의 주해자인 '창주정정(滄洲訂正)'과 '수호자집석(垂胡子集釋)'은 각각 윤춘년(尹春年)과[17] 임기(林芑)로 밝혀졌지만, 현재 유통되는 해제 중에는 간혹 이를 제대로 반영하지 못한 것도 있다. 마쓰다의 『전등신화구해』 연구는

---

17) 尹春年(1514~1567)은 조선 중기의 문신으로 본관은 파평(坡平), 자는 언구(彦久), 호는 학음(學音)·창주(滄洲)이다.

『금오신화(金鰲新話)』로부터 출발하였다. 그는 우선 『금오신화』에 대해 다음과 같이 평가하였다.

> 『금오신화』가 『전등신화』를 모방한 점이 있다는 점은 수긍하지만, 제재는 전부 조선의 인물과 풍속으로 문에 있어서도, 생각에 있어서도 더욱 청신한 맛을 가해 항장(骯髒)의 기를 토해내니 이른바 청출어람(靑出於藍)한 것이라고 해야 한다.[18]

그는 『금오신화』가 『전등신화』에 영향을 받아 모방한 부분은 있지만, 조선의 인물과 풍속으로 재가공해 내어 김시습 자신만의 문장과 사상을 만들어 냈으며 이 결과 청출어람한 작품이 되었다고 평가하였다. 그는 『전등신화』의 전래와 그것이 『금오신화』로 이어지는 과정에는 『전등신화구해』가 자리하고 있었다고 보았다. 즉 『전등신화』라는 텍스트에 대한 연구와 집석(集釋)이라는 자기화 과정이 있었기에 『금오신화』가 탄생할 수 있었다고 본 것이다. 그는 『전등신화구해』에 대해 연구하게 된 계기에 대해 다음과 같이 말하였다.

> 『전등신화구해』는 『전등신화』 유일의 주석본이며 조선인에 의해 작성된 것인데 일본에 수입되어 여러 차례 간행이 되어 유통된 책이다. 그런데 주해자 '창주정정(滄洲訂正)'과 '수호자집석(垂胡子集釋)'에 관해서는 자세히 알 수 없었다. 1930년 타이베이 제국대학의 구보 덴즈이(久保天隨, 1875~1934) 박사가[19] 전등신화와 관련한 논문

---

18) 松田甲, 「剪燈新話句解に就て」, 『續日鮮史話』 2, 1931, 조선총독부, 144쪽.

19) 久保 天隨(1875~1934)는 중국문학 연구자이다. 도쿄출신으로 본명은 久保得二, 별호는 兜城이다. 1899년 東京帝国大学 漢文科를 졸업하였고 1927년 「西廂記の硏究」로 박사학위를 받았다. 1929년 台北帝国大学教授가 되었다. ja.wikipedia.org(검색일 2013. 5. 1)

을 발표했지만 주해자에 대해서는 여전히 분명치가 않았다. 나도 경학원(經學院) 및 중추원(中樞院)의 학자들을 만날 때마다 물어보았지만, 답을 얻지 못하던 중에 최남선이 『계명』에 발표한 『금오신화』 관련한 논문이[20] 생각나 그에게 물어본 결과 다음과 같은 답을 얻었다.[21]

그의 주장에 의하면, 주해자 '창주정정'과 '수호자집석'에 해당하는 인물이 누구인지에 대해, 당시 유명한 중국문학자인 쿠보 텐즈이(久保天隨) 및 경학원 및 중추원에 있는 조선 유림조차 명확하게 알지 못했지만, 최남선의 연구에 의해 비로소 밝혀지게 된 것이라고 한다.

최남선은 이규경(李圭景)의 『오주연문장전산고(伍洲衍文長箋散稿)』47 「전등신화변증설(剪燈新話辨證說)」에서 '수호자(垂胡子)는 임기(林芑)'라는 기록과,[22] 안정복(安鼎福)의 『순암집(順菴集)』13 「상헌수필(橡軒隨筆)」의 하, '창주(滄洲)는 윤춘년(尹春年), 수호자(垂胡子)는 임기(林芑)'라는 기록,[23] 권응인(權應仁)의 『송계만녹(松溪漫錄)』상과, 양경우(梁慶遇)의 『무호시청(霧湖詩請)』

---

20) 1927년 啓明俱樂部에서 간행한 『啓明』 19호에 실린 「金鰲新話解題」를 가리킨다.

21) 松田甲, 위의 책, 144~148쪽.

22) 李圭景, 「經史雜類 2」, 『伍洲衍文長箋散稿』 경사편 4.
新話之注。但書垂胡子注云。故人多未識爲我東林知樞芑也。宣廟時人。能文章。詩文豪放。注剪燈新話。按林芑。一作茇。宜草奏廳白衣從事。號垂胡子。≪松溪漫錄≫。博洽群書。善屬文。尤長於詩。李公徽之嘗聞于嶺南人云。林芑父某。李直學塏友也。塏被六臣之禍。只有一女。托於芑之父。受而養之爲妾。生芑。能文章。屢隨使之京。以製進別奏。資一品。早世。林芑父。與六臣李直學塏友。則在於端廟朝。其時生女。故托於芑父。則假如其父。其時爲數歲。至宣廟初服。則年已過百許載矣。雖伍十餘年前生芑。芑於宣廟中葉。已過六七十矣。芑之沒。何稱早世耶。嶺人之傳李公徽之語。似是謬也。並及之。按≪開寧邑誌≫。林芑。郡守霽光子。拜白衣從事。六度赴京。增秩嘉善。錄光國功臣一等券。御筆書賜曰。林芑子孫。世世勿爲賤役。而遺失。壬辰之亂。其子遇春與其妻同叱倭賊殉節。宣廟朝事聞旌閭。

23) 安鼎福, 「橡軒隨筆下」, 『順菴先生文集』 제13권.
明初瞿存齋宗吉所撰小說。而明宗朝判書尹春年及吏文學官林芑註。所謂滄洲。卽春年也。芑頷下有垂肉。故自號垂胡子。卽丙子六臣李塏之外孫也。不敢顯仕而爲學官云。

의 '임기는 박학다식'하다는 기록을 증거로 '창주는 윤춘년, 수호자는 임기'
라고 하면서도, 차운로(車雲輅)의 호가 창주(滄洲)이며 임기와 친교가 있었
던 점으로 보아 창주가 차운로일 가능성도 있다고 부언하였다.[24]

「전등신화구해에 대해서(剪燈新話句解に就て)」의 연구의 첫 번째 단
계로 마쓰다는 일본인에게는 생소한 인물인 윤춘년과 임기의 생평을 고증
하는 작업을 실시하였다. 그는 정정자인 윤춘년의 경우, 윤근수의 『월정만
필(月汀漫筆)』, 차천로의 『오산설림(五山說林)』, 이율곡의 『석담일기(石潭
日記)』를 통해 행적을 밝혀내었으며, 덧붙여 윤춘년이 당시(唐詩)와 운율
에 일가견이 있었던 점을 높이 평가하였다. 그리고 집석자인 임기는, 최남
선의 주장 이외에 『조선통신(朝鮮通信)』에 발표된 김태준의 『조선소설사』
에서도 동일한 자료를 증거로 '수호자'를 '임기'라고 주장한 것을 다시 한 번
거론하였다.

그는 김태준의 주장에 동의하면서도 김태준이 『이향견문록(里鄕見聞
錄)』을 인용하여 임기가 6차례 중국을 오갔으며 『전등신화』를 중국에서 가
지고 왔다고 주장한 것에 대해서는, 『이향견문록』의 저자가 분명치 않은 점
이 유감이라고 지적하였다. 즉, 김태준이 제시한 증거자료를 신뢰할 수 없
다는 것이 그의 입장이었던 듯하다.

두 번째 단계로 최남선이 언급한 또 다른 창주일 수도 있는 차운로에 대
해서 고증을 하였다. 차운로가 창주일 수도 있다는 주장에 대해 차운로의
『창주집』에 실린, 임씨가 나오는 유일한 작품인 「차구명부운임수재남귀(次
具明府韻林秀才南歸)」만을 보고 이가 임기라고 단정할 수 없다고 하였다.

---

24) 松田甲, 『剪燈新話句解』, 『續日鮮史話』 2편, 144~148쪽.

즉 임기와 차운로의 관련을 파악하기에는 적절하지 못한 증거라고 본 것이다. 또한, 차운로의『창주집』서문에 임기와의 관련한 이야기가 하나도 없다는 점을 들어 차운로가 '정정자 창주'일수도 있다는 최남선의 가설을 반박하였다.

한편, 마쓰다는 임기가 경상우도(慶尙右道) 개령현(開寧縣)인인데 윤춘년과 동향인일 수 있다고 주장하였다.『동국여지승람』을 보면 개령의 성씨 중에 임과 윤이 들어 있다는 점과, 윤자영(尹子濚), 윤진(尹珍)의 시를 통해 윤씨와 임씨가 같은 고을에 살았다는 점을 들어 그 가능성을 열어 놓았다. 그러나 마쓰다가 개령면사무소에 의뢰해 조사한 결과 임기의 묘지는 그곳에 있었지만, 윤춘년과 개령부와의 연관성을 증명할 자료는 없었다고 밝혔다. 그는 이와 같이 문헌적인 고증만이 아니라 실제 답사라던가 자문, 방문을 통해 고증해가는 방식을 취하였다.

그는 임기와 윤춘년의 생몰을 유추해가며 차식(車軾)이 중종 정축(丁丑)년생(1517), 차운로가 명종 기미(1559)생으로 그는 차식의 나이 43세에 태어난 아들이라고 하였다. 차식과 윤춘년은 동년 문제 급제를 하였는데, 임기가 임진년에 34세로 몰하였다면 임기는 윤춘년보다 40세정도 연하라고 생몰을 유추하였던 것이다.

이상의 논문에서 '창주정정(滄洲訂正)'과 '수호자집석(垂胡子集釋)'이 누구인가를 밝히기 위해 마쓰다는 고증을 통해 자신의 주장을 증명해갔다. 최남선의 주장에 대해서도 다시 문헌을 찾는 방식을 택해, 자신의 논리를 입증해 갔다. 이는 청조 고증학 전통이 강하게 남아있고, 한편으로는 문헌 고증을 중시한 근대 사학의 세례를 받은 당시 일본 학풍에 깊이 영향을 받은 것이라고 할 수 있다.

재조일본인의 한문학 연구에서 특징적인 것은 문헌고증적인 연구태도이다. 글자의 고증은 물론이거니와 판본의 교감, 이론의 도출 등에 인용되는 문헌의 양은 방대하였다. 이러한 연구 태도는 그들의 표현대로 '과학적', '근대적'인 외양을 갖춘 것이라고 할 수 있다.

또한, 재조일인의 연구는 협업에 의해 이루어졌다는 것도 연구 상의특징으로 들 수 있다. 예를 들면 다다가 「조선 문학사」 말미에 쓴 '이 글을 집필할 즈음에 조선 문학에 관해 나를 지도해준 다카하시(高橋) 박사와 오다(小田)박사에게[25] 감사의 마음을 표하며 아울러 많은 자료를 제공해준 곤도(近藤)교수,[26] 이원규(李源圭),[27] 안확(安廓) 3인의 호의에 감사한다[28]라

---

25) 小田省吳(1871~1953)는 三重縣 출신이다. 1899년 東京帝國大學 文科 史學科 졸업하고 동년 長野縣師範學校 囑託敎員이 되었다. 이어 山口縣萩中學校 敎諭, 德島縣師範學校長, 奈良縣畝傍中學校長, 第一高等學校 敎授를 역임하고, 1908년 11월 韓國政府에 초빙 되어 學部 書記官에 임명, 1910년 10월 朝鮮總督府 編輯課長이 되었다. 1918년 1월 中樞院 編輯課長 事務取扱을 겸임하다 1922년 總督府視學官 兼 編輯課長을 거쳐 京城帝國大學 개설과 함께 豫科部長으로 취임하였다. 이후 京城帝國大學 敎授가 되었으나 1932년 3월 사직하고 李王職 囑託이 되었다. 『조선공로자』, 535 출처: 국사편찬위원회 한국사데이터베이스 http://db.history.go.kr〕(검색일 2013. 5. 1)

26) 近藤時司(1890~?)는 新潟縣 南蒲原郡출신이다. 1916년 東京帝國大學 문과 졸업 후 곧바로 이 대학 대학원에 입학하였으며 1917년 4월 官立大邱高等普通學校 敎諭에 임명되어 한국에 건너왔다. 이어서 朝鮮總督府 編修官으로 전임했으며, 1924년 京城帝國大學 豫科 교수에 임명되었다. 『조선인사흥신록』, 187 출처: 국사편찬위원회 한국사데이터베이스 http://db.history.go.kr〕(검색일 2013. 5. 1)

27) 이원규(1890~?)는 1890년 2월 7일생으로 京城 출신이다. 1912년 3월에 京城高等普通學校 臨時敎員養成所를 졸업하고 1912년 4월에 麻田公立普通學校 訓導에 임명되었다. 이후 楊州公立普通學校 訓導 겸 楊州公立簡易農業學校 訓導, 金谷公立普通學校 訓導 또다시 楊州公立簡易農業學校 訓導를 역임하였다. 1922년 3월에 公立實業學校 敎諭 겸 書記가 되어 裡里公立農業學校에서 근무하다 1923년에 總督府 編修書記로 옮겼으며 1924년 10월 京城帝國大學 豫科講師 위촉되었다. 그 후 1930년 2월 平安北道 厚昌郡守, 1932년 10월 泰川郡守를 지냈다. 조선가요에 관해 연구하였다. 『인사흥신』, 523: 『조선공로자』, 798 출처: 국사편찬위원회 한국사데이터베이스 http://db.history.go.kr〕(검색일 2010. 6. 25)

28) 多田正知, 「朝鮮文學史」, 778쪽.

는 글은 그의 연구가 독자적인 역량에 의한 것이 아니라 여러 사람의 지원에 힘입은 것임을 알려 준다.

3. 조선 고서의 간행과 일본어 번역

재조일본인은 1908년 조선 고서간행회를 시작으로 조선의 고서를 간행하였다. 1910년 조선연구회, 1920년에는 자유토구사가 속속 결성되었으며 통감부나 총독부의 지원하에 간행사업이 이루어졌다.[29]

최혜주는 이들이 간행사업을 벌인 이유를 '조선에 대한 지식과 자료의 수집만이 아니라 조선본이 너무나 희귀하고 값이 비싸 구해보기 어려운 점도 고서가 간행된 이유였다'고 설명하였다.[30]

고서 간행 사업 가운데, 맨 처음은 조선 고서간행회의 『조선군서대계(朝鮮群書大系)』(조선 고서간행회편 1909~1916, 경성)이다. 조선 고서간행회는 샤쿠오 슌조(釈尾春芿)에 의해 1908년 설립되었는데, 조선 통치를 위해 조선의 고문명을 조사하고 연구 자료를 수집할 목적으로 조선 고서 간행하였다.[31]

1909년 간행된 제1집 『삼국사기』의 해제를 통해 『조선군서대계』의 성격을 알 수 있다. 예언(例言)에는 당시 간행된 『삼국사기』는 가와이 히로타미

---

29) 최혜주, 「한말일제하 재조일본인의 조선 고서 간행사업」, 『대동문화연구』 66, 성균관대학교 대동문화연구원, 2009, 418쪽.

30) 최혜주, 위의 책, 440쪽.

31) 최혜주, 위의 책, 420쪽.

(河合弘民, 1872~1918)와[32] 아사미 린타로(淺見倫太郎, 1868~1943)의[33] 1909년 간행된 제1집『삼국사기』의 해제를 통해『조선군서대계』의 성격을 알 수 있다. 예언(例言)에는 당시 간행된『삼국사기』는 가와이 히로타미(河合弘民, 1872~1918)와 소장본을 원본으로 하였다는 점과 한일 양국의 학자들이 구두를 하였다는 점을 밝히고 있다. 또한, 권말에 이규보의 동명왕편을 덧붙였다고 하였다.

해제는 아사미가 썼는데 그 내용은 다음과 같다. ㉮ 김부식에 의한 삼국사기 저작을 밝히고, ㉯ 사료로서의 오류와 김부식의 중국 숭배적인 역사 기술 태도를 비판하였으며, ㉰ 조선인의 삼국사기 계승과 인용에 대해 기술하였다. ㉱ 소략한 대일 관계 사료와 일본 사료를 인용하지 않은 것에 대해 비판하고, ㉲ 삼국사기의 조선판(10책본)의 갑종판과 을종판 두 가지 판본을 구명하였다. 아울러 ㉳ 궁내부 규장각에 소장된 조선판으로 동명왕편의 원본을 삼았음을 밝혔다.

이처럼 조선 고서간행회는 조선 고서의 정전 확립과 해제에 힘을 기울였는데 이는 연구에서 가장 기초적이지만 매우 중요한 작업이었다고 평가할 수 있다. 특히, 원본 및 정전과 관련한 서지적인 정보는 매우 자세하다고 할 수 있으나 현재까지 이에 대한 작업은 거의 이루어지지 않고 있다.

---

32) 河合弘民(1872~1918)는 東京帝大를 졸업한 후 중학교 교사가 되었다. 1907년 東洋協會專門學校(現 拓殖大)京城分校의 敎頭가 되어 朝鮮史를 연구하다가 후에 교수가 되었다. 교토대학 도서관에 가와이 문고가 있다. http://kotobank.jp(검색일 2013. 5. 1)

33) 淺見倫太郎(1868~1943)는 山形縣 米澤市 출신으로 1892년 7월 東京帝國大學 법과대학을 졸업하였다. 1892년 8월 司法官試補로 임명되었으며, 1906년 6월 統監府 法務院 評定官 자격으로 朝鮮으로 건너와 朝鮮總督府 判事로 임명되었다. 미국 버클리 대학에 아사미 문고가 남아있다.『재조선내지인 신사명감』, 445, db.history.go.kr (검색일 2012. 12. 10)

두 번째는 조선연구회의[34] 『고서진서간행(古書珍書刊行)』이다. 조선연구회는 1910년 호소이 하지메(細井肇, 1886~1934)에 의해 설립되었으나 1911년부터 아오야기 쓰나타로(青柳綱太郎, 1877~1932)가[35] 실질적으로 경영하였다. 조선연구회의 『고서진서간행』은 발간된 서적의 전체 규모를 알 수는 없으나 지금까지 남아 있는 자료에 의하면 3기에 걸쳐 고서가 간행된 것을 알 수 있다.

〈경성신문 조선연구회 인쇄국〉[36]

---

34) 조선연구회에 관해서는 최혜주의 상게서, 423~425쪽을 참조하였다. 최혜주의 연구 외에 우쾌재의 「조선연구회 고서진서간행의 의도 고찰」(『민족문화연구논총』 4, 인천대 민족문화연구소, 1999)와 정미경의 「植民地朝鮮における韓国古典小説翻訳の発刊をめぐる一考察」(『韓国言語文化研究』 12, 九州大学韓国言語文化研究会, 2006)이 있다. 그러나 우쾌재와 정미경의 연구는 조선연구회에서 간행한 고소설에 관한 것이다.

35) 青柳綱太郎(1877~1932)는 佐賀縣 佐賀郡 출신으로 1899년 東京哲學館에 입학 후 1901년에 중퇴(또는 東京專門学校즉 현재의 와세다 대학을 졸업하였다고도 한다), 1901년 9월 關門新報 통신원으로서 京城으로 왔다. 1906년 9월 한국 재무고문부재무관으로 초빙된 후 궁내부로 옮겼으며 1910년 조선연구회를 설치하여 조선 고서의 번각출판 및 다수의 저술에 종사하였다. 『조선재주 내지인실업가 인명사전 제1편』, 207, db.history.go.kr (검색일 2012. 12. 10)

36) 青柳綱太郎, 『朝鮮四千年史』, 조선연구회, 1917.

조선연구회의 고서 간행은 상당 부분 조선왕실의 지원을 받고 이루어졌으며 일본어 번역을 원문과 함께 수록하였다. 1911년 조선연구회는 '동회(同會)에서 발행한 『장릉지(莊陵誌)』, 『평양속지(平壤續誌)』, 『각간선생실기(角干先生實記)』, 『간양록(看羊錄)』, 『동경잡기(東京雜記)』 각 1부를 헌상하였다.[37] 이에 1914년에는 5월과 6월 각각 조선연구회에 일금 600원을 내렸다.[38] 1917년에는 『문헌비고』의 일본말 번역판의 출판 보조비를 조선연구회에 하사하였다.[39]

세 번째는 자유토구사에서 간행한 『통속조선문고(通俗朝鮮文庫)』이다. 호소이 하지메는[40] 1920~21년 사이에 자유토구사에서 『통속조선문고』(12책)를 간행하였다. 호소이는[41] '조선 고서를 번역하는데 가장 큰 관심을 보인 사람[42]'이라고 평가받는 인물이다. 『통속조선문고』 구성은 다음과 같다. 제1집 『목민심서(牧民心書)』, 제2집 『장릉지(莊陵誌)·사씨남정기(謝氏南

---

37) 純宗實錄〔附錄〕 2권, 4년(1911 신해 / 일 명치(明治) 44년) 6월 7일(양력)

38) 純宗實錄〔附錄〕 5권, 7년(1914 갑인 / 일 대정(大正) 3년) 5월 13일(양력)/7년(1914 갑인 / 일 대정(大正) 3년) 6월 29일(양력)

39) 純宗實錄〔附錄〕 8권, 10년(1917 정사 / 일 대정(大正) 6년) 12월 27일(양력)

40) 細井肇에 관한 연구는 윤소영의 「호소이 하지메(細井肇)의 조선인식과 '제국의꿈'」(『한국근현대사 연구』 제45집, 한국근현대사학회, 2008), 최혜주의 「일제강점기 조선연구회의 활동과 조선 인식」(≪한국민족운동사연구≫ 42, 2005. 3), 서신혜의 「일제시대 일본인의 고서간행과 호소이 하지메의 활동」(≪온지논총≫ 16, 2007)의 연구와 같이 호소이 하지메의 고서간행과 관련한 것, 그리고 박상현의 「번역으로 발견된 '조선인'」(『일본문화학보』 46, 한국일본문화학회, 2010)과 같이 번역의 실례를 분석한 것이 있다.

41) 윤소영, 「호소이 하지메(細井肇)의 조선인식과 '제국의꿈'」, 『한국 근현대사 연구』 제45집, 한국근현대사학회, 2008, 9~18쪽 참조. 최혜주, 박상현, 윤소영을 비롯한 細井肇에 관한 연구에서 이미 그의 생평에 관해 자세하게 다루어졌기에 본고에서는 생략한다. 다만 이해를 돕기 위해 간략한 설명을 붙인다. 細井肇는 東京朝日新聞 政治記者로 朝鮮에 와서 1920년 自由討究社를 세웠고 1930년 月旦社를 세워 雜誌 「人の噂」, 「人と国策」을 발행하였다. 1934년 사망하였다.

42) 박상현, 「번역으로 발견된 '조선인'」, 『일본문화학보』 46, 한국일본문화학회, 2010, 392쪽.

征記)』, 제3집 『붕당사화의 검토(朋黨士禍の檢討)·구운몽(九雲夢)』, 제4집 『조선세시기(朝鮮歲時記)·광한루기(廣寒樓記)』, 제5집 『징비록(懲毖錄)·남훈태평가(南薰太平歌)』, 제6집 『병자일기(丙子日記)』, 제7집 『홍길동전(洪吉童傳)』, 제8집 『팔성지(八域地)·추풍감별곡(秋風感別曲)』, 제9집 『심양일기(瀋陽日記)·심청전(沈淸傳)』, 제10집 『아언각비(雅言覺非)·장화홍련전(薔花紅蓮傳)』, 제11집 『대아유기(大亞遊記)』, 제12집 『이조의 문신·각종 조선평론(李朝の文臣·各種の朝鮮評論)』 등이다.

자유토구사는 이외에 1922~23년에는 『선만총서(鮮滿叢書)』, 1936년에는 『선만연구총서(朝鮮研究叢書)』를 간행하였다.[43]

『조선군서대계(朝鮮群書大系)』 제외하고 조선 고서의 간행은 대부분 일본어 번역을 원문과 병기하였다. 한문 기록이 '범 아시아적인 기록'이었던 전 근대기에는 번역이 필요 없었지만, 더 이상 아시아의 언어로서 역할을 할 수가 없게 되자 한문은 자국의 언어로 번역되기 시작하였다.[44]

이마무라 도키(今村鞆, 1870~1943)는[45] 1921년 자유토구사(自由討究社)에 간행된 『조선세시기(朝鮮歲時記)』의 서문에 쓴 『조선세시기』의 역술에 대해서(『朝鮮歲時記』の譯述について)」를 통해 이와 같은 정황, 즉 '차이'로 인한

---

43) 渡辺直紀, 「近代朝鮮における古典整理事業について」, 『武蔵大学総合研究所紀要』, 武蔵大学総合研究所, 2003, 36~37쪽 참조.

44) 細井肇의 『朝鮮叢書』 권 1에 『牧民心書』, 『雅言覺非』, 『海游錄』이 있으며 권 2에 『懲毖錄』, 『莊陵誌』가 각각 일문으로 번역되어 실려 있다.

45) 今村鞆(1870~1943)는 高知縣 출신으로 1903년 法政大學 法律科를 졸업하였다. 1915년 朝鮮으로 건너와 忠淸北道 警察部長, 江原道 警察部長, 內部 警務局 巡視官, 警務總監部 警視에 취임하였으며 濟州島司, 元山府尹 등의 관직 역임하였다. 1920년 李王職 庶務課長, 1930년 朝鮮史編修会嘱託이 되었다. 『대륙자유평론 사업인물호』 제8, 470, db.history.go.kr (검색일 2013. 1. 10)

'불통'의 현실을 밝히며 번역의 중요성을 일깨웠다.

그는 '우리는 이 책으로 인해 내선(內鮮)의 동자이의(同字異義)를 알게 되었을 뿐만 아니라 조선과 지나의 동자이의를 밝힐 수 있었기에 일본·조선·지나를 아우른 동양일가의 문화생활을 촉진할 수 있는 아주 좋은 자료를 얻게 되었다'고 하였다.

그가 말하는 일본과 조선 한문의 차이는, '조선의 한문은 일종의 독특한 문체로 더욱 구두가 끊어져 있지 않기에 왕왕 뜻을 잘못 이해하는 경우가 있다. 또 조선 특수의 숙어가 있는데 예를 들면 표리(表裏)는 포백(布帛)을, 경외(京外)는 경성(京城)과 외도(外道)를 말하는 것과 같이 이러한 경우가 많기에 자칫하면 오역을 할 수가 있다[46]고 하였다.

와다 이치로(和田一郎, 1881~?)의[47] 한문소설 번역은, 총서의 형태가 아니라 이례적으로 개인에 의해 생산된 번역물이었다. 그의 번역물은 다음과 같다.

와다는 『금오신화』의 경우 '국역(일본역)의 원본은 메이지(明治) 17년에 간행된 도쿄판(東京版)'이라고 밝히고 『금오신화』는 명인 구종길(瞿宗吉)의 『전등신화』보다도 나은 훌륭한 작품으로 칭찬받았다'고 하였다.[48]

---

46) 今村鞆, 『朝鮮歲時記』の譯述について」, 『朝鮮歲時記』, 自由討究社, 1921, 3쪽.

47) 和田一郎(1881~?)는 新潟縣 출신으로 호는 天民이다. 1906년 東京帝國大學 法科 졸업하였고, 1906년 東京帝國大學 法科 대학원에서 재정학, 특히 조세 및 예산에 관한 사항 전공하였다. 1910년 조선으로 전출하여 土地調査局 總務課長, 總督府理財課長, 朝鮮銀行 監理官, 鐵道部長, 財務局長등을 역임하였다. 1924년 관직생활을 그만 두고 商銀의 頭取로 추대되었다. 그 중간에 조선帝國大學 창립위원회 위원, 제반 법령 법규와 제반 조사사업 등의 위원으로 활동하였다. 『조선공로자명감』, 22, db.history.go.kr (검색일 2012. 11. 14)

48) 天民散史, 「金鰲新話 無情の花と有情の花」, 『朝鮮』 제139호, 조선총독부, 1926. 12, 87쪽.

그는 만복사저포기(萬福寺樗蒲記)와 이생규장전(李生窺墻傳)은 미언묘사(美言妙辭)와 려정일사(麗情逸思)로 독자를 황홀케 하고 취유부벽정기(醉遊浮碧亭記)는 이른바 '樂而不淫 哀而不傷'한 것이며 남염부주지(南炎浮洲志)는 염라와의 말을 빌려 성명(性命)의 리(理)를 설파하였는데 그의 의론은 상당히 탁월하다고 평가하였다. 또한, 용궁부연록(龍宮赴宴錄)에서는 저자의 해박한 학식과 준발(俊拔)한 재주가 보이며 문은 구양수(歐陽脩)와 소동파(蘇東坡)를 시는 두보(杜甫), 허혼(許渾), 유우석(劉禹錫, 劉禹錫)의 충분(忠憤)한 필치가 있다고 하였다.[49]

와다 이치로는 『금오신화』에 대해 높은 평가가 있었음에도, 『금오신화』가 '400년간 등본(謄本) 그 자체가 매몰되어져 오랫동안 간행되지 못했던 것은 유감스러운 일이었지만, 당시 일본의 학자 및 서가의 노력에 의해 발수(發售)된 것은 다행이었다'고 하였다.

그는 번역의 서문에 해당하는 부분에 해제를 붙였는데 여기에는 작품의 내용 및 평가, 저자, 그리고 전승, 서지적인 정보가 포함되어 있다. 예를 들어 『동상기(東廂記)』의 서문을 보자.

동상기(東廂記)는 김도령과 신처녀의 결혼을 극으로 엮은 것이다. 김 도령은 당시 28세, 신 처녀는 24세로 당시 조선의 습관에 의하면 매우 만혼이었는데 그 결혼은 조정의 성덕에 의해 이루어졌다. 그것은 정조(正祖) 15년 신해년 봄 2월에, 정조는 한성부의 사서의 빈곤한 자가 적당한 혼인을 하지 못한 것을 가엾이 여겨 특히 官에서 결혼자금으로 500냥과 베 2필을 내려 혼인을 장려하였는데, 무려 5백 수십 쌍이 결혼했다. 김도령과 신처녀는 여러 가지

---

49) 天民散史, 위의 책, 87~88쪽.

사정으로 이 특전을 입지 못하였기에 다시 국왕이 은혜를 베풀어 두 사람을 결혼시키니 호판(戶判)인 조정진(趙鼎鎭)과 선혜청당상(宣惠廳堂上)인 李秉模(이병모)에게 두 사람의 부모가 될 것을 부탁하였으며 일체의 비용을 국가가 지급하여 훌륭하게 결혼식을 마쳤다. 한성부윤(漢城府尹) 구(具)익과 서문령(西部令) 이승훈(李承薰), 주부(主簿) 尹瑩(윤영) 등이 이 일을 담당하였으며 이 전대미문의 기이하고 아름다운 이야기를 당시 내각(內閣)의 검서(檢書)였던 이덕무(李德懋)에게 쓰게 하였다.

이 기사(奇事)는 세간의 평판을 얻어 더욱 알려졌으며 그해 6월 문양산인(汶陽散人)이라는 이가 전사(塡詞)에 하루, 수교(讎校)에 하루, 등록(謄錄)에 하루, 삼일의 여가를 써서 이 극을 썼다고 한다. 이 극은 지나 극의 문구와 조선의 속어 등이 섞여 있고, 언문도 함께 써서 상당히 난해하지만, 조선의 결혼에 관한 것을 알기에는 매우 편리하며 극도 재미있게 구성되어 있다.[50](필자 역)

특히, 주목되는 것은 근대에 있어 『동상기』의 간행과 번역에 관한 것이다. 『동상기』는 이덕무의 「금신부부전(金申夫婦傳)」을 저본으로 문양산인(汶陽散人)이 희곡으로 개작한 것이다. 1918년에 백두용(白斗鏞)이 『동상기찬(東廂記纂)』출판하였고, 1922년 12월 13일부터 8회에 걸쳐 천산만학루주인(千山萬壑樓主人)이라는 필명으로, 국한문본 『동상기』를 『매일신보』에 연재하였다. 그리고 1927년 와다 이치로가 『조선』에 일문으로 번역하여 2회에 걸쳐 연재하였다. 백두용과 천산만학루주인, 와다에 의해 각각 한문본, 국한문본, 일본어본이 9년 사이에 간행되었다.

1922년 국한문본을 연재한 천산만학루주인은, 동일한 필명으로 1932년

---

50) 天民散史, 「東廂記(一)」, 『朝鮮』 제145호, 조선총독부, 1927. 6, 107～108쪽.

『일본 및 일본인(日本及日本人)』 제246호(政敎社, 1932)에 「시사개언(時事槪言)」
을 게재하였다. 이 글의 내용으로 볼 때 천산만학루주인은 조세 및 예산
에 관한 전문가로[51] 즉,『동상기』에 대한 지식과 '조세 및 예산에 관한 전
문가'라는 두 가지 단서로 추정해보면 와다 이치로와 일치한다. 와다 덴
민(和田天民)[52]은 한문에 대한 지식이 높았던 인물로 마쓰오카 간란(松岡觀
瀾)에게서 사서삼경을 학습[53]하였고 조선의 한시 시사인 '이문회(以文會)'
의 회원으로 활동하였다.[54] 그가 한문본에 현토를 달 정도로 조선 한문에
정통하였는지의 여부는 알 수 없지만, 천산만학루주인을 와다라고 추정
할 수는 있다. 만약 그가 조선 한문에 대해 미숙하였다 하더라도 그의 곁
에는 이문회의 조선 학자들이라는 훌륭한 조력자가 있었음을 상기 해 볼
때 와다일 가능성이 높다.

　이상에서 살펴본 것처럼 조선, 중국, 일본이 모두 한자로 기록하였다
고 하더라도 그 안에는 각국의 특수한 언어상황이 존재하였다. 재조일본
인 연구자들은 이런 문제를 일본어 번역을 통해 극복하려고 하였다. 이러

---

51) 千山萬壑樓主人, 「時事槪言」,『日本及日本人』제246호, 政敎社, 1932, 16쪽.

52) 和田一郞(1881~?)의 호는 天民 또는 天民散史이다. 1906년 東京帝大를 졸업하고 東京帝國
大學 法科 대학원에서 재정학, 특히 조세 및 예산에 관한 사항 전공하였다. 1910년에 韓國
政府에 초빙되어 朝鮮總督府 臨時土地調査局 書記官 겸 朝鮮總督府 書記官으로 재직하면
서 수년간 朝鮮의 토지조사사업에 종사하였다. 度支部理財課長, 鐵道部長, 財務局長을 지
내다가 朝鮮稅務監督局의 독립을 꾀한 일로 高等官一等 으로 퇴직하였다. 그 후 朝鮮商業
銀行 頭取의 직책에 올랐다. 특히, 시를 잘 썼다고 한다. (출처: 국사편찬위원회 한국사데이
터베이스 http://db.history.go.kr)

53) 和田一郞,『行餘詩草』,경성, 1925, 5쪽.

54)『以文會誌』및 이문회에 관해서는 박영미의 「일제강점기 在朝日人의 漢詩 고찰-『以文會
誌』를 중심으로 -」(『한국한문학 연구』38, 한국한문학회, 2007)을 참조하였다. 和田一郞의 이
문회 활동은 1916년부터 1928년까지로 이어진다. 그의 시작 활동을 보여주는 자료는 다음
과 같다.『以文會誌』병진 제2집(1916. 12);신유 제2집(1921.12);임술 제1집(1922. 12);갑자 제
1집(1924. 3);『조선』제126호, 조선총독부, 1928. 5.

한 일련의 과정을 통해, '번역된 조선의 한문'은 이마무라의 말대로 '동양의 문학'으로 재탄생되고 이것이 일본인에게 읽힘으로써, 문화를 공유하게 되는 '동양일가'가 완성될 것이라는 게 그들의 생각이었다.

4. 재조일본인의 조선 한문학 연구와 그 한계
: 식민지 지배 이데올로기의 실천

재조일본인 학자들은 이상의 연구를 통해서 알 수 있듯이 한자로 저작된 조선의 한문학에 대해 다양한 연구를 시도하였다. 그들이 발굴한 자료와 연구의 대상으로 삼은 인물, 문헌목록은 별도의 정리가 필요할 정도이다.

그러나 이 같은 양적이고 질적인 면에서 이루어진 연구 성과가 곧 조선의 문화, 즉 조선의 문학에 대한 독자성을 인정하는 것은 아니었다. '한자라는 것은 결국, 외래의 문자였으며 한자는 어차피 수입된 문장'이라고 한 다다의 견해는 당시 재조일본인 학자들의 공통적인 것이었다.

그것은 한자의 외래성을 부각시켜 조선 문화가 결국은 이식된 것이라는 주장으로 이어졌다.[55] 중국의 문화를 이식한 말류에 불과하였던 조

---

55) 多田正知, 「朝鮮文學史」, 776~777쪽. '조선에 있어 과거의 사회는 (중략) 지나 문화가 이 반도에 물밀 듯 밀려오면서부터는, 그 파도를 건너가는 사람과 유충 상태의 사람과는 하나의 층이 생겨났다. 그 차이는 시간이 흐를수록 깊어갔다. 그리고 우월한 긍지를 독점했던 계급 간에 발생한 문화는, 대개 지나 문화의 이식에 지나지 않았다. 삼국시대부터 조선 문화의 표면에 나타난 유불도 삼교의 유행, 이조시대의 主潮였던 유교의 유행, 그것은 무엇보다도 지나 문화의 末流에 불과하였다. 덧붙여 단순히 思潮에 있어서만이 아니라 그 실제 생활에 있어서도 반도의 땅에 小華를 실현시키려던 노력이 그들의 간절한 바람이었다.'(필자 역)

선에 있어서 이식의 가장 큰 폐단은 조선 문학에서 드러난다고 주장하였다.[56] 조선이 중국의 문화를 수입한 결과, 즉 한자의 유입 이래 자신 정체성을 잃어버리게 되었다고 주장하였다. 조선과 일본은 중국으로부터 한자를 받아들였으나 일본이 '자기화'를 시킨데 비해 조선은 '중국화' 되었다는 것이 이들의 주장이었다.

이들은 조선에 대한 멸시관을 기저에 놓고 조·일의 우호적인 관계를 생산하고자 하였다. 그 시작은 동문론에서 출발하였다. 동문(同文)은 문자를 같이 한다는 뜻이다. 문자는 한자를 말한다. 전근대시기 중국은 조선과 일본, 유구, 베트남 등을 동문국이라고 지칭하였다. 그것은 동일한 문자를 사용하는 나라라는 의미도 있지만, 중국의 패권하에 있는 나라라는 의미도 동시에 내포하고 있었다.

그러나 근대기에 동문론은 하나의 문명권역을 의미하였다. 하나의 아시아를 뒷받침하는 하나의 언어라는 '동문론'이 그것이다. 그러나 일본의 패권하에 있었던 아시아에 있어 동문론은 '내선동화'(조선과 일본의 관계에서), '동양일가'(조선과 중국, 그리고 일본의 관계에서)의 출발점이기도 하였다.

---

56) 多田正知, 「朝鮮文學史」, 776-777쪽. '시조의 생활을 배경으로 하는 문학에 있어서는 그러한 경향이 특히 심하였다. 불교가 번영하였을 때는 자기 국조의 난생설이 존숭되었고 유교가 번성하자 기자조선이 숭상되었다. 그리고 신라시대 유일의 향토예술이었던 악곡의 가사조차도 '속어로 읽기 어렵다'라는 한마디 말로 『삼국사기』에서 제거해버리고 겨우 『삼국유사』에만 남아있던 향가조차도 나중에는 형식내용을 한시와 접속시켜 갑자기 그 이름을 時調라고 고치기까지 하는데 이르렀다. 따라서 조선의 과거 문학은 근대까지 조선인 보통의 관념에 의하면 언문문학을 제외한 한시한문만이 진정한 문학이라고 생각하고 있다. 부녀자나 노비의 읽을거리였던 대부분 언문소설도 지나 일류 재자가인을 점철하거나 무대를 지나로 모사하거나 하여 지나 소설의 퇴화를 가지고 자신의 것으로 한 점이 있다. 하물며 입에서 귀로 전해진 저 촌스러움 가득한 민요 같은 것은 중화심취의 고답문학자류로서는 그 존재조차도 알아채지 못하였다고 생각된다.'(필자 역)

일본은 아시아를 향해 공유되는 부분을 찾아가며 과거를 소환하여 재현하고자 하였다.

중국 패권 하의 동문론은 한자의 공용을 통해, 일본 패권하의 동문론 또한 한자의 공용을 통해 하나의 문명권을 실현하고자 하였다. 아시아가 한문 기록물을 번역 없이 읽을 수 있다는 것은 동문론의 증좌였던 것이다.

그러나 중국과 조선, 일본이 오랜 기간 '동문'의 관계였다는 이 말에는 다음과 같은 문제를 내포하고 있었다. 같은 문자를 썼다는 것이 상호 우호적인 관계였음을 말하는 것인가.

재조일본인 학자들은 식민지 안착을 위해 우호적인 조·일 관계를 복원해 내어야만 하였고 이 과정에서 조·일 교류의 역사적 상징이라고 할 수 있는 조선통신사연구에 집중하게 된 것이었다. 이것이 재조일본인 학자들의 연구에 있어서 첫 번째 특징이다.

조선시대 12차례에 걸쳐 파견된 조선통신사와 이를 둘러싼 연구는 문학과 역사, 철학이라는 다양한 스펙트럼을 통해 이루어졌고 조선통신사 연구와 관련된 담론, 예를 들면 정치적 사상적 문학적 영향관계, 상호 인식론, 교류의 양상과 변화, 언어 등에 관한 담론들도 생산되었으며 이와 관련한 상당한 연구 성과도 이루어 냈다.

재조일인들은 조·일의 교류를 밝히고 우호 관계를 부각시키고자 하였지만, 이들이 텍스트를 읽을수록 발생하는 문제가 있었다. 그것은 전통적으로 지속된 조선인의 일본 멸시관이었다. 이와 마주한 일본인들은 강하게 이의를 제기하였다. 예를 들면 마쓰다는 이에 대해 다음과 같이 불만을 토로하였다.

조선은 스스로 군자국이라 칭하고 예의문장의 나라라고 자랑하며 통신사가 된 자들은 매회 일행이 4백여 내외의 사람들이 일본에 와 일본을 무학문맹(無學文盲)의 나라라고 모욕하고 일본인을 금수(禽獸)와 동일시하며 오만감을 드러내며 항상 만이(蠻夷)라고 불렀다. 한편 일본에서는 조선을 학술과 문장 예의가 있는 나라라고 크게 존경하여 통신사가 이를 때마다 거액을 들여 그 비용을 아끼지 않았다. 이것은 가능한 한 평화정책에 기반하여 원만히 수교하려는 이유에서였고 그렇기 때문에 통신사 일행이 종종 오만한 태도를 보이는 것에 대해 뭐라고 하지 않았다. 특히 일본 굴지(屈指)의 학자가 자신을 낮추어 조선인을 만나 모멸의 말을 듣더라도 참고 견딘 것은 오늘에 와서 볼 때는 웃음이 나오지 않을 수가 없다. 더욱 일본의 학자는 지식을 해외에서 구하는데 진력을 하였고 장점을 취해 자신의 단점을 보완하려고 하였기에 모멸감을 감내했던 것이다.(필자 역)[57]

이들이 보기엔 일본이 조선에 대해 성심의 외교를 한데 비해 조선은 일본을 멸시로 일관하며 불성실하게 외교를 한 것처럼 생각되었다. 조선은 자신들을 모욕하고 조롱하며 자신들을 금수처럼 여겼던 것이다. 후지쓰카는 조선인의 글을 들어 조선의 이러한 태도를 지적하였다.

아, 조선의 풍속은 협루(狹陋)하여 기휘(忌諱)하는 것이 많다. 문명의 교화는 오래되었으나 도리어 일본 사람들의 협루함이 없는 것만 못하다. 그런데도 스스로 잘난 체하여 다른 나라를 업신여기니 나는 이를 매우 슬퍼한다. 원현천(元玄川)이 "일본에는 총명하고 영수(英秀)한 사람들이 많아 진정을

---

57) 松田甲, 「朝鮮通信士を誡たるの磐城學者板坂晩節齋」, 『日鮮史話』 3, 1927, 37쪽.

토로하고 심금을 명백히 하며 문필도 모두 귀히 여길 만하고 버릴 수 없는 것이다. 그런데 우리나라 사람들은 오랑캐라고 여겨 무시하고 언뜻 보고 나무라고 헐뜯기를 좋아한다.”한 말이 참으로 옳은 말이다. 나는 이 말에 느낀 바 있어, 다른 나라의 문자를 보게 되면 정성스런 마음으로 사랑하기를 마치 마음이 맞는 친구의 글을 보는 것처럼 하지 않은 적이 없었다.[58]

이덕무는 일본에 조선통신사 일원으로 다녀온 원중거(元重擧)로부터 겸가당(蒹葭堂)을 비롯한 일본 문인에 대해 듣고 일본이 오랑캐라고 하여 무조건 일본의 문인을 멸시하는 것은 옳지 않다고 주장하였다. 그러나 이는 이덕무가 중화주의에 빠진 조선인의 편협한 세계관에 대해 비판을 한 것이었다.

이를 인용하여 후지쓰카는 '지금부터 350년 전의 조선에서 일본을 올바르게 보고 진실로 일본을 이해하고자 했던 학자(필자 강조)가 과연 몇 사람이나 있었을까. 조선이라는 작은 세상에 안주한 채 세상이 넓고 크다는 것을 모르는 사람들을 향해 그 몽매함을 떨쳐버리라고 호소한 이덕무의 절박한 말을 생각할 때마다 말할 수 없는 감회에 젖게 된다.[59]고 논평하였다.

후지쓰카의 말대로라면 과거와 현재를 막론하고 조선에서 일본을 이해한 학자는 일본의 문명에 대해 우호적인 입장에 선 사람이어야 했다.

---

58) 李德懋, 「蒹葭堂」, 『靑莊館全書』 제32권 淸脾錄一
'嗟呼。朝鮮之俗狹陋而多忌諱。文明之化。可謂久矣。而風流文雅。反遜於日本。無挾自驕。凌侮異國。余甚悲之。善乎。元玄川之言曰。日本之人。故多聰明英秀。傾倒心肝。炯照襟懷。詩文筆語。皆可貴而不可棄也。我國之人。夷而忽之。每驟看而好訿毀。余嘗有感於斯言。而得異國之文字。未嘗不拳拳愛之。不啻如朋友之會心者焉。'
59) 藤塚鄰 저, 藤塚明直 편, 윤철규 외 옮김, 『추사 김정희 연구』, 과천문화원, 2008, 60쪽.

그러나 식민지를 경험하는 조선인에게, 일본 또는 일본인은 여전히 과거의 오랑캐요, 왜(倭)였으며, 침략자였던 것이다.

그렇기 때문에 재조일인 학자들 연구의 두 번째 특징은 이와 같은 조선인의 멸시관을 극복하는 데 집중되어 있다.

그들은 조선의 멸시관을 극복하기 위해 일본 문명의 우위론을 주장하였다. 예를 들면 다다는 「훤원학파와 한객(諼園學派と韓客)」에서 조선통신사와 일본 문인의 교류를 통해 일본문학의 우위를 밝혀내고자 하였다.

훤원학파 즉 오규 소라이(荻生徂徠, 1666~1728)문인이 조선의 문사를 처음으로 만난 것은 1711년 숙종 3년 조태억을 정사로 한 조선통신사가 왔을 때였다. 하관(下關)에서 야마가타 수난(山縣周南, 1687~1752)이[60] 제술관 李礥을 만나 조선의 문학이 당송고문을 위주로 하고 있는지 아니면 의고문을 위주로 하는지를 물었다. 이에 대한 이현의 답은 없었다고 한다.

이어 다다는 중국의 당송고문론과 의고문에 대해 소개하고, 조선에서의 고문론 전개도 간략히 정리하였다. 조선은 당송고문 위주로 전겸익의 『유학집(有學集)』에 강하게 영향을 받았다고 평가하였다.

조선의 이런 사정과 달리 일본에서는 훤원학파를 중심으로 명의 의고문론이 이식되어 유행하였다고 주장하였다. 그러나 그것은 명과는 다른 일본만의 독특한 그리고 명을 넘는 문학론으로 전개되었다고 하며 이 오규 소라이 고문사학에 대해 높이 평가하였다. 그는 이처럼 조선과의 비교

---

60) 山縣周南, (1687~1752)는 에도 시대의 유학자이다. 이름은 孝孺이며 오규 소라이의 고제로 長州藩藩校·明倫館의 2대 學頭가 되었으며 漢詩와 국사에 능통하였다. ja.wikipedia.org (검색일: 2012. 4. 11)

속에서 자신의 문화적 우위를 만들어 냈다.[61]

이상에서 살펴본 대로 재조일본인학자의 연구 성과는 분명 이전의 한문학에 대한 연구서에 비해 근대적 학문 방법을 통해 이루어진 것이었으며 독립적인 학문으로서 한문학의 위상을 정립하는 데 일조했다는 점에서는 매우 의의가 크다.

그러나 이들의 연구가 향하는 곳이 '내선동화'였다는 것도 간과해서는 안 될 것이다. 현실에 있어서, 일본의 산업화(메이지 유신과 그 후의 산업화) 직전까지 조·일의 관계는 상호적이지 않았다. 조선은 일본에게 시혜를 베풀고 있다고 생각하고 있었다. 일본은 조선의 문명에 대한 콤플렉스와 조선인의 멸시를 극복하기 위해 조선에 대한 우위의 증거를 찾아내고자 하였다. 이들이 밝혀낸 조·일간의 차이는 우열로 나뉘어졌고 나아가 차별이 되었다. 이 과정을 거쳐 '문명한 일본'이 생산되었던 것이다.

이렇게 재현된 조·일의 과거는 역사의 원형이 아니었다. 과거의 사건은 우호적 관계를 증명하기 위해 선택적으로 소환되었으며, 이렇게 소환된 과거는 일제의 식민지라는 현재를 위해 과거를 연출하고 있었다. 조선 연구에서 이러한 목적의식은 강박증 앓듯이 논문의 사이사이에 거칠게 삽입되어 있었다.

재조일한학자들은 연구를 통해 조선보다 우위라는 문명의 증거를, 고전 속에서 찾아내어 일본인에 대한 조선인의 멸시관을 반박하고, 조선 문화의 이식성을 주장하였다. 그러나 한편으로는 조·일의 관계가 과거에

---

61) 多田正知, 「蘐園學派と韓客」, 49～57쪽.

우호적 관계였다는 것을 상상하면서 과거의 재현인 당시 식민지에 정당성을 제공하고자 하였다.

일제가 식민통치의 이데올로기로 내세운 '내선동화', '내선일가'의 완성을 위해서는 이처럼 과거는 '지금'에 맞춰 재구성되어야 했으며 이렇게 '만들어진 과거'는 '지금'이 구현해야만 하는 이상이고 미래였던 것이다. 재조일본인 한문학 연구는 '내선동화(內鮮同化)라고 하든가 내선융화(內鮮融和)라고 하는 것을 새로운 일이라고 생각하는 사람들이 있지만, 실은 예전부터 이루어졌던[62] 일이었다는 것을 증명하는 작업이었다.

---

62) 松田甲, 「儒敎より觀たる內鮮關係の二三例」, 『조선』 제86호, 1922. 5.

재조일본인 잡지 『조선시론』과 동시대 조선 문학의 번역

김계자

1. 1920년대 식민지 조선의 문학장과 재조일본인

1920년대는 식민지 조선에 근대 학문의 이념과 지식체계 담론이 형성되어 가던 시기였다. 3·1운동 이후 '무단정치'에서 '문화정치'로 일제의 정책이 변하면서, 제한된 범위이지만 '신문지법'[1]을 통해 신문·잡지의 발행이 부분적으로 허용되고 출판문화가 활기를 띠게 되었으며 사회·문화 전반에 걸쳐 근대적 제도가 형성되어갔다.[2] 이 시기 조선의 출판 산업의 규모는 비약적으로 커졌고 이와 더불어 근대적 교육이 확산됨에 따라 근대

---

[1] 1907년에 공포된 '신문지법'에 의해 허가를 받으면, 특히 잡지의 경우 발행 전에 관할 관청에 인쇄물 2부를 납본하도록 규정하고 있다. 즉 사전에 원고 검열을 받지 않아도 됐던 것이다.

[2] '신문지법'에 의해 허가된 잡지는 시사문제를 다루는 논단과 문예작품을 모두 게재할 수 있어 종합잡지로서 체재를 갖출 수 있게 된다. 1920년대는 이러한 '신문지법'의 허가를 받은 종합잡지의 발간이 본격화되는 시기였다(김봉희, 「일제시대의 출판문화—종합잡지를 중심으로—」, 『한국문화연구』, 2008. 6, 179~1809쪽).

대중독자층이 형성되었다.[3] 당시의 대표적인 언론으로 『동아일보』, 『조선일보』가 창간(1920)되었으며, 『개벽』(1920), 『신천지』(1922), 『조선지광(朝鮮之光)』(1922), 『조선문단』(1924) 등의 동인지를 중심으로 한국문학 담론의 장이 구축되어가던 시기였다.

독서 대중화시대의 인프라가 구축된 1920년대 식민지 조선의 이와 같은 변화를 가장 빠르게 간취한 사람들은 동시대에 한반도에 건너와 다양한 분야에서 활동하고 있던 소위 '재조일본인(在朝日本人)'들이었다. 이들은 조선에 대한 관심을 당사자인 재조일본인들에게 알리고 나아가 일본 '내지'에까지 널리 알릴 목적으로 일본어 잡지를 발간하거나 한국문학을 번역 간행했다. 『통속조선문고(通俗朝鮮文庫)』(전 12권, 自由討究社, 1921~26), 『선만총서(鮮滿叢書)』(전 11권, 1922~23), 『조선 문학걸작집(朝鮮文學傑作集)』(1924, 奉公會) 등 1920년대에 들어 한국문학이 일본어로 적극 번역, 소개되는 예들이 이를 방증해주고 있다.[4] 그런데 이들은 모두 1908년에 한반도로 건너와 1910년에 조선연구회 창설하고 1920년에 자유토구사를 설립했으며, 자유토구사가 폐사한 이후 봉공회를 설립해 한국 고전문학 번역작업을 지속적으로 행한 호소이 하지메(細井肇, 1886~1934)의 활동에 의한 결과물이다.[5]

이와 같이 식민지 초기 한국문학을 일본어로 번역해 일본인에게 알리는 활동의 중심에는 재조일본인이 있었다고 할 수 있다. 호소이 하지메가

---

3) 천정환, 『근대의 책읽기』, 푸른역사, 2008, 28~31쪽.

4) 정병호, 「1910년 전후 한반도 〈일본어 문학〉과 조선 문예물의 번역」, 『일본근대학연구』, 2011. 11, 138쪽.

5) 박상현, 「번역으로 발견된 '조선(인)'」, 『일본문화학보』 제46집, 2010. 8; 최혜주, 「한말 일제하 재조일본인의 조선 고서 간행사업」, 『대동문화연구』 제66집, 2009. 6 참고.

한국 고전문학 번역에 주력하면서 1920년대 재조일본인의 식민지 문단을 만들어가고 있을 때, 이와는 다른 방향에서 한국문학을 번역 소개해간 또 다른 재조일본인이 있었다. 그는 바로 오야마 도키오(大山時雄, 1898~1946)라는 편집인으로서 동시대의 한국문학에 관심을 가지고 일본어로 번역 소개해간 사람인데, 종래의 연구에서는 이러한 동시대 조선 문학의 번역 소개라는 측면이 거의 주목받지 못했다. 오야마 도키오가 잡지 발간을 통해 펼친 한국문학 번역 소개 활동은 동시대 한국문학의 동향을 주시하고 이를 재조일본인 사회, 그리고 일본 '내지'에 소개하려고 한 동시대성에 그 특징이 있다고 하겠다.

오야마 도키오는 조선의 시대적 변화를 간취하고 조선의 민의(民意)를 살펴 재조일본인에게 알리고자 일본어 잡지 『조선시론(朝鮮時論)』[6]을 간행했다.

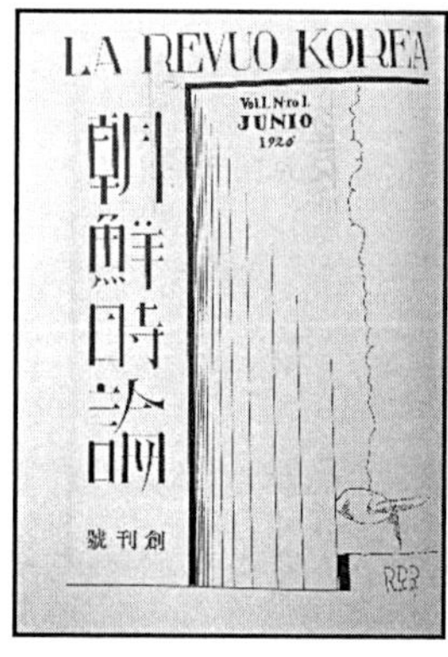

〈『조선시론』 창간호 표지〉

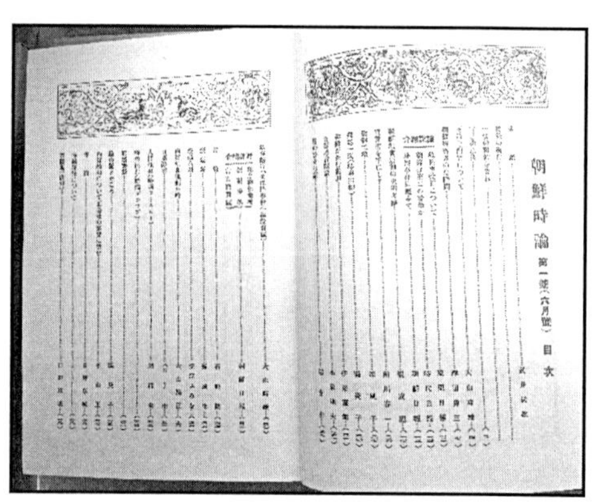

〈『조선시론』 창간호 목차〉

---

6) 『朝鮮時論』(朝鮮時論社 編)은 1926년 6월에 창간하여, 7, 8, 9, 12월(10월호 결, 11월 발매 금지), 1927년 1, 2·3, 4, 5, 8월(10월호 결)까지 간행되었다. 본문 인용은 복각판 『朝鮮時論』(日本植民地文化運動資料9, 綠蔭書房, 1997)에 의한다.

『조선시론』은 '신문지법'의 허가를 받아 경성에서 1926년 6월에 창간되어 이듬해 10월까지 발행된 일본어 잡지로, 오야마 도키오가 발행 겸 편집인으로 활동했다.『조선시론』은 조선의 근대 지식체계가 형성되어가던 1920년대에 조선의 시사 문제가 일본인에 의해 어떻게 다뤄지고 있었는지를 살펴볼 수 있는 자료이기도 하다.

이 글에서 잡지『조선시론』의 성격을 살펴보고 이에 소개된 조선 문학의 양상을 고찰해, 동시대의 조선 문학이 일본인에게 어떻게 번역 소개되고 있었는지 살펴보고자 한다. 하나의 언어가 다른 언어로 옮겨지는 과정에서 생기는 의미의 변전현상을 '번역'이라고 정의해본다면,『조선시론』에 번역 소개되고 있는 조선의 문학은 '일본어'가 매개 되면서 그 의미가 분절, 전의 되고 있음을 알 수 있다. 비록 총 간행 횟수는 많지 않지만, 조선 문학의 번역 소개나 주로 언어적 관점에서 조선의 문화를 소개한『조선시론』의 지면구성을 통해, 일본어역에 의해 구성된 '조선'이 의미하는 바를 도출해내고 '일본어'로 생성·번역되는 '조선'의 문제기제를 생각해보고자 한다.

2. 오야마 도키오와 잡지『조선시론』

『조선시론』의 발행 겸 편집인 오야마 도키오의 아버지 오야마 마쓰조(大山松藏)는 후쿠시마(福島) 현의 몰락지주의 장남으로, 1909년 통감부 관리가 되어 도키오가 11세 때 한국으로 건너왔다. 일제에 한국이 강제 병합된 이후 마쓰조는 조선총독부에서 일했고, 1921년부터 1927년까지 김천에서 군수로 재직했다. 도키오는 아버지를 따라 유년시절부터 기독교도 조합교회에 다녔으며, 경성중학교, 동양상업학교(이후 경성 고등상업학교)를 졸업했다. 조선인 김순학과 결혼, 도시샤(同志社) 대학 상과에 진학한 오야마는 1922년에 조선으로 돌아온다. 그는 도시샤 대학에 다닐 때 에스페란토 공부를 시작했고, 사회주의에도 접근한다. 이후 조선으로 돌아와 에스페란토연구회를 설립하여 에스페란토운동을 시작했으며, 김억을 만나 초보를 배웠다고 한다.[7] 이와 같은 오야마의 내력은 후일 『조선시론』의 내용 구성에 적극 반영된다.

오야마 도키오는 1926년 2월에 정도사(正道社)를 설립하여 회장으로 취임하는데, 같은 해 6월에 창간된 『조선시론』은 사실상 정도사의 기관지나 다름없었다. 정도사를 설립한 오야마 도키오는 언론기관 없이 주의 주장을 펼치는 것은 무력해지기 쉽다는 판단하에 잡지의 간행을 서두른다. 정도사 본부와 조선시론사의 공동강령에, "현실을 직시한 조선 문제의 비판, 조선 민중의 여론 및 문원(文苑) 소개, 조선 및 조선인의 미적 탐구, 조선 문제에 대한 무이해(無理解) 철저 비판, 민중을 기조로 하는 양 민족의 공영 제창"이라고 적고 있다. 즉 정도사는 조선과 조선인에 대한 일본인의 무지를 비판하고 이를 바로잡으려는 취지를 내세우고 있는 단체였던 것이다. 또한, 선언문에 "동양의 영원한 평화와 일선(日鮮) 양 민족의 행복을 위해 우리는 보다 좋은 일본인이 될 것을 기(期)한다."는 문구와 뒤이어 취지서가 소개되어 있는데, 주요 부분을 이하의 인용을 통해 살펴보겠

---

7) 다카사키 소지(高崎宗司), 「한국인의 목소리를 대변한 잡지 『조선시론』의 발행인 오야마 도키오」, 『그때 그 일본인들』, 한길사, 2006, 322~324쪽.

다.

> 생각건대, 우리가 의식해서 그들(조선인—인용자주)을 차별하고 모욕해 반 감을 사는 것은 상상도 할 수 없는 일이다. 그러나 무의식중에 이와 같은 언 동이 없다고 누가 말할 수 있겠는가. 정도사는 이를 깊게 생각해 말은 좀 이 상하지만 조선인을 사랑하는 것이 아니라, 조선인에게 존경받을 수 있도록 보다 좋은 일본인이 될 것을 여기에 제창하는 바이다. 그래서 조선인이 일본 인으로서의 생활을 향유할 수 있도록 최선의 노력을 아끼지 말아야 한다.[8]

위의 인용에서 '우리'는 일본인에 한정된 의미임을 알 수 있다. 즉 정도사의 회원은 재조일본인에 한정되어 있었던 것이다. 따라서 잡지『조선시론』도 재조일본인을 독자로 상정한 채 발행된다.[9] "민중을 기조로 하는 양 민족의 공영"을 제창하면서 조선인이 일본인으로 살 것을 강조하고, 또 잡지의 독자를 일본인에 한정해 조선인으로부터 존경받는 일본인이 되자는 취지인 것이다.

즉, 여기에서 말하는 "양 민족의 공영"은 어디까지나 일본이 중심적 주체에 있고 조선은 주체에서 결락되어 대상화되고 있을 뿐이다. 이는 일본을 중심에 두고 조선을 타자화시켜 외연으로 밀어내고 있는 결과로, 제국과 식민지의 불균형한 권력관계를 여실히 드러내고 있다. 물론 정도사나『조선시론』이 표방한 제국주의적 폭력에 대해 단죄하는 것이 이 글의 목적은 아니지만, 조선인과 소통하지 않는 '조선' 이해를 추구하는『조

---

8) 『조선시론』창간호, 2~3쪽.

9) 정도사 요강에 "회원이 될 수 있는 자는 내지인에 한정한다."고 명시하고 있다. 『조선시론』 창간호, 100쪽.

선시론』이 "한국인의 목소리를 대변한 잡지"[10]로서 평가를 받기란 애초에 어불성설이었다.

잡지『조선시론에서 주목할 점은 조선에 대한 '무이해'를 철저히 비판한다는 정도사의 취지하에,[11] 조선에 대한 정보를 제공하고 조선인의 생각을 알아갈 목적으로 동시대의 조선의 신문이나 잡지에서 내용을 선별해 번역 소개하고 있는 지면 구성이다. 매호 그달의 조선의 행사를 소개하면서 '내선 풍속의 비교'를 정리하고, "조선 민중의 여론 경향을 알기 위해"[12] 〈언문신문사설소개〉라는 섹션을 구성해『동아일보』,『조선일보』,『시대일보』,『매일신보』 등을 중심으로 1개월간 실린 사설 중에서 몇 편씩을 골라 번역 전재했다. 또 동시대에 조선의 잡지에 발표된 시나 소설을 일본어로 번역해 소개함으로써 조선의 저널리즘과 시대적 분위기를 공유하려는 편집방향을 보이고 있다. 조선의 어떤 문학작품이 어떻게 번역되어 소개되고 있는지 호별로 살펴보겠다.

3.『조선시론』에 번역 소개된 동시대 조선의 문학

『조선시론』은 〈문예〉란을 별도로 구성하고 있지 않았다. 번역 소개되

---

10) 다카사키 소지, 앞의 책, 321쪽.

11) "우리 내지인은 조선 및 조선인을 이해하는 것이 급선무이다. 그러나 그 이해는 넓고 또한 바른 것이어야 한다. 나는 조선에서 생활한 지 이미 10년이 지났는데, 스스로 생각해봐도 조선에 관한 지식이 부족한 데에는 놀라울 정도이다. (중략) 만약 진정으로 내선융화를 이루려고 한다면 내지인은 어디까지나 조선인을 이해하고 누긋하게 유도하는 수밖에 없다." (창간호, 平山正, 「内鮮の融和に就て正道社の諸賢に望む」, 67쪽)

12) 『조선시론』 창간호, 12쪽.

고 있는 조선의 문학작품은 시와 소설이 주였는데, 〈목차〉에 '역시(譯詩)', '소설', '소설 번역', '창작 번역', 혹은 '시 및 소설' 등의 항목으로 소개되었다. 편집부에서 선택한 시나 소설을 주로 일본어로 번역하여 소개하고 있었는데, 때로는 에스페란토로 번역하고 있는 점도 특징적이다. 창간호에 일본어로 번역 소개한 이익상의 「망령의 난무」[13]에 다음과 같이 부기(附記)하고 있다.

> 본지(本誌)는 가능한 한 매호 조선 문단의 걸작을 번역 전재(轉載)하려고 생각한다. 작품을 선출하는 것은 매우 곤란하고 또 각각의 입장에 따라 어쨌든 비난은 피할 수 없을 것 같다. 이 점 양해를 구한다.

사실 "매호 조선 문단의 걸작을 번역 전재하려고" 한다는 편집 방침이 실제로 끝까지 지켜진 것은 아니었다. 목차에 제목만 들어가 있고 내용이 삭제된 정황이나 발매 금지된 호가 있는 것으로 봐서 당국의 검열이 관여한 사실을 추측할 수 있고,[14] 호를 거듭해감에 따라 조선의 문학작품을 소개하는 지면 구성 자체가 축소되는 경향도 보인다. 이는 당국의 검열이 점차 강화되고 있었음을 방증해주고 있다. 구체적으로 살펴보자.

『조선시론』 6월 창간호에는 『문예운동(文藝運動)』(1926.2)에 실린 두 편의

---

13) 『개벽』 1926년 5월에 발표된 것을 번역 전재한 것임.

14) 잡지에 대한 검열이 7월호에서는 단편 「감자」만 삭제된 상태로 발매되기에 이르렀지만, 11월호는 잡지 전체가 발매 금지처분을 받게 된다. 12월호의 표지 뒷면에 그 경위에 대해, "11월호는 불행히 당국의 기휘(忌諱)에 저촉되어 치안 방해 혐의로 발매금지 명령을 받아 대부분 압수되었습니다. 재발행도 생각해봤습니다만 아무튼 전체적으로 안 된다고 했기 때문에 단념했습니다."고 공지하고, "조의(弔意)를 표하"는 차원에서 11월호의 목차를 소개하고 있다. 이를 보면 김희명(金熙明)의 「화장터(火葬場)」와 단편 「고향(故鄉)」의 에스페란토역이 실릴 예정이었음을 알 수 있다.

시, 이호(李浩)의 「전시(前詩)」와 이상화(李相和)의 「도쿄(東京)에서」가 번역 소개되었다. 『문예운동』(편저자 양대종)은 1926년 2월에 창간되어 동년 6월에 통권 3호로 종간된 문학잡지로, 1926년 2월에 창간되었던 조선프롤레타리아예술동맹(KAPF)의 준 기관지격인 잡지이다.[15] 이 두 편의 역시와 함께, 소설로는 이익상의 「망령의 난무(亡靈の亂舞)」가 소개되어 있다. 「망령의 난무」는 바로 전달인 5월호의 『개벽(開闢)』지에 발표된 것을 번역 전재한 것이다. 『개벽』은 천도교의 종교적 색채를 띤 잡지로, 총독부로부터 지속적인 검열을 받으면서 특히 1920년대 이후 조선의 사상적 흐름을 이끌었던 잡지이다. 1920년대 낭만주의나 자연주의를 비판하고 사회주의 경향의 문학을 표방하고 있던 경향파 소설을 많이 소개하고 있었는데, 이익상의 「망령의 난무」도 이러한 성격을 지니고 있다고 할 수 있다.

7월호의 『조선시론』에는 김동인의 「감자」(『조선문단』 1925. 1)가 번역 소개될 예정이었으나, 목차에만 들어 있고 총 20쪽에 달하는 내용은 원문이 삭제된 채로 발간되었다. 〈편집후기〉에 "번역에 앞서 평양에 있는 김동인 씨에게 몇 번 서간을 보냈는데 대답이 없어 친우 주(朱) 씨에게 양해를 구해 여기에 번역, 전재하게 되었다. 원작은 여러 의미에서 잘 된 작품이라고 평해지고 있다."고 적고 있는 것으로 봐서, '신문지법'에 의해 사전검열은 피할 수 있었으나 잡지가 다 완성된 이후에 납본한 것이 검열에 걸려 원문이 삭제된 상태로 발매된 것으로 보인다.[16]

---

15) 최덕교 편저, 『한국잡지백년1』, 2004. 5, 98쪽. 『조선시론』에 소개된 두 시에는 공히 "1926년 문예운동 1월호에서 번역 게재함"이라고 말미에 명시되어 있는데, 이는 잘못 기재된 것이다.

16) 8월호의 편집 후기에 "전호(前號)의 소설 번역 감자(10쪽)가 당국의 주의에 의해 삭제되었습니다. 이 작품은 작년 조선문단의 5월호에서 번역 전재한 것이기 때문에 당시 검열계가

8월호에는 현진건의 「조선의 얼굴」이 번역 소개되었다. 「조선의 얼굴」은 본래 「그의 얼굴」(『조선일보』 1926.1.3)이라는 제명으로 발표된 것이 그 후 단편집 『조선의 얼굴』(글벗집, 1926)에 수록될 때 「고향」으로 제명이 바뀌는데, 『조선시론』에서 번역 전재할 때 이를 단행본의 표제인 「조선의 얼굴」로 바꾸어 소개하고 있는 것이다.[17] 대구에서 경성으로 가는 기차 안에서 일본인, 중국인과 동승하게 된 '그'를 통해 서술자인 '나'가 일제하 조선 농민의 비참한 삶의 모습을 그려내고 있는 이야기이다. 「그의 얼굴」이 고향을 상실하고 유랑하는 '그'에 초점을 두고 있다면, 후에 바뀌는 「고향」은 '그'의 상황을 조선 농민의 문제로 확대시키고 있는 상징성이 있다고 할 수 있다. 「조선의 얼굴」은 이들을 아우르는 제명으로, 고향을 상실한 조선 농민의 비참한 삶을 조선의 실상으로 전달하려는 편집 의도가 엿보인다.

9월호에는 이상화의 시 「통곡」을 일본어역한 것과 최서해의 「기아와 살육」(『조선문단』 1925. 6) 일본어역이 실렸고, 현진건의 「피아노」(『개벽』 1922. 11)가 일본어역과 에스페란토역으로 동시에 게재된다. 이 외에도 조선인 이외의 것으로 보이는 시와 창작도 게재되는 등,[18] 9월호는 문학작품의

엉성해서 당연 금지해야 할 것을 놓친 것이라고 합니다."(109쪽)고 적고 있다.

17) 8월호 편집후기에 "현빙허(玄憑虛) 씨의 단행본 『조선의 얼굴』의 마지막 단편 「고향」을 개제(改題)해서 번역 전재하기로 했습니다. 니시무라(西村) 검열 담당관과 전화로 교섭해서 승낙을 얻어 안심입니다."고 적고 있다. 아울러 동 8월호에 함께 실을 예정으로 선출해놓은 최서해의 「누가 멸하는가」(『신민(新民)』 1926. 7)가 게재 불가로 결정되었음을 밝히고 있다. 이와 같이 각 호마다 편집후기에 작품의 검열 결과 여부를 적고 있는 정황으로 봐서 당시에 이미 한국어로는 발표된 작품이라 하더라도 일본어역의 경우에 검열이 별도로 이루어지고 있었음을 짐작게 한다.

18) 조선인에 의한 문학작품을 소개할 때는 작가의 이름을 명시했지만 그 외의 작품은 필명인 경우가 많고, 시사적인 논단의 경우는 이러한 현상이 더욱 뚜렷이 나타난다. 이는 이미 창

분량이 눈에 띄게 늘어난다.

「기아와 살육」에서 특기할 사항은 번역자가 임남산(林南山)으로 명시되어 있다는 사실이다. 8월호까지는 번역자를 별도로 명기하지 않은 채 일본어역이 게재되었는데 9월호부터 명기하고 있는 점도 주의를 요하지만, 임남산이라는 번역자가 누구인가 하는 점을 주목할 필요가 있다. 번역자 임남산에 대한 인물정보는 그가 조선인인지 재조일본인인지조차 알 수 없을 정도로 현재 구체적인 사항을 파악하기 어렵다. 다만, 『동아일보』 1934년 5월 16일 자에 '조선문인사(朝鮮文人社)' 창립 멤버에 이름이 들어가 있고, 1935년 6월 5일 자에는 '중앙일보 동경지국장'이라는 신분으로 임남산이라는 이름 석 자를 확인할 수 있다. 또한, 잡지 『모던일본』 조선판을 마해송과 함께 기획했으며, 한일 저명인사로 구성된 최승희 후원회로 있으면서 심훈, 최승일 등과 함께 신극 연구단체인 '극문회(劇文會)'를 조직했다는 사실을 확인할 수 있다. 그러나 번역자로서의 임남산에 대한 정보는 현재 확인되는 내용이 없는 실정으로, 그가 재조일본인이라기보다는 조선인이었을 가능성이 더 크다고 짐작될 뿐이다. 그래서 『조선시론』에서의 그의 번역 활동은 더욱 주목할 만하다.

「기아와 살육」과 함께 실린 「피아노」는 경제적으로 여유 있는 신혼부부가 이상적인 가정을 꾸리기 위해 피아노를 들여놓았는데 나중에 서로 피아노 치는 법을 모른다는 사실을 알게 된다는 풍자적인 이야기로, 전체적으로는 축자번역하고 있으나 다소 구두점이 이동해 있고 국한문혼용

간호 편집후기에서 익명의 필자를 구성해 신분을 밝히지 않고 글을 실음으로써 "숨어있는 미지의 동지를 모으는 일에 고심하고 있다."고 밝히고 있다(창간호, 101쪽).

체의 옛 문투가 표준적인 일본어로 바뀌어 있는 점이 눈에 띈다. 특기할 사항은 임남산의 일본어역과 동시에 에스페란토역을 병기하고 있다는 점이다. 에스페란토역을 한 사람의 이름은 명시되어 있지 않다.

주지하듯이 우리나라에 처음으로 에스페란토를 보급한 사람은 김억 (金億, 1896~?)이다. 김억은 1930년대에 「피아노」 외에도 「사진」(전영택), 「감자」(김동인), 「명화(名畵) 리디아」(김동인)를 에스페란토역해서 국내외에 소개했고, 『폐허』와 『개벽』지를 통해 에스페란토 보급 활동을 폈다. 물론 이상의 활동은 「피아노」 에스페란토역이 『조선시론』에 실린 것에 비해 뒤에 일어난 일이고 번역자가 명시되어 있지 않기 때문에 정확한 사실은 확인할 수 없으나, 김억이 조선시론사의 문예부에 소속되어 있었고 오야마 도키오에게 에스페란토를 전수해준 사실과 『조선시론』(1927.1)에 김억의 에스페란토란을 별도로 마련되는 사실 등을 감안하면, 김억에 의한 번역이 아닐까 추측된다.[19] 국가나 민족을 뛰어넘는 연대로서 제안된 에스페란토를 제국주의에 대한 저항으로 방법화해 가는 김억의 『조선시론』에서의 활동의 단면을 엿볼 수 있는 부분이다.

9월호의 『조선시론』에는 이광수의 단편이 김억의 에스페란토역으로 소개되어 있을 뿐, 이후 조선 문학작품의 일본어역은 실리지 않게 된다. 대신 일본인에 의한 시나 단편, 필명으로 발표된 소설, 희곡 등으로 메워진다. 『조선시론』은 1927년까지 단속적(斷續的)으로 간행되었는데, 조선의 신문 사설을 번역 소개하는 코너는 비교적 끝까지 유지된 반면에 문학에

---

19) 1927년 1월호의 표지 뒷면에 조선시론사 관련 인사들의 새해인사에 김억이 조선시론사 문예부 소속으로 열거되어 있다.

대한 소개는 이후 보이지 않게 되는 것이다.

4. 조선 문학작품의 일본어역에서 보이는 문제

『조선시론』에 번역 소개된 조선의 문학작품은 1920년대 식민지 조선의 현실을 문학화한 시나 소설들이 선택된 것을 알 수 있다. 보통 시의 번역이 소설 번역에 비해 시어가 함유하는 상징적이고 토속적인 의미나 운율이 주는 형식미를 살려내기 어렵다고 할 수 있다. 그러나 『조선시론』에 실린 작품들을 보면 시보다는 소설에 본문의 이동(異同)이 많이 일어나고 있음을 알 수 있다. 이는 번역의 의도가 조선의 문학작품을 어떻게 수용할 것인가에 초점이 놓여있었다기보다는, 독자인 재조일본인들에게 조선의 현실을 어떻게 전달할 것인가에 방점을 두고 작품을 편의적으로 개작한 때문으로 생각된다. 물론 이에는 여러 차례에 걸친 오야마 도키오의 글에서도 짐작할 수 있듯이 당국의 검열이 관여하고 있음은 물론이다. 이하 일본어로 번역되는 과정에서 그 이동이 가장 많은 소설의 주요 부분을 분석해보겠다.

(1) 「망령의 난무」 일본어역

「망령의 난무」는 작중인물 창수가 생활고에 쫓겨서 죽은 아내의 무덤을 파헤쳐 아내의 주검과 함께 묻혀있는 귀금속을 꺼내 가면서 스스로를 도덕적으로 책망하는 심정이 그려진 작품으로, 창수의 고뇌를 통해 조선인이 맞닥뜨리고 있는 '가난'의 문제를 드러내고 있다. 이하는 『개벽』에 발표되었던 원문이 『조선시론』의 일본어역으로 바뀌는 과정에서 그 의미가 많이 변화된 부분이다(이하 밑줄 친 부분은 모두 인용자에 의한 것임).

「여보! 그대도 아는 바와 가티 우리집안이 전에야 어듸 요모양으로 지내 엇소? 그래도 여러대를 두고 의식격정은 아니하고지내다가 나는 요모양이 되엇소그려!」

이러케 말할때에 묘직이는 실지로보는창수의 채림채림과 미리부터 드러 두엇든소문이 빈틈업시 맛는것을 비로소 알엇다.

「그야 당신댁 뿐이신가요? 우리조선사람살기가 다그러케 되어가는판이 아님닛가?」하고 창수를 또한번위로하듯말하엿다

「아니람니다 조선사람이라구 다요모양이겟소 우리가튼사람이나 그럿치 요! 그래도 우리가 예전에야 요모양은 아니엇섯지요 하도갑갑하기에 산수 탓이나 아닌가하고……」

창수는 여긔까지 말을 하기는하엿스나 그다음말이 잘나오지안햇섯다.

「お爺さん！　私の家がこんなことになるとは思はなかつたのです。私の 父や祖父の時代まで、兎に角喰ふ事や着ることに困るやうなことの無かつ たのは、お爺さんも知つて居る通りですがね……」

此処まで昌洗が語つた時、初めて墓守は噂に聞いた昌洗と、目の前に座 つて居るみすぼらしい彼の姿とを、ぴつたりと思ひ合はすことができた。

「それはね！あなたの家計りぢやありません。朝鮮人の暮しは誰も彼も皆 さうなつたのですぜ」と墓守は、昌洗を慰めるやうに云つた。

「さうぢやありませんよ、<u>朝鮮人だつてみんなさうきまつたものぢやあり ませんよ、私ばかりが斯う落ちぶれるのを見ると、此れは何か訳があるに 違ひないんです。私の家だつて伍六年前まではこんなぢやなかつたんです からね</u>……これはきつと墓の祟りではないかと思つて……」と、まで云つたが次ぎの言葉は続かなかつた。

위의 일본어역에서 보면 원문의 '우리'가 '나(私)'로 대체되어 번역된 것을 알 수 있다. 즉, 현재 창수가 겪고 있는 가난의 책임이 창수 개인에게 있다는 논리를 만들어 내고 있는 것이다. 또 원문에 없는 "5, 6년 전까지는 이렇지 않았다."는 대사를 덧붙여 말하게 함으로써, 창수의 가난을 조선이 일제의 식민지가 되면서 생긴 문제라기보다 3·1만세운동 이후에 초래된 결과로 논리 지우고 있음을 알 수 있다. 다음의 일본어역에서도 창수 개인에게 문제의 소지를 돌리고 있는 서술을 확인할 수 있다.

엇잿든 이묘디(墓地)에는 창수에게직접으로 화복(禍福)의 영향을밋치게 될 산소가여러개가 잇슴으로 묘직이가 어느것인것인지 그것을뭇는것도 상당한일이엇다.

彼に直接関係のある墓なることに変りのある筈はないのである。<u>若し祟りがあるとすれば昌洗に祟るべき墓が</u>、余りに多くあることを知つて居る墓守は、どの墓を掘るのかと聞くのも、禍福説を信じて居る彼れとしては当然であつた。

창수를 향한 비난의 화살은 윤리적인 면에 집중되면서 부정적인 면을 강조하는 반면, 일제에 대한 내레이터의 비판적인 내용을 암시하는 부분은 삭제된다. 이하의 인용을 비교해보자.

나는 물론 너의들중에서 <u>앳서모아준모든 것을 헛되이 업샛는지도알수업</u>다 아니다. 헛되이 업샛다. 그우에 무엇을 더탐하야 루긔사업에모든것을

내바티엇다。 술을먹엇다。 녀자를간음하엿다。 그리고 다른사람을 학대하
엿다。 그러나 나는아즉것 남의것을 빼앗지는아니하엿다。 남에게몹슬짓을
하지아니하엿다。 내가 내버린그것만치 다른사람이 어덧슬뿐이다。 나는 적
선을하엿다。

　勿論俺は爾等の中の誰かが人の膏血を搾つて造り上げた身代を空しく費
したのかも知れない。俺が人を虐待したのも、女の貞操を弄んだのも、今
日亡妻の遺骨に侮辱を加へるやうな行為になつたのも、その作り上げた財
のさせたわざなんだ。俺は決してむごいことをした覚えはない。

밑줄 친 부분을 보면 창수 개인에 대한 윤리적인 단죄가 강조된 반면
에, "남의것을 빼앗지는아니하엿다."는 말은 일제의 한국 국권 침탈로 유
추해석이 가능한 부분인데, 이는 삭제되고 대신에 부정하게 쌓아올린 재
산이 문제라는 식으로 의미하는 바를 애매하게 옮겨 적고 있음을 알 수
있다.

　또한, 땅속에 무처잇는 사랑하는 안해에게「사랑하던안해여! 나의 오늘날
하는행위를 용서하라! 그대에게 거짓행동을 만히한것을용서하라! 그리고
그대의지니고잇는 모든보물을 이리로내노라 그러하야 나의남은생을 질겁
게히라 나는아즉도젊은피를 가젓노라! 나는그대가 죽을때 모든것을 그대의
관속에 집히깁히너흔것도 말하면 모도가허위엇노라! 그대의혼을 위로할랴
는 양심으로만 그런것이아니라 체면을보앗고 이름을어드랴하엿고 또는그
밧게 여러불순한감정이 잇섯든것이사실이다 그대여! 안해여! 내의 불순한
동긔로 준모든선물을 나에게로 돌려보내라 그쓸데업는물것을─ 그물건이
내손에들어온뒤에 나는 다시 그것으로 이젊은몸의 불순한피에 다시불을부
치려하노라。 나는다만이것을 엇더케 쓰겟다는것을 그대에게 맹서할수가업

노라! 그대여 원망치마라 미워하지마라저주하지는 더욱말라! 내가 그대의
나라로 도라갈때에 모든것을 그대에게 사과하리라」하고 업대여부르지지엇
슬것이다.

　又地の下深く眠つて居る亡妻に向つては、「いとしい妻よ！俺の今やつて
居ることを許して呉れ！俺は偽つた。お前を欺した。そしてその棺桶の枕
元に腐れかかつて居る宝を俺に渡して呉れ！元々貰ふ為めに入れた金や銀
では勿論なかつた。併し俺は、俺は今それが欲しいのだ。その贅沢品も今
お前の住む平和な世界には不用なのだ。お前には何の役にも立たないもの
が俺には入用なのだ。それで俺の不純な血を又燃し尽くすことが出来るん
だ。併しこれをどう使はふとお前は何も云つてくれるな！亡妻よ恨むな！
憎むな！お前は静かな世界に住んで居る。お前には不用な宝を以つて世間
の奴等にもう一度拝ませてやるのだ！」と地べたに額をびつたりとつけて詫
びたかも知れない。

　위의 일본어역을 보면 창수가 아내의 무덤을 파헤쳐 보물을 꺼내는
이유를 세상에 허세를 부리기 위함이라고 내레이터가 단정해버리고 있
다. 반면에 창수가 자신의 과거의 허위를 고백하는 내용은 삭제되고 단지
보물을 욕심내고 있다는 대사로 대체되고 있다. 방탕하고 허위에 둘러싸
여 있던 과거를 토로하고 앞으로의 일을 중의적이고도 격정적인 언사로
이어가는 창수의 대사가 일본어역에서는 내용과 문체가 모두 축소되어
있음을 알 수 있다.

(2) 「기아와 살육」 일본어역

「기아와 살육」은 북만주에서 극도로 빈궁하게 살아가던 경수가 결국

에는 가족을 몰살하고 닥치는 대로 살인을 저지르게 된다는 이야기로, 식민지 현실에 대한 분노와 저항을 계급적인 의식까지 끌어올리지 못하고 개인적인 차원에서 형상화한 동시대의 경향파 소설과 맥을 같이 하고 있다고 볼 수 있다. 이하에서 원문에 비해 일본어역이 많이 바뀐 부분을 중심으로 살펴보자.

> 「이놈 남의 나무를 왜도적해가늬?」
>
> 하고 산님자가 뒤ㅅ덜미를 집는것가태서 마암까지 괴로웟다. 벗어버리고십흔 마음이 여러번 나다가도 식구의 덜ㅅ떠는 꼴을 생각할때면 다시 이를 갈고 긔운을 가다듬엇다.
>
> 「オ—イ、人の薪を盜つて行くのは誰だ—?」と云ふて、山の持主に後を追掛けられるやうで、心までが咎められて来るのであつた。<u>それよりもつと山の持主が、支那人であることを思ひ出すと、彼の胸は、今更のやうにギクッとした。朝鮮人は、善くてもおさえ付けられてゐる。この支那人の土地から、彼奴等のものを盜むのであるから……</u>担いで来た荷物まで、投げ捨ててゝ了ひたい考えが、何べんとなく繰返されたが、然し寒さに慄へて居る家族のことを思ふと、再び歯を喰ひしばつて、元気を出さうとした。

위의 인용은 소설의 시작 부분으로, 밑줄 친 부분은 원문에 없는 내용이 일본어로 번역될 때 덧붙여진 곳이다. 북만주를 배경으로 이야기가 전개되고 있다는 사실이 원문에서는 중반 이후에 밝혀지는데 일본어역에서는 이를 처음에 밝힘으로써, 주인공 경수의 갈등이 만주로 이주해간 조선인의 문제임을 전제하고 있는 것이다. 또 중국에서의 조선인의 생활을 비판적으로 서술하는 내용이 덧붙여져, 결국, 경수가 무차별 살육을 하게 되는 결말의 문제적인 요소가 상쇄되도록 작용하고 있다.

「글ㅅ기는? 우리가 두고 안준답듸까? 에그 그게트림하는 꼴들을 보지말구 살엇스면……」

「悪いと云ふたつて？私等が持つて居て払はんのぢやないんでしよう？実際あの威張り返つてゐる様を見ないで暮されたら……<u>糞にもならない満洲くんだりに流れて来てゐる奴等は話にならないや</u>……」

원문에 없는 "비료로도 못 쓰는(아무런 도움도 되지 않는) 만주 변방에 흘러들어오는 녀석들은 말할 가치도 없어"라는 말이 일본어역에 추가된 것은 무엇을 의미하는가? 만주에 대한 비하 발언은 1920년대 만주를 둘러싼 일본의 시대적 분위기를 잘 보여주고 있다. 1920년대에 접어들면서 '토지조사사업'이나 '산미증식계획'의 영향 아래 조선농민의 만주 이주가 본격화되는데, 이렇게 이주해간 조선인은 일제의 만주로의 세력 확대를 위한 첨병 역할을 하게 된다. 이에 재만 조선인에 대한 중국 정부의 탄압이 더욱 심해지는데,[20] 주인공 경수가 처한 상황을 통해 이러한 시대적 분위기를 엿볼 수 있다. 아직 만주가 일본의 '생명선'이라는 말이 공공연하게 나오기 이전에 일본의 제국주의가 중국의 내셔널리즘과 첨예하게 대립하고 있던 1920년대의 상황을 감안하면, 덧붙여진 위의 만주 비하 발언은 의도적으로 행해졌다고 볼 수 있을 것이다.

이와 같이 당시의 만주에 대한 일본의 입장을 대변하는 서술이 원문

---

20) 노기식, 한석정 저, 『만주 ─동아시아 융합의 공간』, 소명, 2008, 201쪽.

에 없음에도 불구하고 덧붙여져 번역되었는데, 이러한 개작이 바로 임남산이라는 식민지 조선인으로 추정되는 인물에 의해 행해졌다는 사실은 간과할 수 없다. 식민지 조선인이 제국 일본의 입장에 서서 조선의 문제를 보고자 자처하는 식민지적 주체의 일면을 바로 이 임남산의 일본어역에서 찾아볼 수 있다.[21]

다음의 두 부분은 번역 시 삭제된 소설의 마지막 부분이다.

> 「모두 죽여라! 이놈의 세상을 부시자! 복마전(伏魔殿)가튼 이놈의 세상을 부시자! 모다죽여라!」
> ─以下三行削除─

> 「내가 미처? 내가 도적놈이야? 이 악마가튼놈덜 다죽인다!」
> 「俺が気違だつて？俺が盗坊だと？」
> ─以下一行削除─

조선인의 봉기를 암시하는 두 부분이 거의 동시기에 한국어로 발표된 소설에서는 온전히 실렸던 것에 반해, 재조일본인을 독자로 하는 일본어 잡지에서는 삭제 검열을 받은 것이다. '삭제'되었다고 일부러 표시해놓은

---

21) 윤상인은 일제 말기에 일본어로 번역 출간된 김소운의 『조선시집』에 대한 전후 일본의 평가가 지나치게 높은 점에 대해, "김소운과 같은 식민지적 주체를 통해 비폭력적 방법으로 제국과 식민지 간의 '가교'를 구축한 제국의 문화적 관용은 식민지 지배에 대한 역사적 재평가를 주장하기에 충분한 전사(戰史)로 기억되고 있는 것이다."고 하면서 일본 전통의 시적 규범과 정서로 수렴시키는 번역 태도를 지적하고 있는데, 이는 제국 일본의 입장을 스스로 대변하고자 자처한 식민지 조선인의 번역 태도라는 점에서 임남산의 경우에도 적용될 수 있는 내용이다(윤상인, 「번역과 제국과 기억─김소운의 『조선시집』에 대한 전후 일본의 평가에 대해」, 『일본비평』 2호, 2010년 상반기호, 87쪽).

정황으로 봐서, 검열에 의해 삭제되었다는 사실을 알리려는 편집 의도가 엿보인다. 이는 1920년대 당시의 검열이 재조일본인에게 보다 철저히 행해진 측면이 있음을 짐작게 한다.

이상에서 일본어역에 이동이 많이 발견된 「망령의 난무」와 「기아와 살육」의 본문을 살펴봤는데, 두 작품 모두 1920년대 식민지 조선의 현실을 문학화한 것으로 카프문학의 전사를 이룬 신경향파 소설에 속한다. 주된 작중인물이 창수와 경수 같은 가난한 패배자로 설정되어 있고 이들이 보여주는 조선의 현실은 곤궁하고 부정적인 모습으로 그려지고 있다. 또한, 가난을 일제 치하에서 필연적으로 촉발된 것이라기보다는 개인의 윤리적 문제로 환원시킴으로써 조선의 현실을 사회적으로 문제화시키는 데 역부족이었던 당시 경향파 소설의 한계성을 드러내고 있다고 할 수 있다.[22]

그런데 같은 소설 장르에서 현진건의 「조선의 얼굴」이나 「피아노」의 일본어역이 비교적 이동이 적은 반면에 경향파 소설의 일본어역에 특히 이동이 많은 사실은 주의를 요한다. 요컨대, 재조일본인 독자에게 식민지 조선의 현실을 제재로써 보여주기는 하되, 식민주의 현실의 문제성을 폭로하기보다는 조선인 개인의 문제로 문제의 소지를 축소하려는 의도가 일본어역에 반영되어 있음을 알 수 있다. 특히 3·1운동 이후 활발해지는 사회주의 운동의 영향을 받아 이들 경향파 작품들 속에 표현된 식민지 조선의 현실과 이를 상대적으로 바라보는 재조일본인의 관점을 일본어역에서의 이동이 보여주고 있는 것이다.

---

22) 박상준, 『한국 근대문학의 형성과 신경향파』, 소명, 2000, 125쪽.

5. 재조일본인이 번역한 '조선'

이상의 논의에서 『조선시론』이 당초 표방한 "양 민족의 공영"을 기조로 조선의 시사와 문학을 일본인 독자에게 소개한 특징을 살펴보았다. 물론 독자를 일본인, 정확히 말하면 재조일본인에 한정한 점과 당시의 검열제도로 인해 잡지에서 다루고 있는 내용에 제한을 받기는 했지만, 조선의 시사문제나 문학작품 외에도 '내선 풍속의 비교'나 '조선의 행사'를 기획 소개하는 등, 조선에 대한 다양한 관심을 보이고 있다.[23]

특히 '조선어'에 대한 관심을 보이고 있는데, 창간호에 보이는 「차별적 언동에 대하여」, 「여보(ㅋ ボ)'어 금지에 대하여」, 「소학교 아동에 대한 조선어 교육에 대하여」 등의 일련의 논고는 일본인의 조선어에 대한 차별적 언동을 비판하고 일본인의 조선어 교육문제를 짚고 있다. 또한, 1927년 4월호의 「시론(時論)식 조선어사전」과 「재미있는 조선어」(橫山保)는 조선어의 향토색이나 풍속을 동시대적인 문맥을 살려 구체적으로 설명을 덧붙이고 있어 매우 흥미롭다. 제국 일본의 지방으로서의 로컬리티로 '조선'을 자리매김해가려는 당시의 경향을 여기에서도 확인할 수 있다.

비록 총 간행 횟수는 많지 않지만, 조선 문학의 번역 소개나 언어적 관점에서 조선의 문화를 소개한 『조선시론』의 문제군은 조선의 문화를 바라보는 재조일본인의 관점을 잘 반영해주고 있다. 특히 조선의 문화에 대

---

23) 이러한 내용의 글은 주로 편집자 오야마 도키오가 집필했는데, 그는 자신의 본명 외에도 초양생(超洋生), 녹풍생(綠風生) 등의 필명으로 『조선시론』의 매호에 시론, 평론, 에세이 등을 다수 싣고 있다.

한 소개는 조선시론사의 사장이자 잡지 편집자인 오야마 도키오가 직접 쓴 글들이 대부분으로, 재조일본인의 관점에서 제국의 로컬리티로 구성되는 '조선'이 다양한 제재로 그려지고 있다.

이에 비해 임남산과 같은 식민지 조선인이 관여하고 있는 조선 문학의 일본어역은 번역을 둘러싼 제국과 식민지의 정치적 역학 관계의 단면을 잘 드러내 주고 있다. 물론 이러한 관계는, 임남산이 번역자라는 사실이 「기아와 살육」에만 명시되어 있고 다른 작품에는 에스페란토역을 주로 담당했던 김억 외에는 번역자가 별도로 명시되어 있지 않기 때문에 잡지 『조선시론』에 소개된 조선 문학의 번역에 대해 일괄적으로 적용할 수는 없다. 다만, 식민지 조선인이 번역한 「기아와 살육」에 특히 본문의 이동이 많고 개작된 내용에 식민 종주국의 입장에서 조선의 문제를 바라보는 관점이 개입된 사실은 우연이 아니다. 욕망의 식민 공간에서 행해지는 제국의 언어로의 번역은 식민지 주체로 하여금 스스로의 문화를 억압하고 제국의 그것에 동질화되어가도록 하는 메커니즘의 영향권 안으로 들어가도록 종용하는 것이다. 이는 이후 조선인에 의한 일본어 문학이 양산되는 1930, 40년대에 일본어라는 관성에서 결코 자유로울 수 없는 식민지 조선 문학의 내면을 묻고 있는 것이기도 하다.

조선문인협회와 '내지인 반도작가'

박광현

1. 내지인 문단의 '빈곤'과 신세대 '문단'의 자의식

한국에서 발간된 일본어 저널들은 일찍이 1900년대 후반부터 "순문학의 보급은 타락한 거류민의 취미를 구제하는 한 수단이 되어야"[1] 한다며 '재한 방인'의 풍속 개량을 목적으로 문예란을 두었다. 그 문예란에는 소설, 기행 등도 있었지만 주로 하이쿠(俳句), 와카(和歌), 교겐(狂言), 한시 등의 전통 장르를 실었다. 이것이 식민지 조선에 존재했던 '일본어 문학' 및 그 창작 집단 형성의 기원이라고 할 수 있다. 하지만 스기모토 나가오(杉本長夫)가 "20여 년 조선에 있으면서 조선 측의 문단, 평단을 거의 알지 못했"[2]으며 조선문인협회의 결성 이후에야 비로소 조선문인들을 만나

---

1) 《朝鮮新報》, 1907. 6. 20, 5쪽.
2) 杉本長夫, 「半島文壇と內鮮一体」, 『朝鮮』, 1940. 3, 74쪽.

"문학자적 온정"[3]을 느꼈다고 술회했을 정도로, 그간 조선문인과 조선 내 내지인 문인은 서로 '정(情)'의 교환이 없던 가시(可視) 영역 밖의 관계로 존재했던 것이다. 언어의 차이로 말미암은 이 둘의 간극은 어쩌면 너무도 자연스러운 것이었는지 모른다. 결국, 가시 영역 밖의 두 문단이 조선문인협회의 결성 이후에야 비로소 '첫 대면'을 하기 시작했다고 할 수 있다.

이 글에서는 문인협회의 결성과 관련해 조선 내 내지인 문단의 자생성의 축적이라는 측면을 주로 논의코자 한다. '내선(內鮮)문인의 총체'로 여겨졌던 조선문인협회에 관한 연구가 적지 않았지만, 그 한 축이었던 내지인 문단에 대해서는 거의 논의된 바 없다.[4] 이 글은 조선 내 내지인 문단의 형성사라는 관점에서 조선문인협회를 고찰하고, 그 협회 안에서 그들이 무엇을 욕망했는가 하는 문제를 해명하기 위한 시론이 될 것이다. 특히 1930년대 중반 이후 점차 그들은 '조선에서 나고 자란 자'로서의 입장을 견지하며 제국 안에서 '조선적인 것'이 가지는 의미와 정치성에 관해 스스로가 적극 해명하려 했다는 점에 주목하고자 한다. 그러면서 그들이 주창한 내지문단과의 차이나 식민지 문단의 특수성이라는 관점에서 그들의 자기동일성 문제를 다룰 것이다. 그들은 스스로에 대해서 일명 '내

---

3) 위의 글, 같은 쪽.

4) 이와 관련해서는 일본문학연구자들에 의해 논의된 몇 편의 논문이 있으나 주로 식민지 초기, 즉 1910년대를 전후한 시기를 대상으로 연구되어 왔다. 그 대표적인 논문으로는 허석의 논문 「明治時代 韓國移住 日本人의 文學結社와 그 特性에 대한 調査研究」(한국일본어 문학회, 『일본어 문학』 제3집, 1997. 6)과 「한국에서의 일본문학연구의 제문제에 대해서—도한문학의 "존재"에 초점을 맞추어」(한국일본어 문학회, 『일본어 문학』 제13집, 2002)가 있고, 또 정병호의 논문 「20세기 초기 일본의 제국주의와 한국 내 〈일본어 문학〉의 형성 연구—잡지 『朝鮮』 (1908~11)의 「문예」란을 중심으로—」(한국일본어 문학회 『일본어 문학』 제37집, 2008. 6)가 있다. 하지만 이들 논문이 지닌 아쉬움은 식민지 시기의 전반에 걸친 '일본어 문학'의 존재와 그 역사적 맥락이라는 차원에서 당시 일본어 문학을 다루지 않았다는 점이다.

지인의 반도작가'라고 불렀다.

1930년대 일본 최고의 문학권력자 중 한 명인 기쿠치 간(菊池寬)이 운영하던 출판사인 문예춘추사의 『모던일본(モダン日本)』이 1939년 11월에 임시증간호로서 '조선판'을 발간한다. 조선문인협회의 창립과 동시에 발간된 이 '조선판'은 마해송(馬海松)의 "수년간 갖고 있던 계획이 결실을 맺은"[5] 기획이었다. 이 잡지는 이효석, 이태준, 이광수의 소설과 주요한과 김기림 등의 시를 번역해 싣고 있을 뿐만 아니라 조선을 담은 온갖 화보를 비롯해 소설, '조선독본', 수필, 시국에 관한 글 등 다양한 장르의 글을 실어 조선 안내서와 같은 구성을 하고 있다. 특히 잡지의 앞쪽에 배치된 3편의 내지 작가의 소설, 즉 하마모토 히로시(浜本浩)의 「여수(旅愁)」, 가토 다케오(加藤武雄)의 「평양」, 오사라기 지로(大仏次郎)의 「추억(面影)」은 모두 조선 여행의 체험을 바탕으로 쓴 작품들이다. 이들의 작품이 이렇게 '조선판'을 '대표'했다는 사실은 조선 내 내지인 문단의 '빈곤' 혹은 '부재'라는 편집 의도가 내재된 결과라고 할 수 있다.

이렇게 식민지 조선을 보여주거나 말하거나 혹은 회상하는 이 '조선판' 안에서 그 중 유독 눈에 띄는 글은 가라시마 다케시(辛島驍)의 「내지인으로서(內地人として)」라는 제목의 글이다. 그 이유는 우선 '내지인'이라는 용어가 지닌 함의 때문이다. 본래 이 용어는 식민지, 즉 외지에 대한 대타성을 함의하고 있는 말이다. 그리고 그 용어의 발화 대상인 내지인에 대해서 그들과 다른 '내지인으로서' 자신의 입장을 규정한 것이기 때

---

5) 菊池寬, 「朝鮮版へのことば」, 『モダン日本—朝鮮版—』, 1939. 10, 73쪽.(한일비교문화연구센터, 『일본잡지 모던일본과 조선 1939』, 어문학사, 2007:『モダン日本—朝鮮版—』의 인용은 이하 동일)

문에 특별한 의미를 갖기 마련이다. 다시 말해 이 글은 그 용어를 사용해 (조선에 와 있는) 내지인이 (식민본국의) 또 다른 내지인에게 발화하는, 화자＝재조일본인과 청자＝일본인의 관계와 차이를 가장 분명하게 드러내고 있다고 할 수 있다. 경성제대 '지나어학 지나문학' 교수이자 조선문인협회 간사의 입장에서 그는 이 글을 통해 내지문단이 조선 문학 혹은 문화 전반에만 관심을 둘 것이 아니라 조선에 사는 내지인에 대한 생활과 사고에도 주의를 기울여줄 것을 요구한다.[6] 조선에서 나고 자란 젊은 세대 사이에는 이 토지 특유의 생활이 부여한 뭔가가 있을 것이기에, "그런 친자(親子) 2대의 조선 생활의 감정은 토지 문학의 무언가에 표현되지 않으면 안 되기 때문에 적어도 문학의 길을 걷는 정도의 사람은 어느 정도의 관심을 이 방면에 가져주길 바란다."[7]는 것이다. 하지만 그런 요구를 하면서도 그가 부끄럽게 여긴 것은 정작 "(조선 내—인용자)내지인 자신이 이제까지 자신들의 생활을 천천히 천착하여 되돌아보거나 그 진실한 마음을 문학으로 표현하려 원했던 적도 없었"[8]다는 사실이었다. 고(古)도자기에 대한 취향, 낚시, 야구, 오락영화, 마작을 즐기는 사람은 많으나, "자신의 생활 혹은 주위의 생활을 응시하여 그것을 문학—특히 소설로 사람들에게 이야기하려고 노력하는 자는 거의 없었."[9]며 조선 내 내지인 문학의 빈

---

6) 寺島는 내지문단의 인사들과 좌담에서 이러한 내용을 거론한 바 있다. 이 글에서도 언급했지만 1938년 10월 일본의 신협극단이 「춘향전」을 경성에서 공연하기 위해 조선에 온 것을 계기로 내지문단의 林房雄, 村山知義, 秋田雨雀, 장혁주 등이 참석한 좌담회가 열렸다.(「朝鮮文化の将来と現在」, 『京城日報』, 1938. 11. 29~12. 8)

7) 辛島驍, 「內地人として」, 『モダン日本—朝鮮版—』, 1939. 10, 171쪽.

8) 위의 글, 같은 쪽.

9) 위의 글, 같은 쪽.

곤을 고백하기도 한다. 그도 그럴 것이 『모던 일본』의 '조선판'이라 하지만, 그 안에서는 정작 조선 내 내지인 작가의 목소리는 찾아볼 수 없다. 기쿠치 간이 "조선에도 문단이 있고 많은 작가가 있는 듯한데 아직 그 작품을 접한 일이 없"[10]기 때문이라는 발간의 취지에서 밝혔듯이, 이광수의 〈무명〉을 비롯해 이효석의 〈메밀꽃 필 무렵〉과 이태준의 〈까마귀〉를 번역해 싣고, 주요한 등의 시 6편을 번역 소개해 비교적 조선(어) 문예에 많은 비중을 두었다.[11]

가라시마(辛島)의 글에서는 언급이 없었지만, 당시 조선 내 내지인 청년들의 문단적 사고나 의식이 전혀 존재하지 않았던 것은 아니다. 물론 경성제대 교수였던 그도 그것을 몰랐을 리 없다. 그렇기에 이 글은 내지 문단에서 그 존재에 대해 전혀 관심을 주고 있지 않는 데 따른 '인정 투쟁'과 같은 글처럼도 읽힌다.

1935년 10월호 총독부 기관지 『조선』 특집호의 '신조선'이라는 명명법은 재조일본인에게 '조선'이 새로운 맥락에서 의미화되는 시기에 접어들었음을 뜻하는 것이다. 그에 따른 새로운 문화적 기획과 의식이 창출되기 시작했다.[12] 그런 맥락 위에 조선 내 내지인 문단을 역사적으로 검토해볼

---

10) 菊池寬, 앞의 글, 73쪽.

11) 그 외에는 조선의 풍물을 소개한 조선인의 수필과 "내지인이 알았으면 하는 것" 등의 문답형의 문장이 실렸지만 그 비중과 시사성은 내지인의 글에 비해 현격히 떨어진다. 내지인들의 글은 두 가지로 정리해 나눌 수 있다. '전쟁'과 '내선일체'와 같이 시사적인 내용의 글은 関屋貞三郎(중앙협화회 이사장)이나 塩原時三郎(학무국장) 등 조선 내 일본인 관료들에 의해 쓰여졌고, 여행자의 관점에서 조선 풍물을 기록한 것은 대개 내지 출신자들이다.

12) 1935년 10월 『조선』 시정 25년 기념호(제245호)에는 특집으로 「신조선에 바란다」가 마련되어 있는데, 정무총감을 역임했던 水野鍊太郎, 토목국장 宇佐美勝夫, 재무국장 和田一郎, 학무국장 田善三郎와 조선은행 총재 加藤敬三郎, 동양척식주식회사 이사 田淵勳, 그리고 朝日新聞 부사장 下村宏, 개조사 사장 山本實彦뿐만 아니라 1926년 1월 일본정계인사들로

때 1935년 12월 1일에 발행된 『조선급만주』에 실린 『성대문학(城大文學)』의 창간과 관련된 기사는 흥미롭다. 『성대문학』은 편집 겸 발행인 잇시키 고(一色豪, '국문학' 전공, 1937년 졸업)를 비롯해 경성제대 출신자들이 중심이 되어 발행한 문예지이긴 하지만, 그렇다고 해서 대학의 기관지이거나 대학의 공식적 지원을 받았던 것도 아니다.

> 창간호에는 전부 창작만 7편, 국판 약 100쪽, 이만한 잡지에 갑자기 통일된 주장이나 경향, 그리고 색채를 요구하는 것은 세상 물정 모르고 하는 소리겠지만, 적어도 어떤 '조선적인 것'을 느낄 수 없다면 성대문학으로서의 의미는 없다. 이 점에서 제1호에서는 2편이 눈에 띄지만 조금 부족한 감을 느낀다. 다음 호부터는 종합적인 잡지가 될 것이라는데, 시나 평론도 빠짐없이 실어주길 바란다. 또한, 작가도 다른 동인잡지 중 뛰어난 자(예를 들어 「벽공(碧空)」, 「화산대(火山帶)」 등)는 계속해서 참가시키길 바란다.[13]

기사 작성자인 ITS가 누구인지 확인할 수 없으나, 기사의 내용상으로는 적어도 경성제대의 인물이거나 이 문예지와 직접 관련된 인물은 아니다. 하지만 분명한 것은 "「벽공」(경성제대 의학부 동인지―인용자 주), 「화산대」 등"

구성되어 총독부의 자치론을 지지했던 '중앙조선협회(中央朝鮮協會)' 회원들의 글이 수록되어 있다. 이 특집에서 주목되는 것은 조선에 관한 권력과 지식체계를 형성해오던 각계각층이 '신조선'이라는 명명을 통해 지금까지 자신들이 경험했던 조선과는 다른 조선='신조선'의 문화지정학적 위상을 인식하며 그 속에서 조선의 '장소적 정체성'을 새롭게 규정해나가려고 했다는 점이다. '신조선'이라는 명명법을 통해 재조일본인들이 자신들의 새로운 정체성을 구축하려는 시점이 재조일본인 1세대들의 자녀들, 즉 조선에서 나고 자란 재조일본인 2세대들의 세대 감각과 관련되어 있다는 것은 의미심장하다. 이러한 세대감각은 자신이 태어난 '조선'이라는 장소에의 동일시 전략일 뿐만 아니라, 기존의 1세대 재조일본인들과 스스로를 구별 짓는 이중의 정체성화 과정을 보여주기 때문이다.

13) ITS, 「「城大文學」の創刊」, 『朝鮮及滿洲』, 1935. 12. 1, 78쪽.

'동인잡지'의 현황에 해박할 뿐만 아니라, 또한, 창간호의 전체 작품들에 대해 논한 촌평의 수준을 볼 때 평론자로서의 자질도 갖춘 인물로 판단된다. ITS는 『성대문학』이 2호를 발간하자 그에 대한 종합적인 단평을 또한 발표했다. 특히 "제재의 측면에서 볼 때 창간호에서는 신변적이라 할 만한 것은 하나도 없다 해도 좋을 정도였는데, 이번 호에는 반수가 작자의 심경적인 것이다. 그리고 그중에서도 볼 만한 점이 있다면 예술작품 즉 심경소설과 같은, 세계에서 그 예를 찾아보기 어려운 이 나라의 문학다운 풍취를 너무도 느낄 수 있어 미소 짓게 한다."며 만족을 표시하고, 더 나아가 "문학으로 입신하고자 하는 자라면" "좀 더 본격적인, 야심적인 작품"을 써 줄 것을 주문했다.[14]

사실 '국(어)'문학의 존재는 일찍이 존재했다. 주로 하이쿠(俳句)나 와카(和歌) 창작자들에 의한 가인(歌人)집단, 즉 가단(歌壇)으로 존재했는데, 일례로 『조선급만주』에서만 봐도 1908년 3월 창간호부터 권말 부분에 경성 재주(在住)의 일본인들이 지은 하이쿠나 단가를 비롯해 한시 등을 게재한 코너를 두고 있다. 그러한 경향은 다른 잡지에서도 나타나는데, 그 중 1922년과 1923년에 각각 발간되고 결성된 단카(短歌)잡지 『보토나무(ボトナム)』와 단카시사(短歌詩社) '신진(眞人)'의 동인지 『신진(眞人)』이 유명하다.[15] 이와 같이 동인 활동을 통해 좀 더 전문적인 하이쿠 작가군이 등장하고 조직되기도 했는데, 비록 취미 생활의 일환으로 작품 활동을 한 것이기는

---

14) ITS, 「城大に於ける学生の文学活動」-「城大文學」第二号を読みて-」, 『朝鮮及満洲』, 1936. 3. 1, 71쪽.

15) 허석의 논문 「明治時代 韓國移住 日本人의 文學結社와 그 特性에 대한 調査研究」(한국일본어 문학회, 『일본어 문학』 제3집, 1997. 6)에서는 식민지 초기의 문학결사에 대해 조사·소개하고 있는데 참조할 만하다.

했지만, 당시 그것은 엄연한 가단의 모습을 띠고 있었다. 1930년대 이후에
는 그런 가단의 활동이 더욱 두드러졌다. 『경성잡필(京城雜筆)』에서 매호
소개하는 '진인 아케보노 영초(眞人曙詠草)', '미스즈회 영초(みすず会詠草)',
'야마토우타(やまと歌)' 등과 같은 동인의 활동은 그 좋은 예라고 할 수 있
다. 하지만 이런 활동이 가라시마가 언급한 "자신의 생활 혹은 주위의 생
활을 응시하여 그것을 문학―특히 소설로 사람들에게 이야기하려고 노
력하는 자는 거의 없었다."[16]는 문학―소설의 '빈곤'을 해소시키지는 못한
다.

　　그런 점을 염두에 두고 다시 ITS의 기사 내용으로 돌아가 보자. 『성대
문학』의 창간호에는 와타나베 마나부(渡部学)의 〈골계(滑稽)〉, 미야자키 세
이타로(宮崎清太郎)의 〈어머니의 편지(母の手紙)〉, 이즈미 세이이치(泉靖一)
의 〈해빙(解氷)〉, 오노 히사시게(小野久繁)의 〈일전기(一轉機)〉, 잇시키 고(一
色豪)의 〈춤추다(踊す)〉, 민순(民巡)의 〈포프라(ポプラ)〉, 다나카 마사미(田中
正美)의 〈정조(貞操)〉 등 모두 7편이 실렸는데, 'ITS'에 따르면 잇시키 고(一
色豪)의 작품이 "중요한 조선적인 것을 제시"[17]하고 있어 가장 권하고 싶
은 '수작'이라고 평하고 있다. 그 외 대개 '역작(泉)'이니 '가작(佳作)'(宮崎)이
니 하는 호평과 더불어 일부 작품에 대해서는 '습작'의 한계를 지적하고
있다. 『성대문학』이라는 제호에서 알 수 있듯이 미야자키와 민순을 제외
하고는 모두 경성제대 졸업자 및 재학생들이다. 『성대문학』의 초기 동인
들의 전공은 영문학, 국문학, 윤리학, 교육학 등 다양했지만,[18] ITS의 생

---

16)　辛島驍, 앞의 글, 171쪽.

17)　ITS, 「「城大文學」の創刊」, 『朝鮮及満洲』, 1935. 12. 1, 78쪽.

18)　그들의 본적지, 졸업년도, 전공을 보면 다음과 같다. 田中正美(鹿児島) : 昭和11年, 영문학/

각처럼 '국외자'의 입장에서는 그들에 대해 '성대(城大)'(=경성제대) 출신자라는 점을 감안하고 바라보지 않을 수 없다. '성대'라는 제호는 경성제대 재학생이라는 아카데미즘의 우월감의 발로로 이해할 수 있을 것이다. 하지만 거기에 그치지 않고 호를 거듭하면서 점차 그들의 발랄함이 더해져 그것은 '국(어)'문학의 문단이라는 의식으로 발화·전회되기 시작한다. 특히 도쿄문단을 노골적으로 의식하며 제국의 판도 즉 '국(어)'문학의 창작 권역을 의미하는 '전국(全國)'으로 자신들의 목소리를 발화해갔다.[19]

예를 들어 그런 태도는 아쿠타가와상(芥川賞)에 대한 의식에서 더욱 분명하게 나타난다. "이번에는 아쿠타가와상의 해당작이 없다고 한다. 현해탄 하나로 도쿄문단의 옥신각신하는 모습이 그다지 피부로 와 닿지 않는다. 자극이 없기 때문에 가십적인 문단 사정에는 어두워졌다."[20]며 도쿄문단에 대한 콤플렉스를 드러내고 있다. 사실 아쿠타가와상은 제1회 작 이시카와 다쓰조(石川達三)의 〈창맹(蒼氓)〉을 선정한 이후 제2회에는 당선작이 없었다. 하지만 남미 이민을 다룬 〈창맹〉 이후에도 아쿠타가와상의 수상작은 열도 바깥의 흔히 '외지'라 불리던 지역의 '내지' 출신자의 삶

一色豪(愛媛)·小野久繁(香山):昭和12年, 国文学/, 泉靖一(北海道):昭和13年, 윤리학/渡部学(愛媛)· 昭和13年, 교육학.

19) 특히 2호(1936. 2)부터는 오영진(조선 문학, 1938년 졸업)과 이석곤(영문학, 1938년 졸업) 등 조선인이 동인으로 참여한다. 그리고 3호(1936. 5)부터는 내용도 다양해졌다. 이제까지 창작집의 형태에 그쳤던 『성대문학』이 평론, 수필, 시 등을 게재하여 좀 더 다양한 장르를 다루는 문예지로서 성격을 띠기 시작했다. 거기서 주목할 내용은 秋田豊의 「全國同人雜誌作品散評」이라는 글의 구상 의도이다. 거기서 '전국'이란 제국의 판도 즉 '국(어)'문학의 창작 권역을 의미하는 것이지만, 오히려 도쿄문단을 의식하고 쓴 용어이기 때문이다. 이 글에서의 '산평'의 대상은 주로 『성대문학』에 기증되어온 동인지들이다. 「火山帶」를 제외하곤 「文陣」, 「藝術科」, 「石段」, 「群島」, 「創作」, 「作家群」 등은 니혼(日本)대학 예술과의 동인지를 비롯해 모두 내지의 동인지들이다.

20) 一色豪, 「編輯後記」, 『城大文學』, 1936. 5, 94쪽.

을 다룬 작품들이 주로 수상하게 된다.[21] 따라서 조선 내 내지인 문단이 내지문단의 상황에 대해 관심을 갖는 것은 너무도 당연하다.[22] "우리 동인은 대개 조선이라는 풍토 위에 성장한 자들이기 때문에 그런 의미에서 외지 벌이를 나온 사람들(外地出稼人)의 근성에서 벗어나 찬찬히 조선을 묘사할 수 있다."[23]는 『성대문학』 동인들의 문학적 태도는 내지문단을 상대화해 구성될 수 있다. 그렇게 볼 때, 아쿠타가와상이나 그 외 작품 현상공모에 대한 그들의 관심은 유별난 것이 아닐지 모른다. 또한, "외지 벌이를 나온 사람들의 근성"과 변별되는 자신들의 아이덴티티는 바로 『조선급만주(朝鮮及滿洲)』의 ITS가 말한 '조선적인 것'을 말할 수 있는 자의 위치를 의미하는 것이다. 또한, 이는 곧 '전국동인잡지(全國同人雜誌)' 즉 내지의 어떤 문학동인과도 다른 변별성을 의미하는 것일 터이다. "뭐니 뭐니 해도 문단적 명예를 얻고 싶다."[24]는 욕망의 끝에는 "아쿠타가와상도 준다

---

21) 이러한 현상은 그보다 앞서 1920년대 말부터 시작된 당시 일본 출판자본의 시장 재편과 '식민지'를 발견하던 추세와 무관하지 않은 것이다. 그 시기 일본에서는 각 저널마다 문학상을 제정하거나 현상작을 공모하기 시작한다. 1928년부터 잡지 『개조』도 현상 공모를 시작하는데 1932년 제5호 수상작으로 張赫宙의 「아귀도」가 선정된다. 이는 '張赫宙'라는 부가가치가 '식민지—조선'이라는 문화상품의 가치를 표상하는 것이었다고 할 수 있다. 이와 관련해서는 고영란의 논문 「제국 일본의 출판 시장 재편과 미디어 이벤트: 張赫宙'를 통해 본 1930년 전후의 개조사(改造社)의 전략」(『국제한국문학/문화학회(INAKOS) 국제학술대회 자료집』, 2008. 11. 14) 참조.

22) 1937년에 실시된 경성제대 예과의 「문화생활조사보고」에 따르면 문과나 이과의 모든 학생들이 일반잡지 중에서 『문예춘추』, 『改造』, 『中央公論』을 단연 많이 구독하는 것으로 나타났다.(京城帝國大學豫科學友會, 「京城帝國大學豫科 文化生活調査報告」, 1933. 5, 5쪽) 따라서 장혁주의 문학상 수상이 미친 영향은 내지에만 국한된 것이 아니었다고 할 수 있겠다.

잡지명	문과(강독)	이과(강독)	문과(借讀)	이과(借讀)
문예춘추	31명	10명	18명	11명
중앙공론	31명	7명	41명	22명
개조	17명	12명	35명	19명

23) 一色豪, 앞의 글, 94쪽.

24) 위의 글, 같은 쪽.

고 한다면 언제든지 받으러 가겠다."25)는 말처럼 도쿄(내지) 문단의 존재
가 있었던 것이다.

이 시기 '문단'이라는 자의식을 형성할 정도의 기세를 보이기 시작했
던 조선 내 '국(어)' 문학의 존재는 시에서도 마찬가지였다. 아니, 오히려
시단 쪽이 앞서 형성되었던 것으로 여겨진다. 아직 실물을 확인하지 못
했지만『조선시단(朝鮮詩壇)』(조선시인협회 발행)의 존재는『성대문학』의 2호
(1936. 2)의 광고를 통해 확인할 수 있다. 그 광고에서는『조선시단』6호(1936)
가 "시단의 혼돈한 환경 속에서 유달리 천창(天暢)한 시업을 쌓는, 조선시
협 멤버의 신춘 세상에 묻는 역작집!"26)이라고 했다. 그보다 앞서는『조
선급만주』(1932년 2월)에 경성제대 출신이자 시인인 데라모토 기이치(寺本喜
一)가「조선시단연보(朝鮮詩壇年鑑)」이라는 글을 발표하여 '국어' 시단에 대
해 논한 바 있다. 그는 1931년에는 '아세아시맥', '개간시대', '가두풍경', '자토
(赭土)' 등이 홀로 활동하던 당시와는 다르게 다양한 활동이 전개되었다며
그 외 '궤도', '수맥', '낙타' 등 동인들의 활동을 '시단'으로 범주화해 소개하
고 있다. 그는 이와 같은 활동이 가능해진 이유가 "조선에도 점차 식민지
기분이 사라지고 여기에 대지를 토대로 삼아 생활하기 시작한 젊은 사람

---

25) 위의 글, 같은 쪽.
26) 『城大文學』2호, 1936. 2. 광고.『朝鮮詩壇』6호의 필자를 보면 다음과 같다. 神保光太郎,
三須暎兒, 一色豪(37년 4월 국문과 졸업), 岡本彌太, 杉本駿彦, 高木秀吉, 小西秋雄, 守分キ
サ, 下村保太郎, 近澤忠雄, 原田種夫, 越智弾正, 杉本長夫, 田中正美, 川端周三, 宮崎清太
郎, 藤木春彦, 森田四郎(의학부 31년 입학?), 佐藤清, 최재서, 김소운, 小松鳳英, 安部一郎,
小野久繁(37년 4월 국문과 졸업), 杉江重英, 吉野信夫, 寺本喜一(30년 졸업), 小黒捻夫, 脊振
高一郎.(강조, 필자) 강조점이 있는 필자는 경성제대 법문학부의 출신자나 직접적인 관련
자이거나『城大文學』의 동인 혹은 필자로 활동한 인물이다.

들이 형성되었기 때문"[27]이라 진단하고, 이미 존재해온 하이쿠나 와카 중심의 가단(歌壇)과는 변별되는 새로운 세대의 '시단'이라고 명명했다. 이처럼 1930년대 중반은 '문단'이니 '협회'니 하는 표현으로 스스로를 그룹화한 '국(어)'문학 집단의 형성기였다. 1939년에 '국어' 문학—소설의 '빈곤'을 지적했던 가라시마가 경성제대 교수로서『성대문학』이나『조선시단』을 비롯한 그들 집단의 존재를 몰랐을 리 없다. 그의 말처럼 '빈곤'하지만 문단이나 협회의 의식 혹은 실천이 조선문인협회에 앞서 시작되고 있었던 것이다. 따라서 앞서 언급한 가라시마의 내지문단에 대한 요구는 바로 이들의 자생적 형성 과정에 대해 관심을 가져줄 것에 대한 절실함에서 비롯된 것이라고 할 수 있다.

2. '반도문단'의 탄생과 동일성에의 욕망과 균열

이미 조선문인협회의 발기인대회 때 회장으로 추대되었던 이광수는 그 후 결성식에서 "새로운 국민문학의 건설과 내선일체의 무한촉진을 기본으로 한"[28]다는 취지의 취임사를 발표했다.『경성일보』는 그 다음 날 기사에서 '문장보국'을 위해 "새로운 출발을 하려는 반도문단"의 '대동단결'을

---

27) 寺本喜一,「朝鮮詩壇年鑑」,『朝鮮及滿洲』, 1932. 2, 73쪽. 이 글에서는 동인 활동 외에도 개인 시집과 시인들을 거론하고 있는데 그 이름의 면면을 볼 때『조선시단』6호에서 거론된 이름과 중복되는 경우가 많다. 또한, 부산에서 출간한 花田高麗男의「形と天使」를 거론하는 등 전조선의 '국어' 시단을 시야에 두고 있었음을 확인할 수 있다. 따라서『조선시단』을 발행한 조선시협은 그 동안 축적된 '국어' 시단의 자생성 축적의 결과라고 보는 것도 무리가 아닐 듯하다.

28)「朝鮮文人協會 今日盛大히 結成式 朝鮮文壇總動員으로, 會長은 李光洙씨로」,『동아일보』, 1939. 10. 30.

축하하기 위해 250여 명이 모인 것은 '조선문단'에서는 처음 있는 일이라고
보도했다.[29] 그런데 여기서 잠깐 눈여겨봐야 할 것은 문인협회와 관련된
기사에서 '조선문단'과 '반도문단'을 혼재해 사용하는 무의식이다. 기성의
'조선문단'과 새로운 '반도문단'을 구분하고 있는 것인데, 앞 장에서 언급했
듯 가라시마가 내지인 문학―소설의 '빈곤'을 말한 것처럼 조선(인)문단에
비해 내지인 문단의 결핍이 상대적으로 컸기 때문에, 여기서 '반도문단'이
란 새롭게 의미화된 존재이다. 다시 말해 언어적 차이성보다 이념적 동일
성이 우선하는 내선일체의 '반도문단'은 국민문학의 종속항이며 '중앙문단'
의 상대항인 동시에 미래형인 것이다.

〈『경성일보』〉

출처 : 『경성일보』 1939. 10. 30일 자. 조선문인협회의 탄생을 알린 이 기사에서 협회는 '문장
보국'을 향한 진군보이고, 그 회원은 '펜의 전사'임을 명시한다.

---

29) 「朝鮮文人協會が誕生―文章報国へ進軍譜」, 『京城日報』, 1939. 10. 30.

「조선문인협회 회칙(抄)」 제2조에 따르면, "본회는 국민정신총동원의 취지의 달성을 기(期)하고 차(且) 문인 상호의 친목향상을 도(圖)함을 목적으로"[30] 한다고 했듯이, 문인협회는 크게 두 가지의 목적을 띠고 있었다. 그 하나는 정동연맹의 취지 달성 즉 정동연맹 가입 문제이고, 다른 하나는 현역 문인의 친목향상이었다. 『인문평론』에서는 성명서와 회칙을 인용하여 이 조직이 지닌 두 가지 특징을 이렇게 강조하고 있다. 하나는 "내지인과 조선인이 문필에 종사하는 이상 다 입회케 된 점"이고, 다른 하나는 "조직의 성립 당초부터 국민정신총동원연맹에 가입될 것"이다.[31] 또 이런 특징의 의미는 '종래의 문단단체'와 구별되는 점에 있다고 지적했다. '종래의 문단단체'라 함은 직접적으로는 두 단체를 염두에 두고 언급한 것인 듯하다. 그 중 하나가 조선문예회이다.[32] 1937년 5월에 조직된 조선문예회는 총독부의 학무국장 도모나가 분이치(富永文一)와 사회교육과장인 김대우(金大羽)가 주도하여 이광수, 최남선, 현제명 등 조선인 명망가와 경성제대 교수 다카기 이치노스케(高木市之助), 사토 기요시(佐藤清)를 비롯해 가인(歌人) 가마다 사와이치로(鎌田澤一郎) 등 내지인 측의 문예가 40여 명으로 구성된 "총독부 비호 하"[33]의 단체이다. 이렇듯 관주도의 단체였던

---

30) 「文人協會의 結成」, 『인문평론』, 1939. 12, 100쪽.

31) 앞의 글, 같은 쪽.

32) 조선문예회에 관한 보다 직접적인 논의는 임종국의 『친일문학론』(민족문제연구소, 2002, 97쪽)과 노동은의 논문 「일제하 음악인들의 친일논리와 단체」(『음악과 민족』, 민족음악회, 2003, 69~74쪽) 참조.

33) 横矢武男, 「朝鮮文藝會に對する是々非々的所感」, 『朝鮮行政』, 1937. 7, 46쪽. 뒤에서 인용한 『大阪每日新聞』, (S12. 4. 27) 기사에서는 "一部(내지인)와 二部(조선인)"로 나뉘었다고 했으나, 横矢武男의 글에서 거꾸로 "一部(조선인)와 二部(내지인)"로 구분하고 있어 5월 1일 조직 이후 다소의 개편이 있었음을 짐작할 수 있다. 특히 김윤식은 이 조직의 회장직을 이광수가 맡게 된다는 신문 보도가 있었음에 불구하고 후에 그 사실을 부인했다고 하면

점 이외에 특이한 점은 일부(一部, 내지인)와 이부(二部, 조선인), 즉 민족 혹은 사용 언어를 기준으로 나눠 "문예에 관한 연구 조사를 거행하는 것만이 아니라 사회교화 방면에서도 적극 관여하여 사회교화에 부합하는 작가(作歌)를 작곡, 레코드로 만들고, 문예영화를 작성할 방침"[34]으로 조직되었다는 것이다. 그런데『인문평론』의 기사는 일개 "유행가 제작 단체"[35]에 불과했던 '조선문예회'의 전철을 밟지 말아야 할 것을 주장하고, 더 나아가 "만일(萬一) 문학을 풍족히 하지 않고 문학을 진보시키지 않고 나팔과 북만으로 문인협회를 살리려 한다면 그는 청년단원이지 문인협회원은 아니다."[36]라고 강조했던 것이다.

또 다른 목적은 '황군위문작가단'으로서의 조직과 실천의 질적 확대이다.『인문평론』은 다른 기사에서 "황군위문사절파견 이후 당연히 있음 직한 일"[37]로 문인협회의 탄생이 예견되었던 일이라 했는데, 이는 기원상으로나 목적상으로 두 조직이 유관한 데서 기인한 서술이다. 일명 '조선문단부대'라 불린 이 작가단은 1939년 3월 14일에 조선문인 50여 명이 모여 발기인대회를 하고 후보와 실행위원을 선출하였다.[38]

서, 따라서 이광수의 친일행위는 이 조직에서부터 시작되었다고 주장했다.(김윤식,『이광수와 그의 시대2』, 솔, 1999, 337~339쪽) 하지만 조직 후 2개월 후인 橫矢武男의 기록에 주요 회원 명단이 실려 있는데 거기에 이광수의 이름이 보이지 않는 것으로 보아 실제 이광수의 참여는 처음 동의 없이 이뤄졌을 가능성이 높다고 할 수 있다.『국민보』의 사설에서도 총독부가 문예회를 조직해 이광수에게 맡겼는데 이광수가 그 일을 하지 않아 검거되었다고 주장하고 있다.(『國民報』, 1937. 6. 30)

34) 「文藝研究に教化作歌や映畵も製作――一流作家, 作曲, 音樂家らが朝鮮文藝會を創立」, (『大阪每日新聞』, S12. 4. 27)

35) 張江, 「葛秋語」,『인문평론』, 1939. 12, 91쪽.

36) 위의 글, 같은 쪽.

37) 위의 글, 90쪽.

38) 일명 이 '문인부대'는 실제 1939년 4월 15일에는 조선신궁에 참배한 후 경성역에서 북행열

그리고 3개월 후에 조직된 문인협회에 대해서『인문평론』의 기사는 "조선문인과 내지문인이 일치협력"은 물론 "문학 발전"에 힘 쏟아야 할 것을 주문한다.[39] 즉, '나팔과 북'만을 앞세우지 않는 공히 '내선인'의 '문인' 조직이기를 주장했던 것이다. 이처럼『인문평론』은 문인협회가 그보다 앞선 '내선인(內鮮人)' 문예조직인 조선문예회의 한계를 비판·극복하고 또 조선인만의 '문인부대'를 기원으로 하는 조직이면서 거기에 "성대(城大) 관계자와 더불어 내지인 측 하이쿠 가인(歌人)까지를 망라"[40]한 새로운 조직이라고 보았던 것이다. 이 대목에서『인문평론』기사 속에 내재된 의식 중 간과해선 안 될 점을 두 가지 짚고 넘어갈 필요가 있다.

그 중 하나는 조선 문인의 입장에서 조선 내 내지인 문인 혹은 내지인 그 자체의 '발견'이라는 측면이다. 조선문예회가 '내선인'의 조직이었음에도 불구하고 그것이 지녔던 한계는 바로 관주도적 성격을 지닌 것뿐 아니라, '일부(내지인)'와 '이부(조선인)'로 민족의 차이에 따라 나누고 있다는 것이다. 그것은 바로 '사회교화'라는 목적에 부합하는 필요성에 따라서 민족의 차이 즉 그것을 표상하는 일본어와 조선어의 차이에 따른 교화의 대상을 구분하면서 비롯된 것이다. 실제 조선문예회는 조직 후 1937년 7월 11일과 10월 4일에 경성 부민관 대강당에서 두 차례 가곡 혹은 애국 가요의 신작 발표회를 하는데 거기에서 역시 일본어와 조선어 가요를 각각 구분하여 발표하고 있다.[41] 식민지 조선 내 이중 언어의 상황에 근거하여

차를 타고 김동인, 박영희, 임학수 3명이 전선으로 파견되었다.(「价川官民合同, 皇軍慰問會 組織」,『동아일보』, 1937. 8. 5./「朝鮮文壇部隊 候補, 實行委員選出」,『동아일보』, 1939. 3. 16)

39) 「文人協會의 結成」,『인문평론』, 1939. 12. 101쪽.

40) 張江, 앞의 글, 90쪽.

41) 노동은, 앞의 글, 72~74쪽에는 신작 발표회에서 소개된 작품의 목록이 수록되어 있다.

그들의 활동은 기획되었다. 따라서 문인협회는 그 언어의 차이가 적어도 이념적으로는 무화(無化)된 "황군적(皇軍的) 문화창조"[42]를 위한 조직으로 기획되었던 것이며, 그런 상황 에서 오히려 조선문인들은 조선 내 내지 문인을 '발견'하고 있는 것이다. 당시 학무국장인 시오바라(塩原)가 "당국과 조선문단인 간에 접근이 적은 것은 유감으로 생각한다."[43]고 언급했던 것처럼, 물론 그때까지 총독부나 내지인들은 조선인 문단의 언어적 차이를 초월하는 조직 구성을 시도한 바 없다. 그래서 조선문예회도 민족적 차이의 표상으로 언어적 차이를 인정하는 차원에서 이원적으로 구성할 수밖에 없었던 것이다.

또 하나는 "조선문인과 내지문인이 일치협력"을 주장하며 '내지문인'을 규정할 때 굳이 '경성제대 관계자'나 '하이쿠 가인(俳句歌人)'을 언급했다는 점이다. 그것은 조선의 문학계에 있어서, 아니 더 나아가 문학계 전반에서 조선 내 내지인 문학의 특질적 차원을 말하는 것일 수도 있다. 이는 재삼 강조하지만 가라시마가 조선 내 내지인 문학의 '빈곤'을 고백한 데서도 알 수 있다. 적어도 작가는 "문인협회원적(文人協會員的)"[44]이어야 한다는 말처럼 "문학 발전"이라는 작가 본연의 임무에 무게를 두고 말할 때 누가 '문인협회원적'인가 하는 질(質)의 문제를 또한 말하고 있는 것인지 모른다. 그것은 언어적으로 구분될 수 없는 차원의 문제이다. 결국, 문인이라는 자질과 소양이 있느냐 없느냐의 문제로 귀결되는 것이다. 그리고 "조

---

42) 「文人協會의 結成」, '聲明書', 『인문평론』, 1939. 12, 101쪽.

43) 임종국, 『친일문학론』, 민족문제연구소, 2002, 97쪽.

44) 張江, 앞의 글, 91쪽.

선문예회와 같이 문인협회가 유행가 제작단체로 전화되어버릴 위험"[45]을 경고했을 때, 이미 그들에게 그것은 민족의 차이가 식민과 피식민 사이의 권력 차이로 재현되는 통속적 관계에 머무르지 않고, 그런 관계를 넘어 두 민족 사이의 동일성과 평등성을 주장하고자 했던 단체라고 볼 수 있다.

3. '국민문학'의 시대, 그리고 '첫 대면'과 감정의 교환

조선문인협회는 1941년 8월 12일에 1차 조직 개편을 단행한다. 이 조직 개편은 '반도 유일의 문예잡지'를 표방한 『국민문학』의 창간으로 이어진다는 점에서 '내선(內鮮)' 문단사에서 중요한 사건이라고 할 수 있다.[46] 1940년 10월 16일에 정동연맹의 강화 목적으로 국민총력조선연맹(이하, 총력연맹)이 발족한다. 1941년 1월 14일에는 그런 총력연맹의 산하에 문화부가 발족하는데, 야나베 에사부로(矢鍋永三郎)가 문화부장을 맡았다. 그리고 문인협회의 임원의 1차 개편이 단행된다. 새로운 임원 구성에서 결성 당시와의 중요한 차이는 새롭게 고문과 평의원의 직을 두고 그 자리에 조선 내 정관계 인사들을 대거 영입한 데 있다. 고문은 전·현직 군과 경찰의 부장급에 해당하는 간조 요시쿠니(甘蔗義邦, 경기도지사), 구라시게 슈조(倉茂周

---

45) 위의 글, 같은 쪽.
46) 『국민문학』의 창간호에 게재된 「朝鮮文壇の再出發を語る」라는 좌담회에서 辛島는 "조선문학의 전환은 2년 전 문인협회가 탄생했을 때부터 시작되었다."고 발언하는데, 거기서 '재출발'의 시점이 바로 1차 조직 개편과 『국민문학』의 창간에 있음을 확인할 수 있다.(『국민문학』, 1941. 11(창간호), 70쪽) 또한, 『국민문학』에서 「문인협회 뉴스」를 제재하여 문인협회의 소식을 자주 전하였던 것도 그 둘의 관계를 짐작게 하는 대목이다.

藏, 조선군보도부장), 미쓰하시 고이치로(三橋孝一郎, 경무국장)이 맡았고, 또 평의원은 정보기관의 과장급에 해당하는 혼다 다케오(本多武夫, 경무국 도서과장), 후루카와 가네히데(古川兼秀, 경무국 보안과장) 등 9명이 맡았다.[47] 대개 이들은 1925년을 전후로 해서 조선에 온 이들로 정보과나 도서과, 그리고 군의 정보기관에 재직 중이었으며, 또 문인협회 창립 당시 총독부가 미끼처럼 제시했던 문화상위원회의 주요 인물들이었다.[48] 결과적으로 총독부(군을 포함한) 내 정보기관의 적극적 개입이 1차 개편의 특징이라면, 『국민문학』의 창간 이후 정보기관의 실무자들이 좌담회 등에 적극 참여했던 이유도 해명될 수 있을 것이다.[49]

『국민문학』의 창간호에서 밝힌 창간 취지는 역시 "요컨대 「국민문학」은 국민과 예술과 진보에 바쳐지는 것이다."[50]라는 진술로 요약할 수 있다. 이는 두 가지 중요한 문제를 시사하는데, 하나는 '조선문단'의 범주 문제이고, 다른 하나는 '진보'의 개념 문제이다. 특히, 『국민문학』에서의 '진보'는 더 나아가 공간과 시간 이상의 의미를 가진 개념으로 사용되었다.[51]

---

47) 그 외 명단을 적시하면 아래와 같다. 桂珖淳(학무국 사회교육과장), 蒲勳(조선군보도부), 長崎祐三(경성보호감찰소), 牟田義信(조선방송국장), 倉島至(학무국 학무과장), 八木信雄(경무국 경무과장), 八幡昌成(＝盧昌成, 방송국제2방송부장).

48) 문화상위원회의 명단은 『삼천리』(1940. 9)의 기사 「정보실」(78~79쪽)을 참조. 조선문인협회의 결성을 앞두고 있었던 사업계획협의 간담회(1939년 12월 3일)에서 2, 3의 안건이 바로 "2. 문예상 설정의 건/3. 협회 내에 문예상 심사위원회를 상치하는 건"이었다.

49) 『국민문학』 1942년 1월호에 게재된 두 번의 좌담회 모두에 이들은 적극 참가하고 있다. 우선 「日米開戰と東洋の将来」에는 그들 중 倉島至와 古川兼秀가 참석했고, 명예총제인 矢鍋永三郎도 참석한 「文藝動員を語る」에는 그들 중 古川兼秀, 本多武夫, 八幡昌成, 長崎祐三가 참석했고, 보안과의 松本泰雄가 참석했다.

50) 「朝鮮文壇の革新」, 『國民文學』(창간호), 1941. 11, 3쪽. 특히 이 논의와 관련해서는 박광현의 논문 「국민문학의 기획과 전망」(『배달말』, 2005. 12, 325~337쪽)을 참조.

51) 16세기에 만들어진 'progress'라는 서양어는 처음에는 공간적인 의미만을 지닌 말로써 런던에서 옥스퍼드까지 'progress(전진)'하는 경우에 사용되던 것이었다고 한다. 특히 'Royal

즉, 주체의 '결여' 부분을 메우기 위한 동일화나 그 가능성의 개념으로 사용되었던 것이다. 그리고 낡은 전통의 극복과 새로운 대안으로서의 '국민' 창출이라는 맥락에서 이해되었으며, 그런 '진보'의 개념에서 '조선문단' 혹은 조선 문학이 가질 수 있는 전망은 너무도 명백해진다. 물론 거기에는 다분히 강요된 동일화의 논리적 측면이 있다는 사실도 배제할 수 없다. 하지만 그 동일화의 논리는 영미문학이나 러시아문학 등 개별 문학의 상위에 존재하는 세계문학이라는 가변적 타자에 대해서 그와 대칭적인 조선 문학의 위치를 모색하는 데도 사용되었다. 결국, 그런 기획은 '국민문학'과 '조선 문학' 사이의 번역 가능성에 대한 절실한 바람과 심각한 회의의 공존 상태를 의미하는 것이다. 그 갈등 위에 새로운 지평의 논의를 모색하는 장(場)으로서『국민문학』, 특히 그 발행 초기 잡지의 각 호들이 존재했다. '신지방주의'론을 제기한 김종한은『국민문학』의 일 년을 되돌아보는 자리에서, "이제부터는 조선 문학의 개념 속에는 반도의 지리에 안심입명(安心立命)하고자 하는 내지인의 작가도 추가해야"(좌담, 1942. 9, 94쪽) 한다고 주장한다. 이때 조선 문학 안에서는 내지인 즉 '국(어)문학'의 '발견'이라는 문제가 중요한 화제로 대두되기 마련이다.

　20여 년 동안 조선에서 문학을 하면서도 조선측의 문단과 평단을 거의 알지 못했다는 스기모토(杉本)의 말[52]이나 경성일보의 학예부장을 지내며 그 학예면을 '조선 중심'으로 구성하려다 보니 "조선에 있는 문인은

Progress'라는 의미는 왕이 여기까지 왔다는 것을 의미했다. 일본 메이지(明治)시대에 이 'progress'를 '진보'라고 번역한 사람은 그 뜻을 잘 알고 '걸음(步)'을 '나아가다(進)'라는 의미로 번역했던 것이다.(테사 모리스 스즈키,『일본의 아이덴티티를 묻는다』, 박광현 옮김, 산처럼, 2005, 274쪽 참조)

52) 杉本長夫,「半島文壇と內鮮一体」,『朝鮮』, 1940. 3, 74쪽.

극히 적었"던 상황에서 문인협회의 결성을 계기로 "내선(內鮮)에 걸쳐 교우"를 얻게 되었다는 데라다 에이(寺田瑛)의 회고[53]처럼, 문인협회의 결성과 『국민문학』의 창간 이후 조선 안에서 내지인과 조선인의 문단이 대면하고 서로를 '발견'하게 된 것이다.

문인협회의 결성 직후 총독부 기관지 『조선』은 그것을 기념하듯 「전기의 조선문단(轉機の朝鮮文壇)」이라는 주제로 쓰다 쓰요시(津田剛)와 이원조의 글을 게재한다. 그 중 쓰다는 "국민이 지닌 문예적인 힘 그 자체가 이미 종합국력을 구성하는 유력한 하나의 영역을 형성하는 것"[54]임을 강조한 글에서 "반도에서의 문예는 그 자체가 지닌 예술적 가치의 문제인 동시에 지도적 교육적인 사회적 역할이 부과된" "특수한 이중성"이 있다고 말한다.[55] 즉, 문학가는 예술가인 동시에 교육자라는 것이다. 따라서 일본에서 "근대적인 자연주의가 발흥하여 다이쇼(大正)를 거쳐 쇼와(昭和)에 접어드는 몇십 년간 대개 문예는 이런 국책이라는 선과 떨어진 곳을 걷고 있었던"[56] 사정과 달리, 조선의 경우는 그런 '특수한 이중성' 때문에 국책과 문예의 결합이 용이하다는 것이 그의 진단이다. 그러면서도 쓰다는 문인협회가 "내선의 문인이 하나로 결합한 것"이며 거기서 제창한 '새로운 국민의 문학'이란 "국문에 의한 것도 언문에 의한 것도 모두 순정

---

53) 寺田瑛, 「東京時代·京城時代」, 『朝鮮』, 1944. 1, 63쪽.

54) 津田剛, 「国策と文藝—文人協會の役割について—」, 『朝鮮』. 1940. 1. 65쪽. 이글의 뒤에 당시 詩壇의 세대론을 중심으로 새로운 문학 탄생의 구도를 논한 이원조의 「朝鮮文壇の動向」이라는 글이 실린다.

55) 위의 글, 같은 쪽.

56) 위의 글, 63쪽.

(純眞)한 국민으로서의 문학이어야 한다."는 것이었음을 강조한다.[57] 물론 쓰다의 말처럼 조선 내 두 언어의 문학은 '국민'의 이념으로 결합 혹은 공존해야 했다. 쓰다는 거기에 그치지 않고 결합 혹은 공존 형식의 예를 들어 보여준다. "많은 문인은 첫 대면 혹은 다소 면식이 있더라도 함께 일하는 것은 거의 처음"일 터이지만 박영희가 쓴 시나리오 「지원병」을 영화로 만들 때 그 주제가의 작사를 데라다와 스기모토가 맡았던 예를 들고 있다.[58] 물론 그 이면에 존재했던 공존의 감각은 전쟁을 통한 일체화의 감각이었다.

이렇듯 '새로운 국민의 문학' 혹은 문인협회의 이름 앞에서 당시 문인들과 저널리스트들은 새로운 형식에 대해 고민하였다. 심지어 정동연맹의 기관지 『총동원』은 '국어'를 기본 표기 체계로 삼으면서도 조선인에게 읽힐 목적이 분명한 유명인사의 담화나 강연 녹취 등의 해당 쪽수는 상하의 2단 구성을 통해 상단에 '국어', 하단에 조선어를 동시 표기하였다. 『신시대』나 『대동아』 그리고 『춘추』 등의 잡지도 대상 독자에 따라 국어와 조선어의 이중 표기 체계를 구사하는 편집 방식을 채택했다. 이와 같은 편집방식은 최재서가 조선어가 '고민의 종자'임을 선언하고 『국민문학』이 조선어를 버리고 '국어' 문예지로 전환한 이후에도 계속되었다.

그렇다면 당시 조선인 작가들의 글쓰기에는 그런 상황들이 어떻게 반영되었을까. 또 그 고민의 흔적들은 어떻게 존재했을까. 그런 점에서 흥미로운 것은 역시 이광수의 조선어 소설에 나타난 표기일 것이다. 이광수

---

57) 위의 글, 66쪽.
58) 위의 글, 같은 쪽.

는 『신시대』에 연재한 「그들의 사랑」[59]에서 아래와 같이 표기한다.

①「이를테면 자네를 재인식한 것이지. 또 자네를 통하여서 조선 동포 전체를 재인식한 것이고」 다다시의 이 말에 원구는 무슨 중대성이 있음을 직감하였다. 그래서 말없이 다다시와 말을 맞추면서 다다시의 얼굴을 바라보았다.

②「要するに、我々はだね、父や母は毋論のこと僕自身からして、すでに、君をわれわれと全然違つたもののやうに思つてゐたんだ。それがそもそもの間違たつたんだよ。これは僕の家族に限つたことではないと思ふ。恐らくは、すべての日本人が、すべての朝鮮人に対して、さうであるやうに思ふ。即ち認識の態度といふかな、方法といふかな、これが間違つてゐるから始めから君の一言一動を、警戒穿鑿の眼を以つて見る。さういう眼でみるから何だか、われらのすることと違つてゐるやうに感ずる。(－후략－)」

(요컨대, 우리들은 말이야, 부모는 말할 것도 없이 나 자신부터가 늘 자네를 우리들과는 아주 다른 존재로만 알고 있었던 것이야. 그것부터가 잘못이었네. 이점은 하필 우리 가족에게만 있었다고 할 수 없어. 아마도 모든 일본인이 모든 조선인에 대하여 그런 줄 아네. 여기에 근본적 잘못이 숨은 줄 아네. 다시 말하면 인식의 태도랄지, 방법이랄지, 이게 틀렸다고 생각하네. 자네를 우리들과는 아수 다른 것으로 생각고만 있으니까, 처음부터 군의 일언일동을, 경계와 천착의 눈으로 보지. 그렇게만 보니 어쩐지 우리들의 하는 일과는 딴 것으로 느껴지네. －후략－)(2회. 271쪽)

---

59) 이광수, 〈그들의 사랑〉, 『신시대』, 1941. 1~3 연재. 이하 인용은 발표 회차와 면수만 표기.

인용문의 대화 ①과 ②는 모두 다다시가 원구를 향해 발화한 대목이다. 하지만 ①은 조선어로 표기하고 ②는 '국어' 표기에 조선어 번역을 병기했다. 이 소설은 조선어 소설임에도 불구하고 일본어로 발화된 부분에 대해서는 다양한 표기를 쓰고 있다. 가령 간단한 일본어 대화의 경우 따로 조선어의 번역 없이 그대로 쓰기도 한다. 물론 두 사람 사이의 대화는 '국어'로 이뤄진 것이다. 그렇다면 이광수는 왜 이렇게 표기했을까. 사실 이광수의 소설에서 일본인이 본격적으로 등장하기 시작한 것은 바로 문인협회의 결성 이후였다. "나는 20여 년 조선에 있으면서 조선측의 문단, 평단을 거의 알지 못하고 지내"[60]오다가 문인협회의 결성 이후 비로소 조선인(문단)과 대면했다는 스기모토처럼, 「그들의 사랑」에서 이광수도 원구로 하여금 "일본가정에서 밥을 먹는 것이 처음"(1회, 160쪽)인 경험을 하게 한다. 물론 다른 조선인 작가의 경우도 마찬가지다. 그때 일본어로 발화하는 부분을 '리얼리티'의 획득이라는 차원에서 어떻게 처리할 것인가에 대한 고민은 뒤따르기 마련이었고, 이광수에게 그 실험은 「그들의 사랑」에서부터 이뤄졌다고 할 수 있다. 위의 인용문처럼 비록 조선어 소설이지만 '국어'로 행해진 대화를 조선어로 쓸 때의 번거로움 혹은 불편함 때문에 '국어'를 사용해 직접 표현하는 방법이 있을 것이다. 하지만 그 '국어' 표기는 "要するに＝요컨대"로 시작하는 것처럼 소설 속 화자 다다시와 청자 원구 사이의 관계에서 읽히는 대화라기보다 "옛관념(觀念)을 깨뜨려주는"(2회, 260쪽) 발화자 즉 작자 이광수가 불특정 일본어 독자에게 발화하

---

60) 杉本長夫, 「半島文壇と內鮮一体」, 『朝鮮』, 1940. 3, 74쪽.

는 내용인 것이다.

이 소설에 앞서 이광수는 일본어 소설 〈心相触れてこそ〉를 『녹기(綠旗)』에 연재한 바 있다. "すめらぎの神と君とにつらなりてやまともこまもひとつなるかも"("천하를 다스리는 신과 천황에 이어져서 야마토나 고려도 하나 되지 않을까.")[61]라는 소망을 담은 와카(和歌)로 시작하는 '작자의 말'이 담긴 이 소설은, "소아(小我)를 잊고 대아(大我)에 순(殉)하고자 하는 결심", '각성', '신념', '지환즉리(知幻卽離)',[62] '내선일체의 대업', '소망'이라는 단어들을 동원하여 일본어로 소설을 창작할 각오를 다진다. 이 소설은 조선인으로서 '나', 이광수 혹은 작중 '김영준'으로 대표되는 조선인의 참회 위에 이미 '동포'라는 말을 통해 동일자로 간주된 일본인에게 새로운 관계를 요구하는 서사인 것이다.[63] 이 출발은 '기묘한 인연'으로 시작된다. 인왕산에서 실족한 다케오(武雄)가 실려 온 곳은 조선 가옥. 거기서 깨어나 "처음으로 가까이 본 조선인의 여자"(1회, 78쪽)인 석란과의 인연. 다케오는 석란의 일본어가 뚜렷해서 "진정 조선인 처자인지 의심할 정도였다." "도대체 어디가 다른 걸까. 어디가 조선인적인 면일까."라고 다케오는 생각한다. "말도, 예의도 어디 한 곳 틀린 곳이 없지 않은가."(이상, 1회, 80쪽) 충식과 석

---

61) 이광수, 〈心相触れてこそ〉(一), 『綠旗』, 1940. 3, 74쪽. 다음부터 이 소설의 인용은 회차와 면수만 기입한다.

62) "知幻卽離 不作方便 離幻卽覺 亦無漸次"(선감귀감 본판) 즉 "환상인 줄 알면 곧 여읜 것이라 더 방편을 지을 것이 없고, 환상을 여의면 곧 깨친 것이라 또한 닦아 갈 것도 없다."

63) 이경훈은 〈心相触れてこそ〉가 "최초의 본격적인 친일소설"이자 "일종의 전향소설로서의 요소를 내포"한 소설로 정의하고(이경훈, 『이광수의 친일소설연구』, 태학사, 1998, 270쪽) "내선일체적 인물묘사의 중요한 화법"을 구사하고 있는 작품으로서 "조선인에 대한 일본인의 새로운(?) 인식의 문제"를 정면으로 다루지만 이는 "조선인의 눈에 비친 일본인의 긍정적인 모습을 전제"한다는 의미에서 조선인과 일본인의 관계를 전형화한 것이라고 분석하고 있다.(위의 책, 274쪽)

란의 친절은 "왠지 인생의 새로운 일면을 목격당한 듯한 느낌"(1회, 84쪽)을 준다. 반면, 충식과 석란도 마찬가지로 "내지인과 가까이 지낸 것은 이것이 처음이었다."(1회, 86쪽)

이렇듯 문인협회의 결성 이후 조선인 작가의 일본어 소설은 일본인의 전경화 즉 조선인과 일본인이 '처음' 만난다는 사실 묘사에서부터 출발한다. 어쩌면 그 둘을 만나도록 만들어 낸 것은 바로 '국어'이거나 '국어'와 같은 이상화된 공통의 감각일 것이다. 다시 말해 조선인과 일본인 관계의 전경화가 바로 '국어' 소설에 있어 가능한 것이다. 그것은 소통할 수 없었던 언어 차이의 벽을 넘어 정, 사랑, 감정의 교환을 가능케 했고 또 그를 통해 일본어 소설 창작의 계기가 마련되었던 것이다. 앞서 지적했듯이 조선의 내지인 문단 내 소설 '빈곤'의 상황을 감안한다면 이런 감정 '교환'의 서사화는 조선어나 조선인 작가의 몫이었는지 모른다. 그렇기는 하나 한편으로 조선인 작가에게 그것은 일방적으로 노출되는 입장에 설 수밖에 없게 만든다. 왜냐하면, 그것은 이제까지 드러내지 않았던 마음 즉 '내밀한 언어'를 일본어로 직접 '번역'하는 것이기 때문이다.

〈心相触れてこそ〉의 등장인물 중 충식과 석란의 아버지 김영준은 일본어를 모르는 유일한 인물이다. 히가시(東) 대좌가 북한산에서 실족했던 자식들의 생명을 구해준 것에 대해 감사의 뜻을 전하러 김영준을 찾아갔을 때 행해진 두 사람 사이의 '첫 대면'은 이광수의 입장에서 보면 또 다른 실험이자 그가 '작가의 말'을 통해 드러냈던 소설의 의도를 담보하기 위한 중요한 장면의 한 축이라고 할 수 있다. 석란의 통역을 매개로 이뤄진 이들의 대화는 언어 차이의 벽을 넘은 '心の触れあひ'[64] 즉 마음의 교환이었다. 하지만 마음의 교환이 가져온 결과는 일방적이다. 소설에서는 아주 짧은 시간에 불과하고 또 실제 몇 마디 나누지 않은 것으로 설정된 이 둘의 대화 장면임에도 불구하고 그것은 김영준으로 하여금 조선인(특히 '불령선인(不逞鮮人)'의 입장)을 대표해서 완전히 노출된 상황으로 설정된다. 하지만 이 장의 끝이 히가시 대좌가 "조선인을 진정 천황의 신민으로 삼는 데는 김영준과 같은 자의 마음을 획득하지 않으면 안 된다. 김영준에게 충성을 맹세토록 못 할 만큼 제국의 조선통치의 도의적 정신이 나약한 것일 리 없다."(1회. 93쪽)는 신념을 확인하며 끝나듯이 김영준은 그 신념을 전달받은 바 없다. 그때 김영준은 히가시 대좌에게 판단의 대상일 뿐이며 또한 그 추측, 판단, 배려 등에 근거한 일본인의 어떤 실천을 기다리는 조선인이 수동적 위치에 놓인 것임을 확인할 수 있다. 이광수가 〈心相触れてこそ〉와 같은 시점에 쓴 것이지만 10월에서야 발표한 〈동포에 기함(同胞に寄す)〉[65]에서 '동포'를 '너와 나(君と僕)'로 구분하고 '나'가 '너'에게 띄우는 편지글의 양식을 취했던 것처럼, 그것은 '나'의 일방적 발화이며 또 '너'의 배려하는 혹은 소망하는 그 '첫 대면' 장면일 수밖에 없었던 것이다.[66] 그리고

---

64) '心の触れあひ'는 김영준과 히가시 대좌의 대면이 그려진 1회차 두 번 째 장의 제목이다.

65) 〈同胞に寄す〉(『京城日報』, 1940. 10. 1~6, 8~9. 한국어 번역은 이경훈, 『春園 李光洙 친일문학전집 Ⅱ』, 평민사, 1995)

66) 이러한 논의를 진전시키기 위해서는 이 에세이와 〈心相触れてこそ〉의 유관성을 좀 더 면밀히 짚어봐야 할 것이다. 단 여기서는 간단히 언급해둔다. 소설에서 다케오(武男)의 출정을 기념한 충식과 석란의 조선신궁에의 "자발적 참배"(3회차, 123쪽) 후 그들과 김영준 사이의 조선어 대화 중 이런 부분이 나온다. 김영준은 "조국을 위해 싸움에 나서는 것만큼 남아로서 감명 깊은 일은 없지. 이 애비도 일생 그 기회를 노렸지만" 하며 자신의 忠과 다케

결국, 진정으로 자유롭게 대화할 수 없는 이 관계는 창작에 있어 또 다른
'제약'일 수밖에 없었던 것이다.

이러한 상황에 처해 있던 조선인 작가들의 창작 현실에 비해 조선 내
내지인 작가들의 창작 현실은 어떠했을까. 앞서도 언급했지만 우선 내지
인 작가들의 '빈곤'이라는 현실을 지적하지 않을 수 없다. 1938년 3월에 제
3차 조선교육령의 반포를 통해 '국어' 상용이 법제화되었는데, 이는 2차 조
선교육령(1922)에서 '국어를 상용하는 자'와 '국어를 상용하지 않는 자'로 민
족 차이보다 언어 차이를 통해 교육대상의 차이를 명문화했던 것과 달리
국민의 일체화라는 맥락에서 차이를 소거한 것이었다. 그로 인한 조선에
서의 '국어' 지면의 확대는 '국어' 문학의 재생산, 더 나아가 본격적인 문학
의 식민화라는 당면의 과제를 더욱 부각시켰던 것이다.

4. '조선적인 것'이라는 구속

식민화란 기본적으로 '자연 상태'라고 간주되는 땅에 사람의 이식을
통해 '문명화'라는 미명으로 진행된 기획이었다. 더불어 그것은 제도, 자
본, 시설 등의 이식과 재생산을 통해 유지될 수 있었다. 조선 내 내지인들
도 일찍이 '이민'과 '이주'라는 이름으로 조선에 건너와 '재조일본인'으로서
자기를 구성하며 식민지에 사는 자신들의 정치적 입장 혹은 위치를 확보

오의 忠을 동일화하고, 충식은 "아버님, 저희들도 조국을 주십시오. 위해서 싸울 수 있는
조국을 주십시오."(3회차, 124쪽)라고 한다. 그 장면의 조선어가 일본어로 '번역'되는 순간,
조선인에게 제국에의 충성은 이미 각오된 진심으로 용인된다. 그다음은 일본인의 실천을
기다리는 것이다. 바로 그런 구조로 이뤄진 에세이가 〈同胞に寄す〉의 '나'와 '너'의 관계인
것이다.

하려 했다. 그 연장 선상에서 '국어=일본어' 문단의 형성을 해명할 필요가 있다. 하지만 그들은 문인협회의 결성 당시에도 조선에서의 '국(어)' 문단을 '빈곤' 상태로 여겼다. 하지만 점차 그들은 '조선에서 나고 자란 자로서의 입장을 견지하며 제국 안에서 '조선적인 것'이 가지는 의미와 정치성을 적극적으로 해석하려는 집단으로 성장해 갔다. 그들은 문인협회 내 중요한 한 축으로서 어떤 방식으로든 내지문단 그리고 더 넓게는 본국인 독자들을 향해 자신들의 욕망을 발화하려 했다. 그것이 가능케 된 단계에서 바로 『국민문학』이 창간된 것이다.

다시 말해 조선 내 '문단'이라는 이름으로 구성될 수 있는 내지인 문단의 형성사라는 측면에서 『국민문학』의 역할을 생각할 때, 그것은 '내지인 반도작가'가 욕망을 발화하기 위한 공간이자 그들과 그들 문학의 재생을 위한 공간이었다고 할 수 있다.[67] 특히 『국민문학』에서 그들이 재생산되는 유형은 몇 가지로 분류할 수 있지만, 대개 그들은 공통적으로 '조선적인 것'에 대한 구속을 받을 수밖에 없었다.[68] 다기한 방식으로 '국어' 문

---

67) 김윤식은 『綠旗』와 『국민문학』의 관계를 "거울'과 같은 비교 대상이자 경쟁 상대"라며 주로 『綠旗』가 조선 내 내지인 문학자의 '대표'라고 주장한 바 있다. 하지만 이 문제는 거기에 실린 작가와 작품에 대한 좀 더 면밀한 분석을 통해 그 관계를 살핀 뒤에 내릴 수 있는 결론이리 생각한다.(김윤식, 「1940年前後ソウル日本人の文學活動」, 『岩波講座 近代日本と植民地－文化のなかの植民地－』7, 2005, 235~251쪽 참조)

68) 여기에서는 작가들의 유형을 간단히 적어 두기로 한다. 우선 1) 이미 잘 알려져 있듯 田中英光나 湯浅克衛와 같이 이미 내지문단의 일원으로서 새롭게 조선에서 두각을 나타낸 작가들이 존재했다. 거기에는 「등반」이라는 작품으로 제19회(1944) 아쿠타가와상을 수상한 小尾十三나 汐入雄作와 같이 전향 작가도 포함될 수 있다. 하지만 이 둘 사이에는 후자가 조선의 문단인으로서 활동했다는 중요한 차이점이 존재한다. 그 점에서는 오히려 다음의 2)와 유사한 측면도 있다. 2) 『城大文學』 등과 같은 동인지를 통해 본격적인 문학 활동을 시작한 宮崎清太郎, 一色豪 등을 들 수 있다. 이들 중에도 飯田彬나 嶋本篤彦와 같은 재조일본인 2세 출신의 작가들의 존재가 포함되어 있기 때문에 일률적인 범주화에는 무리가 따른다. 마지막으로 3) 久保田進男, 安東益雄, 嶋本篤彦, 宮原三治, 長岡龍兵 등과 같

학의 재생산 더 나아가 문단의 식민화가 진행되는 가운데, 이들은 "내지인 반도작가"[69]라는 자기동일성을 가지고 문인협회의 결성 이후 조선인 문단과 '대면'하고 있다. 이들의 소설은 앞에서 이광수가 쓴 일본어 소설의 예를 통해 살폈듯이 대개 '나'=일본인과 조선인(혹은 조선)의 관계를 새롭게 '발견'한 작품들이었다. 그런 이들이 '내지인의 반도작가'로서 자신들을 호명할 때는 조선에 대해서 무엇을 어떻게 써야 하는가라는 문제에 스스로를 가둘 수밖에 없다. 이런 '조선적인 것'에 대한 구속이 어떻게 작품으로 재현되었는지에 대해서는 차후 과제로 넘기기로 하겠다. 다만 여기서는 좌담회 「국민문학의 일 년을 말한다(国民文學の一年を語る)」(『国民文學』, 1942. 11)에서 드러난 그 구속의 정도와 의미에 대해서 정리하고자 한다.

> 마키 히로시(牧洋): 다나카(田中) 씨는 조선의 생활이 익숙하지 않기 때문에 조선에 대해 쓸 수 없는 것이지요, 가령 펄 벅은 지나인 이상으로 지나에 대해 쓰고 있어요. 지나인과 같이 쓸 수 없는 부분도 있었지만요.[70]

이와 같은 이석훈의 지적에 대해 당사자인 다나카는 "쓸 수 있어요. 쓸 수 있지만, 조선에 오래 살지 않은 사람이 아니면 쓸 수 없는 부분도

이 2)에 속하면서도 『국민문학』의 추천 제도를 통해 작가 활동을 시작한 작가군을 들 수 있다. 따라서 향후 논의는 이들 작가군의 작품에 대한 분석을 통해 그 차이와 동일을 교차하여 읽어가는 방향에서 진행되어야 할 것이다. 이에 관한 좀 더 자세한 논의는 『일제 암흑기의 한국문학』(한국현대소설학회 제35회 학술연구발표대회 자료집, 2009. 10. 31)에 실린 필자의 발표문을 참조할 것.

69) 좌담회, 「国民文學の一年を語る」, 『国民文學』, 1942. 11. 93쪽.
70) 앞의 글, 94쪽.

있어요."71)라며 '쓸 수 있는 것'과 '쓸 수 없는 것'이 있음을 말한다. '지나사변' 이후『경성일보』의 학예부장을 지낸 데라다가『경성일보』학예면의 원고는 "조선에 대해 쓴 것에 제한되듯이 어디까지나 조선 중심이어야 한다."72)는 취지에서 학예면을 구성하다 보니 조선(인) 문단을 기웃거렸다고 술회했듯이, 일본어 지면의 확대에도 불구하고 그들의 글쓰기는 일면 '조선적인 것'이거나 '조선 중심'이어야 한다는 구속 속에 어려움을 겪어야 했던 것이다. 조선 내 내지인 문단의 문제, 즉 문단의 식민화 과정에서 '내지인의 반도작가'가 품고 있던 고민, 그것은 조선문인이 '국어'로의 글쓰기에서 '쓸 수 있는 것'과 '쓸 수 없는 것'에 대한 고민을 했던 것과 같은 구속이었다. 거기에 차이나 상대적인 것이 있다면 그것은 바로 내지인이 '국어'의 우위를 의식한 반면 조선인은 조선에 대해 '안다(知)는 점'에 우위를 내세움으로써 서로를 구속하고 있었다는 사실일 것이다.

---

71) 앞의 글, 같은 면. 다나카는 이 좌담회에서 宮崎淸太郎나 자신처럼 "하나의 (일본적—인용자) 전통에 익숙한" 내지에서 조선으로 와 활동하는 타이프와 "조선에 뿌리를 내린 아름다움"이 있는 "조선에서 쭉 살아온 내지인" 타이프를 차이화하고 있다. 그 점에서 대해서도 좀 더 면밀한 검토가 향후에 있어야 할 것이다.

72) 寺田瑛, 「東京時代·京城時代」, 『朝鮮』, 1944. 1, 62~63쪽.

제 2부 • 식민의 아이덴티티/기억의 전유

식민자와 만나는 법, 그 불편한 재현의 장소들
─염상섭 소설을 중심으로

조은애

1. 피식민자의 '서울 구경', 그곳에서 식민자를 만난다는 것

서사적 공간이 용연과 경성, 그리고 인천으로 분할된 강경애의 소설 『인간문제』에서, 소작농의 딸 선비는 지주인 덕호에게 유린당하는 고통에 못 이겨 고향 용연을 떠난다. 선비가 도착한 곳은 고향 친구인 간난이가 같은 이유로 먼저 용연을 떠나 살고 있는 식민지 수도 경성이다. 선비는 공장노동자가 된 간난이와 함께 인천의 대동방적에 취직하기로 한다. 인천으로 떠나기 이틀 전, 간난이는 선비에게 "네가 서울 올라온 지가 오래두 내가 바빠서 너를 구경도 못 시켜주었"다며 선비를 데리고 남산공원으로 간다.[1] 용연을 떠나 인천에서 계급적 각성을 경험하는 남성 인물인 첫

---

1) 강경애, 『인간문제』(『동아일보』, 1934. 8. 1~12. 22), 창비, 2006, 269쪽.

째의 서사와 비교할 때, 선비에게 용연과 인천은 모두 그녀를 계급적·성적으로 착취하는 공간으로 묘사된다.[2] 용연을 떠나 인천으로 옮기기 전, 선비가 잠시 머무른 경성은 그녀가 유일하게 '구경'할 수 있는 도시였던 셈이다. 단 하루 동안의 이 '서울 구경'이란 "창경원을 둘러서 남산까지"이지만 작품 속에 실제로 묘사된 경관은 남산의 조선신궁과 그곳에서 내려다본 총독부청사, 그리고 남대문 주변 거리가 전부이다. 간난이가 조선신궁을 가리켜 보이자, 선비는 '조선신궁'이라는 말의 의미가 무엇인지도 전혀 이해하지 못한 채 "그의 앞에 아찔아찔하게 나타난" 돌층계에 압도당한다.[3]

『동아일보』에 연재된 『인간문제』 제91회는 이처럼 두 식민지 여성의 서울 구경 에피소드로 되어 있다. 그런데 이 연재분이 조선신궁을 가리키는 간난이의 대사로 시작된다는 점에 주목할 필요가 있다. 간난이는 언제든 선비에게 계급의식을 각성시키기 위한 기회를 엿보고 있으며, 그런 그

---

2) 선비와 첫째를 각각 중심으로 하여 구성되는 『인간문제』의 두 가지 성장 서사에 대해서는 심진경, 「계급적 성장의 리얼리티」, 위의 책 해설 참조. 『인간문제』의 인천과 그곳에서 노동자로 재탄생하는 인물들의 근대성 경험에 주목한 연구는 적지 않다. 대표적으로 김윤식, 「강경애론—식민지 공장노동자의 세계」, 『(속)한국근대작가론고』, 일지사, 1981; 최원식, 「〈인간문제〉, 사회주의 리얼리즘의 성과와 한계」, 『인간문제』, 문학과지성사, 2006; 최학송, 『『인간문제』의 인천』 『한국학연구』 제19집, 인하대학교 한국학연구소, 2008; 이현식, 「항구와 공장의 근대성—인천에 대한 문학적 표상 연구」, 『한국문학연구』 제38집, 동국대학교 한국문학연구소, 2010; 이상경, 『강경애—문학에서의 성과 계급』, 건국대학교출판부, 1997; 조남진 『『인간문제』에 나타난 '인천'』, 인하대학교 석사학위논문, 1998 등이 있다. 그러나 이러한 기존의 연구들은 작품의 서사공간을 문제삼을 때 용연에서 인천으로 공간이 이동하는 데 결정적 계기로 작용한 작중인물들의 경성 체험에 대해서 상대적으로 주목하지 않고 있다. 본고의 서론에서는 『인간문제』의 서사공간 자체를 문제삼기보다는, 용연 출신의 식민지 하층민 여성들이 인천의 대동방적공장으로 이동하기 직전 왜 '서울구경'을 하였으며 그때 경성은 그들의 눈에 어떤 모습으로 비쳐졌는가, 그리고 텍스트상에서는 그것을 어떤 방식으로 묘사/생략하고 있는가를 논의의 출발점으로 삼고자 한다.

3) 강경애, 앞의 책, 270쪽.

녀가 선비에게 조선신궁을 구경시키려는 데는 분명 어떤 의도가 있어 보이기 때문이다. 게다가 이 서울 구경 에피소드에서 선비와 간난이가 직접 방문한 장소란 남산의 조선신궁이 유일했다. 주지하다시피 조선신궁은 경성이 식민통치권력의 기획에 의해 전통왕조 수도로부터 식민지 수도로 전환되는 과정에서 상징적인 랜드마크 역할을 했다. 1925년 3월 남산에 조선신궁이 완공된 뒤, 1926년 1월에는 왜성대에 있던 총독부청사가 경복궁으로 이전되었다. 이 두 건축물의 완공을 기념하여 조선신궁 진좌제 및 관병식이 거행되었는데, 이는 "식민권력이 경성의 도시공간 전체를 장악했음을 공공연하게 선포하는 권력 의례로서 기획"된 것이었다.[4] 두 상징물에 함축된 선언적이고 폭력적인 의미를 작가 염상섭은 다음과 같이 폭로했다. "장안에 놉기론—브악산(北岳山)의 아방궁 남산의 조선 신궁! 에헤에헤 에헤야— 넓은 길엔 자동차요 좁은 길엔 외씨 가튼 발씨로 아장아장 (중략) 기생아씨님네 소풍하실 길 쏘 한아 생겻단다……'[5] 이는 『사랑과 죄』의 서두에서, 장마로 무너진 완공 직전의 조선신궁 신작로 보수작업 중인 "요보"들의 입을 통해 나온 탄식이었다.

『인간문제』의 서울 구경 장면으로 돌아와 보자. 그 의미를 전혀 알지 못한 채 조선신궁 앞에서 총독부청사의 건재와 남대문의 음울함이라는 대비를 바라보는 선비의 시선이야말로 당시 식민지 조선인에게 경성이

---

4) 김백영, 『지배와 공간—식민도시 경성과 제국 일본』, 문학과지성사, 2009, 332쪽. 1920년대 중반에 경성역, 경성부청, 경성재판소, 경성제국대학 등 일련의 대규모 건축물들의 건설 붐 현상이 일어났다는 사실 또한 이 시기 경성의 성격 변화와 밀접한 연관을 지닌다. 1920년대 중반 형성된 식민지 수도의 상징 경관과 식민권력의 도시공간 재편 기획에 관해서는 이 책의 327~381쪽 참조.
5) 염상섭, 『사랑과 죄』, 『廉想涉全集2』, 民音社, 1987, 12쪽.

란 무엇이었는지를 암시하는 것이 아닐까. 『인간문제』의 엘리트 청년 신철에게 경성이 타락한 자본주의의 온상이자 인천 노동현장에 침투하기로 결심하게 된 결정적 계기로 인식되었다면, 이 식민지 하층민 여성에게 경성은 어두컴컴한 전통의 그림자를 숨긴 채 '일본화=근대화'하고 있는 도시 혹은 '일본=근대' 그 자체에 다름 아니었다. 그러한 식민도시의 상징성은 서울 구경 에피소드를 담고 있는 이 회의 마지막 단락에서 조선신궁과 그곳을 참배하는 일본인의 게다 소리로 드러난다.

> 그때 요란스러운 소리에 그들은 머리를 돌렸다. 소나무 아래로 작은 게다 큰 게다가 뒤섞여서 비탈길을 올라가고 있다. 게다를 따라 시선을 옮기니 푸른 솔밭 위로 화강석으로 깎아 세운 도리이(鳥居)가 반공중에 뚜렷하였다.[6]

그런데 이 장면에서 가시화되는 일본인이란 발이라는 신체 일부이거나, 요란스러운 소리를 내는 게다=사물일 뿐이다. 그 신체 일부 혹은 사물을 따라 옮아간 시선이 공중에 치솟은 일본식 건축물에 닿는 동안, 그것이 상징하는 식민도시(colonial city)의 "주인이 되어가는 일본인" 즉 식민자(colonizer)는 단 한 번도 온전히 드러날 수 없었다.[7]

이 문제적인 장면은 조선신궁이 상징하는 제국 일본의 식민도시 경성에서 식민자인 일본인의 모습이란 어떤 불가능한 표상으로만 제시될 수 있었음을 말해준다. 이는 기본적으로, 식민지 조선의 문학에서 왜 일본인

---

6) 강경애, 앞의 책, 272쪽.
7) 中間人, 「外人의 勢力으로 觀한 朝鮮人京城」, 『開闢』 제48호, 1924. 6, 38쪽.

들은 그토록 개인으로 형상화될 수 없었는가 하는 문제와도 닿아 있다. 윤대석은 그것이 식민지 작가들의 무의식적인 공간분할에 기인한 것임을 밝힌 바 있다. 그에 따르면, 박태원의 「소설가 구보씨의 일일」이 고현학이라는 서술방법론을 채택함으로써 결정적으로 일본인을 네이션이라는 공통의 상상공간 외부로 밀어낼 수 있었던 반면, 김사량의 「천마」에서 경성의 공간을 분할하는 경계선을 넘어 일본인 공간에 침투하는 순간 식민지 조선인은 정신분열을 겪게 된다. 거꾸로 보면 그러한 정신분열에 대한 상상적 극복으로서 일본인과 그들의 공간은 분할된 채 식민지 작가의 텍스트로부터 배제되었던 것이다.[8] 식민지시기 전체에 걸쳐서 조선인 작가들이 식민자를 대면하고 그들을 재현한다는 것은 분명 복잡한 내적·외적 검열에 부딪힐 수밖에 없는 일이었다. 고현학이라는 위계적 서사장치를 통하지 않은 박태원의 식민지 후반기 단편 「채가」에서, 일인칭 서술자 '나'는 일본인 채권자를 방문하는 것에 대해 "우울한 사무"라 표현하며 작중 내내 그 대면을 지연시키고 있다.[9] 일본인 채권자 '도변(度邊)'의 언어는 내용증명과 같은 공적 문서를 통해서나 국민복을 입은 조선인 통역자를 통해서만 하달되며 '나'는 자신이 채무자이자 피식민자로서의 의무에 소홀하지 않은 선량한 조선인임을 증명해야만 한다. 근대도시 경성을 거니는(구경하는) '나'의 행위는 "굳게 문을 닫아걸고 백 척이나 떨어진 곳에 몸을 숨기고서" 있는 도변을 만나기까지의 시간을 연장하는 것에 불과

---

8) 윤대석, 「경성의 공간분할과 정신분열」, 『국어국문학』 144호, 국어국문학회, 2006.

9) 박태원(朴○遠), 「債家」, 『文章』 25호, 1941. 4, 105쪽. 「채가」에서 일본인과의 대면이라는 사건의 지연이 지니는 의미를 국어상용과 창씨개명이라는 신체제의 통치정책과 관련시킨 논의로는 방민호, 「박태원의 1940년대 연작형 '사소설'의 의미」, 『인문논총』 58, 서울대학교 인문학연구원, 2007, 303~314쪽 참조.

하다.[10] 이러한 시간적 지연 외에도, 그와 대면한다는 것이 얼마나 어려운 일인지를 상징하는 몇 개의 장막들을 통과하고서 드디어 만나게 된 도변으로부터 "내지어를 아시는구먼요?"라는 환대의 말을 듣고 난 뒤에야, '나'는 비로소 불안을 해소하고 "무사해결"이라는 "명쾌한" 결론에 다다른다.[11] 하지만 이러한 자기증명의 명쾌한 결말은, 딸을 유치원 입학시험에 통과시키기 위해 반복적으로 외우게 했던 자기소개=증명 행위가 창씨개명이라는 제도에 의해 가로막혔음을 깨달으면서 전복된다.

박태원은 「소설가 구보씨의 일일」에서처럼 일본인을 서사적 공간으로부터 밀어내는 서술적 장치를 동원하거나, 그로부터 시차를 지닌 텍스트 「채가」에처럼 일본인을 대면하기까지의 시간을 과장적으로 지연시켜야만 했다. 강경애의 『인간문제』가 경성을 표상하는 방식과 더불어, 이는 일본인을 재현한다는 것이 식민지 조선의 작가에게 대단히 강박적인 문제였음을 시사한다. 황호덕의 연구에 따르면 이러한 식민지 문학의 일본인 배제에는 검열이나 정치적 판결에 대한 자기방어, 정교한 분리를 통해 인종적 유사성을 극복하고자 했던 제국의 식민 정책, 그리고 차별에 대한 실제적인 저항 등이 복잡하게 개입해 있다.[12] 윤대석과 황호덕의 연구는 식민지 수도 경성의 도시문화를 다룬 한국 근대문학에서 정작 그 식민도시의 성격을 대표한다 할 수 있는 식민자와 그들의 거주/활동 공간이 구체적으로 묘사된 적이 드물다는 점, 그리고 이를 상대적으로 간과해왔던

---

10) 박태원, 앞의 글, 109쪽.

11) 위의 글, 111~112쪽.

12) 황호덕, 「경성지리지, 이중언어의 장소론—한 젊은 식민지 영화감독의 초상」, 『벌레와 제국』, 새물결, 2011, 362~366쪽.

기왕의 논의들에 대한 문제 제기를 하고 있다. 그렇다면 이어서 물어야 할 것은 내선일체라는 프로파간다가 조선인—일본인 간 밀착에 대한 상상적 지평을 마련해준 상황이 도래하기 전에는 과연 그러한 상상을 가능하게 했던 조건이 부재했는가, 존재했다면 그것은 무엇이었는가 하는 점이다.

특히 경성의 식민도시화가 집중되었던 1920~30년대의 한국문학에서 대부분 식민자의 모습이 공백 또는 흔적으로만 남아 있었음을 상기할 때, 같은 시기 염상섭의 텍스트들은 매우 독특한 위상을 지닌다. 내선일체 담론의 육체적 구현인 내선결혼·연애 서사야말로 조선인—일본인 간 밀착과 결합을 상징하는 것임에도 불구하고 그 결합의 산물인 혼혈이 출생하는 장면을 식민지 후반기 내선결혼 서사에서 찾아보기 힘들다는 점을 떠올려보아도 마찬가지이다. 그런 점에서 「만세전」, 「남충서」 등의 소설을 통해 일찍이 식민자(일본인)—피식민자(조선인)의 혼혈을 등장시키고, 식민지 조선에서 근대성과 식민주의, 그리고 식민지적 무의식의 문제를 그러한 인종적 혼종성의 알레고리로 해석한 염상섭의 문학에서 식민자의 존재는 대단히 중요한 의제일 수밖에 없다.[13] 따라서 대부분의 식민지 문학에서(무의식적으로 혹은 강박적으로) 배제되었던 일본인이 1920~30년대 발표된 염상섭의 일련의 소설들에서 성격화될 수 있었다면, 그 조건에 대해서도 충분히 논의되어야 할 것이다. 물론 윤대석은 식민과 피식민이 공존하

---

13) 염상섭 소설에서 혼혈이 식민지 조선 내부의 인종적(문화적)·계급적·젠더적 타자들을 표상하는 바와 그것을 배제함으로써 민족동일성이 구성되는 방식에 대해서는 이혜령, 「인종과 젠더, 그리고 민족 동일성의 역학—1920~30년대 염상섭 소설에 나타난 혼혈아의 정체성」, 『현대소설연구』 18, 한국현대소설학회, 2003 참조.

는 식민지 공간을 '단일한 시선'이 아닌 '분열의 시선'으로 바라본 대표적인 식민지 작가로 염상섭을 거론하고 있지만, 실제 작품 속에 나타나는 일본 인이 식민지 주체의 구성/분열 과정에 어떻게 개입하는지는 해명하고 있 지 않다.[14]

한편 이혜령은 최근의 연구에서 염상섭 소설을 통해, 식민자와 식민 주의 자체가 말해질 수 없다는 점이 바로 식민지 재현체계의 특성임을 밝 히고 있다. 이혜령에 따르면 이러한 재현의 곤혹을 자신의 문학적 과제로 삼은 염상섭은 그 말해질 수 없는 식민자의 환유, 즉 식민주의의 대상이 자 효과로서 친일파 혹은 식민지 부르주아를 그렸으며, 이를 통해 식민지 인 됨의 침통한 존재 상태를 증거하고자 했다.[15] 이혜령의 연구는 식민지 리얼리즘이 식민지의 구성요소이자 지배세력인 식민자에 대한 재현 불 가능성을 요체로 성립하였으며 이를 의식한 동시에 문학적 과제로 삼은 염상섭을 통해서 리얼리즘의 식민지적 가능성을 타진할 수 있다는 통찰 을 보여준다. 하지만 그럼에도 불구하고 식민지 사회구조의 중요한 특성 을 보여주는 염상섭 소설 속의 식민자가 식민지인이라는 '환유' 혹은 '대리 표상'을 통해서가 아니라, 제한적이나마 '재현 가능한 존재'로서 재현되는 메커니즘과 그 조건에 대해서는 여전히 의문이 남는다. 이를 해명하기 위 해서는 조선인의 눈에 일본인들이 식민지 조선의 사회구성원이자 지배 집단으로서 의식되기 시작한 맥락을 함께 고려해야 한다.

따라서 이 글에서는 우선, 식민지의 '인구'를 관리하는 통치권력과 그

---

14) 윤대석, 「일본과 일본인을 바라보는 분열의 시선, 단일한 시선」, 앞의 글.
15) 이혜령, 「식민자는 말해질 수 있는가―염상섭 소설 속 식민자의 환유들」, 『대동문화연구』 제78집, 성균관대학교 대동문화연구원, 2012.

에 대한 식민지인의 공포-반발이라는 역학 관계에 의해 상상된 공간분할 감각이 어떻게 식민자의 표상을 드러내거나 감추는 데 관여하는지 살펴볼 것이다. 이어서 염상섭의 소설에서 식민자가 재현될 수 있었던 조건을 조선인 사회주의자의 역할과 전망에 대한 그의 진단과 연관시켜 해명하고, 한편으로는 조선인들을 매혹하는 동시에 교묘한 폭력과 배제의 논리를 작동시키는 식민지의 공간성에 대해 고찰하고자 한다. 이 글이 특별히 '재(在)경성일본인'이라는 특정한 장소-주체에 주목하는 이유가 여기에 있다. 즉 염상섭 소설 속에서 식민자라는 존재를 경성이라는 표상공간과 결부시켜 읽음으로써, 그가 포착한 식민지 사회구조와 그 공간적 재현 사이의 관계를 논하고자 한다.

2. 재경성 일본인, 그 '잔인한 숫자'

> 20년 전의 경성과 금일의 경성을 누가 같은 경성으로 보랴. 변하더라도 여간 변한 것이 아니다. 첫째로는 주인이 변하였다.[16]

1924년 6월 『개벽』지는 〈서울이란 이렇소〉라는 특집을 기획했다.[17] "이번은 경성호로 편집하였다. 원체가 조선의 수부(首府)의 경성임과 같이 조선의 수(首) 될 만한 기삿거리가 많다. 각 방면으로 모아 각 방면을 소

---

16) 샹투生, 「京城의二十年間變遷」, 『開闢』 제48호, 1924. 6, 66쪽.

17) 이 특집은 주로 『개벽』 편집진 및 당시 주요 필진들의 글로 채워졌다. 대부분이 필명으로 된 저자들 중 이 특집에서 본명을 알 수 있는 이들은 김기전, 박달성, 차상찬, 현철, 선우전 등이다. 이들은 본 특집 안에서 필명을 달리해 가며 복수(複數)의 글을 발표했다. 서로 다른 필명의 본명 확인은 최수일, 『개벽』 연구』, 소명출판, 2010의 〈부록〉을 참조했다.

개하노라 하였으나 아직 불만이 많다."는 편집후기를 통해 조선의 중심부로서의 경성의 위상을 제고하고 그 특징을 소개하는 차원에서 이 특집이 기획된 것임을 유추할 수 있지만, 실상 여기에는 보다 근본적인 위기의식이 작동하고 있었다.[18] 바로 조선인들 사이에 '주인의 변화'라는 감각이 공통적으로 형성되기 시작했다는 점이다. 이러한 위기감의 표명을 촉발한 사건은 "정치의 중심"인 조선총독부가 경복궁으로 이전할 것이라는 계획의 발표였으며, 위기의식의 근원은 바로 총독부의 이전을 넘어 "일본인의 세력"이 어느 한 곳에 고정되어 있지 않고 경성을 "유동"할 것이라는 데 있었다.[19] 이를 뒤집어 말하면 총독부 이전(移轉) 계획이 가시화되기 전까지는 소수의 식민자들이 형성한 거류지＝남촌과 그 외곽에 분포한 원주민의 토지＝북촌이라는 공간분할의 감각이 "식민지적 이중도시 경성의 긴장과 균형"을 제공해 왔다고도 할 수 있다.[20]

같은 특집에 실린 한 글에서는 "외인의 세력" 즉 "방금 경성의 주인이 되어가는 일본인"의 세력이 확장되는 양상을 각종 통계로써 제시한다.[21] 1914년 총독부령으로 '부제(府制)'가 실시된 후부터 현재(1924년)까지 경성부의 '인종별' 세액 및 인구, 구역별 토목·위생·문화사업 지원액 및 표준지

---

18) 「餘言」, 『開闢』 제48호, 1924. 6.

19) "오늘의政治의中心은 더말할것도업시 朝鮮總督府이다. 南山밋흐로부터 本町의一線을外廓으로한 南山一帶가 總督府의勢力圈이다.…(중략)…그런데이것도 明年(或은 來明年)이면 景福宮안으로옴겨온다. 南으로부터北에, 總督府의勢力은 아니日本人의勢力은 골고루 京城을流動한다."(小春, 「녜로 보고 지금으로 본 서울 中心勢力의 流動」, 『개벽』 제48호, 1924. 6, 58쪽)

20) 김백영, 앞의 책, 405쪽.

21) 中間人, 앞의 글, 38쪽.

가 등이 그러한 '경성의 위기'를 나타내는 근거로 활용되었다.[22] 특히 부제 실시 이후 매년 급증하는 경성부의 세출액 통계표는 "일본인 본위인 부(府)의 재정이 축년(逐年) 증가하는 십 년 동안에 조선인의 세력이 얼마나 몰락되었으며 조선인의 생활이 얼마나 피폐되었는지"를 보여주는 것에 다름 아니었으며, 윗글에서는 이를 가리켜 "잔인한 숫자"라고 표현한다.[23] 1914년 경성을 '부(府)'라는 제국의 행정구역단위로 재편하면서 총독부에서 구상한 것은 기존의 성곽도시 경성에 용산 지역을 포함시키는 '표주박형' 도시형태였다. 용산을 군사·교통의 요충지로 경성에 포함시킨 이러한 시도는, 식민지수도의 새로운 공간질서를 군사·정치·경제 중심지역이라는 3원적 핵심으로 재편하려는 대경성 프로젝트의 성격을 예고하고 있었다.[24] 즉 식민지수도에 적합한 통치의 주요기능과 이를 담당할 식민자 집단을 배치함으로써 경성이라는 행정구역을 장악하고자 했던 것이다.

『개벽』 경성호 특집을 비롯하여 1925년을 전후로 조선의 미디어들에서는 '경성의 주인'을 언급하는 기사들이 적잖이 발견된다.[25] 그것은 앞서

---

22) 위 글에 제시된 통계에 따르면 1923년 말 "府內一定한住所를가지고生活하는住民"의 수는 총 288,260명이며 이중 조선인이 207,496명, 일본인이 76,188명, 중국인이 4,130명, 기타 외국인이 446명이었다. 위 글엔 제시되어 있지 않지만 같은 통계를 제시하고 있는 1925년 1월 15일 자『동아일보』기사에 따르면 이 통계는 1924년 6월 경성부에서 실시한 현주조사(現住調査)에 따른 것이다(「조수가티 밀려오는 일본인, 장래할 경성의 주인은 誰」). 위 글에서 제시한 1923년과 1924년 경성의 호수(戶數)를 비교하면 다음과 같다.(단위: 호)

	1923년	1924년	증가 호수
조선인	44,029	44,496	467
일본인	18,936	21,750	2,814
외국인	898	1,090	192
계	63,863	67,336	3,473

23) 中間人, 앞의 글, 44쪽.

24) 김백영, 앞의 책, 319~323쪽.

25) 「경성의 주인은 誰?—년년히 주러지는 조선인의 소유, 부호계급 소유도 륙배나 적다고」,『동아일보』, 1924. 2. 23; 「조수가티 밀려오는 일본인, 장래할 경성의 주인은 誰」,『동아일

본 것처럼 총독부 이전계획을 계기로, '식민지적 이중도시의 긴장과 균형'을 유지해왔던 공간분할의 경계가 유동하는 현상을 포착하고 위기의식을 표면화하는 작업이었다. 부제 실시 이후 10년간의 변화에서 경성의 주인이 바뀌고 있음을 가장 명료히 보여주는 지표는 경성에 거주하는 조선인과 일본인 각각의 인구통계였으며, 조선어 미디어에서 의존하고 있는 자료는 대부분 총독부나 경성부청에서 작성한 통계조사자료였다. 총독부 문서과에서는 매년 『조선총독부통계연표』를 발행하여 사회조사 및 인구조사 자료를 지속적으로 공개했다.[26] 1920년 임시호구조사 실시 이후에는 1925, 1930, 1935, 1940년 네 차례에 걸쳐 국세조사를 실시하여 각 도·부의 민적·국적별·직업별 인구수를 보고하였다.[27]

　이처럼 조선총독부에서 보고례에 기반을 둔 통계자료가 문서로 간행되고 대규모의 국세조사가 실시되면서 '인구(population)'가 통치성(governmentality)의 중요한 대상으로 떠오르게 된다.[28] 여기에는 주권과 그것이 영향을 미치는 사법적 주체로서의 개인 사이의 관계와는 다른 방식으로, 인구를 영토에 배치하고 그것을 관리·유지하는 통치의 테크놀로지가 작용한다. 계산과 분석, 고찰 등을 통해 인구에 사실상 영향을 줄 수

보』, 1925. 1. 25.

[26] 조선총독부 문서과에서 발행한 연속간행물 및 단행본의 특성에 대해서는 김지형, 「조선총독부 문서과 심사·발행 간행물의 특성에 관한 연구」, 중앙대학교 석사학위논문, 2011 참조.

[27] 조선총독부의 임시호구조사 및 국세조사에 대해서는 손정목, 「日帝强占初期 (1911~20년)의 都市人口數」, 『한국사연구』 제49호, 한국사연구회, 1985. 6 참조.

[28] 특히 '문화정치'기 조선총독부가 실시한 정책적 방향을 "개인의 행동 속에 특정한 방식으로 그리고 영속적이고 긍정적인 방식으로 개입"할 수 있도록 하는 정치적 합리성으로서의 '통치성'의 발전으로 볼 수 있다. 이에 대해서는 마이클 신, 「'문화정치' 시기의 문화정책, 1919~1925년」, 김동노 편, 『일제 식민지시기의 통치체제 형성』, 혜안, 2006 참조.

있는 것들을 포착하고 이를 통계화하는 기술이 등장할 수 있게 된 것은 바로 인구가 지닌 자연성에 대한 인식 때문이다. 푸코에 의하면, 가변적인 동시에 항구적이며 때로는 욕망을 집단행동의 원동력으로 삼기도 하는 자연(혹은 환경)으로서의 인구 개념이 권력기술의 영역에 들어옴으로써 안전메커니즘–인구–통치라는 근대적 정치의 계열이 열리게 된다.[29] 이때 인구란 "한편으로는 생명체의 일반 체제 안에 몰입해 있고, 다른 한편으로는 권위적이지만 숙고되고 계산된 변환이 장악할 수 있는 표면을 제공해주는 여러 요소들의 집합"이다.[30] 근대적 정치의 영역에서 인구는 가변적/항구적인 자연이자 환경이며 통치 테크놀로지에 대응되는 '공간'인 셈이다. 그러한 권력/통치의 메커니즘 속에서, 조선어 미디어들은 익명의 재경성 일본인 집단을 '잔인한 숫자'로 표명하며 자연화된 대상으로 표상하고 있었다. 그들은 '이미 거기 있는 것'이라는 의미에서의 소여가 아니라, 일련의 변수에 따라 '유동'하는 소여이다. 일본인이 경성의 인구이자 '공간'으로서 조선인과 한 자리에 배치되고 분할됨으로써, 그들은 균일한 식민자 집단인 동시에 조선인으로 하여금 '경성의 주인'이라는 자의식을 발화하도록 하는 타자로서 발견되고 참조될 수 있었다.

　한편으로 통계를 통해 '외인' 혹은 '딴 곳 사람'으로서 추상화된 재경성 일본인 집단은 경성의 '이면'을 나타내는 지표가 되었다.[31] 1920년대까지 식민도시 경성을 바라보던 에스닉의 분할감각은, 1930년대 들어 가령 '문

---

29) 미셸 푸코, 오트르망 옮김, 『안전, 영토, 인구』, 난장, 2011, 111~129쪽.

30) 위의 책, 122쪽.

31) 「조수가티 밀려오는 일본인, 장래할 경성의 주인은 誰」, 『동아일보』, 1925. 1. 25; 「地主의 實數는 만흐되 所有面積은 日人의 半, 逐年發展되는 京城府裏面」, 『동아일보』, 1927. 7. 4.

화주택'과 '토막'이 상징하듯이 계급적 분할감각으로 버전을 달리하여 표출되기도 했다. 통치권력이 구상한 식민도시화가 근대화 과정과 맞물려 있는 한, 당대 식민지인들의 도시화 비판은 당연히 근대화 비판과 불가분한 성격을 띤다. 1930년대 들어 심화되는 경성의 식민도시화·근대화 과정의 이면에 대해 문제 제기를 시작한 조선어 미디어에서는 이중도시의 성격에 내재한 인종·계급·젠더 등의 다층위적 분할감각의 양립 또는 병존 속에서 경성의 문화적 퇴폐를 지적했다. 그런데 그 '이면'을 논하는 방식에서 일본인의—자연화된—공간을 문제 삼기 위해서는 조선인의—역시 자연화된—공간을 말하지 말아야 했다. 일례로 1932년 1월 『조선일보』에서는 경성의 '건설'적인 면과 '타락'적인 면을 논하는 지면을 마련했다. 그 중 '타락' 편에서 조선인 경영과 일본인 경영의 권번 및 기생 수를 비교하면서 "인간사회의 쓰레기통 같은 존재인 창기골—서울로 이르면 서사헌정(西四軒町) 신정(新町)이며 용산(龍山)의 도산정(桃山町) 등…(중략)…그야말로 인간학의 중요한 최후의 한 페이지"[32]라는 표현을 쓴다. 서사헌정(니시시겐초)과 신정(신마치)은 『개벽』의 경성호 특집이 제시한 통계를 보면 일본인 가구 수가 각각 217호, 194호로,[33] 일본식 요정과 공창가가 형성되어 있는 대표적인 지역이었다. 식민자의 집주지를 겨냥하며 경성의 문화적 타락을 적대적으로 논하는 이 기사는, 물론 공창지구는 아니지만, 조선인 기생들이 영업하는 대표적인 지역이었던 다옥정을 괄호 안에 묶어 두었

---

32) 「건설의 적극, 타락의 소극. 양극단의 명암상. 일진일퇴의 轉變 쌍곡선?」, 『조선일보』, 1932. 1. 1.

33) 中間人, 앞의 글, 50쪽. 이 글의 필자는 어떠한 지역의 주민이 세력과 부력을 가졌는지를 보기 위해 일본인이 100호 이상 거주하는 곳의 목록을 제시하며, 이 지역들의 특성을 "商工業乃至遊園地帶"라 정리한다.

을 때, 즉 겉으로 발화하지 않았을 때 써질 수 있었던 것이다.[34] 이를 통해 한편으로는 북촌이라 불리는 경성 일부를 조선인의 침범 불가능한 생활공간으로 한계지으면서 이곳이 일본인 집주지와 비교할 때 "어둡고 쓸쓸하고 움울한" 까닭을 묻고, 다른 한편으로는 조선인을 북촌이 아닌 경성 전체의 주인으로 규정하면서 일본인 집주지에서 초래된 문화적 타락이 경성 전체로 오염될까 우려했다.[35] 고모리 요이치에 따르면 일본 식민주의자들은 서구 근대의 유입을 목도하며 "자신들이 '노예'가 될지도 모른다는 식민지적 공포와 불안을 망각하기 위해서" 항상 타자로서의 거울인 '미개'와 '야만'을 끊임없이 발견해야만 했다.[36] 그렇다면 거꾸로 피식민 주체들은 경성의 공간분할이 가져온 긴장과 균형이 흔들리면서 그 경성의 '주인' 자리를 빼앗길지 모른다는 공포를 망각하기 위해, 균일한 집단으로 상정된 식민자를 타자로서 발견하고 그것의 부정적인 면을 드러내야만 했던 것인지도 모른다.

경성의 인구로 통계화된 일본인과 그 공간은, 경성의 주인이라는 조선인의 자기 동일화를 위한 참조점이지만 그 구성원 개인과 그들 각자의 공간 내부로 파고들어 갈 수 있는 틈을 내어주지 않는다. 일본인 인구와 가구 수, 그들의 집주지에 몰려 있는 문화시설과 위락구역의 분포도처럼 통계화된 자료들은 오히려 그것들의 실상, 그 내부로 뚫고 들어가는 것

---

34) 이는 조선인들에게 북촌-남촌이, 혹은 다옥정-신마치 같은 조선인-일본인의 소비/풍속의 전형이 일종의 짝패로 여겨졌음을 짐작게 한다. 예를 들어 염상섭의 『무화과』 초반에는 주인공 이원영이 다옥정에서 영업을 하는 기생 채련과 앞으로 얽히게 될 일을 염려하며, 신마치 유곽에는 가보지도 않았지만 그곳처럼 (마음 없이) 돈으로만 성을 흥정한다면 무슨 맛에 기생을 데리고 놀겠냐는 그의 심리가 서술되어 있다.

35) 김억, 「문인이 본 서울-여웨가는 서울」, 『조선일보』, 1932. 1. 2.

36) 고모리 요이치, 송태욱 옮김, 『포스트콜로니얼』, 삼인, 2002, 35쪽.

을 어렵게 만드는 장치로 기능한다. 그런데 염상섭의 소설 『이심』에는 식민지 조선인이 자연화된 '인구'가 아닌 "차별화된 법권리 주체"[37]로서의 식민자 '개인'과 접촉하고 그 공간 내부에 진입함으로 인해서 파탄에 이르는 과정이 드러나 있다. 주인공 춘경은 동거인 창호가 사회주의 운동을 하다 검거되어 형무소에 있는 동안 패밀리호텔 지배인 '좌야 평일랑'의 비서로 일하면서 생활을 유지했던 과거를 가지고 있다. 그런데 창호의 출소 후에도 여전히 생계가 어려웠던 춘경은 좌야의 돈을 받으려다 창호에게 발각당하고, 이에 모욕감을 느낀 창호가 한차례 소란을 피워 다시 복역하는 사이 춘경은 좌야의 소개로 일본인이 경영하는 진고개의 천전 상회에 취직한다. 창호가 부재하는 동안 춘경은 좌야의 도움을 받으면서 사치와 허영에 물들고 한편으로는 그의 계략에 빠져 점차 타락의 길을 걷는다. 좌야는 어리숙한 미국인 커닝햄과 춘경의 결혼을 성사시키기 위해 그녀를 자신의 호텔 객실 안으로 유인한다. 결말에 이르면, 출소 후 그간의 전말을 모두 알게 된 창호의 계략으로 춘경은 신마치(新町)의 한 일본인 유곽에 갇혀 있다 자살한다. 좌야가 이끌어낸 그녀의 욕망은 그녀로 하여금 일본인 소유 호텔이라는 특수하고 내밀한 공간을 열어젖히고 그 안으로 들어가게 하지만, 마치 금기의 영역에 발을 디딘 듯이 그녀는 점차 파멸에 접어드는 것이다. 실제로 그것은 식민지 수도 건설의 기술적·정치적 효과를 위해 인종적 격리를 정책적으로 수행해야 했던 통치성의 차원에서만 보더라도, 확실히 그 격리/분할의 경계를 넘었다는 의미에서 금기의 위반에 대한 처벌을 암시하는 결말이었다고 할 수 있다.

---

37) 미셸 푸코, 앞의 책, 122쪽.

3. 식민자와 피식민 사회주의자의 양립 (불)가능성

『이심』의 주요 서사를 이루는 춘경의 타락 과정은 소설의 전사(前史)에 해당하는 '주의자' 창호의 옥살이와 이른바 '삼십 원 사건'으로 인한 또 한 번의 수감생활에 기인한다. 창호의 처음 2년간 감옥생활은 그 이유가 정확히 제시되어 있지 않지만, "남편이 주의자로 감옥에 들어갔"다는 서술을 통해 사회주의운동으로 인한 것이었으리라 추측할 수 있다.[38] 사실 창호의 사회주의 활동이 작품 내에서 어떤 의미가 있는지는 해석상 그리 중요하지 않다. 두 번째 수감의 계기가 된 '삼십 원 사건' 및 경찰서 난동사건은 첫 번째 수감 계기인 사회주의운동과 별반 다르지 않은 것으로 취급되며, 이러한 창호의 전력은 사회주의운동을 일개인의 다혈질적 성향에 연원한 것으로 축소시키는 결과를 낳는다. 결말에 이르러 춘경을 유곽에 가두기까지 하는 창호의 일관된 성격과 단순 '공무집행방해죄'라는 죄명으로 인해 감옥 안으로—텍스트 너머로—사라지는 것, 이러한 장치들은 창호라는 인물을 조선공산당사건 이후 사회주의자들에게 씌워진 궁핍과 무능이라는 통념 그 자체로서 제시한다.[39]

---

38) 염상섭, 『이심』, 『염상섭전집』 3, 민음사, 1987, 74쪽.

39) 식민지시기 발생한 조선공산당사건 관련 취조자료 등에서 '왜 사회주의자가 되었는가'라는 내러티브를 구성하는 가운데 부랑, 궁핍, 무능 등의 통념이 형성되는 양상과, 그 통념을 넘어 발견되는 사회주의자들의 재현 조건에 대해서는 이혜령, 「감옥 혹은 부재의 시간들—식민지 조선에서 사회주의자를 재현한다는 것, 그 가능성의 조건」, 『대동문화연구』 제64집, 성균관대학교 대동문화연구원, 2008 참조. 이혜령에 따르면 부랑자, 무능자 같은 소설 속 사회주의자의 표상은 부르주아 계급 인물들로부터 발견되지 않는 도덕적 성실성의 표식이라 할 수 없다. 또 염상섭의 『삼대』에서 장훈의 자살 장면이 보여주듯이 궁핍과

일본인 호텔 지배인 좌야가 활약하는 것은 바로 사회주의자에 대한 통념 그 자체인 창호가 텍스트상에 부재하는 순간부터이다. 이미 소설의 전사를 통해서도 창호가 첫 번째로 수감되어 있는 동안 춘경이 창호 대신 좌야에게 경제적으로 의존했었던 사실이 드러나 있다. 좌야는 창호가 두 번째로 감옥에 갇힌 사이 창호의 친구인 강찬규를 동원하여 창호와 춘경 사이를 이간질하는 한편, 미국인 청년 커닝햄이 춘경에게 투사하는 오리엔탈리즘적 환상을 적극적으로 활용하여 이익을 취한다. 이 소설에서는 식민지 조선의 경찰권력과 식민자, 그리고 피식민 사회주의자가 정치적 영역에서 마주치는 광경 자체가 생략되어 있는데, 이들은 모두 사적인 관계로 재배치되며 스토리 전체가 하나의 추문 혹은 스캔들로 구성된다.[40]

실은 작품 구상 단계에서부터 이 소설이 지닌 그러한 추문적 성격은 예견된 것이었다. 『매일신보』에서는 『이심』의 연재를 예고하며 이 소재가 '하나의 산 사실'임을 강조한다.[41] "그는…(중략)…이 젊고 꽃 같은 애인을 무슨 탓에 무엇하자고 세상에서도 더러운 창기에 팔아 인간 지옥인 유곽

무능이라는 표식을 뚫고 들어가 보면 사회주의자는 피 흘리는 신체로서만 자신을 가시화할 수 있는 동시에, 그 내면은 결코 재현되지 않는 초월적인 것으로 남겨둠으로써 윤리적 잠재성을 지키게 된다.

[40] 심진경은 문학 속의 스캔들을, 사회이 도덕적 판단기준과 이데올로기를 생산하고 유통하는 복잡한 텍스트적 구성물로 본다(「문학 속의 소문난 여자들」, 『여성 문학을 가로지르다』, 문학과지성사, 2005). 염상섭의 또다른 소설 『진주는 주엇스나』에서 스캔들이 소설을 구성하는 방식에 대한 연구로는 김경수, 「현대소설의 형성과 스캔들」, 『국어국문학』 143호, 국어국문학회, 2006 참조. 또한, 『사랑과 죄』에서 소문이 발휘하는 기능에 대해서는 김승민, 「염상섭 소설에 나타난 '소문'의 의미와 서사화 방식에 대한 고찰」, 『한국현대문학연구』 33집, 한국현대문학회, 2011 참조.

[41] 1928년 9월, 경성에서는 한 여성이 정부(情夫)에 의해 병목정의 한 유곽에 팔려간 사건이 일어났다. 범인은 시골에 있는 여성의 노모에게 결혼 승낙을 빌미로 인장을 빌려 유곽에 팔아넘겼으며, 이는 '결혼사기'라는 제목으로 보도되었다.(「結婚詐欺 안해를 창기로, 犯人은 本町署에」, 『동아일보』, 1928. 10. 11)

으로 몰아넣었는고? 인간 지옥으로 들어갔던 그 젊은 여자가 거기서는 또 어떻게 되었는고?"『매일신보』 편집자는 이것이 바로『이심』의 프롤로그이며, "이 기괴한 한 개의 산사실을 장차 독자 여러분 앞에 어떻게 전개시킬지" 흥미를 갖고 지켜봐 달라고 말한다.[42] 그녀는 왜 애인에 의해 유곽에 팔려갔으며 자살했는가. 실제 일어났을 법한 인신매매 사건의 전말로 상당한 독자들에게 받아들여졌을 이 소설에서 좌야는 사건의 연쇄적인 동기를 유발하는 역할을 맡는다. 이보영은 작중인물의 여정이 모두 식민지 경제권에 종속되어 있다는 점을 들어, 이 작품이 돈에 대한 사회사적 관심과 작가의 모랄리스트적 통찰력에 풍자 희극적 소설이라는 형식적 관심이 결합되어 이루어진 카니발적 세계라고 고평한다. 나아가 이 작품이 단순한 풍자 희극적 성격을 초월한 경지에 이를 수 있었던 것은 주인—종의 관계인 좌야와 춘경에 창호라는 식민지 사회주의자를 관련시키면서 제국주의 세력의 정치·경제적 음모와 폭력으로 탈취된 난세로서의 식민지 상황을 암시하고 있기 때문이라고 말한다.[43] 그러나 이 소설에서 식민지 경찰이 "취조하는 흥미의 초점"은 정치 영역이 아니라 인물들의 치정관계를 들추어내고 스캔들화하는 데에만 있었으며, 춘경에게 엄습한 것은 검거와 처벌에 대한 공포가 아니라 좌야와의 불륜 관계라는 사적 비밀의 고백에 대한 공포였다.[44] 또한, 그녀가 '춘자 양(春子孃)/하루꼬 죠'

---

42) 「次回連載小說 二心 廉想涉創作」,『매일신보』, 1928. 10. 19.

43) 이보영,『난세의 문학』, 예림기획, 2001.

44) 염상섭, 앞의 책, 68쪽. '삼십원 사건'으로 경찰에 구금된 창호를 만나기 위해 경찰서에 들어서면서 걱정하는 춘경의 내면을 서술자는 다음과 같이 쓰고 있다. "내 남편을 찾아왔소—하면 어제 창호가 그처럼 야료와 횡포를 한 원인이라든지 좌야와의 관계를 미주알 고주알 캐일것이니 이 노릇을 어찌하나? 춘경이는 경찰서 문을 바라보면서 떨리는 가슴을 진정시키려고 이마의 땀부터 씻었다."(위의 책, 66쪽)

로서 좌야와 만날 수 있는 장소란 다름 아닌 "풍기물란 한데로 유명"한 경성의 패밀리호텔이었다.[45) 그런데 주목할 것은 춘경이 좌야라는 일본인 수하로 들어가게 된 이유가 조선인의 눈에 띄지 않기 위해서였다는 점이다. 다시 말해 조선인 인구/사회와 내지인 인구/사회가 서로 소통하지 않는 식민도시 경성의 특수한 분할구조에 의해 아이러니하게도 춘경이라는 식민지 여성은 일본인의 공간 속으로 들어갈 수 있었으며, 일본인 소유의 밀실에서 둘 사이에 일본어(말과 편지)를 매개로 한 의사소통의 길이 열리게 된다.[46) 경성에 대한 이중 도시적 심상지리는 식민자와 피식민자의 마주침을 텍스트상에서 생략함으로써 민족 동일성을 유지하는 기제이기도 했지만, 한편으론 통계화/자연화된 '잔인한 숫자'를 뚫고 마주침을 성사시키는 조건이기도 했다.

따라서 좌야와 춘경의 관계를 근거로 이 소설을 애욕과 돈에 대한 욕

---

45) 위의 책, 70쪽. 패밀리호텔은 남대문통(지금의 회현동)에 위치해 있던 고급호텔로, 일찍이 김동인, 김찬영 등을 비롯, 창조파·폐허파들이 어울렸던 곳이기도 하다(김윤식, 『염상섭연구』, 서울대학교출판부, 1987, 461쪽). 패밀리호텔은 조선호텔과 더불어 경성에서 서양인이 이용하기에 적합한 호텔로 소개되기도 했다. 上田恭輔, 「米國人の見た寺內總督時代の京城」, 『朝鮮鐵道協會會誌』 제9권 제10호, 조선철도협회, 1930, 59쪽(정영효, 「조선호텔—제국의 이상과 식민지 조선의 표상」, 『한국어문학연구』 제55집, 한국어문학연구학회, 2010. 8, 332쪽에서 재인용). 1922년 1월에는 패밀리호텔 내부에 '민족미술관'이 개관하는데, 이는 경복궁의 경농재(慶農齊)를 이전한 것이었다. 야나기 무네요시는 이곳에 일본 동양대학(東洋大學) 분교를 설치할 계획이었다. 같은 해 11월에는 패밀리호텔 내부에 조선미술진열관이 개관하였다(「慶農齊를 移建하야 파밀리「호텔」안에 「민족미슐관」」, 『동아일보』, 1922. 1. 6; 「朝鮮美術陳列舘開舘 南大門通 元巴密「호텔」에서」, 『동아일보』, 1922. 11. 27).

46) 경성을 "완연한 이중언어상황의 도시였고 사실상 분할 통치(apartheid)의 공간이었다."고 보는 황호덕의 논의대로 식민지 문학에 일본인이 드물게 등장하는 것이 그러한 분리정책과 차이의 확보를 통해 식민자—피식민자 간 인종적 유사성을 차단하려 했던 식민정책과도 관련 있다고 했을 때(황호덕, 앞의 책 참조), 오히려 그러한 분할 상황을 이용하여 조선인으로 하여금 일본인의 장소에 접촉하도록 한 염상섭의 텍스트는 확실히 이채롭다고 할 수 있다.

망으로 일어난 음모와 투쟁에 집착한 작품으로 평가절하하거나, 반대로 제국주의적 경제권에 종속된 식민지 상황에 대한 고발로 읽는 것은 결국, 이 소설의 통속성에 대한 찬반론의 재생산에만 기여할 뿐이다.[47) 춘경이 식민지 자본구조에 경제적으로 의존하면서 식민자의 언어를 구사하고 한편으로는 본인의 내밀한 욕망들을 발견하게 되는 과정은, 천전 상회나 패밀리호텔과 같이 식민도시적 소비와 향유를 조장하는 특유의 장소들 없이는 재현이 불가능했던 것이다. 염상섭의 소설에서 피식민자가 식민자와 대면한다는 것은, 『만세전』과 『삼대』가 대표적으로 보여주듯이 대부분 식민지인 전체를 (잠재적) 범법자로 표상하는 제국주의적 법질서와 대면한다는 것이며, 그러한 법질서의 주체인 식민통치권력에 의해 감시, 관리, 타자화되는 것을 의미한다.[48) 그러나 『이심』에서는 경찰로 대변되는 식민통치권력의 역할이 비정치적·사적인 차원에만 국한되는 상황에서, 식민자와 피식민자의 만남을 식민지의 정치·경제적 상황에 대한 알레고리로 해석하기는 어렵다. 오히려 그렇기에 통념의 수준에서 재현된 사회주의자의 부재와 식민자의 서사적 활약, 그리고 이를 가능케 했던 소비·향유적 도시공간이라는 조건이 비교적 명백하게 가시화될 수 있었던 것이다.

이에 비교할 때, 『이심』 전후로 발표된 『사랑과 죄』와 『무화과』에 등장

---

47) 전자는 대표적으로 이보영, 위의 책; 유종호, 「소설과 사회사」, 『염상섭전집』 3, 민음사, 1987; 김창식, 「염상섭의 『二心』 연구」, 『韓國文學論叢』 제15집, 한국문학회, 1994. 12 등을 참조. 후자에 대해서는 이현식, 「식민지적 근대성과 민족문학」, 『염상섭 문학의 재인식』, 깊은샘, 1998 참조.

48) 염상섭의 작품에서 작동되는 제국주의적 법질서와 그에 대한 조선인의 자율적·초법적 자기표상에 관해서는 이경훈, 「염상섭 문학에 나타난 법의 문제―그 시론적 고찰」, 『한국문예비평연구』 2, 한국현대문예비평학회, 1998 참조.

하는 식민자의 경우에는 보다 복잡한 정치적 의미를 지니게 된다. 무엇보다도 이 작품들에 등장하는 심초매부와 안달외사라는 일본인은 서술자로부터 각각 '도한(渡韓)'의 내력을 부여받고 있어 식민사, 즉 식민주의의 역사성을 환기시킨다. 하지만 일단은 이 소설들에서도 역시 『이심』과 마찬가지로 조선인 사회주의자가 부재하는 순간 식민자들이 떠맡은 역할이 매우 중요하다는 점을 지적해 두고자 한다. 또한, 이중 도시적인 분할 구조에서 조선인들이 일본인과 '특권적'이고 '합법적'으로 만날 수 있는 장소들의 의미를 파악할 필요가 있다. 『사랑과 죄』에 등장하는 심초매부의 아틀리에나 『무화과』에 등장하는 '보도나무' 카페는 그 장소들의 소유자인 일본인과 그곳에 드나드는 조선인 간의 친밀함과 긴장을 동시에 형성하는 '밀실'이란 점에서도 『이심』의 패밀리호텔과 유사한 성질을 지닌다. 이들 밀실은 가령 서론에서 예시했던 『인간문제』의 조선신궁이 식민도시적인 상징성을 띠고 있음에도 불구하고 식민자와 피식민자 사이의 잡거 또는 교류를 전혀 포착할 수 없는 공간으로 제시되었던 사실과 대조된다.

1920년대 중반 이후 경성에 식민지 행정수도의 상징경관이 정비되면서 총독부에서는 식민권력의 통치성을 과시하기 위한 목적으로 경성의 광장을 활용하고자 했다. 하지만 식민지 조선에서 광장은 '소통'과 '과시' 어느 쪽으로도 성공적으로 활용되지 못한 채 "주인이 추방된 텅빈 공간으로 남겨졌다."[49] 『사랑과 죄』의 서두에 제시된 조선신궁 앞 신작로라는 개방형 공간에서 식민자의 모습은 역시 공백으로 남아 있으며, 남산을 향해

---

49) 김백영, 「식민권력과 광장공간―일제하 서울시내 광장의 형성과 활용」, 『사회와역사』 제90집, 한국사회사학회, 2011. 6, 300~301쪽.

치솟은 조선신궁 아래에서 보수작업을 하는 "요보들의 그림자"는 조선신궁의 장중함과 대비되어 결과적으로 이 둘 사이의 수직적인 거리를 강조하는 효과를 낳는다.[50]

남대문 동편 벽에서부터 남산으로 향하야 마조 건너다보고 시원스럽게 치처 뚜러 올라간 조선 신궁의 신작로는 다지다가 내어버려 둔 조악돌판이 북쪽으로 치우처서 사태가 낫든지 반간통 넘어나 고랑이 깁숙히 패어저서 씩겨나려간 것을 어제 오늘 날이 들자마자 벌서 다시 뭇고 달고질을 하기 시작하얏다…(중략)…한울 밋짜지 치처올라간 듯한 신궁 압희 축대 우에서나 남대문 문루 우에서 나려다보면 헐일 업는 개아미색기들이 달달 복는 가마솟 바닥에서 아물아물하는 것 가틀 것이다. 그러나 이 개아미 색기들은 질서도 훈련도 업시 오즉 피곤만이 그들의 볏헤 익은 얼굴의 느즈러저 잇슬 다름이다.[51]

조선신궁에서 시작하여 그 앞의 신작로 공사터, 그리고 세브란스 병원과 경성역 앞 좌판까지 이동해 온 서술자의 원근법적 시선은 세브란스 병원 문을 나서는 간호사 지순영의 시선으로 교체되며 남대문 밑에서 구걸하는 성병환자를 발견하기에 이른다. 서술자와 지순영, 그리고 그녀를 뒤쫓는 지덕진이라는 세 개의 시선이 교차되면서 펼쳐지는 이 이동 경로의 종착지는, 욱정(旭町, 아사히마치)으로 짐작되는 W정의 일본인 주택가이다. "조선사람의 집이라고는 업는" 곳이면서, "일본 집에라도 조선사람

---

50) 염상섭, 『사랑과 죄』, 앞의 책, 11쪽.
51) 위의 책, 11~12쪽.

의 문패가 부튼 집이라고는 업"는 이 일본인 주택가 깊숙한 곳에 바로 심초매부(深草埋夫)의 집이 위치해 있다.[52] 말하자면『사랑과 죄』의 제1회 연재분인 「서울」 장(章)의 서술은, 식민도시의 거대한 상징경관으로부터 저 깊숙이 숨어 있는 식민자 개인의 밀실로 이어지는, 식민지수도 경성에 대한 지도 그리기였다고 할 수 있다.

순영을 미행한 오빠 덕진은 그녀가 일본인 거주촌으로 사라지자 "일본놈하고 어울렷다!"고 탄식한다.[53] 물론 그녀가 처음부터 일본인과 '어울리기' 위해 심초매부의 집으로 간 것은 아니다. 심초는 소설 초반부에는 '내지'에 체류하는 것으로 설정되어 있어서 모습을 나타내지 않는다. 심초매부의 집에서는 동경미전 출품을 준비하는 한말 귀족가문 출신의 동경유학생 리해춘이 그녀를 기다리고 있다. 이 집 안에서 등장인물 사이의 최초의 교류, 혹은 소통이 발생한다. 하지만 심초의 집에서 이루어지는 인간관계에는 처음부터 비대칭성이 내포되어 있었다. 리해춘과 지순영은 서로에게 연정을 품고 있기도 하지만 한 사람은 화가=시선의 주체이고 한 사람은 모델=시선의 대상이다. 시각의 권력이란 측면에서, 그리고 식민지 계급구조란 측면에서 이미 두 사람은 위계화되어 있다. 이러한 젠더간·계급간 권력의 비대칭성은 심초가 본격적으로 서사에 합류하고 난 뒤에는 인종적 비대칭성에 의해 상쇄되는 측면이 있다. 심초는 시종 해춘과 순영의 패트론을 자처하며 호의로 이들을 대하지만, 한편으로는 조선

---

52) 위의 책, 20~21쪽. 심초매부의 의뭉스러운 성격과 조선인에 대한 표리부동적 태도를 '깊은 풀숲속에 매복한 사내'라는 뜻을 지닌 그의 이름과 관련지어 해석하는 대목은 이보영, 앞의 책, 271쪽 참조.

53) 염상섭, 앞의 책, 21쪽.

고유의 풍습과 문화를 '이해'하는 입장에 있으면서도 정치적으로는 침묵을 지킨다는 점에서 "일한합병의 숨어 잇는 공로자"이다.[54]

흥미로운 것은 서술자가 심초매부의 조선에 대한 인연을 '공식적'으로 서술하는 이 대목이 등장하는 시점이다. 해춘은 자신의 친구인 김호연과 순영이 사회주의 단체 검거사건 당시 평양경찰서에 구금되자 해결 방법을 찾기 위해 평양의 R변호사를 찾아간다. 그곳에서 해춘은 일본으로부터 돌아온 심초매부가 보낸 '위문전보'를 받는데, 심초는 해춘의 일을 돕기 위해 평양으로 직접 내려가겠다는 말까지 덧붙인다. 이 부분에서 심초의 중요도가 부각되면서 그에 대한 서술자의 '공식적' 논평이 등장한다. 「심초매부」라는 제목의 장에서 서술되는 그의 도한(渡韓) 내력은 주지하듯이 식민자의 오리엔탈리즘에 의해 조선에 대한 지(知)가 형성되었던 과정에 다름 아니다. 따라서 그는 정치적 침묵을 지키는 한에서 식민통치의 정당성을 묵인하고 나아가 통치권력과 상호의존관계를 맺고 있는 것이다. 문화적으로는 조선을 '이해'하는 동시에 정치적으로는 조선의 식민지화에 대해 '묵인'하는 심초매부의 표상은 식민자에 대한 양가적 감정과도 관련 있는데,[55] 이는 사실 정치와 문화, 식민통치권력과 식민자 개인, 그리고 '내지'와 '외지' 사이의 복잡한 의존·길항관계를 탈각해 가는 과정을 통해 축적된 것이다. 『사랑과 죄』의 서술자는 조선 식민지화의 역사이기도 한 심초매부의 도한 내력을 논평적으로 기술하고, "틔기"가 되어 가

---

54) 위의 책, 309쪽.
55) 이에 대해서는 정대균, 이경덕 옮김, 『한국인에게 일본은 무엇인가』, 도서출판 강, 2000;
    윤대석, 「일본과 일본인을 바라보는 분열의 시선, 단일한 시선」, 앞의 글 참조.

는 조선 문화를 꾸짖는 식민자의 '목소리'를 받아적는다.[56] 또 한편으로는 직접 표출된 바 없는 "야마도다마시이"의 소유자이기도 한 그가 "고노요 보상가(このヨボさんが)……"라면서 조선인에 대해 적대를 품는 광경까지도 함께 기술한다.[57] 이처럼 서술의 층위를 세분화하며 식민자의 양가성 저변에 있는 복잡한 제국/식민지, 그리고 식민지 내부의 식민자/피식민자 간 관계를 그리고자 한 것이다.

그런데 일본에 가 있던 심초매부가 일본으로부터 자신의 생활기반인 경성으로 돌아온 순간 즉, 재현 가능한 서사 공간으로 진입하는 순간은, 호연이 평양경찰서 유치장이라는 비가시적 영역으로 사라진 순간과 겹쳐진다.[58] 평양에서 다시 경성으로 무대가 옮겨지고, 호연이 경성에 부재하는 사이 심초매부의 본격적인 활약이 시작된다. 리해춘은 조사를 마치고 경성으로 돌아온 순영의 신변을 심초매부에게 부탁하며 심초는 반은 동정상으로, 반은 호기심으로 그 두 사람을 류택수와 순영 친모로부터 보호한다. 호연이 없는 상태에서 두 주인공이 믿을 수 있는 유일한 측근인 심초매부의 그러한 동정은 "국경과 인종과 전통과 디위와 로소를 초월한 사람의 본심"으로까지 묘사된다.[59] 그러나 그의 역할은 호연이 평양경찰서에서 풀려나 경성으로 귀환한 이후 즉 텍스트상에 재등장한 이후 돌연 중단된다. 호연의 재등장 시점부터 심초매부는 대한제국 시기에 순영

---

56) 염상섭, 앞의 책, 309쪽.

57) 위의 책, 370쪽.

58) 이혜령에 따르면 "사회주의자의 감옥은 그토록 통렬한 장소였음에도 불구하고 서술성을 얻기 극도로 어려웠던" 장소였으며, "감옥 안에서 가시화될 수 있었던 것은 사회주의자라기보다는 다른 범죄자들과 별다를 바 없는 사회주의자의 육체였다."(이혜령, 앞의 글, 101쪽)

59) 염상섭, 앞의 책, 363쪽.

친모 및 해춘 부친과 맺었던 인연, 그리고 순영의 출생에 관한 비밀 등 과거의 기억에 연루되면서 오히려 궁지에 몰리게 된다. 이제 심초매부는 호연에게 과거의 결백을 호소하고 의심으로부터 해방되어야만 하는 입장이 된다. 순영의 출생에 관한 의문점들이 모두 그 모친에 의해 조작된 것임이 밝혀지면서 출생의 비밀은 해소되고 자연스럽게 심초매부의 결백도 '증명'되지만, 자신을 증명해야만 하는 순간 이미 그는 호연이 부재하던 경성에서 모든 인물을 불러모으고 관계를 주도하던 심판자의 위치에서 물러나야만 했던 것이다.

이처럼 『사랑과 죄』의 심초매부는 국경·인종·계급 등의 차이를 넘어서 절대적으로 신뢰 가능한 존재이면서도, 식민지화의 역사와 결부되면서는 미심쩍은 일본인으로 그려지는데, 사실 텍스트상에서 '미심쩍음'으로 남아 있는 부분이야말로 염상섭이 인식한 식민지 사회구조의 중핵에 해당한다고 볼 수 있을 것이다. 미심쩍은 일본인이라는 식민지 사회구성원의 형상은 『무화과』의 안달외사(安達外史)를 통해 그 정점을 제시한다.[60] 안달외사는, 정치에 초연한 대신 조선 지(知)에 대한 권력으로부터 권위를 부여받았던 심초매부와는 조금 다른 지위에 놓여 있다. 이는 그들 사이의 도한 내력이 상당한 차이를 지니고 있기 때문이기도 하다. 그는 "서울에서 유명한 소위 낭인"이며 "원체 신문기자로 닦아 올라간 사람"으로 "지금은 잡지를 두 개나 발행하고 조선 고서와 역사들을 출판해서 돈푼

---

60) 이보영은 안달외사의 이름에 담긴 의미와 관련하여, 그의 아호인 '외사(外史)'가 일본의 민간인 저술 야사인 『일본외사』를 상기시킨다고 언급한다. 그는 안달외사의 취미로서의 조선사란 "해박한 지식과 사관이 정립된 정사적 역사가 아니라 저들(천황 절대주의적인 식민지 통치 옹호자)의 침략을 정당화할 것이 틀림없는 야사"란 점에서 안달외사를 대아시아주의에 기반하여 조선침략을 정당화한 정한론자와 동일시한다(이보영, 앞의 책, 405쪽).

붙들었기도 하거니와, 언론계와 정변에 은연한 세력을 가지고 있"는 인물이다.[61] 이는 1900년대에 신문·잡지 등의 출판사업을 시작한 재경성 일본인들이 스스로를 '경성 낭인'으로 정의하는 방식에서 흔히 보이는 자기묘사의 하나였다.[62] 그는 심초매부보다 노골적인 형태로 조선인에 대한 밀정과 후원자의 역할을 동시에 떠맡는데 그의 그러한 영향력은 '보도나무'라는 카페가 지닌 장소성에 기인한다. 이 카페가 위치한 곳은 조선인을 중심으로 거주지·상업지구가 형성되어 있던 인사동으로 손님들의 대부분도 조선인들이지만, 아이러니하게도 '보도나무'라는 명칭은 다분히 재조일본인들의 조선 취향을 의식하고 지어진 것이다.

여기 계집애들은 조선 여자 일본 여자가 반반씩 여남은 있다. 인사동 같은 조선 사람의 번화지지요, 주인도 조선 여자가 혼자 한다기도 하고, 일본 사람 남편이 뒤에 있다고도 하나 그래서 그런지 집 이름부터 '버드나무'란 조선말을 '보도나무'라고 일본말로 취음을 하여 지었고 조선 계집애들도 양장 아니면 일복을 시켜서 내세웠다. 말은 물론 일본말. 일어 모르는 늙은 오입쟁이가 가도 조선말은 간신히 의사소통이나 될 만큼 반씩반씩 잘라서 아껴 쓴다.[63]

---

61) 염상섭, 『무화과』, 두산동아, 1995, 163~164쪽.

62) 가령 도한 일본인에 의해 편집되고 발간된 잡지 『朝鮮』에 그러한 자기정의 방식을 흔히 엿볼 수 있다. "낭인이란 무엇인가. 관리 중에는 없고, 실업가 중에는 없고, 교원에도 없으며 중도 아니요, 월급쟁이도 아니요 또한 재산가도 아니다. 소위 무직업자이다. 무직업자라고 해도 부랑인은 아니다. 즉 하등의 직업과 자산을 갖지 않았어도 흉중에 천하 삼분의 책략을 세우고 항상 천하 국가사회의 문제를 연구하며, 풍운을 따라야 한다면 일어나서 천하의 패권을 다투려고 하는 자를 말한다."(ヒマラヤ山人, 「京城の我浪人界」, 『朝鮮』 19호, 1909. 9, 58쪽)

63) 염상섭, 앞의 책, 60쪽.

이 카페는 손님의 대부분이 조선인이고 종업원도 반은 조선인이지만 대개가 양장이나 일복을 입고 일본어로 소통해야 하는 연극무대 같은 공간으로 제시된다. 이곳에서 향유되는 연극적인 언어=일본어를 통해 인물들은 서로를 염탐하거나 암약하거나 혹은 밀회를 성사시킨다. 이 카페를 공식적으로 운영하는 사람은 최원애라는 조선인 여성이다.『삼대』의 후속편 격으로 인물들의 설정과 상황이 대부분『삼대』의 설정과 유사한 이 소설에서 최원애는『삼대』의 홍경애가 사회주의자인 애인 김병화를 상해로 보내고 다시 딸과 함께 생계를 꾸려야 하는 상황을 이어받는다.『무화과』에서 김병화의 후신으로 등장하는 김동국은 상해로 갔기 때문에 텍스트상에 계속 부재하며, 보도나무 카페는 안달외사의 후원으로 운영된다. 후원이라는 명목하에 사실상 최원애와 망명해 있는 그녀의 애인 김동국, 그리고 김동국으로부터 지령을 받아 상해로 떠나는 원태섭으로 연결된 사회주의 계열의 네트워크를 감시하는 것이며, 조선인 인물들도 항상 그의 눈과 귀를 의식하고 있다. 게다가 카페 여급인 일본인 '맛짱'의 존재는 안달외사의 정체를 더욱 불가사의한 것으로 만든다. 맛짱은 과거 일본에서 러시아로 이주했을 당시 니항사건으로 러시아 빨치산에게 가족이 몰살당하고 홀로 조선에 건너와 생활하고 있는데, 카페에서는 그녀가 사회주의자이거나 극도의 반사회주의자일 것이라는 소문이 돈다. 그녀가 안달외사와 밀접한 관계이리라는 추측만 가능할 뿐, 정확히 무엇을 공유하고 합의한 관계인지 제시되지 않는다.

심초매부의 아틀리에처럼『무화과』의 보도나무 카페 역시 식민자와 피식민자가 서로를 지탱하는 혼거(混居) 상황, 그리고 이로 인한 연대 및 교류를 포착하고 있지만, 그것은 명백히 식민자의 영향권과 시야 안에서 이루어진다. 그 영향권 내에서 조선인은 근대 도시문화의 첨단을 향유하는 동시에 대상이 불명확한 적대와 불안을 지니고 갈 수밖에 없다. 『무화과』가 그에 앞서 발표된 『이심』, 『사랑과 죄』, 『삼대』와 다른 점은 감옥과 해외 등을 오가며 모습을 드러내거나 감추었던 주요 사회주의자 인물이 아예 처음부터 끝까지 이름과 글(편지)만 거론될 뿐 텍스트상에 부재한다는 점이다. 앞선 소설들에서는 주인공들의 망명·구속·죽음과 같은 '떠남'의 결말을 통해 식민지 조선사회의 암울한 전망을 서사화했다면, 만주사변에 관한 신문사 직원들의 시국담으로부터 시작되는 『무화과』에서는 사변 이후 사회주의자가 국내에서 사실상 활동을 봉쇄당한 상태, 즉 부재하는 상태에서 남은 자들이 식민 공간에 거미줄처럼 얽혀드는 양상을 그려낸다. 이때 해외로 떠나 있는 사회주의자를 대신하여 가족의 생계를 책임지고 한편으로는 그들의 국내 연락책까지 담당해야 하는 것은 최원애와 같은 사회주의자의 여인들이다. 이 여성을 보호/후원하는 동시에 그들의 움직임을 감시하는 것은, 앞에서 본 바와 같이 경성에 생활기반을 둔 일본인들이다. 『무화과』에서는 만주사변 이후 제국주의 세력 확장 및 식민지 공권력의 사상통제 강화로 인해 사회주의자들이 점차 지하나 해외처럼 재현 가능한 범위 바깥으로 이탈되는 현상에 비례하여, 그들이 만들어놓은 식민지 사회 곳곳의 공백에서 행해질 식민자의 암약을 구조화하고 있다. 다시 말하면 사회주의자의 전망이 소멸하는 과정에 경찰/공권력이라는 명백한 식민통치집단과 구별되는, 미심쩍은 일본인이 부상한다. 식민자가 조선인 사회주의자의 부재와 동시에 전면화되는 구도가 이후 조선사회를 어떠한 방향으로 이끌지, 염상섭은 『무화과』에서 국내－해외를 잇는 조선인 사회주의자 네트워크의 한 점인 원태섭의 애인 박종엽의 선택을 통해 그것을 예언하고자 한 것으로 보인다. 그녀는 동반자라는 자의식과 부르주아적 삶에 대한 욕망 사이를 오가다가 결국, 안달외사의 돈을 받고 동경 유학을 떠난다. 식민 자본의 후원으로 조선을 떠나는 박종엽의 행위는 그녀의 애인 원태섭이 김동국의 지령을 받고 상해로 떠나는 행위와 대비되며 이는 귀국 후 그녀의 위치 변화가 지닐 성격을 암시한다. 그녀의 '떠남'은 해외를 떠도는 사회주의자의 그것과는 달리 식민자의 사정권 안에 안착함을 의미한다. 조선인에 대한 (정치적)감시/(비정치적)후원의 주체로서 식민자가 등장한다는 것은, 그러한 행위를 통해 조선인들을 모두 식별 가능한 존재로 라벨링한다는 것이다. 망명한 사회주의자 김동국의 국내 연결책인 원태섭과의 관계 때문에 의심의 대상이 되었던 박종엽은 식민자의 피보증인이라는 레테르를 얻음으로써 귀국 후에는 그 의심으로부터 해방될 것이다.

『무화과』에 이르러 식민지 수도 경성은 어떠한 전망도 불가능한 장소로 표상되는데, 이는 사회주의자의 부재로 상징되는 식민지 조선의 비정치화, 그리고 그 비정치적 공간에서 조선인과의 조우를 넘어 일상 깊숙이 파고든 식민자/식민주의의 성격과 무관하지 않다. 식민자가 피식민자와의 사적인 관계를 통해 이 공백을 지탱하고 있는 구조야말로 리얼리스트 염상섭에 의해 파악된 식민지수도 경성의 실상이었던 것이다.

4. 만남 없는 장소 혹은 한 줌의 전망

지금까지 '경성'이 제국 일본의 식민도시로 재편되는 과정에서 그곳을 점유해가는 일본인들이 조선인들에게 집단적·개인적인 식민자/타자로 가시화되는 맥락을 고찰한 위에, 염상섭 소설 속에 재현된 재경성 일본인이 지니는 의미를 살펴보았다. 총독부의 도시계획을 위한 조사사업과 그 통계가 축적되면서, 법적 권리를 지닌 개인도 신민도 아닌 '인구'가 통치 테크놀로지의 대상으로 부상한다. 경성의 공간분할은 인구를 만들어내고 관리하는 통치권력의 정책이기도 하지만, 거꾸로 일본인들이 자신들의 공간으로 침범할지도—주인이 될지도—모른다는 식민지인의 공포가 그러한 분할에 대한 감각을 강화한다. 『이심』의 결말은 그렇게 분할된 공간 속에 식민지인이 들어갔을 때 나타나는 파탄을 보여준다. 『사랑과 죄』와 『무화과』에서 일본인들은 식민통치권력으로부터 암묵적으로 권력을 위임받았으되 그 권력의 연원이 불분명한 채로 조선인들에 대해 후원과 감시를 행한다. 염상섭의 작품들에서 중요한 축을 이루는 사회주의자들의 부재 이후 등장한 일본인들은 그들의 계급적·젠더적·지적(知的) 위상을 대신한다. 이러한 염상섭 소설 속 일본인들은 작품 전체에 흐르는 피식민 주체의 불안이 식민도시에서 이루어지는 식민자—피식민자 간의 만남으로부터 비롯된, 연대와 적대라는 긴장 관계에 기인한 것임을 역으로 암시한다. 그런데 이러한 재현이 가능했던 조건은 조선인들을 매혹하는 동시에 그 속에서 교묘한 폭력과 배제의 논리를 작동시키는 식민지 공간, 특히 식민도시 경성의 공간적 특성에 기인한다.

염상섭 소설에 등장하는 재경성 일본인은 우선 그가 실제 경험이든 미디어를 통해서든 만났으리라 짐작되는 인물형이며, 한편으로는 '재경성'이라는 장소 지향성에 입각한 재조일본인의 자기 표상을 소설언어로 전유한 것이기도 하다. 식민지 말기 내선일체 담론 속에서 수행적으로 제시되기 전까지 문학 속에서 공백으로 남겨졌던 식민자의 자리를 염상섭이 제한적이나마 채우려 했던 것은 그러한 경험치로부터 비롯된 면이 크다 할 것이다. 하지만 보다 근본적인 문제로서 이 글에서는, 텍스트상에서 사라짐으로써 그 위협성이 소거된 사회주의자의 '안전한 부재 상태'를 유지하면서 한편으론 그들의 존재 영역을 게토화한 식민지통치체제, 그리고 부재하는 사회주의자들에 대해 염상섭이 가졌을 법한 암울한 비전에 주목하고자 했다. 식민도시 경성의 유흥·소비공간, 특히 개인 간의 내밀한 관계를 심화시키는 호텔 객실·카페·아틀리에 같은 밀실에서 합법적이고 특권적으로 이루어지는 식민자와 피식민자 간의 만남은, 기성의 식민지 사회주의자가 그 비전을 상실하면서 그들의 자리가 공백으로 남겨지는 과정과 맞물려 있다. 이때 그들의 만남이라는 사건이 합법적이고 특권적일 수 있는 것은 그 사건이 주로 화폐를 매개로 하는 소비 행위, 혹은 그와 관련된 공간을 통해 일어나기 때문이다. 하지만 물론 그것이 합법적이고 특권적이라 해서 그들이 만나기까지의 과정과 만남의 장면이 매끄럽게 그려지는 것은 결코 아니다. 식민자와 피식민자의 비대칭적 관계를 유발하고 그들을 대면시킨 가장 근본적인 동력은 물론 식민주의일 것이며, 작중에서 경제적(또는 사적) 관계로 재배치된 이들의 만남의 행간에는 정치적인 것이 안고 있는 긴장과 불편함, 또는 적대의 감정이 그 흔적을 남기고 있다. 그럼에도 불구하고—오히려 박태원의 우화에서처럼 불편과 불안을 감수하고서라도—그들을 만나도록 하는 것이 식민지를 유지하고 지탱하는 구조인 것이다. 그리고 한편에는 어떻게든 그 위험천만한 만남을 회피하기 위해 피식민자들이 숨어드는 또 다른 밀실이 있다. 가령 『사랑과 죄』의 아편굴, 그리고 『무화과』에서 사진관으로 위장한 테러리스트들의 지하 소굴 같은 것들 말이다.

염상섭 소설에서 지금까지 살핀 것처럼 일본인과 조선인이 만날 수 있는 장소로서 밀실이 지니는 의미와 비교할 때, 한편으로는 절대 만날 수 없는 밀실로서 『무화과』의 사진관(테러리스트 소굴)이 지니는 의미는 언급할 만한 가치가 있다. 그것은 '무화과'라는 제목에 대해 작가 자신이 설명했던 바와 같이, 식민지 조선인의 상태를 꽃 없는 열매로 상상했던 그의 현실인식과 관계 깊다. 그는 꽃 없이 난 "우리"들처럼 "자식들"도 무화과이지만 "자식의 일생도 우리의 생애같이 보내게 하고 싶지는 않다."는 생각으로 이 소설의 연재를 시작했다고 쓰고 있다.[64] 그러한 새 세대에 대한 기대는 이원영의 여동생인 문경, 이원영의 지원으로 동경에서 유학하다가 김동국의 지시로 조선까지 폭탄을 밀반입하는 조정애, 그리고 정애가 기생 채련의 본가에서 피신 중 만난 채련의 이종사촌 완식 등을 통해 발현된다.[65] 이들은 모두 다른 방식으로 그러한 긍정성을 체현하는데, 이를테면 문경은 남편 인호와의 애정 없는 결혼관계를 청산하고 성애는 이원영의 돈을 받는 유학생 신분에서 벗어나며 완식은 사상에는 무지할

---

64) 염상섭, 「작가의 말」, 위의 책, 7쪽(『매일신보』 연재예고 중).

65) 류보선의 논평에 따르면 이들은 자본주의의 노예상태인 식민지 조선에서 인간의 자유를 꿈꾸었던 작가의 의지를 반영하며, 완결된 인간형은 아닐지언정 자본주의에 휩쓸리지 않는 인륜과 모랄을 지닌다(류보선, 「해설—차디찬 시선과 교활한 현실」, 위의 책, 859쪽).

지언정 건실한 노동자로 묘사된다(이들은 소설 후반부 「최초의 행복」이라는 장 [章] 으로 함께 묶여 이야기된다). 이들이 가진 공통점 중에서 주목할 부분은 모두 안달외사의 영향권으로부터 자유롭다는 점이다. 그런데 그중의 한 인물인 정애가 조선으로 돌아온 뒤 몸을 숨겼던 밀실, 즉 조선인 테러리스트의 소굴은 다음과 같이 묘사된다.

> 암실에 오른편 휘장을 걷고 바닥에 깐 양장판의 한 귀퉁이를 들치고 어물어물하니까, 마루판이 사람 하나 드나들 만큼 아래로 푹 꺼져 내리고 발 하나 붙일 만한 가냘픈 쇠사닥다리가 컴컴한 속에 들여다보인다.…(중략)…정애가 지금 기어 나온 구멍의 판장이 닫히기가 무섭게 앞을 탁 막은 검은 판장의 한쪽이 안으로 소리 없이 열리었다. 무슨 군호가 있어서 소리 없이 순식간에 진행되는 모양이다.…(중략)…거기 문이 있는 줄은 그 역 아무도 모를 일이었다.…(중략)…정애는 그 속에서 사흘 밤을 새웠던 것이다.[66]

식민지 공권력과 민간 일본인을 아우른 식민자뿐만 아니라 자신들의 결사 외에는 다른 조선인의 접근까지도 차단코자 하는 강박성을 위와 같이 드러낸 밀실에서 이들은, 조선 내에서 이루어질(아마도 최후의) 저항을 준비한다. 하지만 결국, 그들의 저항은 사진관에서 부주의로 일어난 약품 폭발사건 정도로 보도된 채 끝난다. 부연하자면 임신 중에 주체적인 인물로 거듭난 문경은 결국, 유산하고 만다. 이처럼 『무화과』는 식민지 조선의 장래가 여전히 '무화(無花)'의 상태를 반복할 것임을 암시한 채로 끝난다. 식민자와 그들의 자본, 그리고 식민자와 피식민자의 결합(엉킴)이 일구어

---

66) 위의 책, 764쪽.

낸 울타리는 염상섭의 판단으론 조선의 후세대들을 진정으로 보호하고 키워낼 꽃일 수 없다. 물론 일차적으로는 사회주의자들이 조선 내부의 구조적인 문제들을 해결하지 못하고 외부로 떠남으로써 만들어진 공백들 또한 '무화'라는 식민지 현실을 지시하고 있다. 중요한 것은 식민자와의 만남이 성사되는 장소로서의 밀실과 그 만남을 강박적으로 거부하고 있는 밀실, 이 극단적인 두 장소성이야말로 식민지 서사의 중요한 방법론이었을지 모른다는 점이다.

모리타 요시오(森田芳夫)의 국체 논의와 식민 2세 아이덴티티론
—『綠旗』(錄人) 소재 글을 중심으로

기유정

1. 제국과 식민 2세 아이덴티티

이 연구는 식민지 조선의 2세대 일본인이었던 모리타 요시오의 정체성을 그의 국체논의에 대한 분석을 통해 살펴본 것이다. 이 연구를 통해 이 글은 식민지 조선에 작동해왔던 국가권력과 그 주체구성의 원리를 민족국가론에 배타적으로 한정시켜왔던 기존 연구의 한계를 고찰하고, 최소한 주체구성의 원리라는 측면에서, 19~20세기 한반도에 민족국가론과는 다른 원칙을 갖는 논리가 존재했을 수 있다는 것과 그것이 주는 현재적 의의를 검토해보고자 한다.[1]

---

1) 여기서 말하는 '주체구성의 원리'란 '시민'이나 '국민'처럼 그 권력을 순기능적으로 작동시키기 위해 특정 국가가 자신의 가치와 규율을 체득한 이념형적 행위자를 창출하는 논리를 포괄적으로 가리킨다. 따라서 제목의 '제국적 주체'는 민족국가가 아닌 다민족 광역지배체

최근 포스트콜로니얼리즘 계열의 역사 이론가들 집단 내부에서는 기존에 서유럽 중심 세계사가 그 사상, 담론, 제도를 논의하기 위해 '민족국가'라는 국가론적 틀을 그 토대로서 사용해왔다는 견해가 제기되어왔다. 즉 서구적 근대주의는 민족국가를 배타적 정상국가로 암묵적으로 전제하면서, 민족국가의 존재나 부재, 지배나 피지배 등 그것의 발전 진화과정으로 국가정치학을 설명하려는 경향을 보여 왔다는 것이다. 이 과정에서 식민지 문제는 '제국주의 침략사'라는 별개의 분과로 접근되어, 19~20세기까지 대다수의 서유럽 국가들은 마치 '본토' 자체에만 한정된 단일 민족국가로 존재했던 것처럼 보이게 하는 효과를 낳았다고 말한다. 그러나 쿠퍼(Frederick Cooper) 등에 따르면 중세 이래로 오랜 시간 동안 서유럽 대다수 국가들(특히 영국과 프랑스 같은 패권국가들)은 본토 자체만으로는 설명되지 않는 '본토-식민지'의 다민족 광역 제국으로 존재해왔으며, 이런 이유로 서유럽의 '근대성'은 식민지적 주체에 대한 포섭과 배제의 정치 역학 위에서 구축된 '거시-지역사'적 시각을 통해서만 규명될 수 있다는 것이다. 또한, 18~19세기 유럽 국가들은 본토 자체만으로는 영토성과 혈통적 동일성을 추구하는 민족국가론하에서 설명될 수 있다고 할지라도, 식민지를 포괄한 제국 전체에 대해서는 다민족 광역체와 초민족주의적 보편주의의 논리를 통해 설명되지 않으면 안 되는 부분들을 포괄하고 있다고 말한다. 그리고 이는 이 시기 국가권력들이 민족국가론뿐만 아니라, 비민족국가론의 논리 위에서도 설명되지 않으면 안 되는 권력체였음을

로서 제국이 고유하게 구성하는 주체구성의 원리에 따라 구성된—혹은 이를 체득한—주체(subject)집단을 말한다. 이 글에서는 이 제국의 '주체구성의 원리'로 '초민족주의'(trans-ethnicity)의 논리에 주목한다.

말해주고 있다는 것이다. 이 시기 근대 제국(혹은 근대국가)들은 민족국가론으로 환원되지 않으며, 오히려 이를 부정하는 논리를 민족국가론의 그것과 병립시킨 채, 본토―식민지 간 역학 관계 위에서 그 정치 질서(본토와 식민지 양자에)가 주조되는 과정을 겪고 있었다는 것이다. 이와 같은 문제제기는 식민지 문제를 본토 밖의 수탈적 도구나 그 문명의 이식 대상으로만 설명해왔던 '희생제의'의 방식에 내재된 서구중심주의적 경향과 구별되는 것이면서, 민족국가사가 아닌, 지역사로서 제국사라는 관점이 유효할 수 있음을 보여주는 것이기도 하다.[2]

이와 같은 제국론의 문제의식은 기존의 제국주의론과 크게 다음의 몇 가지 점에서 구별된다. a) 첫째는 제국주의론이 본토를 중심으로 '先 근대 민족국가 정립―後 식민지 팽창'이란 관점을 견지하는 것에 비해, 제국론은 흔히 국제정치학의 기원이라고 일컬어지는 베스트팔렌 조약 당시까지도 유럽의 패권 국가들은 다민족 광역체의 제국으로 존재하고 있었으며, 본토를 중심으로 한 민족국가의 정립은 제국의 존재와 동시적으로 진행되어왔다는 점을 강조하는 '동시적 상호효과성'에 주목한다. b) 둘째는 홉슨이나 레닌으로 대표되는 제국주의론의 경제주의적 경향에 반대한다는 측면에서 구별된다. 제국론은 '문명화론'과 같은 비물질적인 관념 장치의 역할에 주목하고, 이를 통해 식민지 팽창이나 본토―식민지 간의 관계의 역동성을 설명한다는 점에서 제국주의론의 경제주의와 구별된다. c) 셋째, 제국주의론이 기본적으로 근대 제국들을 고전적인 제국과 완벽하

---

2) Frederick Cooper&Jane Burbank, Empires in world history: power and the politics of difference, Princeton University Press, 2010, 8~11쪽; 윤해동, 『근대역사학의 황혼』, 책과함께, 2010, 93~101쪽.

게 단절된 별개의 국가 형태로 보면서, 근대제국의 영토성(영토적 주권국가론 혹은 민족국가론)에만 주목하는 것에 반해, 제국론은 근대 제국의 통치이념에 내재된 탈영토주의적 속성을 강조하면서, 근대제국과 고대 제국 간의 공통성에 주목한다. d) 마지막으로 정체성론 혹은 주체구성원리 문제와 관련하여 제국주의론이 지배 민족의 피지배민족에 대한 자기 존재론(지역, 혈통, 역사)의 이식이나 주입만을 강조하는 것에 반해, 제국론은 제국적 주체(시민)가 구성되는 원칙에 본토 중심성을 넘어선 '초지역적'이고 '초민족(trans-ethnicity)'적인 가치 역시 근대 제국에서 주요하게 작동하고 있었음에 주목한다.[3]

이러한 제국론의 관점은 우리의 근대사 설명에도 유효할 수 있다. 민족국가론에 배타적으로 한정된 기존의 지배적 관점에서 식민지배기는 한국 정치의 연구 범주에서 제외되는 효과를 낳아왔기 때문이다. 민족국가론의 관점에서 이 시기 정치와 권력 연구는 '일본' 연구가 되거나 '운동사' 연구가 되어, 정치학적 연구 주제에서 떨어져 있던 것으로 해석되어왔다. 그러나 이는 한편에서 식민 공간을 살아갔던 주체들의 다양한 선택 행위들을 지극히 수동화(희생제의화)시키거나 그 내재적 의미를 충분히 해석하지 못하게 하는 한계를 낳아 왔다. 그리고 이는 제국이 동북아시아라는 권역 내에서 그 통치를 관철시키려 시도하면서 구축했던 식민지와의 긴장관계나 이 관계(본토-식민지 간)에서 구성되었던 '지역적 차원의 정치·경제적 효과'들이 '민족국가' 틀로는 충분히 설명되기 어려운 상황에서 발생한 것이라는 점을 간과하게 하는 효과 역시 낳아왔다.

---

3) John Darwin, "Empire and ethnicity", Nations and Nationalism 16(3), 2010, 383~401쪽.

그러나 이런 민족국가론의 논리에 한정되지 않았을 때 우리는 다음과 같은 제국 권역 내에서 만들어진 지역적 효과들에 주목할 수 있게 된다. 제국의 권역 내에서 이루어졌던 활발한 인구이동과 정주 과정에서 형성되었던 혼성적 주체집단들의 존재는 그 한 예이다. 제국의 경계 안에서 일본 본토와 사할린, 만주 등으로 이동했던 한반도의 피식민 조선인들이나 조선으로 이주해왔던 본토의 일본인들 그리고 이 과정에서 정책("내선결혼") 비정책적으로 양산되었던 "혼혈자들" 혹은 "정착민"들은 제국의 몰락 이후 상당수가 민족국가로 귀환(인양/송환)했음에도, 여전히 많은 수가 그 현지에 잔류한 채, 우리 주변에 산재한 제국의 역사적 효과를 체험하도록 하고 있기 때문이다. 피식민이주민 對 식민이주민이라는 이주자 간의 권력적 차이에도 불구하고, 이들이 모두 제국의 권역 팽창 과정에 상응하여 양산되었다는 것과 내선혼혈정책처럼, 이 주체 집단들이 1936년 이후 제국 권력에 의해 정책적으로 양산되는 과정에 속해있었다는 점 등은 이 시기 국가권력을 과연 민족국가론과 그 주체구성원리인 순혈적 민족주의론에만 배타적으로 한정시켜 설명할 수 있는지를 묻게 하는 것이다.[4)]

그렇다면 이처럼 근대 제국 일본의 주체구성원리(곧 주체화 전략)란 관점에서 봤을 때, 식민정착 일본인들은 어떤 위치를 점하고 있었을까? 이주 일본인은 한편에서 정착식민주의가 가진 원론적 의미, 즉 자국민의 해

---

4) 일본제국 권역 내에서 식민 피식민자 간의 인구 이동과 관련해서는 蘭信三 編(『日本帝国をめぐる人口移動の国際社会学』, 不二出版株式会社, 2008, 1~10쪽)을 참조. 제국 권역 내 이주 일본인의 지역적 정체성을 다룬 연구로 재만일본인을 다룬 것으로 礒田一雄(「在満日本人教育におけるアイデンテイテイ論ー"満洲郷土論"の意味を中心に」,『東アジア研究』45호, 2006)의 연구가 있다.

외이식을 통한 민족적 세력 팽창이란 대의의 표상이란 측면에서, 순혈주의적 민족팽창론의 대표적 집단이라고 할 수 있다. 그러나 다른 한편에서 이들 일본인은 식민지 정주과정에서 식민지 원주민 자체보다도 문화 생물학적으로 혼성적(hybrid) 존재가 될 수 있는 극단적으로 다른 조건을 내포하고 있는 존재이기도 했다. 따라서 그 혈통적 근거지인 본토와 생활 근거지인 식민지 둘 중, 어느 축을 중심으로 자기 정체성을 구성하느냐에 따라 제국이 원래 의도했던 주체구성원리를 빗겨가거나 횡단할 가능성을 가장 높게 가지고 있는 집단이었다고 볼 수 있다. 이 때문에 이들은 오구마 에이지(小熊英二) 등이 말하는 제국 정체성의 양가적 성격, 즉 순혈론 대 혼혈론의 대립과 긴장을 가장 첨예하게 살펴볼 수 있는 존재였다고 할 수 있다.[5] 재조일본인의 경우 이 문제가 조선 및 조선인과의 관계에서 자신을 어떻게 구축해갔느냐의 문제를 동시에 포함하고 있기 때문에 바로 이런 차원에서 이 시기 한반도에 존재했던 제국권력의 성격을 보기 위한 사례로서 분명한 논의 가치를 가진다고 본다.

국가론과 같은 거시적인 단위를 분석하기 위한 도구는 다양할 수 있다. 그러나 주체구성원리라는 측면에서 제국이 만들어내고 있던 논리가 민족국가론의 그것과 어떤 차별성을 가지고 그것과 공존하고 있었는지를 살펴봄으로써 이 시기의 한반도에서 작농했던 국가권력의 또 다른 성격을 분석할 수 있는 토대에 대한 시론적 고찰을 시도해보자 한다.

---

5) 오구마 에이지, 조현설 역, 『일본 단일민족신화의 기원』, 소명출판, 2003.

2. 모리타 요시오의 생애와 저서

〈모리타 요시오〉

요시오는 1910년 전라북도 군산에서 '약종업'을 했던 부모 사이에서 출생해서, 어린 시절의 대부분을 군산에서 보낸 인물이다. 군산 공립소학교와 경성 공립중학교 졸업 후, 1927년 4월 경성 제대예과에 입학했던 모리타는 이후 "경성 제대법문학부사학과"에 진학해서 "조선사"를 전공하게 된다. 다나카 아키라(田中明)에 따르면 당시 조선사 전공은 부친의 권유에 의한 것이었다고 한다.[6] 예과 시절 일본의 일련종계 불교주의자였던 쓰다 사카에(津田榮 (1895~1961))가 경성제대 교수 재직 시 만들었던 "녹기연맹"에 가입했던 모리타는 이후부터 종전까지 연맹 강사 및 연맹본부 주사, 녹기일본문화연구소 연구원, 청화여숙 강사 등을 역임하며 『綠人』과 『綠旗』 등에 투고하며 활동한다.[7] 1930년대 초반 일본 국체이념을 전면에 내세운 독보적인 민간인 국체 국수주의 사회교화단체로서 '녹기연

---

6) 田中明,「使命感の人—森田芳夫さんを失って思うこと」,『現代コリア』326号, 1992, 67쪽.

7) 정혜경·이승엽,「일제하 綠旗聯盟의 활동」,『한국근현대사 연구』10号, 1999, 348~50쪽: 황선익,「해방 전후 在韓日本人의 敗戰 경험과 한국 인식」,『한국학논총』34, 국민대학교한국학연구소, 2010, 1091~1095쪽.

맹'은 중일 전쟁 이후 조선총독부가 '내선일체론'(=국체론)을 본격적으로 내걸게 되면서 본격적인 총독부 협력 단체로 변모하게 되는데, 모리타 역시 이러한 흐름을 좇아 녹기연맹을 통해 2세대 일본인이 생각하는 일본 국체 이념과 내선일체론에 대한 수많은 글을 발표하게 된다.

이 시기의 대표적 단행본으로는 『國史と朝鮮』(1940), 『槪觀佛敎史』(1935) 등이 있다. 그러나 모리타 요시오의 중요성은 종전 후 일본 본토로 귀환(引揚)된 이후에도 한국과 일본의 근대사 연구에 핵심이 될 만한 사안들에 대한 연구들을 치밀하고 방대한 자료 수집을 통해 밝혀내고 있다는 점을 통해서도 평가될 수 있다. 그의 대표 연구업적은 크게 『朝鮮終戰の記錄: 米ソ兩軍の進駐と日本人の引揚』(1964)과 『在日朝鮮人處遇の推移と現狀』(1955), 그리고 『韓國における國語·國史敎育: 朝鮮王朝期·日本統治期·解放後』(1987)의 세 가지로 나누어볼 수 있다. 『韓國における國語·國史敎育』에서는 "나는 과거 일한 관계의 불행한 역사가 민족문화의 몰이해에서 왔다고 반성하면서, 민족문화의 중추인 국어, 국사교육연구의 중요성을 생각했다."라고 하면서 이 책의 집필 의도가 제국 질서 체제하에서 녹기연맹을 중심으로 한 자신의 주체론에 대한 '반성적' 고찰의 일환이라는 의식을 보이고 있기도 하다.

그러나 이러한 '정치적' 입장과 별개로 위 세 저작을 관통하는 공통점은 '제국' 질서하에서 한반도와 일본 본토 각각에 존재했던 제국적 주체들이 제국의 몰락과 민족국가로의 재편 과정에서 어떻게 '민족주체'로서 '재구성'되고 있었는지를 국가 정책적 수준의 '인구이동'(引揚 및 送還)과 '법적지위'(외국인등록 및 귀화) 분석을 통해 보여주는 것이라고 할 수 있다. 모리타는 『朝鮮終戰の記錄』에서는 "경성세화회"에서의 활동 경험을 토대로 그

리고 일본으로 귀환 후에는 인양원호청과 외무성 조사원으로 일하면서 수집한 자료들을 토대로 재조일본인과 재일조선인 간의 맞교환 과정을 국가정책, 지역별 인구이동, 이동과정의 사건·사고, 귀환 및 송환자들의 의식상태 등을 방대한 자료를 토대로 기술하고 있다. 그리고『在日朝鮮人處遇の推移と現狀』에서는 한국으로 송환 신청을 하지 않고 잔류했던 조선인들이 어떤 방식으로 일본이란 민족국가 안에 한 구성원으로서 수렴되게 되었는지의 과정을 치밀하게 분석한다. 특히 이 과정에서 일본의 내선결혼(內鮮結婚) 여성들이 남편(조선인)을 따라 조선으로 송환(이때는 조선국적)에 응했다가 정착에 실패하고, 이혼 후 다시 일본으로 와서 일본국적을 재취득하게 되는 경위 등의 사례가 소개되고 있어, 1945년이 민족주체의 재구성이란 측면에서 매우 중요한 분기점이었다는 역사적 영감을 제공해주고 있다.

이처럼 제국 해체 및 민족국가로의 재편과 민족 주체의 재구성에 대한 모리타의 관심은 주로 한국의 민족교육 정책 연구를 중심으로 이후로도 계속 이어진다. 그의 말년 저작인『韓國における國語·國史教育』은 조선왕조시기를 시작으로, 박정희 정권기에 정점을 이루었던 소위 "주체적 민족사관" 정책이 정리되고 있다. 특히, 해방 후 미군정기와 이승만 정권기를 거쳐 시작된 "한글 전용의 철저화" 정책과 이후 일련의 한글 정책들(한문교육용기초한자 1,800자 제정, 중·고교 국사과 신설, 국정교과서 "국사" 편찬 등) 이 상세하게 기록되어 있다. 글 서문에서 "한국의 국어, 국사교육 연구는 한국 근 현대사를 이해하는 하나의 실마리이며, 일한 관계에 있어서도 재고하지 않으면 안 되는 분야"라고 저술의 의도를 밝히고 있어, 언어와 역사라는 모티프가 민족국가 구성에 미치는 정치적 효과에 대해 모리타가

깊은 통찰을 가지고 있었음을 엿보게 한다. 이 말년의 저작은 철저하게 한국에 체류하면서 수집한 자료들을 토대로 진행되었던 것으로, 모리타는 1972년 8월 재한일본대사관(1975년 3월 퇴임) 근무를 시작으로, 외무성 퇴임 후에는 65세의 나이에 일본으로 돌아가지 않고, 성신여자대학교에서 일본어교사 및 국제교류기금파견 원구원 자격으로 약 10여 년간 재직하던 시기에 써진 것이었다. 1992년 별세할 때까지 노년의 거의 대부분을 한국에서 보냈다고 볼 수 있다. 생애사적 차원에서 이와 같은 말년의 이력은 조선을 "고향"으로 생각했던 재조일본인 2세대 의식의 한 단면을 보여주는 것이기도 하다.[8]

3. 모리타와 국체론

1925년 2월 11일 일본의 국가주의적 종교단체인 국주회(國柱會) 회원이었던 쓰다 사카에(津田榮)에 의해 −경성제대 예과를 중심으로− 결성되었던 '녹기연맹'은 1930년 이후 그 모태 조직이었던 경성천업청년단 출신 졸업생들이 사회에 진출하게 되면서 이들을 포괄하기 위한 사회단체를 조직하는 과정에서 시작된 것이었다. 1935년 2월 11일 발족했던 녹기연맹은 "일본 국체의 정신에 따라 건국의 이상 현실에 공헌"한다는 강령하에, 사회 교화, 사상연구, 중견인물 양성, 후생시설 확충 등을 목표로 활동한다.[9]

---

8) 田中明, 「使命感の人−森田芳夫さんを失って思うこと」, 66~68쪽.
9) 이승엽·정혜경, 「일제하 綠旗聯盟의 활동」, 330~331쪽.

그러나 1938년 이후부터 조선총독부 내선일체정책에 본격 참여하기 이전까지 녹기연맹의 주체와 사업 대상은 조선의 '일본인들'에 한정된 것이었다.[10] 창립 당시 녹기연맹은 조선 내지인 2세대에게 일본주의 정신을 가르치고, 이를 몸으로 체화한 생활인(곧 '일본인)으로 살아가도록 그 교화 사업에 초점을 맞추고 있었던 것이다. 조선에서 태어나서 조선에서 자랐기 때문에 내지의 일본인과 비교해서 '부족한' 그래서 '갖추어야 할' 어떤 것으로서 '일본주의'와 '국체관념'이 녹기 교육 사업의 주 내용이었다. 이런 이유 때문에 쓰다 사카에를 중심으로 한 녹기연맹의 초기 논조에서는 '조선인' 및 '조선' 사회의 임무를 별도로 모색하는 흐름은 보기 어렵다. 당시의 주류적 국체론자와 마찬가지로 녹기연맹은 일본 국체의 우월성이 민족 구성의 혼혈적 기원과 세계성에 있다고 보고 있긴 했지만, 조선인 사회나 조선 자체가 국체론 안에서 어떤 위치나 역할을 분담해야 한다고 적극적으로 내세우고 있지는 않았던 것이다.[11]

그렇다면 당시 이들 '조선에서 태어나서 자란' 2세대 일본인들에게 본토의 일본인들이 가지고 있던 일반적인 시각은 어떤 것이었을까?

1937년 4월호에 학생 논단의 하나로 末吉作(日本東洋拓植大學生)의 이름으로 게재되었던 「우리 외지의 내지인 문제」라는 글은 내지의 일본인 사회가 식민이주 일본인과 2세대를 보고 있던 시선을 엿볼 수 있게 한다.[12]

---

10) 녹기연맹의 여성부 기관 중 하나였던 청화여숙(淸和女塾) 설립과 관련해서 녹기 창립자인 쓰다 사카에(津田榮)는 청화여숙이 "조선에서 자라는 내지인의 딸들에게 조선에서 살아가는 태도를 가르쳐야 한다."는 취지하에서 설립되었다고 회고한다(다카사키 소지, 이규수 역, 『식민지 조선의 일본인들-군인에서 상인 그리고 게이샤까지』, 역사비평사, 2006, 160쪽)

11) 津田榮,「我が建國と國体情神」,『綠旗』, 1券 2號. 1936. 2.

12) 末吉作(日本東洋拓植大學生),「學生論壇. 我が外地に於ける内地人問題」,『綠旗』, 2券 4號. 1937. 4.

a) 외지 "신사회"는 본국 사회로부터 떨어져 "전통의 영향력이 크지" 않아, "전통적인 권위하에 기초가 견실한 생활보다는 실리적 실용적인 행복"을 추구하는 경향이 크며, b) 도시를 중심으로 한 생활 문화에도 불구하고 본토의 도시 생활자와 달리 폐쇄적인 민족공동체 성격이 강해서 "일견 불가해한 외지형 사회생활" 형태를 낳는 기형적 모습을 보이는가 하면, c) 대부분 직업 층에 "노동자가 없고" " 관리 및 반 관리 회사원, 공장 및 상점경영자, 지주, 교육자" 등이 대부분이어서 "사회 풍조를 향략적 태만적"으로 하는 경향이 강해 이것이야말로 외지 사회의 "일대 폐풍"이 된다는 것이었다. 외지 출생 2세대는 외지 사회가 가진 a) 전통의식의 결여나 b) 경박 타태한 생활풍조 같은 문화적 결함에 가장 잘 노출된 집단으로 인식되고 있었던 것이다. 2세대에 대한 이런 사고는 일본적인 것의 소재지를 '본토'에 두고, 외지·식민지는 −제국 안에 있지만− 일본 자체와는 '다르며', 그 본류를 '결여'한 집단으로 보는 시각의 한 투영이었다.

이런 시각에 기초했을 때, 당시 2세대는 크게 다음과 같은 두 가지 흐름 중 하나로 흐를 수 있는 가능성을 내포하고 있었다. 한편에서 이들은 위 주장처럼, 교육을 통해 a) 본국과 외지의 '차이'를 확인하고 b) 본토에는 있되, 외지에는 없는 것을 '채워'야 하는 '결여적' 존재로 자기를 인식할 수 있고, 또 해야만 했다. 그러나 다른 한편에서 이들은 a) 외지 자체의 고유한 의미를 확인하면서 b) '조선출신자'(朝鮮ッ子)로서 자신을 그 자체로 긍정할 수도 있었다.[13]

---

13) 朝鮮ッ子"는 '조선아이'로 직역되며, 1930년대 중반 이후 전체 재조일본인의 3분의 1이상을 점유하게 된 2세대 재조일본인 세대를 가리키는 용어로 사용되었다. 이들을 가리키는 다른 용어로는 '조선에서 나고 자란' 사람이라는 의미의 朝鮮生이 있다. 이 논문에서는 '조선

녹기연맹 안에서 전자의 흐름을 가장 잘 보여주고 있던 글은 1935년 9월 『綠人』에 실렸던 쓰다 미요코(津田美代子)의 「조선출생자가 본 내지」라는 글의 기행문이다. 글 서두에서 자신을 "나는 조선에서 태어났다. 그리고 23년간 조선의 자연, 조선의 거리, 그리고 그곳의 사람들이 나를 길러왔다. 소위 제2세대이다."라고 밝히고 있는 쓰다는 생애 처음으로 자신에게 "정겨운 조국"인 "내지일본"을 방문하게 된 경험을 기행문 형식으로 써 내려가면서 2세대 일본인이 본토와의 관계에서 자신을 어떻게 정립시키고 있었는지를 엿볼 수 있게 한다.

당시, 오사카, 교토, 나라를 거쳐 도쿄를 가는 "보통의 관광객" 코스를 따라 일본을 방문하게 되었다고 밝히는 쓰다는 본토에 관한 인상을 크게 다음의 두 가지로 전하고 있다. 첫째는 도회지에서 본 '계급 격차'와 관련된 것으로, 쓰다는 농촌의 아름다운 풍경을 뒤로하고 동경에서 마주하게 되었던 수많은 빈민과 실업자들에 놀라면서 이 계급격차를 동경의 첫인상으로 기술한다. 그러나 곧이어서 쓰다는 이런 계급불평등의 현상을 내지 자본주의의 발전된 모습의 한 단면으로 정리하고, 이런 내지와 비교했을 때, 조선의 계급 격차란 다소 왜곡된 "복잡한" 형상을 가지고 있다고 말한다. 계급 자체는 "조선에서 물론 있지만" 여전히 농업 중심의 조선에서는 "빈농"이 계급을 대신하고 있어, 동경의 계급이 "순수한 단일 형식"인 것과 비교된다는 것이었다. 두 번째는 일본적 역사와 전통의 공간으로서 본토에 대한 체험이었다. 쓰다는 일본의 계급 격차는 일본 고도성장의 필연이지만 동시에 그것이 "계급을 넘어", "국가 국민"으로 승화되고 있었

아이'라는 표현을 '조선출신자'로 해석해서 사용한다.

음을 "신궁" 답사를 통해 알게 되었다고 말한다. 교토 이세(伊勢) 신궁 방문에서 "宇治橋를 건너까지 늘어선 참도(參道)"에 "너무나 많은 참배인"들이 있었던 것과 이들의 숙연한 공기와 참배 태도를 보며, "일본 국체는 수천 년 전부터 이와 같이 국민에 의해서 지켜져 왔다. 자신의 혼으로부터 국민에 의해 지켜져 와서, 일본이란 나라는 발전했던 것이다."라고 회고하며 "나는 눈물이 계속해서 솟아올랐다."라고 술회한다. "내지에는 도처마다 역사가 강하게 국민에게 호소한다. 내지에서는 역사가 일어나고" 있는 반면, "內鮮이 함께 생활하는 조선 땅에는 내지와는 다른 복잡함이 있다."고 전통의 내지와 '다른' 조선의 상황을 비교하고 있었다. 여기서 조선과 내지의 차이에 대한 쓰다의 인식은 조선의 다름에 대한 고유한 차별화가 아니라, 본토에 존재하는 일본적인 것(역사와 전통)이 결여된 공간으로서 조선을 비교 인식하는 방식이었다. 따라서 이 글에서 쓰다가 말하는 조선의 "복잡함"은 정통에서 뒤틀리거나 변형되어 순수성에서 이탈해 있음을 가리키고 있었다. 쓰다는 조선 태생 일본인으로서 내지 여행을 통해 이처럼 조선에 '결여'된 '전통'과 '역사'를 학습한다.

그러나 이와 달리 조선출신자로서 자신의 존재가 가진 변별적 의미를 확보한다는 것은 일정하게는 국가나 이념차원에서 이를 뒷받침해줄 수 있는 또 다른 토대를 필요로 하는 것이기도 했다. 이런 측면에서 "조선출신자"(朝鮮っ子)로서 자기 존재의 긍정을 국체론에 대한 해석을 통해 보여주고 있었던 모리타는 재조일본인 2세대가 보여줄 수 있는 정체성 계열의 후자, 즉 두 번째에 속하고 있었다. 이와 같은 모리타의 자기 정체 구성 방식에는 물론, 그가 현 거주지인 '조선'에 대해 가지고 있었던—본토인에게 있을 수 없는— 자연스러운 애착이란 심상이 토대가 되고 있었던 것

이지만, 모리타는 조선출신자의 정체성 문제를 조선에 대한 단순한 '고향 의식'에 한정시키지 않고, '국체논의' 과정을 통해 그 정체의 '내용'을 구체화하려고 시도한다.[14]

이런 시도가 처음으로 드러났던 글은 1935년 『綠人』에 게재되었던 「일본주의와 우리의 입장」이었다. 여기서 모리타는 "세계인류를 받아들이는 태양이 우리 일본의 모습"임을 강조하면서 '일본주의'를 정의한다. 녹기연맹이 받아들이는 '일본주의'는 a) 민족성을 무시하는 마르크시즘이나, b) "민족성의 전통 국수"라는 집착도 아니고, c) "피로 역사를 색칠한 고대 로마나 원" 같은 무력주의가 아닌 "새로운 세계주의"를 수립하는 것이라고 역설한다.[15] 그런데 이 비민족주의적 '세계주의'는 현재 일본이 새롭게 강조해야 하는 것이지만 동시에 아주 오래된 것이며, 따라서 '이미' 존재하고 있었던 국체의 본질이었다. 일본 『古事記』에 나온 건국신화에 에서 일본 민족인 대화민족은 "천손족(天孫族), 이즈모(出雲族), 에미시(蝦夷), 구마소(熊襲), 하야토(隼人)" 등의 부족의 결합으로 나오고 있음을 강조한 모리타는 이 결합은 일본 창세기의 건국이념인 천양무궁(天壤無窮)과 팔굉일우(八紘一宇)의 이념에 의한 것이었다고 말하고, "天照大神의 정신이 단지

---

14) 이 시기 모리타의 조선에 대한 남다른 애착을 보여주는 글에는 「解顔寺行」이 있다. "이 대장경은 조선인들 최후의 精魂을 다하여 새겼던 것이 아니었을까?...... 대장경의 각판은 지나, 조선, 일본을 통해 이십 이삼 회에 이르고 있지만, 이 刻版을 넘어서는 것은 없다고 말할 수 있다. 최근의 大正 대장경은 이 대장경을 원본으로 했다고 한다. 인도 지나 일본, 三國 불교를 통관해서 조선불교의 역할은 매우 적지만 경주에 남아있는 불교예술과 諦觀이 현저한 天台四敎儀와 함께 이 해인사의 경판 세 가지 만은 반드시 明記되어야할 존재이다. 경주에 간 것 5회, 신앙적 極美를 표현했다고 하는 석굴암의 불상 앞에 옛 사람의 강력한 순수한 정신을 받은 나는......이 해인사의 경판에 새겨진 일자 일자의 속에서 그것들에 공통된 조선민족의 정순한 정신력을 본다."(「解顔寺行」,『綠旗』1권 5호, 1936. 5)

15) 森田芳夫. 「近感二題. 日本主義と我等の立場」.『綠人』1호. 綠人發行所, 1935. 2. 11.

천손족이나 황실에 한정시키지 않고 이를 다른 이민족들에게 개방시켜", "많게는 170현 이민", "17현의 집단 이민자들을"을 통솔하면서 일본이 시작되었다는 것이었다. 이때, "조선 평양 부근의 한민족 식민지, 낙랑, 대방군(帶方郡)" 그리고 "임나(任那), 백제"의 유민들로 합류하게 되었으며, 이 과정에서 당시 이민들 특히 과거 조선인들이 대륙의 문명을 전수해주었음을 강조한다.[16]

이처럼 건국 신화를 근거로 혼혈민족생성론과 천황중심동화론을 일본의 국가이념으로 내세우는 방식은 러일 전쟁 이후 일본 지식계의 대표(주류)적인 입장이었다. 일본에서 메이지 유신 시기에 대두되었던 천황중심의 단일민족론("우리 제국은 동일한 인종, 한 계보로 형성된 대민족이 순백한 혈통단체를 이룬 것")은 '한국병합'을 기점으로 급격히 줄어들어, 천황은 단일 혈족의 조상으로서가 아니라, 오히려 이민족의 통합을 가능하게 한 탈 민족적 이상체로 설명되기 시작했던 것이다.[17]

또한, 이는 쓰다 사카에를 중심으로 한 녹기연맹 자체의 입장이기도 했다. 그러나 당시 녹기연맹 주필이었던 쓰다 사카에가 이 건국신화를 통해 부각시키고자 했던 것은 대화민족 생성의 혼혈 주의적 기원론이라기보다는 이민족들을 포함한 신민들의 천황을 중심으로 한 '통합'의 역사였으며, 이를 통해 일본이란 국가의 내적 통일성과 그 견고함을 강조하는 것에 있었다. 일본은 군민동조(君民同祖)를 그 역사적 사실(기원)로서 가지고 있기 때문에 국가의 성립 자체가 권력 쟁탈이라는 인위적 '정복사'가

---

16) 森田芳夫, 「日本建國理想の現實性」, 朝鮮社會事業協會, 제12권 3월호, 1934. 3. 1.

17) 오구마 에이지, 『일본 단일민족 신화의 기원』, 121~125쪽.

아닌 "자연적" 과정을 통해 이루어졌다는 것이었다. 그리고 이런 탈 아적 사회 분위기가 일본의 전통 문화이며, 그 국가적 힘이었고 또한 현재적 힘이기에 "국가는 문명을 만드는 어머니"라는 신념하에 앞으로 계속 "천황경신"의 사상을 "생활종교"화시켜 가야 한다는 것이었다.[18]

1935년 초두에 미노베 다쓰키치(美濃部達吉)의 "천황기관설" 사건의 반동으로 시작된 국체명징운동과도 궤를 같이하고 있던 이 시기 녹기연맹의 기사들은 국체의 본의를 정의하는 데 있어서, 주로 자유주의적 개인주의나 사회주의적 계급투쟁론을 대립각으로 하여, 일본주체의 천황 중심 일원주의와 비교하는 것에 집중되어 있었다. 이후 녹기연맹의 운영권을 이어받게 되는 쓰다 쓰요시(津田剛)의 『녹기』의 기사들 역시 국체논의의 대립각을 반개인주의(사회투쟁론)에 두고 있다는 공통점이 있었다. 이에 비해 '세계주의=일본주의'를 건국신화의 혼혈적 기원에서 찾고 있던 모리타의 글쓰기에서는 그의 주체 조건과 '일본'의 관계를 묻는 고유한 문제의식을 분명히 내재하고 있어, 당시 일본 내 국체혼혈론자나 녹기연맹의 공식적 국체론에 비해 보다 개인적이고 존재론적인 성향을 드러내고 있었다.[19] 본토가 아닌 '조선' 태생의 일본인에게 이 일본주의의 본류라는 국체론은 어떤 의미를 갖느냐라는 질문 위에서 '세계주의'가 논해지고 있었기 때문이다. 「일본주의와 우리의 입장」에서 그는 "일본민족이 아닌 자로서 어떻게 일본정신을 실현할 것인가?" 특히 "조선에서 길러지고 조선에

---

18) 津田榮, 「心田開發の根本的用意」, 『綠旗』, 1권 5호 , 1936. 5.

19) 1935년 이후 국체론과 관련하여 일본 본토 내의 주류(공식적) 입장을 보여주는 텍스트로는 다음이 있다. 日本文部省 編 『國体の本義』, 東京: 文部省, 1937. 里見岸雄 『朝鮮の同胞と日本國体』, 京城: 朝鮮總督府, 1935. 里見岸雄, 『八紘一宇: 東亞新秩序と日本國体』, 東京: 錦正社, 1940. 里見岸雄 『日本國体學槪說』, 東京: 洛陽院, 1941.

서 배우고 조선에서 생활하는 우리들"의 입장에서 "이 일본정신은 어떻게 이해되어야 할 것인가"라고 질문하고 있었기 때문이다. 그리고 이에 대한 답을 텍스트 안에서 크게 다음과 같은 두 가지의 논의 구도를 통해 풀어낸다.[20]

첫 번째는 자기 논의의 주적(主敵)을 분명히 함으로써 국체론의 혼성적 경향의 타당함을 강조하는 방식이었다. 쓰다 사카에나 쓰다 쓰요시 같은 녹기연맹의 다른 논자들이 주로 녹기연맹 초기인 1938년 이전까지 서구의 반국가이론들인 자유주의적 개인주의나 마르크스즘적 계급투쟁이론을 비판의 주적으로 삼는 글쓰기를 했던 것에 반해, 모리타는 처음부터 일관되게 '일본민족순혈론'과 '본토중심론'을 일본 국체론의 대적(大敵)에 두고 이를 비판하는 '국체론'을 전개한다. 그리고 위의 글쓰기를 통해 본토 중심적 국체론을 지양한다고 했을 때, 그다음으로 모리타가 전개하고자 했던 논의는 바로 제국의 국체론 위에서 "조선"이 갖는 정치적 의의를 분명히 함으로써, 조선 출신 내지인이 바로 '조선출신'이기 때문에 갖는 강점을 부각시키려고 시도한 것이었다.[21]

모리타는 일본 "국학" 운동처럼 일본의 우수성을 타민족과 섞이지 않은 '천황을 구심으로 한 일가적(一家的) 가족국가관'과 '문화적 순수성' 위에서 강조하는 입장 위에서 국체론이 읽히게 될 경우, 자신과 같은 비본토 내지인 즉, 일본인이면서도 '외지'를 오히려 '고향'으로 느끼는 주체는 설 자리가 없게 된다는 인식을 분명히 하고 있었다. 순혈주의적 민족·문화

---

20) 森田芳夫,「近感二題. 日本主義と我等の立場」, 1935. 2. 11.
21) 위의 글.

론으로는 제국을 끌어안지 못한다는 문제의식이 모리타에게는 분명했던 것이다.[22]

"작년 일본 사상계에서 "일본적인 것"이 주장되어 현재까지도 잊혀 지지 않은 일본전통으로의 회고가 여러 방면에서 행해졌다. 이는 문화가 나아가야 할 한 가지 코스라고는 해도, 그 "일본적인 것"은 완전히 부분적인 것이며, 국수적인 것에 불과하다. "일본적인 것"이 얼마나 일본인이 아닌 아시아 민중에게 호소할 수 있는가 반성해야만 한다."[23]

이런 이유로 모리타는 "편협한 조국애"(1935), "전통국수주의"(1937), "도국근성(島國根性)", "구일본(舊日本)"(1938) 등과 같은 표현들로 당시 국체론 내부의 반순혈주의 용어들을 적극 동원하여 일관된 비판의 예각을 세운다. 이런 순혈론은 일본 문화가 가진 원래의 "종합적" 성격을 간과한 것이며, "배타적 입장에서" "일본 본래의 것"만을 주장하는 입장으로, 일본을 제국이 아닌 본토에 한정시키는 '본토중심론'이기에, "도국근성"으로서 비판받아야 한다는 것이었다.[24]

"일본 국체의 정신이란 만세일계(萬世一系), 천양무궁(天壤無窮)의 국체를 기본으로 만세일계 천양무궁을 이어받으려는 정신이다. 여러 민족 문화를 동화 융합한 국체에 기초하여, 다시 커다란 동화총융(同化統融)을 진행시켜

---

22) 실재로 국체명징운동 시기에 나왔던 텍스트들 중에는 모토오리 노리나가(本居宣長)로 대표되는 일본 "국학"을 국체론의 핵심으로 이해해야 한다는 주장이 있었다. 대표적으로 河野省三(『我が國体と日本精神』, 日本情神講習會 編, 東京 :青年教育普及會, 1935, 70~93쪽) 참조.

23) 森田芳夫, 「新日本文化の出發點」, 『綠旗』, 3券 1號, 1938. 1.

24) 森田芳夫, 「日本國体の精神に就いて」, 『綠旗』, 1券 1號, 1936. 1. 1.

가려는 정신이다……일본이 가진 것은 뭐라도 좋다고 생각하고 배타적 입장에서 자기를 주장하는 것은 국체에 반하는 것이다. 과거에 여러 종류의 민족문화를 총융(銃融)하였던 관대한 통일적 힘을 다시 의식적으로 고조시키고, 전 세계 문화를 포용체계화하고, 지도적 역할을 연마하는 것이다."[25]

이처럼 일본 국체가 일본 민족 고유의 것(전통, 역사, 언어)을 초극하는 어떤 것이고, 이는 건국 이상의 칙어들(팔굉일우, 천양무궁)로 대변된다는 반복적인 이야기는 논의 자체로서는 공허한 것일 수 있다. 그러나 모리타 논의의 차별성은 이처럼 미학적으로 포장된 국체론의 '세계주의'에 입각했을 때, '조선'이 다르게 해석될 수 있다고 강하게 이야기하고 있었다는 점이었다. 순혈주의적 본토중심론하에서는 본토 밖에 있는 조선은 '식민지'로서 '몰각'될 수 있지만, 일본의 정체성을 본토가 아닌 제국 전체에 두고 그 기원적 본질이 아시아 제 민족과 동서양문화를 넘나드는 이념과 역사였다고 보게 될 경우, '조선'은 오히려 일본의 이런 세계성을 확인할 수 있게 해주는 제국의 구심으로 이야기될 수 있다는 것이 모리타의 주장이었다.

이는 '조선'이 가진 두 가지 조건, 즉 첫째는 조선이 본토와 지방으로 연결되지 않는 그 '안'이 아닌, 오히려 '밖'에 있다는 것과 둘째, 조선이 대륙에 속해 오랫동안 대륙문화에 접해 존재해왔다는 점 때문에 가능한 것이라고 설명된다. 내지에 편입되지 못한 조선의 '식민지'적 지위를 말해주는 본토 밖의 위치를 모리타는 오히려 그것이 조선에게 전통과 특수를 넘어서 "객관적", "종합적"으로 일본을 볼 수 있는 위치를 제공하기 때문에 조

---

25) 위의 글.

선이 세계주의적 신일본의 견인차 역할을 할 수 있도록 해주는 것이었다고 설명하고 있었던 것이다.

"일본과 거리를 둠으로써 일본의 고귀함을 안다고 말한다. 우리의 일본 정신의 파악은 내지에 있는 사람들과 다른 각도에서 일본을 파악하고, 다시 여기에 더하여 조선에 어떻게 이를 실현할 것인가를 생각한다. 일본민족이 아닌 자로서 어떻게 일본정신을 실현할 것인가. 편협한 조국애를 청산한 일본정신의 세계화. 이것이 조선에서 길러지고 조선에서 배우고 조선에서 생활하는 우리들 임무의 본질이지 않을 수 없다. 소승(小乘)의 인습을 버리고, 불타(佛陀)의 진정한 정신을 파악하고 그 선양(宣揚)을 계획했던 대승불교의 취흥은 인도에서 떨어져 나갔던 서북 간다라의 지방이었다. 성경의 진의를 고창하고, 그리스토의 사랑의 정신을 역설했던 프로테스탄은 교권이 강했던 로마에서 떨어져 있던 게르마니아의 신인(新人)들이었다. 일본 정신을 세계적이 되게 한 곳의 발생지는 섬에서 떨어진 대륙의 일각, 우리 조선이라고 말하는 것은 근거 없는 과언(誇言)으로 끝나는 것일까?[26]

또한, 모리타는 1938년 「신조선문화건설」에서는 일청전쟁 전후까지 일본이 고수하던 "일본중심문화"에 갇힌 구일본의 입장이 아닌 "세계사적 전환의 사명을" 가지고 "세계 전 인류에게 절대 평화를 주려는" "신일본"의 단계에서 '조선문화'는 "대륙문화를 일본에 전한 전위적 역할"을 했던 것으로서 재평가받게 되며, 그 "세계사적 지위"가 재고될 수 있다고 설명한다. 일본 민족의 강성요소는 "동양문화와 서양문화를 종합할 수 있는"

---

26) 森田芳夫,「近感二題. 日本主義と我等の立場」, 1935. 2. 11.

것인데, 이런 문화적 요소가 바로 "대륙으로부터 조선반도를 경유해" 일본으로 왔다는 것이었다.[27]

이 논의 과정에서 모리타가 일본의 '세계적' 우월성을 강조한다거나, 결과적으로 조선에서 들여온 문화들을 진정으로 꽃피운 것은 일본이었다고 말하는 부문은 녹기연맹 내 다른 논자들의 주장과 다르지 않은 것이었다. 그러나 그 과정에서 조선을 본토의 밖이자 "식민지"로서가 아니라 오히려 제국의 '구심'으로 위치시키는 방식은 모리타가 스스로를 조선출신자("朝鮮っ子")로서 명확하게 인식하고 있기 때문에 가능한 일이었다.

'조선'의 지위에 대한 모리타의 이런 논리 전개는 "조선에서 태어나 조선에서 길러진 내지인"의 위치에 대해서도 전혀 다른 해석을 가능하도록 하고 있었다. 「신조선문화건설」에서 모리타는 조선재주 내지인 중 조선태생자("朝鮮生")의 비중이 매년 늘어나고 있다는 점을 강조하면서, "조선에서 태어나 조선에서 길러진 내지인의 생활의식의 장점"이란 "이 일본 내지의 문화를 종합적으로 신수(神髓)를 파악할 수 있는 것"으로, 내지는 "각 지방 각 현에서 전통국 자만(自慢)이 강력한 힘"을 얻고 있지만, 조선은 "이들에 대해서도 작은 나라 의식에 구애되지 않고 각 지방의 문화를 종합할 수 있는" 입장이고, 실제로 "언어, 요리, 풍습, 습관" 등에서 조선은 "종합적인 추이를 보는 것이 가능한" 위치에 있기 때문에 이는 "내지에 재주 하는 내지인은 도저히 가질 수 없는 조선 그 자체의 분명한 좋은 점"이라고 주장했던 것이다. 조선재주 내지인 2세는 본토에서 떨어져 있었기 때문에, "전통"을 결여한 타자가 아니라, 오히려 "전통"일 수 있다는 것

---

27) 森田芳夫, 「新しき朝鮮文化の建設」, 『綠人』, 3권 3호, 1938. 3.

이었다.[28]

그리고 이와 함께 조선신궁에 아마테라스 오오가미(天照大神)와 메이지(明治) 천황이 모두 있는 점을 들어, "이는 우리 반도에 있는 사람에게 크나큰 자랑이다."라고 주장하기도 한다. "일본 국체의 대본(大本)인 天照大神과 일본 국체정신의 실현을 시작했던 明治 천황의 두 가지를 함께 기리는 신사"는 "전 일본 내지 어디를 찾아보아도" 없는 조선에만 존재하는 것으로 '조선'이 가진 제국적(≒세계주의적) 지위를 표상하는 것이라는 주장이었다.

그렇다면 국체론에 대한 모리타의 이와 같은 접근은 중일 전쟁 이후 녹기연맹이 조선총독부의 내선일체 정책에 적극 동참하게 된 이후에는 어떻게 변화 발전하게 되었을까? 다음에서는 모리타 요시오가 조선 내 각 세력 진영의 '내선일체론'에 대한 입장 가운데 취했던 논리의 특징을 살펴보고, 이를 앞선 논의와의 비교적 관점에서 분석해본다.

4. 모리타와 내선일체

조선총독부가 내선일체를 새로운 시정방침으로서 본격 거론하기 시작한 것은 중일 전쟁 발발 직후부터였다. 취임 이후 줄곧 "선만일여 공존공영"을 내걸었던 미나미 총독은 중일 전쟁 발발 직후 발표한 시국 훈시를 통해 내선일체를 본격적인 조선 시정 이념으로 내세우게 된다. 현 상황을 맞이하여 "반도주민에 대하여 널리 시국의 중대성을 주지 철저히"

---

28) 위의 글.

하면서 "금일 진실한 동아의 안정 세력으로서 전국의 안위를 걸머진 일본제국의 지도적 지위를 내선일체인 반도의 민중에게 확인" 시켜야 한다는 것이었다.[29] 그리고 이어서 1937년 8월 11일 열린 국장회의에서 총독은 "현재 사변을 계기로 조선에서는 내선융화보다 내선일체의 실을 일으키는 것이 근본방침인데 이것을 말에만 그치지 않고 각 방면에서 그 구체적 차례에 의해 착착 실현하도록 노력하기 바란다고 내선일체의 구현"을 강조한다. "내선일체"는 "대륙병참기지론"과 함께 전시총동원의 일환으로서 조선인 사회의 통제 협력을 위한 이념으로서 제시되고 있었던 것이다.[30]

그러나 이런 전략적 의도와 별개로 조선인 지식 사회 안에서는 조선교육령 개정이나 지원병 제도의 창설과 같은 구체적인 제도 개정의 움직임과 맞물려서 기존 사회주의 지식인을 중심으로 총독부의 내선일체론이 기저로 삼고 있던 전략적 배경을 적극적으로 계산하고 이에 동참하려는 흐름이 ─1938년을 기점으로─ 본격화된다. 병역 확대가 그에 준하는 제국 신민으로서의 법적 권리의 확대로 이어질 수 있는 개연성이 크다는 기대와 함께, 1938년 이후 일본 정부가 총리 성명을 통해 내걸었던 "동아신질서론"에 이념적으로 동조하는 분위기가 확산되면서 시작된 것이었다. 당시 일본 정부가 내걸었던 "동아신질서론" 안에는 국가를 통한 자본의 적극적 통제와 이에 근거한 '일만지' 3국의 경제 제휴(블록경제), 그리고 문화 주의적 혁신론이 논리의 두 축으로 기능하고 있었다."[31]

여기서 문화주의 혁신론이란 1938년 이후 일본 정치 사상계에 미키 기

---

29) 「總督訓示」, 『朝鮮總督府官報』, 1937. 7. 16.

30) 「내선일체를 강조. 11일 국장회의」, 『東亞日報』, 1937. 8. 12.

31) 제 제휴(블록경제), 그리고 문화주의적 혁신론이 논리의 두 축으로 기능하고 있었다

요시(三木清)를 필두로, 기존의 일본민족 우월론을 지양하고 타민족의 민족성을 존중 한 위에서 만들어지는 "민족을 넘어서는 어떤 전체"를 사고하는 이념으로, 조선인 사회주의 전향자들은 한편에서 법적 평등에 대한 강력한 요구와 함께, 이 혁신론을 내선일체의 이념으로 고려하는 움직임을 보인다. 그리고 이 과정에서 법률 제도적인 형식적 내선일체가 아닌 "언어풍속까지도 융합 일체" 하는 조선어 사용을 완전히 폐지해야 한다는 현영섭 등의 주장이 전향 지식세력 내부에서 논란을 만들고 있었다.[32]

이런 상황에 대응하여 조선총독부는 1939년 4월 19일. "내선일체의 진의강화"라는 제목의 훈시를 통해 "내선일체의 목표는 반도인으로 하여금 충량한 황국신민이 되게 하는 것"이기 때문에 조선인 사회에서 말하는 것과 같이 "국가적 사회적 대우를 전면적으로 즉시 또는 급진적으로 평등화함을 전제 여건으로 하는" 것이 내선일체의 "진의"가 아니며, 또한 동시에 당시 재조일본인 사회 안에서 나왔던 것과 같은 우려들 즉, "선달자의 우위를 상실하고, 유해무익한 自卑로 타락하는 것이라는" 것과 같은 견해도 내선일체의 본의와는 상관이 없다고 밝히고 이를 차단한다. 조선인 사회의 "평등실현"에 대한 기대감의 여지를 완전히 배제하지 않으면서도 전시체제하에서 내선일체가 의도했던 당장의 목표에서 논의가 벗어나는 것을 차단하고자 했던 것이다.[33]

총독부의 이와 같은 입장 천명은 내선일체를 둘러싸고 총독부와 조선

---

32) 미키 기요시의 혁신론과 관련해서는 임성모(「대동아공영권 구상에서의 '지역'과 '세계'」, 『세계정치』 26(2), 2005) 참조. 조선인 사회주의자들의 전향과 관련해서는 (홍종욱, 『중일전쟁기(1937~1941) 사회주의자들의 전향과 그 논리』, 서울대학교석사학위논문, 2000) 참조.

33) 「道知事會議で總督訓示」, 『朝鮮總督府官報』, 1939. 4. 19.

인 사회 그리고 일본인 사회 간에 상이한 입장이 존재했다는 것을 보여주는 것이면서 동시에, 내선일체론이 국체론 논의와 마찬가지로 민족-탈민족주의적 논리의 공존과 이들 간의 상호 긴장을 내포하고 있음을 보여주고 있기도 했다. 내선일체론은 일본 국체가 민족을 넘어서 혹은 민족에 우선해서 이를 통합할 수 있는 모종의 실체라는 전제 위에서 일본과 조선의 민족적 에스너서티가 이 국체를 중심으로 '탈아'될 수 있다는 논리 위에서 나오고 있었다. 그러나 이와 같은 급진적 해체론은 그 위험성을 감지하고 그것에 반동적으로 대응하는 입장을 권력 내적으로 수반하고 있었다. 당시 일본 정계와 사회 안에서는 조선인을 천황의 군대에 참여시키는 것은 물리적인 위협이며, 내선 결혼의 장려는 장차 혼혈이 주게 될 우생학적 위험의 싹을 틔우는 것이라고 보는 위기의 목소리가 나오고 있었던 것이다.[34]

그러나 조선에서 이와 같은 반동적 움직임은 무엇보다 재조일본인 사회 여론이 총독부의 내선일체 조장과 조선인 사회주의자들의 전향의 분위기에 비공식적이고 암묵적인 거부감을 드러내는 과정에서 나타나고 있었다. 앞서 총독 훈시에서도 나오고 있는 것처럼 조선인과의 전면적인 '일체'라는 것은 이들에게 현실적인 지위상의 위기감 이외에도 정서상의 불쾌감을 야기하는 것이었다. '조선거주자'로서 '조선'에 대해 일체감을 느끼고 본토 일본인과 자신들을 다르게 느꼈던 것과 조선인과의 직접적인 일체를 논하는 것은 별개라고 받아들이는 분위기가 있었던 것이다.

실제로 재조일본인 사회 여론을 보여주는 대표적 잡지였던 『朝鮮及滿

---

34) 오구마 에이지, 『일본단일민족신화의 기원』, 2003, 328~400쪽.

洲』나 『朝鮮公論』들은 이 시기(1936~1940) 내선일체 문제에 관해 거의 지면을 할애하지 않거나, 우회적으로 그 주의를 비판하는 논조를 앞세우는 등의 반응을 보이고 있었다. 『朝鮮公論』에서는 내선일체 문제 자체를 심도 있게 다루는 글보다는 선만일환론(鮮滿逸丸論)이 조선경제에 미칠 영향이나, 통제경제체제("신체제")나 대륙병참기지화를 앞두고, 이것이 조선 경제에 미칠 영향에 대한 재조일본인 경제인 사회 내부의 미묘한 긴장을 드러내는 글들이 압도적 지면을 차지하고 있었다. 반면, 상대적으로 총독부의 내선일체론에 대한 입장을 드러내었던 『朝鮮及滿洲』의 경우, 그 주필이었던 샤쿠오 이쿠오(釈尾旭邦)는 공개적으로 총독부의 정책을 비판하고 있진 않지만, 앞서 모리타가 "진정한 내선일체"가 아니라고 주장했던 입장 중의 하나, 즉 조선문화와 습관의 저열함을 강조하면서 이에 대한 개선이 우선되지 않는 내선일체는 급조된 것이라는 논지를 우회적으로 강조하고 있었다. 샤쿠오는 총독부 정책에 동의한다고 말하면서도 "3000년의 역사를 달리하고, 언어 풍속이 다른 조선인으로서 일본인화하는 것은 쉽지 않"은 일이라는 점을 강조하며, 내선일체란 "생활양식이나 풍속 관습의 일본화"를 의미하는 것이고, "조선인에게 황국신민다운 자각을 부여"하여 "폐하에 충성"을 다해 "일본제국을 사랑하는 충량한 일본 신민이 되게 하는 것"이라고 강조한다. 따라서 이들이 말하는 "대우 상의 차별 철폐"는 되어야 하는 것이지만, 조선인으로서 아래와 같은 생활의 악습관이 사라지지 않으면 곤란하다고 말하면서 이 개선을 위해 강제적인 조치도 불사해야 한다고 주장한다. 내선일체에 앞서 나태하여 실업자로 방치된

조선인들을 강제 부역으로 동원해야 한다고 주장하기도 했던 것이다.[35]

이와 같은 분위기 속에서 모리타 요시오는 조선 및 본토 내 일본인의 反 내선일체 분위기를 대적에 둔 채, 제국적 국체론 위에서 적극적으로 내선일체 지지를 천명하고 있어, 이 시기 내선일체 문제가 포함하고 있던 제국 내부의 자기 긴장(순혈론 대 혼혈론)의 조선적 전개를 아주 잘 보여주고 있었다. 이처럼 모리타 요시오가 보여주고 있던 당시 내선일체를 둘러싼 긴장은 그것이 제국 권력 내부의 자기 긴장을 보여주는 것이었다는 측면에서, 제국권력의 민족성 말살을 위한 일관된 자기 의지표명(내선일체)과 그것에 저항했던 피지배민족 간의 긴장이란 대립 구도와는 다른 것이었다. 모리타 요시오는 재조일본인 사회의 '반동적' 민족주의적 경향을 비판함으로써, 조선에서 내선일체 문제가 지배권력 내부의 자기 갈등과 긴장의 문제이기도 하다는 사실을 드러내고 있었던 것이다.

1939년 7월 1일 『同胞愛(동포애)』에 게재했던 「내선일체 운동에서 고려해야 할 것」이란 글에서 모리타는 우선 내선일체와 관련한 논의 쟁점을 크게 다음의 두 가지로 다룬다. 첫째는 조선적인 것(언어, 관습, 역사)을 모두 소멸시키고 일본적인 것을 내면화하는 것이야말로 내선일체가 아닌가라는 문제와 관련된 것이었고, 둘째는 법률 제도적으로 내지인과 동일한 취급을 받는 것이 내선일체라고 보는 사고에 대한 문제였다. 모리타는 우선 이에 대해 이 두 가지 모두 "일본 국체를 기초로"한다는 의미에서의 "내선일체"는 아니라고 말한다. 첫 번째 관점은 소위 일본의 전통적 역사 언어문화를 중심으로 한 '일본적인 것'이 일본 국체라는 관점에서 다른

---

35) 釈尾旭邦, 「南總督の内鮮一体論」, 『朝鮮及滿洲』, 379號, 1939. 6. 1.

민족적 문화는 용납하지 않는 태도에 따른 것으로, "일본 국체는 소위 세계문화를 종합 발전시키는 세계문화"이기 때문에, 조선적인 것 중 특히 좋은 면을 "보다 좋게 신장해갈" 방법을 모색하는 것이지 그 자체를 소멸시키는 것은 아니라는 주장이었다. 이런 주장은 1940년 1월의 "조선문화의 금후"에서도 이어져 조선어의 지방어로서 인정한다든가, "조선 문학 및 종교 풍속 일체"를 이미 일본이 포괄할 수 있어야 한다고 주장한다. 물론 이와 같은 민족색의 수렴에는 다음과 같은 몇 가지 전제들, 즉 a) "조선 사람들에게 국체의 진의를 철저히 하게 한다."든가, b) "일본문화에 대한 애정", "열정"을 고양시켜야 하고, 조선어의 지방어로서의 인정 역시 c) 국어(일본어)의 적극적 보급에 대한 동참 가운데서 이루어져야 한다는 내용들이 포함된 것이었다. 즉, 국체에 기초한 내선일체는 '조선적인 것'의 고수를 의미하지도 않지만, 그렇다고 그것의 완전한 소멸과 일본화를 의미하는 것도 아니라는 것이었다. 다음으로 법률 제도적인 동등화로서 내선일체를 주장하는 입장과 관련해서 모리타는 이런 문제들 즉, "가봉폐지나 관리임용, 참정권부여, 징병제, 의무교육" 등이 "내선일체의 완성을 위해 실현되지 않으면 안 되는 것"이라고 그 개선의 필요성은 인정하면서도, 그보다 앞서 "천황폐하에게 절대 충성의 신앙을 가지고……목숨을 던질 마음을 갖는 자세"를 포함한 "국체 진의"의 철저가 우선시되어야 한다고 주장한다.[36]

이와 같이 '내선일체'의 의미를 정의하려고 시도하는 가운데 모리타가 비판의 예각을 세우고 있던 것은 조선인 사회보다는 오히려 본토와 조선

---

36) 森田芳夫, 「内鮮一体運動に考ふべいこと」, 『同胞愛』, 朝鮮社會事業協會 編, 1939. 7. 1.

내지인들이 내선일체에 대해 보이는 '태도'에 대한 것이었다. 이 1939년의 글에서 모리타는 우선 본토의 분위기를 들어 비판을 시작한다.

> "내지인으로서 이 점이 불명료한 자가 다수이다. 내지만을 일본이라고 생각하고 있는 사람이 많은 것은 유감이다. 내지에서 나온 통계를 보면, 주의 없이 조선을 무시하고 있다. 지리교과서에서 조선을 식민지라고 하고 있다. 내지의 문화면은 대부분 조선을 식민지로 취급하고 있다."[37]

그리고 여기서 더 나아가 모리타는 주로 조선의 내지인들이 내선일체 운동에 적극적이지 않거나 조선인들의 움직임에 거부감을 보이는 것을 내선일체론 내부의 쟁점으로 부각시킨다. "조선재주 내지인 중에는 조선을 돈을 버는 곳으로 생각하거나 단순히 일하는 장소로 생각하고 있는 자"가 많고, "조선인'이라고 무시하는 감정을 품고 생각하는 자도 많다. 이들은 내선일체를 이해하지 못하는 일본 국체의 진의를 이해하지 못하는 국적의 무리이다."라는 것이었다.[38]

이와 같은 재조일본인 사회 내부의 반(反) 내선일체적 분위기에 대한 모리타의 비판은 조선총독부가 조선통치 기조로서 내선일체를 본격 주창하기 전이었던 1937년에 이미 시작된 것이었다. 1937년 1월, 모리타는 "대동민우회"의 시국사상 강연회를 보고 난 이후의 감상에서 조선인들이 자신에 대한 "강력한 반성과 인식의 자각"을 통해 "아시아를 중심으로 하는 세계의 동향"과 "일본이 지도하는 명일의 아시아 건설"에 나서고 있다

---

37) 위의 글.
38) 森田芳夫, 「朝鮮文化の今後. 内鮮一体の根本的問題」, 『綠旗』, 5권 1호, 1940. 1.

고 평가하고, "조선사상사회를 마르크시즘으로 지도해왔던 이들이 용감히 그 소신을 발표하고 명료한 명일의 조선을 건설하고자 하는 열의"를 충분히 간취했다고 하면서, 과연 "이 정도로 일본을 정확히 바라보려고 하는 태도가 내지인 중에는 얼마나 있을까?"라고 묻는다. 또한, 상당한 선전이 있은 이후에 공회당에서 열린 강연이었음에도 불구하고 "내지인의 참여가 적었던 것은 실로 유감이었다."라고 소회하고 있었다.[39]

모리타의 조선 내지인 사회의 민족주의적 반동 분위기에 대한 비판은 1939년 "조선문화의 금후"에서 가장 두드러지고 있었다. 앞서 나왔던 쓰다 쓰요시의 내선일체의 기본이념 중에서 쓰다 쓰요시가 그 실현의 장애물로 본토 내의 도국근성을 들었던 것을 지적하며 시작하는 이글은 "이 말은 전 일본국민이 심각하게 여기지 않으면 안 되는 것으로, 특히 조선에 거주하는 우리는 이러한 견지에서 통렬한 반성이 필요하다."라고 말한다. "조선적인 것을 비일본적인 것으로 두고 그 청산을 다그치기 이전에 우리가 조선을 포용하는 일본, 일본 속의 조선으로서 시정된 일본관 조선관을 확지해야한다."는 것이었다. 그리고 1940년 이후 내선일체 운동의 일환으로서 창씨개명운동이 시작되었을 때는 "창씨개명상담소"에서 활동하며, "내지인 유식자, 국사 및 국문학 전공자, 조선 역사에 이해가 있는 자" 등이 협력하여 상담소를 열 것을 제안하며, "조선인들은 일생의 현명을 걸고 고민하는데 조선 재주 내지인은 안외(案外)로 두루 무관심하고 적극적으로 협력하지 않은 것은 맹성해야만 한다."고 말한다.[40]

---

39) 森田芳夫, 「大東民友會の講演をきく」, 『綠旗』, 2券 1號, 1937. 1.

40) 森田芳夫, 「創氏改名の相談所を設くべし」, 『綠旗』, 5券 4號, 1940. 4.

5. 제국의 소멸과 주체의 균열

1945년 8월 일본의 패망은 초민족적 제국 주체의 담론과 이념이 소멸되는 것을 의미하기도 했다. 제국은 비패권적 "단일민족론"을 향후 신 국가 건설의 토대로 삼기 시작하고, 이제 천황은 단일민족의 평화국가를 주창하는 논자들에 의해 평화로운 섬나라의 구심으로 주창된다. 국체론 내의 갈등은 단일민족론으로 수렴되고, 초 민족주의를 통해 다민족 광역체로서 제국이념을 뒷받침했던 국체 논의의 한 축은 제국과 함께 소멸되기에 이른 것이었다.[41]

그렇다면 제국하에 만들어졌던 다양한 종류의 제국적 주체들은 이와 같은 상황을 어떻게 받아들이게 되었을까? 의식적으로 제국의 주체이기를 선택했던 '전향자'로부터, 생계(혹은 부역)형 피식민 이주자 중 일본인과 결혼했거나, 내선결혼 장려에 의해 만들어진 반도 내의 이민족 간 결합자들, 그리고 이 결혼으로 만들어진 '혼혈자'들과 혼혈자는 아니지만, 이주지에서 태어나 그곳에 자기 정체성을 두고 있는 이주민 2세대들은 모두 생물 지리 문화적으로 '제국'이란 국가적 범주가 있었기 때문에 가능했던 주체들이었다. 또한, 민족 국가적 질서의 편재에서 봤을 때, 그 '경계'를 일탈해있던 존재들이었다. 따라서 이들에게 패전에 의한 제국의 소멸은 자신들의 주체 조건을 "청산"시키지 않으면 안 되는 상황을 제공하고 있었고, 자기 본토로의 귀환(귀환 과정에서의 이혼이나 호적 정리도 여기에 수반되는

---

41) 오구마 에이지,『일본단일민족신화의 기원』, 446~451쪽.

것이었다)은 국가 질서의 재편에 따른 주체들의 대응을 보여주는 한 예였다.[42]

따라서 자신을 '조선출신자'로 분명하게 규정하고, '조선출신자'로서 자기 존재를 긍정할 수 있게 해줄 수 있는 토대를 민족국가가 아닌 제국적 이념에서 찾았던 모리타 요시오 역시 단일민족으로서 '일본인'으로 귀환("引揚")되어야 했다. 모리타 요시오는 "조선종전의 기록"에서 이와 같은 상황에서 자신과 같은 처지의 2세대가 부딪혔던 정체 상황을 다음과 같이 회고한다.

"조선에서 길러지고, 조선에서 배운 소위 조선 제2세에게 있어서 조선은 고향이다. 자신들의 학우는 새로운 조선건국에 찬란하게 활동하려 하고 있다. 조선에 뼈를 묻을 생각이 있어도 일본으로 돌아간다는 생각(기대)이 없는 자가 많다. 아니, 현실적으로 일본으로 돌아갈 고향도 친정도 인연이 있는 땅(지역 地)도 없는 자가 많았다. 조선은 독립한다. 그러나 우리들 자신은 지배자로서 여기에 왔던 것은 아니고, 조선에서 자란(朝鮮育ち) 일본인으로 조선에서 활동해왔었다. 새로운 조선의 성장 안에서 일본인으로서 살아갈 방법은 없는 것일까?"[43]

윗글에는 국가와 정치 지형의 변화 속에서 자기 존재와 정체 역시 바뀌어야 하는 상황에 대한 혼란과 불안이 숨어있다. 모리타는 자신과 같은 2세대에게 조선은 고향이며, 정작 '귀향'의 대상이 되는 일본은 오히려 자

---

42) 森田芳夫, 『在日朝鮮人處遇の推移と現狀』, 法務硏修所, 1955, 138쪽.

43) 森田芳夫, 『朝鮮終戰の記錄: 米ソ兩軍の進駐と日本人の引揚』, 巖南堂書店, 1964, 383~388쪽.

기 정체에서 부재한다고 말하고 있다. 그리고 "새로운 조선의 성장 안에서 일본인으로서 살아갈 방법은 없는 것일까?"라고 묻고 있었다. "조선종전의 기록"에 따르면 당시 총독부 후원 아래 일본인 귀환을 도울 목적(귀환자들이 일정하게 자기 재산을 보장받는 가운데 안전하게 귀환할 수 있도록 하는 것)으로 만들어졌던 "(경성)내지인세화회"는 9월까지도 잔류 가능성을 염두하고 세화회를 장차 독립 조선 내의 잔류일본인거류민단으로 운영할 수 있기를 희망하고 있었다. 그러나 이와 같은 희망에도 불구하고, 일본인을 따로 교육할 수 있는 학교나 개인 사업이 불허되고, 특수관리를 제외한 민간인은 1, 2개월 내로 퇴거해야 한다는 명령이 미군정청으로부터 내려지자, 모리타는 공식화된 정세 안의 '조선'과 개인적인 세계 속의 '조선' 사이에서 느끼는 간극과 이질감을 토로한다.

> "조선은 독립한다. 조선인의 힘은 지금까지 발휘되지 않아 왔다. 이제부터 조선인은 일본인이 대체해왔던 여러 지위를 점하고 여러 면에서 그 전력을 발휘할 것이다...... 그것은 조선인 개인의 의사라고 하는 것보다는 혁명시의 민족 의사의 격류이다. 일본인은 그 격류를 거스를 수 없다. 개인적으로 만나면, 유창한 일본어로 안부를 염려하는 조선인도 공인으로서는 삼십 년간의 일본인의 압정과 일본세력의 일소(一掃)를 말했다."[44]

개인들의 일상적인 세계에서 제국은 '언어'나 '관계'들로 존속함에도 불구하고 동시에 그것은 '공식적'으로 부정된다. 이와 같은 상황에서 모리타는 민족국가로의 재편을 거스를 수 없는 "격류"라고 받아들이면서도,

---

44) 森田芳夫, 위의 책, 383~388쪽.

사적이고 개인적인 세계 속에서 '제국', '조선'과 공식적 세계 속에서 그것의 '부정'의 모순적인 병존을 아이러니로 느끼고 갈등한다. 이런 심리는 1945년 10월 20일, 매우 공격적인 어조로 일본인들의 조속한 퇴거를 요구했던 "잔류 일본인에게 고함"이란 제목의 격문 안에 포함된 민족의식과 "배일감정"이 전시총동원체제하의 "국군조명문(國軍調名文)" 형식의 "일본어"로 쓰여 있음을 보고 느끼는 소회에서도 나타나고 있었다.[45]

이와 같은 모리타의 내적 혼란과 정세 인식은 '제국에서 민족국가'로라는 2차 대전 종식 후 세계 질서 재편의 과도기적 상황에서 제국적 주체의 내적 혼란을 보여주는 것이었다. 그러나 다른 한편에서 이는 그만큼 한반도에서 전전의 국가질서가 민족국가론으로 환원되지 않는 그와는 전혀 다른 성격의 논리와 이념을 민족국가론적인 것과 공존시키면서 존재하고 있었다는 것을 보여주는 것이기도 하다. 그리고 이 모순적 공존에도 불구하고 제국적 이념이 누렸던 —폭력성을 수반한— 패권이 사라졌을 때, 제국하에서 만들어졌고 그 안에서 자기 주체성(subjectivity)을 구성해 갔던 모리타와 같은 2세대 재조일본인은 그 정체의 혼란을 '잔류'와 '인양' 사이의 갈등으로 표출했던 것이다.[46]

이상의 논의를 통해 이 글은 모리타 요시오라는 재조일본인 2세대 지식인의 식민 —탈식민기 조선에서 보였던 이념적 지향의 전개를 살펴보

---

45) 森田芳夫, 위의 책, 383~388쪽.

46) 1945년 8월 이후 한국 문학계의 '귀환' 서사가 민족국가 질서로의 국가론적 재편과 주체의 내적 균열을 함축한다는 점에 문제의식을 보여주는 연구로는 박광현(「식민지/제국의 경계와 혼혈의 기억」, 『日語日文學硏究』, 70(2), 2009)이 있다.

았다. 녹기연맹의 텍스트들은 2세대 일본인이 자기 정체를 구축하는 과정에 크게 두 가지 벡터가 존재할 수 있음을 보여주었다. '일본인'으로서의 정통성을 '본토'에 두고, 조선출생이라는 자신의 조건을 '결여'로 보는 부정적 방식과 '조선출신자'의 조건을 긍정하고, 본토 출신과 차별화된 자기 입지를 구축하려는 것이었다. 모리타는 이 시기 일본 국체론의 초민족주의적 경향을 단순히 녹기 동인의 교리로 수용하는데 그치지 않고, 조선출신자로서 자기 정체성의 긍정적 내용을 구축하는 데 활용하는 모습을 보여주었다. "조선"이란 근거는 국체 정신의 소위 '세계주의'에 오히려 구심적 위치를 제공할 수 있다는 사실이었다. 그리고 이런 구체적인 자기 문제의식 위에서 초민족주의적 국체론의 다른 반대 극인 본토 중심의 순혈론을 비판하고, 내선일체 문제 앞에서 재조일본인 사회가 보였던 민족주의적 거부감을 비판하는 등, 조선자로서의 고유한 자기 색깔을 드러내는 글쓰기를 보여주었다. 쓰다 사카에나 쓰다 쓰요시로 대변되었던 공식적인 차원의 녹기연맹의 국체론과 내선일체론과 모리타의 그것의 차별성은 이와 같이 자기 존재에 대한 구체적인 고민 위에서 당시 제국 이념이 해석되고 있었는지의 여부였다. 그의 텍스트에 나타났던 이와 같은 이념 지향은 그 존재조건을 긍정하는 2세대 재조일본인의 국체론을 보여주는 것이었지만, 동시에 다른 한편에서 1930년대 중반 이후 일본 제국의 통치 이념이 가지고 있던 내적 긴장을 잘 드러내 주는 것이기도 했다. 텍스트의 지배적인 갈등 구도를 형성하고 있던 본토중심순혈론과 재조일본인 사회의 반(反) 내선일체 경향에 대한 비판은 모리타가 제국적 주체(제국으로의 팽창이 없었으면 만들어질 수 없는)이기 때문에 보다 예민하게 포착할 수 있었던 제국 이념의 내부의 자기 갈등이었던 것이다. 또한, 종전 후 제국과 그 이념의 소멸 앞에서 잔류와 인양 사이에서 갈등하고 있던 모리타의 내면세계는 식민시기와 해방 전후의 정치 주체를 보는 데 있어서 민족국가론을 넘어서는 이론적 시각의 필요성을 보여주기도 하였다.

어느 재조일본인의 '인양' 체험기
─무라카미 교시(村上杏史)의 『수기 삼천리(手記 三千里)』를 읽다

나카네 다카유키(中根隆行)

1945년 패전 이후, 해외에서 일본열도로 귀환한 일본인은 군인·군무원을 포함해서 약 660만 명이라 일컬어진다. 한반도와 구 만주지역의 민간인으로 한정하더라도 그 수는 약 192만 명으로 추정되고 있다.[1] 군인의 귀환을 '복원(復員)'이라 하는 데 대해, 제국 일본의 구 식민지나 해외에서 생활하다 패전 후에 귀환한 일반 일본인은 '인양자(引揚者)', 특히 구 식민지에서 인양한 사람들은 '외지인양자(外地引揚者)'라 불리고 있다.

이러한 외지인양자들―엄밀히 말하면 그 일부이기는 하지만―의 경험은 패전 후에 쓰인 많은 인양체험기에서 찾아볼 수 있다. 나리타 류이치(成田龍一)는 그 인양체험의 발표 추이를 1950년을 전후한 시기와 1970년

---

1) 厚生省援護局, 『引揚と援護三十年の歩み』(1978)에 따름.

대 이후로 크게 나눌 수 있다고 지적한다.[2] 전자의 사례로는 후지와라 데이(藤原てい)의 『흐르는 별은 살아 있다(流れる星は生きている)』(日比谷出版社, 1949), 아카오 아키코(赤尾彰子)의 『돌팔매에 쫓겨나듯―한 소녀의 북조선 탈출수기(石をもて追わるる如く――少女の北鮮脱出の手記)』(書肆ユリイカ, 1949), 모리 후미코(森文子)의 『탈출행(脱出行)』(開顯社, 1948) 등과 『비록 대동아전사(秘録大東亜戦史)』(전 10권, 富士書苑, 1953)에서의 「조선 편」, 「대륙편」에 수록된 인양 수기가 있다. 후자의 사례로는 후지와라·아카오 등의 수기도 초록되어 있는 『대동아전사(大東亜戦史)』(전 10권, 富士書苑, 1969~1973)의 「조선 편」이나 이데 마고로쿠(井出孫六)의 『끝없는 여행(終わりなき旅)』(岩波書店, 1986) 등과 함께, 모리사키 가즈에(森崎和江) 등 이른바 '식민 2세'들의 체험기가 발표되기 시작하는 시기와 겹친다고 여겨진다.

이 중에서도 가령 1949년에 발표되어 영화화되는 등 화제가 된 후지와라 데이의 『흐르는 별은 살아 있다』로 상징되듯이, 1950년을 전후한 시기에 발표된 외지인양체험기는 패전과 인양의 기억이 생생한 시기에 집필되기도 해서, 말하자면 전후 일본이 출발하면서 겪었던 여러 가지 고난들과 중첩되면서 국민적 기억을 보강하는 커다란 서사의 하나로서 전해 내려오고 있다. 하지만 외지인양의 기억은 많은 사람이 공명할 수 있는 이야기로서 유통되는 한편으로, 그것이 어떻게 기술되고, 인양자를 둘러싼 어떠한 역사적인 문맥에서 형성되었는지에 관해서는 뚜렷하게 밝혀지는 경우가 드물다. 무릇 외지인양체험이란 인양자의 여러 가지 개인적인 사정은 물론이거니와, 지역적으로도 다른 다양한 기억의 집적(集積)으로서

---

2) 成田龍一, 「「引揚げ」に関する序章」, 『思想』 제955호, 2003. 11.

존재한다.

이 글에서 검토할 것은 무라카미 교시(村上杏史, 1907~1988)의 『수기 삼천리(手記 三千里)』(이하 『삼천리』)라는 조선인양체험기이다. 무라카미 교시는 에히메(愛媛)현 나카지마(中島) 태생의 하이진(俳人. 5·7·5의 3구 17음절로 된 일본 고유의 짧은 정형시인 하이쿠俳句를 짓는 시인—옮긴이)이자, 전후에는 하이쿠 잡지인 『가키(柿)』을 주재하는 등 에히메의 호토토기스 계열 하이쿠의 진흥에 힘쓴 인물로서 알려져 있다. 그는 전전에 조선 전라남도 목포에서 4반세기 여를 지낸 재조일본인이며 인양자이기도 했다.[3] 그 인양체험기인 『삼천리』는 우선 그 자신이 발행하던 『가이몬고코슈(栬門伍句集)』라는 인쇄물 소책자에 연재되고, 회원인 스기우라 지에코(杉浦知恵子)에 의해 점자 번역이 이루어져 국립 맹인도서관과 에히메현 맹인협회 등에 기부되었다는 경위를 지니고 있다.[4] 「가이몬(栬門)」이란 식민지시대 목포에서 하이진 기요하라 가이도(清原栬童)에게 가르침을 받은 문하생이란 의미이다. 즉 『삼천리』는 목포를 중심으로 하이쿠를 즐기고 기요하라 가이도와 연고가 있는 재조일본인을 위해 쓰이고 읽힌 수기이다. 이 인양체험기의 점자 번역이 주변의 평판을 얻어 1960년 6월에는 전국목포회(全國木浦會)에서 등사판으로 발행, 1969년에는 무라카미 교시가 주재하는 가키(柿) 총서로서 활자화되어 재판된다. 무라카미 교시의 『삼천리』라는 외지인양체험기의 성립만을 보더라도, 가이몬의 하이진들, 점자 번역의 독자, 그

---

3) 조선에서 거주하던 시절의 무라카미 교시에 대해서는 졸고 「朝鮮詠の俳域—朴魯植から村上杏史へ」(『海を越えた文学—日韓を軸として』, 和泉書院, 2010.6)에서 논의한 바 있다.
4) 아직 보지 못했지만 「栬門伍句集」는 무라카미 교시가 사무를 맡아 보던 통신구회(通信句會)의 인쇄물 소책자이다.

리고 전국목포회의 사람들이나 에히메 지역을 중심으로 한 하이쿠 관계자들이라는 유대관계를 짐작할 수 있다. 그리고 이 점이 그의 외지인양을 특징짓고 있는 것이다.

1. 북위 38도선 탈출의 경위

우선은 무라카미 교시가 인양에 이르는 경위를 『삼천리』의 내용과 함께 검증해보자. 이 수기는 "종전 때에는 평양에 있었다."는 글로 시작되고 있다. 그래서 맨 먼저 무라카미 교시의 첫 하이쿠 작품집인 『고려(高麗)』에 게재된 태평양전쟁 발발 연도부터 패전 때까지의 자필약력을 참조해두고자 한다.

쇼와 16년(1941년) 대 소련의 형세 급박해짐, 7월 용산 제25부대에 소집, 아침 7431부대로 편성, 함경남도 부평에서 훈련 후 각 진지로 투입. 11월 신창에서 모친 사망 소식을 듣다. 신창, 북청, 백엄령, 부전령, 혜산진, 동하리, 여해진, 송도갑 등을 전전하며 주류, 만 3개년, 19년(1944년) 6월 소집 해제. 각지에서 진중(陣中) 하이쿠 모임을 일으켜, 18년(1943년) 10월 「하이카이(誹諧)」에 권두를 장식하는 영예를 얻다.

20년(1945년) 5월 오키나와(沖縄) 결전 시 다시 소집에 응해 평양 야전병기창 중대에 소속, 종전 후 8월 하순 부대를 벗어나 9월 38도선을 탈출해서 목포로 귀환, 10월 5일 엔진 없는 어선에 일가족 50여 명을 태우고 몰래 목포항을 벗어남. 도중 태풍을 만나 고난과 싸우면서 현해탄을 건너 만 1개월을 들

여서 11월 2일 고향인 온센군(溫泉郡) 나카지마에 도착했다.[5]

하이쿠 작품집 『고려』의 자필약력에는 『삼천리』에 관한 기록도 보여 인용 후반부가 수기의 내용과 겹쳐 있다. 무라카미 교시의 수기는 응소 중인 평양에서 시작되어 일본의 패전/한반도의 해방 후의 38도선 탈출과 목포에서의 인양이라는 전후반 두 개의 클라이맥스를 중심으로 기록되어 있다. 자필약력에는 "각지에서 진중(陣中) 하이쿠 모임을 일으켜"라고 되어 있는데, 『삼천리』에는 그때 지은 하이쿠 작품을 포함한 「북변(北邊)」이라 제목 붙인 210구(句)도 수록되어 있다.[6] 「북변」을 게재한 이유에 대해서는 "그 당시 신세를 진 친척 지인들에게 기념으로 선사하고 싶은 마음에서다. 두 번의 응소, 햇수로 5년간, 그리고 탈출, 인양의 고된 길, 나를 격려하고 가족을 비호해주신 여러분의 후의는 잊을 수 없다."(140쪽)고 「후기」에 적고 있다.

한편 『삼천리』에는 패전을 전후한 평양에서의 사건이 다음과 같이 기술되어 있다. 다음 인용의 첫머리인 "그러한 1개월"이란 무라카미 교시가 그때까지 종사하던 평양 북방에 위치한 포탄재약소(砲彈塡藥所)에서의 「지옥변상도(地獄變相圖)」와 같던 재약(塡藥, 화약을 장전하는 일―옮긴이)·반출작업 때의 경험을 가리킨다.

---

5) 村上杏史, 『高麗』, 柿発行所, 1967, 62쪽.

6) 「북변」의 첫머리에는 "진중 각지에서 병사 하이쿠 모임을 개최하여 그 창작 작품 중 기요하라 가이도 선생의 선정 및 호토토기스(다카하마 교시高浜虚子 선정), 하이카이(다카하마 도시오高浜年尾 선정), 주간 아사이(朝日) 사키모리노우타(防人の歌. 도미야스 후세이富安風生 선정) 등에 실린 210구를 창작 순서대로 여기에 적었다."고 되어 있다. 덧붙여 『하이카이』(1943년 10월)의 잡영(雜詠) 첫머리는 "나무 싹이여 먼 산의 설경이여 엄숙하구나(「木々の芽や遠山の雪おごそかに」)" 이하 네 구라고 소개되고 있다.

그러한 1개월을 보내고 가까스로 되살아난 기분으로 평양의 본창(本廠)에 귀환해 한숨 놓은 것도 일순간, 8월 7일에는 소련군의 나진 습격, 9일에는 이미 만주에서 관동군 장교의 가족 등이 탄 피난 열차가 쇄도. 그리고 15일, 마침내 그 종전의 조칙 방송이다.

그날 밤 바로 평양신사(平壤神社)는 반일 조선인의 방화로 불탔다. 다음 날은 대낮에 당당히 50대의 수레를 이끌고 와서 육군화물창으로 물자를 약탈하러 밀려들었다. 총기, 탄약, 마구(馬具), 차량 종류를 40여 동의 큰 창고에 간수하고 있는 우리 병기창이 폭도의 습격에 대비해서 비상경계 태세에 임했음은 말할 것도 없다.(8쪽)

이 수기에는 응소 전의 목포에서 오키나와전 다음은 제주도 결전이라고 선전되던 정세도 기록되어 있고, 평양에서는 소련의 대일참전과 북조선 침공, 그리고 일본의 패전으로 사태가 어지럽게 급변해가는 속에서 주로 북조선에서의 재조일본인의 상황이 상세하게 기록되어 있다.[7] 평양 야전병기창 중대에서는 8월 15일 이후, 하사관들이 소집 해제를 호소하는 의견 구신(具申)을 여러 번 제출하지만, 상부에서는 마지막까지 이를 인정하지 않고, 반대로 "26일 정오를 기해서 일본군 일체의 무장을 해제하고 대동강 남쪽 기슭의 추을(秋乙) 지구에 수용한다."(10쪽)는 명령이 전달된다. 앞서 든 자필약력에는 '부대를 벗어나(脱隊)'라고 되어 있는데, 이 명령을 받고서 병사들은 8월 25일 밤에 병영을 집단 탈주한다. 나중에 소집

---

7) 소련의 대일(對日)참전은 8월 9일인데, 인용문 중의 8월 7일의 나진 공격에 대해서는 安部誠文, 『ソ連抑留俳句──人と作品』(花書院, 2001)도 이러한 일이 있었던 게 아닐까라고 적고 있으나 상세한 사항은 분명치 않다.

해제 명령이 내려졌음을 알게 되는데, 이때의 탈주자 수는 "병기 중대 200여 명 중 탈주한 자 140명"에 이르렀다 한다. 병영을 탈주한 무라카미 교시는 목포 히구치(樋口)상점의 사원인 기타무라 죠시치(北村長七) 상등병 등 합계 6명이서 평양의 히구치상점에서 하룻밤을 보내고, 평양역에서부터 소집해제자들에 뒤섞여서 철로를 이용한 귀환을 도모하게 된다.

그러나 다음 날 아침 평양역을 향했지만, 소련군의 명령으로 남으로 향하는 열차는 모두 운휴하고 있었다. 4, 5일 지나도 상황은 나빠질 뿐이어서 사리원까지는 간다고 하는 열차를 타고 사리원에서 신막(新幕)을 거쳐, 철도로 38선을 넘기는 힘들다고 판단하고 도보로 탈출을 시도하려 한다. 이미 이때의 동행자는 기타무라 죠시치 한 사람만이 남아 있었다. 그리고 신막에서 일본적십자사 특별사원의 배지를 단 강용혁(姜龍赫)이라는 노인 집에서 하룻밤 숙식을 신세지고 38도선을 넘는 트럭을 소개받는다. "그 트럭은 마루보시(丸星. 조선운송주식회사)의 것인데, 만주의 통화(通化)에서 탈출해 와서 남조선으로 돌아가는 징용청년을 위해 준비되어 개성 북쪽의 토성(土城)역까지 간다. 토성부터는 경성까지 기차가 다니고 있다."(28쪽). 하지만 상대방과의 여러 번에 걸친 금액 교섭과 상대가 신발까지 요구하는 데서 믿지 못하게 되고, 가까스로 트럭에 타지만 38도선 가까이서 운전수인 조선인 청년이 다시금 신발 헌납을 강요해 단념하지 않을 수 없는 상황에 빠진다. 그런데 마침 트럭에 타고 있던 김동환(金東煥)이란 인물의 한마디에 힘입어 무사히 38도선을 넘게 된다.

이 상황은 "하늘의 가호라고 할까, 부처님의 인도 하심이랄까, 신기한 김 씨와의 해후, 그 덕분에 고비도 면해서 상당한 각오가 필요했을 터인 38도선도 새벽어둠을 틈타서 무사히 돌파할 수 있었다."(35쪽)고 기록되어 있다. 김동환은 전직『동아일보』기자였는데, 반일·좌익사상의 소유자로 조선총독부의 탄압을 피해 만주로 건너갔음에도 2년간의 예비구금으로 형무소에 보내지고, 소련군에 의해 석방, 독립정부 수립을 위해 조선으로 돌아오는 도중이었다고 그는 적고 있다.[8] 무라카미 교시는 실은 시인이기도 했던 김동환과 이전에 한 번 만난 적이 있다. 1938년에 경성에서 김옥봉(金玉峰)의 소개로 "조선의 단시 '시조'와 일본의 단시 '하이쿠'에 대해서 이야기를 나눈 적이 있었다."(32쪽)고 한다. 김옥봉은 조선 하이진 박노식(朴魯植)의 처남이며, 시조와 하이쿠에 능했던 인물이다.

또한, 그 후에는 개성 근처의 철로에서 무라카미 교시 일행과 마찬가지 경우로 신발 헌납을 강요당해 맨발로 걷는 오사카(大阪) 출신의 소집해제자들과 함께, 유개화차 1량을 끄는 기관차를 멈춰 세워 담판 끝에 경성까지 편승한다. 화차에는 용산 기관구에서 근무하는 조선인 철도원 14, 15인이 타고 있어 도시락을 나눠 주었고, 개성역에 들어설 때 소련 군인의 검문을 받았지만, 재치를 발휘하여 통과했다는 일화가 소개되어 있다. "일한병합 40년, 그 정치적 공죄는 차치하고서 인간으로서 마주한 사람과 사람 사이의 교류에는 수많은 아름다운 꽃이 피어서, 잊을 수 없는 아름다운 이야기를 많이 남기고 있는데 이때 화물차 안에서 우리들을 감싸준 사람들의 애정은 이야말로 인간애라고 해야 할 것이다."(40쪽).

---

8) 김동환은 1901년에 함경북도 경성군(鏡城郡)에서 태어난 시인이다. 도요(東洋)대학 영문과 재학 중에 관동대지진을 만나 대학 중퇴하고서 귀국, 그 후 1924년에 시인으로 데뷔했다. 『동아일보』, 『조선일보』의 기자로서 활약하고, 또 조선어잡지『삼천리』의 주재자이기도 했다. 하지만 해방 후에는 친일파로 간주되어 반민족행위특별조사위원회에 체포되어 재판을 받는다. 조선전쟁(한국전쟁) 중에 북한으로 납치되어 1958년에 사망했다고 여겨진다. 무라카미 교시의『삼천리』에서의 그의 인물소개를 그대로 기술했다.

이 수기에 묘사된 무라카미 교시의 인양체험에 관해 고지마 노부스케(小島延介)는 "사사키 도키오(佐々木祝雄)의 『38도선(三十八度線)』도 그 휴머니스틱한 점으로 잘 알려졌는데, 교시 씨의 『삼천리』도 그에 나으면 낫지 못하지는 않고, 일한 양국의 평화적 국교의 가능성까지도 암시한다."고 말하고 있다(4쪽). 용산 기관구의 철도원에게 도움받은 일화는 물론이거니와, 그의 인양체험은 이러한 "잊을 수 없는 아름다운 이야기"로 넘쳐나고 있다고 해도 좋다. 평양에서 신세를 진 히구치상점 평양지점, 신막에서의 강용혁이란 인물과의 만남, 그리고 38도선 탈출을 목표로 한 트럭에서의 김동환과의 재회. 경성에서 무라카미 교시와 재회한 고지마는 "그 배낭 하나 짊어진 교시 씨의 모습은 생사의 위기에 처하면서도 침착하게 북조선을 탈출해온 고투의 흔적이 남아 있었다."(3쪽)고 회상하고 있는데, 이 인양체험의 한가지 특징이 그 자신의 "잊을 수 없는 아름다운 이야기"와 함께, 그것을 가능하게 한 인맥을 활용한 정보수집능력이 기반이 되었음은 지적해두고 싶다.

2. 목포 귀환과 인양

9월 초순, 무라카미 교시는 경성역에 도착한다. 경성에서는 『삼천리』에 서문을 기고한 고지마 노부스케와 기타가와 스케히토(北川左人) 자택 등을 방문한 후, 경부·호남선을 거쳐 목포로 귀환하게 된다.

종전한 날로부터 이미 20여 일이나 지났던 그즈음, 경성을 비롯해 남조선 각지에서도 제정신이 아닌 일본인의 빈틈을 이용해서, 강도, 절도, 공갈, 강청(强請)이 횡행하기 시작했다. 무력화(無力化)되었다고는 하나 아직 일본의 군대도 존재하고, 총독부도 재빨리 여운형(呂運亨) 씨 등에게 치안유지의 협력을 요청해서 새 정부로의 원활한 정치 이행을 기대하면서, 일본인의 인양 보호에는 각지에 일본인세화회(日本人世話會)가 활약하고 있었다. 철도도 북조선과는 두절되어 있었지만, 남으로는 매일 부산방면과 목포방면으로 각 한 대의 열차가 운행되고 있었다. 나와 기타무라 군은 도중에 이리(裡里)에 하차해서 [···] 가까스로 목포역에 도착한 것은 다음 날 저녁이었다.(44쪽)

패전/해방 후의 한반도는 38도선의 남북으로 상황이 달랐다. 주지하듯이 패전 이후 한반도는 조선총독부의 시정에서 미국과 소련에 의한 신탁통치로 이행하는데, 여기에도 기록되어 있듯이 패전 직후는 조선총독부와 잔류한 일본군, 조선인민공화국 수립을 지향하는 여운형 등의 건국준비위원회와의 사이에서 절충이 이루어지고 있었다. 조선총독부는 총군부와 총독부의 무력화(無力化)에 대비해서 각지에 일본인세화회를 결성하고, 총독부에 의한 인양 원호와 귀환하는 조선인 징병징용자의 위로와 함께 재조일본인의 원활한 인양을 목표로 삼았다.[9] 미국이 남조선에 군정을 편 것은 9월 7일인데, 그 이전에도 경부·호남선은 운행하고 있었고, 무라카미 교시 등도 경성에서 목포까지 철도로 귀환하게 된다.

목포로 귀환한 무라카미 교시를 기다리고 있던 것은 문이 잠기고 텅 비어 있는 자택이었다. 아내는 백모의 집에 딸 3명을 맡겨놓고, 패

---

9) 李淵植(李洪章 옮김), 「朝鮮における日本人引揚げのダイナミズム——逃亡／引揚げ、送還／抑留、追放／懲罰の変奏曲」(蘭信三 편, 『帝国崩壊とひとの再移動——引揚げ、送還、そして残留』, 勉誠出版, 2011) 등을 참조.

전 직전에 해남군(海南郡) 화원면(花源面)의 농장으로 가재 일체를 기범선으로 옮기고 소개(疏開)하고 있었기 때문이다. 이때 목포는 제주도에 물자를 옮기는 거점항의 하나였기 때문에, 미군의 공격을 받는 경우도 있었고 상황은 악화되고 있었다. 해남군 화원면에는 5년 전에 죽은 무라카미 교시의 부친이 경영하던 간척농장과 과수원이 있다. 그 부친에 관해서는 이렇게 기술하고 있다. "나의 아버지는 다이쇼(大正) 원년(1912년)에 이곳을 골라 단신으로 산속에 집을 짓고, 솔숲을 개간해서 4정보(町步)의 과수원과 2정보의 뽕나무밭을 조성하고, 만을 막아 70여 정(町)의 수전을 개척했다. 산에는 140보의 숲을 만들고 농사 개량에 고심해 잠업 진흥에 진력했고, 때때로 표창을 받아 다소간의 재산을 모았는데, 그보다도 "사람 마음에 나무를 심었다."는 것을 일생의 만족으로 삼고 이 화원 땅에 뼈를 묻은 것이다."(55쪽)

무라카미 교시의 부친은 이른바 지역거주형의 식민지 지주이다.[10] 러일전쟁에 종군했고 그 경험에서 대륙을 응시하는 해외 웅비의 뜻을 품고 도한한 식민자 1세이며, 생전에는 "머지않아 이 반도가 일본의 한복판이 될 것이다."(56쪽)라고 말하곤 했다. 덧붙여 무라카미 교시 자신의 도한은 1916년이고, 그 후 도요(東洋)대학으로의 진학, 졸업을 거쳐 목포로 돌아와 전남신보(全南新報)의 기자로 근무하면서 하이진으로서도 두각을 나타낸다. 출생은 에히메현 나카지마이나 식민자 2세이며, 부친의 사후에는 농

---

10) 지역거주형의 식민지 지주라는 표현은 다른 곳에 거주하면서 토지만을 소유하는 부재(不在)지주와의 대비에서 사용된다. 한반도에서 토지를 소유하는 일본인 지주가 증가하는 것은 20년대에서 30년대에 걸쳐서이고, 이 시기 부재지주도 많아지는데, 무라카미 교시 부친의 입식은 한국병합 직후이다.

원을 물려받았다.

패전 때에도 "농장 사람들도 나의 귀환을 기뻐해 주고, 이제 이걸로 안심이라 한다. [⋯] . 나도 소년 시절부터 이 마을 사람들과 친숙한 사이로 이 마을에 돌아오면 고향에 돌아온 듯한 기분이 든다. 아버지 대 이래 친히 지낸 조선인 중 유력자들이 와서 일본에 돌아가지 말고 이 땅에 영주하면 어떤가 하고 권한다."(53쪽)고 되어 있다. 물론 한국에서의 '영주'가 선택지가 될 수 없음은 명백했다. 무라카미 교시는 해남의 농장 등 동산, 부동산을 조선신탁 목포지점에 관리 위탁하는 수속을 밟고, 화원면을 떠나기 전날 밤에는 아내와 둘이서 "뒤쪽 언덕 묘지를 파서 아버지 뼈, 어머니 뼈, 그리고 남동생과 여동생의 뼈 등 여기에 묻혀있던 7개의 묘에서 백골을 거두어 돌아갔다."(55쪽)고 한다.

그럼 목포에서부터 인양 경위는 어떠했던가. 목포는 전라남도 서남부에 위치한 황해 연안의 항만도시이다. 원래 수군의 요항인 목포진으로 알려진 곳으로 개항은 1887년, 또한, 육로로는 호남선의 시발 종착점인 데서 식민지 시대에는 한반도 6대 도시의 하나로 손꼽히고 있었다.[11] 재조일본인도 많이 거주하고 있었고, 패전 후의 인양도 또한 뱃길이 중심이 되었다. 이 수기에서 8월 15일 이후의 목포 상황은 다음과 같이 기술되어 있다.

[⋯] 목포의 일본인들도 제각기 인양 준비로 큰 혼란을 보이고 있다. 가장 빨랐던 자는 종전의 조칙이 발표된 다음 날인 16일 오후 3시에 목포를 출

---

11) 1942년 시점으로 목포의 총인구는 72,145명, 일본인은 그 중 8,182명이다.

범한 기범선이었고, 이것은 헌병대 등 군 관계자와 그 가족이 중심이었다. 정보에 밝았던 헌병대가 가장 먼저 도망치려고 준비하고 있었는데, 이것을 위장하기 위해 약간의 민간인을 권유해서 동승시켰다. 재빨리 점포나 가재를 팔아치우고, 예금을 인출해서 눈 깜짝할 사이에 인양해버린 그 민첩함은 혀를 내두를 정도였다. 가장 견실해야 할 터인 군대나 경찰이 가장 먼저 실색하여 책임을 잊고 자기의 안전과 이익으로만 치달았다는 것은 매우 유감스런 사실이다. 그때문에 과장된 피해 망상적인 유언비어를 흘려 일본인을 혼란시키고 조선인을 자극해 잔류자의 괴로움을 크게 만든 것은 그들이다.(40쪽)

이 『삼천리』에서는 응소 중일 때의 경험 등을 포함해 군대 비판이 많다. 이 점에 대해서는 후술하겠지만, 아내가 소개지에서 가재 일체를 남기고 온 것도 인용에 있는 "피해 망상적인 유언비어"가 원인이었다. 여하튼 무라카미 교시가 귀환한 9월 초순에는 이미 목포에 재주 하는 일본인의 대략 3분의 2가 인양한 후였고, 빈집이 된 일본인 주택은 다른 곳에서 찾아온 일본인 가족이 살고, 배를 수배해서 인양하기를 기다리는 상태였다. 하지만 일단 인양한 선박은 그 후에 한 척도 돌아오지 않았고, 하루라도 빨리 배를 확보하는 일이 선결문제였다. 목포에서는 상공회의소에 설치된 일본인세화회와 군의 인양수송 시위판이 신박의 배치 계획을 세우고, 인양지로 지정된 히젠카라츠(肥前唐津)항에 담당관을 파견해 각각으로 수배되어 있는 밀선(密船)을 공식적인 루트로 전환하는 일에 힘 쏟고 있었다. 목포 일본인세화회에서는 승선 신청의 접수와 인양증명서의 발급에 더하여, 인양자의 짐 꾸리기나 운반 작업까지 돕고 있었다고 한다.

그러나 목포에서 일본인을, 가라츠에서는 조선인을 수송하려고 한 이 공식적인 루트의 구축은 좀처럼 잘 진행되지 못했다. 패전 후의 혼란과 이를 틈타 배를 입수해서 한밑천 잡으려고 획책하는 자도 있었고, 또한 출항 허가를 얻기 위한 공작 자금의 앙등이나 태풍으로 인한 파선 등 여러 가지 사정이 겹쳐 그것을 통제하기에는 곤란한 상황이었다. 게다가 목포항에서의 선박 감소와 일본인이 재산을 가지고 돌아가는 것을 방지하기 위해 위원회로부터 선박 억류지령도 내려져 감시가 강화되고도 있었다. 더군다나 목포에서는 9월 25일에 조선인을 살상한 마쓰이(松井)선 사건이 일어났다. "지난 9월 25일 사쿠라마치(桜町)해안에서 조선인을 살상하고 그대로 도망친 배가 있어, 그 사건 때문에 뒤에 남아 있는 배는 전면적으로 출항을 금지당하고, 오늘에 이르기까지 한 척도 출항하지 못하고 있다. 목포로 모여들어 배를 약속해둔 사람, 부내에서 배급을 정지해서 이미 배에 타고 있던 사람 7,000명, 출범 준비를 하고 있던 배 35, 6척, 이들은 모두 이 사건 때문에 붙들려 그 괴로움이 컸다."(66쪽)[12]

　　이 같은 목포의 상황 속에서 무라카미 교시가 선택한 것은 밀선의 구입이었다. 해남으로 향하기 전, 전남 기선회사에 근무하는 박기종(朴琪鐘)에게서 37톤급 기범선을 제공받았지만, 다시 목포로 돌아왔을 때에는 이 배도 접수당해 있었고, 최종적으로는 히데마루(秀丸)라는 범선을 구입한다. 엔진이 있는 배는 감시당하고 있는 한편, 이것은 '우타세부네(打瀬船)'라는 종류의, 바람을 사용해 범주(帆走)하는 어선으로 엔진은 없지만, 속도가 빠르고, 연료가 필요 없이 현해탄도 건널 수 있을 것으로 판단했기

---

12) 이 인용은 『삼천리』에 수록되어 있는 10월 26일 자로 기록된 무라타 다키치(村田太吉)의 수기.

때문이다. 보수 수리비용을 포함해 8만 엔 상당을 썼다 한다.

　무라카미 교시가 공식적인 루트로의 인양이 아니라, 밀선에 의한 밀항을 선택한 데에는 이유가 있다. 이즈음 미군 진주에 동반해서 소집 면제가 된 병사에게 재출두하라는 포고가 내려지고 있었다. 미 진주군과 복원 군인의 마찰을 우려해서 재소집 후에 일본으로 일괄수송하기 위한 조치였다. 응하지 않는 자는 미군 군법회의에 의해 총살이라는 엄명이 있었다고 하는데, 무라카미 교시의 경우 "죽음을 걸고 북조선에서 탈출해 와서 간신히 처자의 손을 쥐었는데, 이 불안하기 짝이 없는 정세 속에서 처자를 떼어놓고 다시 나가 미군의 명령에 복종하라는 등의 얘기는 나로서는 따를 수 없다. 비록 도중에 어떻게 될지언정, 가족과 운명을 함께할 각오로 나는 내지로의 강행탈출을 시도하겠노라고 다시금 결의를 굳혔다."(67쪽)고 되어 있다. 밀항이기도 해서, 이 범선 히데마루를 이용한 출항 계획은 다음과 같이 정해졌다.

一. 짐은 도리데(砦) 부대(주로 제주도 작전의 요원이었다)의 트럭을 사용해서 단번에 세관 구내로 반입한다.(동 구내에는 군 물자가 있기 때문에 군이 보초병을 두고 지키고 있었다)

二. 세관 내의 큰 서창에서 범선 히데마루에 짐만 싣고, 아카쓰키(暁)부대의 주정(舟艇)으로 예항해서 허사도(許沙島) 중대로 간다.

三. 나카마치(仲町)의 집에서 세관까지 사이에는 병사 십 수 명을 배치해서 경호하고, 치안대의 참견을 막는다.

四. 사람은 그 배에 타지 않고, 다음 날 10월 4일 이른 아침에 짐을 꺼내어 저녁 무렵 군의 주정으로 허사도로 건너가 그리하여 히데마루로 옮겨 타고, 즉시 출범.(77쪽)

히데마루에는 해남에서 농원을 경영하던 관계자 가족 8세대 39명에다가 사공 가족에 지인 일가를 더한 15세대 57명을 태우고 출항, 도중에 밀항을 돕는 대신 허사도부대 중대장인 다카하시(高橋)중위로부터 부탁받은 3명을 태우고서의 인양이 되었다.

3. 목포와 하이쿠(俳句)로 연결되는 인적 네트워크

무라카미 교시의 조선 인양은 평양 야전병기창 중대로부터의 집단 탈주도, 목포에서의 범선 히데마루로의 밀항도 이른바 정규의 루트에 따른 것이 아니다. 이것은 정도의 차이는 있지만, 그 외의 복원·인양 경험에서도 지적할 수 있겠는데, 그의 외지 인양체험은 어떤 의미에서 이채를 띠고 있음은 사실일 것이다. 고지마 노부스케는 그것을 "나는 어떠한 경우에도 어떠한 장면에 조우했을 때라도 냉정하게 상황을 판단하고, 불굴의 용기와 의지력과 끈기로 화를 복으로 바꾸고 역경을 헤쳐 나온 무라카미 교시 씨의 오늘날의 성공 있음에 언제나 존경하는 마음을 품고 있다."(「서」, 3쪽)고 말하고 있다. 응소 군인으로서 맞이한 패전, 병영에서의 집단 탈주, 38도선 탈출, 목포 귀환, 그리고 범선 히데마루로의 인양, 이 수기의 특징은 확실히 무라카미 교시의 경험과 힘에 의하는 바가 크다. 하지만, 그것을 개인에게 돌림으로써 간과되어 버리는 측면도 많이 있다고 여겨진다.

그래서 우선 패전으로 인한 무라카미 교시의 심성 변화를 검증해보려한다. 개인의 인양체험기라 해도, 그것은 한반도를 식민지 지배했던 제국

일본의 붕괴와 그 후의 재조일본인의 현실을 잘 말해 주기 때문이다. 다음 인용은 사리원에서 "군복을 입고 있는 자는 위험하다."는 등의 소문을 전해 듣고, 군복을 조선옷으로 교환하거나 해서 선로를 따라 남으로 향하는 소집해제자들의 모습이 생생하게 묘사된 후의 대목이다.

> 일본인끼리라는 긍지도 친밀감도 이제는 희미해져서, 자신들을 이 벽지에 내팽개친 채 재빨리 자취를 감춘 군대에 대한 증오가, 그 군대의 옷을 몸에 걸친 자기 자신으로의 혐오가 되어 견딜 수 없는 기분으로 자포자기한 말을 내뱉기도 한다. '탈출'이라는 공통된 목적을 앞에 두고서도 서로 돕는다는 마음도 잃어버리고선, 단지 자신만 기회를 잡으려고 초조해 왁작거리는 지옥의 망자와 같은 천박함을 여기서도 많이 봐야만 했다.(19쪽)

평양 야전병기창 중대를 집단 탈주한 후에 38도선 탈출에 이르는 노정은 우선 정규의 병사/탈주병이라는 관점을 부각시킨다. '군대'를 향한 '증오'가 군복 모습의 "자기 자신으로의 혐오"가 된다는 구절은 반드시 무라카미 교시 자신의 심정을 토로하는 것은 아니지만, "일본인끼리라는 긍지"라는 민족적 의식과 함께 병기되어 있다. 이것은 패전 후 10여 년이 지나 집필되었다는 점을 염두에 두더라도 주목할 만한 부분이라 여겨진다. 이렇게 기술되는 것은 식민지 통치하에서의 일본인의 내셔널 아이덴티티가 바로 제국 일본의 군사력에 의해 보장되고 있었음의 증거이기 때문이다. 때문에 무라카미 교시에게는 그와는 대조적으로 조선인의 모습이 "생생하게 빛나서" 눈에 비치게 된다.

패잔의 병사들을 거들떠보지도 않고 조선인 측의 표정은 생생하게 빛나고 있었다. 건국 해방의 기쁨으로 넘치고 있었기 때문에 그것은 당연한 일이었지만, 그 민족적인 기쁨 외에 무언가 그들의 행동을 추동하는 것이 있다. 그것은 무엇일까. 난세를 만나 일어난 영웅적인 기개일 것이다.(19쪽)

이 인용 부분은 『삼천리』에서 처음으로 구체적으로 언급된 조선인의 집단표상이며, "일본군의 압력이 제거되어 지금은 무엇이든 그들의 자유가 된 거다. 그들에게 있어서는 바야흐로 새벽이 온 것이다."라는 인식과 함께 서술되어 있다. 단, 그들의 그 "영웅적인 기개"라는 것은 "보안대 ○○위원의 완장을 차고서 어제까지 일본 군인이 입고 있던 복장, 병기를 착용하고, 뒤축이 울리는 군화를 신고 유유히 활보하는 것이 얼마나 씩씩하고 경쾌하게 그 영웅적 기분을 만족시키고 있는 것인가"(19쪽)라고 덧붙이고 있듯이, 어디까지나 희화적으로 묘사될 뿐이다. 일본의 패전과 소련군의 진주로 혼란스런 광경은 일본인과 조선인의 언동이나 그 입장의 역전을 포착함과 동시에, 그 이면에 식민지 통치하에 형성된 재조일본인의 불안정한 심성을 읽어낼 수 있다.

그 무라카미 교시를 지탱시키고 지원한 것이 가족이다. 이노우에 도케이시(井上兎径子)의 「소개의 말」에도 이 조선 인양체험기는 "종전이 되어 처자가 기다리고 있는 목포로 돌아오는 마음은 화살과도 같았습니다만, 이미 38도선이라는 철의 장막으로 인해 굳게 닫혀 남북의 교통이 차단되어 있었습니다. 그 철의 장막을 탈출하기 위해 조우한 고난과 위험의 기록이 이 『삼천리』입니다."(1쪽)라고 적혀 있다. 무라카미 교시가 밀선으로의 밀항을 선택한 이유도 미군이 소집면제자를 재소집한 것이 계기가 되었으며, 앞서 말한 바와 같이 거기에서도 "비록 도중에 어떻게 될지언정, 가족과 운명을 함께할 각오로 나는 내지로의 강행탈출을 시도하겠노라" 고 기록되어 있었다.

병영에서의 탈주, 38도선 탈출 때에도 "우리들은 하루라도 빨리 처자 곁으로 돌아가서, 신속하게 내지로 인양할 방도를 강구해야지 않겠는가" (9쪽)라든지 "목포로 돌아가면 즉시 일본으로 인양해야 한다. 아이들을 동반한 인양 때에는 무엇보다도 휴대식량의 준비가 가장 중요할 것이라고 나는 오로지 마른국수와 설탕, 통조림 종류를 자루에 채워 넣었다."(10쪽) 고, 목포에서 기다리고 있는 가족 곁으로의 귀환, 그리고 목포로부터의 인양이 반복적으로 강조되어 적혀 있다. 제국 일본의 군사력에 의거한 식민지 통치와 일본인의 내셔널 아이덴티티가 조금씩 와해되는 속에서 무라카미 교시의 조선 인양은 가족의 유대를 의지해서 성취되었다고 할 수 있겠다.

그러나 그와 함께 지적해야 할 것은 재조일본인으로서 4반세기 여를 목포에서 생활한 경험과 그것에 의해 배양된 커뮤니티 네트워크 (community network)이다. 앞서 지적한 소집 해제된 일본 군인이나 조선인의 집단 표상에서는 패전 후의 혼란기라는 것도 있겠지만, 쌍방 모두 이름도 없는 자로서 전형적인 부정적 이미지가 부여되어 있다. 하지만 다른 한편으로 38도선 탈출이나 목포 인양에 이르는 노정 중에서 고난을 서로 나누고 도왔던 사람들은 일본인/조선인을 불문하고 고유명으로 명기되어 있다. 가령 무라카미 교시 일행이 목포를 출항할 즈음에 관해서는 다음과 같이 기록되어 있다.

10월 5일 오후 5시, 해질 녘의 세관 큰 선창에 허사도 부대의 주정(舟艇)이 약속대로 맞이하러 왔다. 우리들에게는 제2의 고향이라고 해야 할, 오랜 세월 살아 정든 목포 땅에 영원한 이별을 고하고 주정으로 옮겨 타지 않으면 안 되었다. 유달산의 바위 표면이 보랏빛으로 물들어 아름다웠다. 사람들의 고뇌를 감싸고서 시가의 기와지붕은 조용히 저녁의 장막 속으로 가라앉아 갈 때였다.

"목포여, 잘 있어라"

주정에 탄 사람들은 말도 없이 조용히 멀어져가는 마을 쪽을 응시하고 있었다. 유달산아, 유선각(儒仙閣)아, 목포대야, 측후소(測候所)의 산 중턱에 저녁 어스름을 받은 목포부청의 붉은 벽돌집이 보이고 있었다. 만감 교차, 사람들의 가슴에는 반생의 추억이 비통한 피를 뿜고 있었을 것이다.

부두에서는 고가 마사호(古賀正穂) 군과 그리고 박기종 군이 언제까지고 서서 배웅해 주고 있었다. (80쪽)

여기에는 목포에서 인양하는 무라카미 교시 일행을 배웅한 고가 마사호(古賀正穂)와 박기종의 이름이 보인다. 목포 부두국에 근무하는 고가 마사호는 치안대의 감시를 피하기 위해서 세관 구내와 선창 사용의 편의를 도모해준 인물로, 목포상업고교 재학 중일 때부터 무라카미 교시의 하이쿠 모임에 참가하고 있었고, 신수회(新樹會)라는 목포의 청년 하이쿠 모임의 일원이기도 했다. 또한, 박기종은 앞서 말한 바와 같이 박노식의 장남으로 경성고등상업학교를 졸업하고 조선식산은행에 입사, 그 후 1944년에 전남기선주식회사로 전직, 패전 후에는 동 회사의 경영을 주도한 인물이다. 목포로 귀환한 무라카미 교시에게 기범선 한 척을 제공한 일은 앞서 말했지만, 박노식의 사후, 박기종 등 유족을 보살핀 것이 무라카미 교시이고, 『삼천리』의 점자 번역에 소개문을 기고한 것이 이노우에 도케이시였다. 이러고 보면 무라카미 교시의 외지 인양은 음으로 양으로 목포의 지연을 활용한 하이진 사이의 네트워크가 기반이 되어 달성되었다고 해도 좋을 것이다.

출정 중의 진중 하이쿠 모임, 1930년 경성에서의 김동환과의 만남도 조선 하이진 김옥봉의 소개에 의한 것이었고, 패전 후의 경성에서는 '조선 하이쿠계의 양산박'이라고도 불린 기타가와 스케히토(北川左人) 자택도 방문했다.[13] 또한, 목포에는 전 가마다(鎌田)산업주식회사 지점장인 구라모토(倉本) 모 씨나 철도병원 원장인 이치카와 우이쿄(市川崗香), 이노우에 도케이시가 전무를 맡고 있던 조선(造船)회사 사장은 무라카미 세이도(村上星洞), 목포 일본인세화회 회장인 나카지마 겐조(中島健三)도 겐도(研堂)라는 아호를 지닌 하이진이라는 식으로 어떠한 형태로든 하이쿠에 관련된 인물이 많고, 게다가 식민지 시대의 조선 하이단(俳壇. 하이쿠 작가들의 사회—옮긴이)을 논의하는 데 있어 빼놓을 수 없는 면면도 다수 이름을 내걸고 있다.

무라카미 교시의 『삼천리』는 지금까지 거의 논의된 적이 없었던 조선 인양체험기이다. 그 이유로서는 통신구회(通信句會)라는 인쇄물 소책자에 연재, 점자 번역과 등사판으로의 발행을 거쳐, 하이쿠 잡지 『가키』의 총서로서 활자화되었다는 경위에서도 추측할 수 있듯이, 저마다 적은 부수를 발행한 것으로 추측되고 독자층도 한정되어 있던 점을 들 수 있겠다. 하

---

13) 기타가와 스케히토는 경성일보사 사원이었는데, 하이쿠 잡지 「청호(靑壺)」의 주재와 『조선 하이쿠(朝鮮俳句)』, 『조선고(朝鮮固)』의 편찬을 직접 한 인물이다.

지만 반대로 말하면, 가이몬의 하이진들이나 등사판의 발행원인 전국 목포회의 명칭이 나타내고 있듯이, 조선에서 거주하던 시절의 목포와 하이쿠로 연결되는 전후의 인적 네트워크가, 그것을 중요시한 무라카미 교시를 『삼천리』집필로 이끌었다고 해도 과언이 아닐 것이다.

외지·해외에서의 하이쿠나 단가의 활동은 예술적인 표현을 지향하기 쉬운 소설이나 시와는 달라서, 그 담당자의 수도 규모가 월등하게 크고, 우선은 하이진, 가인 사이의 커뮤니케이션 네트워크를 형성해가는 경향이 강하다. 가령 재조일본인에게 있어서 하이쿠는 이향의 땅에 있으면서 일본인이라는 아이덴티티를 이주자가 재확인하기 위한 친근한 예술적 도구였던 것이고, 1920년대가 되면 다카하마 교시(高浜虛子)의 호토토기스 계열 하이쿠를 중심으로 결사가 각 지역에서 잇달아 탄생했다. 그 조선 하이단에서 주목받은 것이 '조선의 시키(子規. 일본의 대표적인 근대 하이쿠 시인 마사오카 시키正岡子規를 일컬음―옮긴이)'라고도 일컬어진 조선 하이진 박노식이고, 그의 연하장에 쓰인 하이쿠가 인연이 되어 목포에서 하이쿠를 시작했고 기요하라 가이도를 스승으로 모신 것이 무라카미 교시이다.

〈무라카미 교시의 하이쿠를 새긴 비석(愛媛県松山市 소재)〉

박노식의 요절, 병으로 인한 기요하라 가이도의 내지 귀환을 거쳐, 그들에 의해 배양된 목포의 하이쿠 잡지 『가리타고(かりたご)』를 이어받은 것도 무라카미였다. 그 하이쿠로 연결되는 인적 네트워크가 무라카미 교시의 외지인양에 깊게 관계하고 있었음은 지금까지 기술한 대로이다.

물론 여기서 지적해두지 않으면 안 되는 것은 이 목포와 하이쿠로 연결되는 인적 네트워크는 식민지 통치하의 지배층인 재조일본인에 의해 형성된 것이고, 식민지 지배의 역학 속에서 배양된 것일 수밖에 없다는 사실이다. 확실히 그것은 무라카미 교시의 식민자 의식으로서, 의식적으로든 무의식적으로든 『삼천리』에 각인되어 있고 38도선 탈출이나 목포 인양의 노정에서 보인 재조일본인의 현실을 생생하게 나타내고 있다. 무엇보다도 상징적인 것은 「북변」을 제외한 수기 본문에는 무라카미 교시에 의한 것은 물론, 박노식의 「벽파진(碧波津)」이란 제명의 「난탄(難灘)이여 오늘 밤 물떼새가 지저귈 뿐(難灘や今宵千鳥の鳴くばかり)」 이외의 구는 게재되어 있지 않다. 즉, 일본의 패전/조선의 해방 때부터 에히메현 나카지마로 인양할 때까지의 무라카미 교시의 체험은 도저히 하이쿠로는 읊을 수 없는 것이고, 인양으로부터 십수 년을 지나 겨우, 주로 목포와 하이쿠로 연결되는 사람들을 대상으로 문장으로 엮어 기록할 수밖에 없었던 경험인 것이다. 『고려』에도 지난번의 하이쿠는 게재되어 있지 않다. 무라카미 교시의 『고려』에서 인양 후에 처음으로 채택된 하이쿠는 「조선이 밉도록 그리운 밤하늘 은하수(朝鮮が憎くて恋し天の川)」이다. 이 이후, 그가 조선에 마음을 담은 하이쿠를 지었다는 것은 하이쿠 작품집 『고려』의 제목을 보더라도 분명하다. 『삼천리』에는 무라카미 교시의 조선인양의 고난이 일본인 남성의 시점에서 기록되어 있는데, 이 수기가 인쇄물 소책자에서 점자

번역, 등사판에서 총서로 모습을 바꿔가며 간행되던 시기, 무라카미 교시
는 한국과의 문화교류를 독자적으로 추진했다. 이 점에 대해서는 차후 다
른 지면을 통해 논의하고자 한다.

옮긴이: 신승모

식민자의 젠더화된 초상

─두 개의 전후(戰後), 식민 기억의 재구성

김혜인

1. 해방, 조선, 그리고 '구식민자'라는 물음

1945년 8월 15일, 제국 일본의 패전과 식민지 해방이 교차하며 동아시아 각 지역에서는 대규모의 인구 이동이 발생했다. 식민지시기 일본을 비롯하여 만주, 타이완, 남양군도 등 과거 제국의 권역으로 퍼져 나갔던 조선인은 해방과 함께 한반도로 이동하였다. 해방의 순간은 반제국주의 탈식민의 열망이 표출된 순간이자, 해방과 더불어 발생한 다발적인 사건들이 신흥 민족국가 형성의 담론 안으로 수렴된 기점이기도 했다. 한반도로의 귀환을 곧, 신생(新生) 조선인의 출발로 재현했던 다수의 해방기 서사에서 강조되었던 장면 중에는 조선인이 귀환 도정에서 빈곤이나 기아로 수난을 겪는 장면과 함께, 거리에서 마주친 "일본인에게 벌은 준 가슴"에

"설렘"을 느끼는 것처럼,[1] 일본인을 응징, 처벌하는 장면이 있었다. 제국
—식민지 체제의 해체로 일본인의 이동 역시 발생했던 상황에서 조선인
에 의해 응징당하고 쫓겨 가는 형상으로 스트레오 타입화되어 재현되었
던 일본인은 그 나름의 이력, 신체, 언어를 지닌 구체적인 인물이라기보
다는 '민족의 적'이라는 기표를 띠는 추상화된 인물에 가까웠다.

그런 점에서 해방 직후 일본인의 삶의 양태를 구체적으로 묘사하고,
그들에 대해서 응징과 처벌만이 아닌 또 다른 입장까지 제시한 허준의
「잔등」(『대조』, 1946.1~7)은 한국 문학에서 이례적인 텍스트로 평가받아 왔
다. 이 소설에는 패전 직후 만주에서 빈곤과 기아로 고통받는 일본인을
동정하는 한 조선인 노파가 등장한다. 그는 식민지시기 반제국주의 투쟁
을 하던 아들을 일본인에게 잃고 원한을 갖고 있지만, 과거 자기 아들과
함께 반제 투쟁을 하며 목숨을 내걸었던 '착한 일본인' 가토 역시 기억하
고 있다. 그렇기에 그는 만주 거리를 유령처럼 배회하며 구걸하러 다니는
일본인들을 과거 조선인의 생명을 무차별적으로 도구화했던 자들로서만
이 아니라, 어딘가에 살아있을 지도 모를 가토의 '종자'로도 여기며 그들
을 연민한다. '가해자로서의 일본인'과 '피해자로서의 조선인'이라는 이분
법적 구도를 초월하여 헐벗은 인간을 동정하는 노파의 태도는 타자와 어
떻게 윤리적으로 만날 수 있을 것인가와 더불어 해방이란 '혁명' 아래, 제
국—식민지 체제가 만들어냈던 다층적 경험들을 어떻게 기억하고 대면
할 것인가에 관한 작가 나름의 모색의 결과였다.[2]

---

1) 김만선, 「압록강」, 『압록강』, 깊은샘, 1989, 156쪽.
2) 이에 대해서는 신형기, 「허준과 윤리의 문제」, 『상허학보』 제17집, 2006 참고.

그런데 「잔등」이 보다 문제적인 이유는 거리를 배회하는 일본인 이외에 또 하나의 장소/존재 역시 포착하고 있다는 데 있다. "저기 저 골통이에 그전 저네 살던 데에다가 한 구퉁이를 잘라"[3) 만든 일본인 수용소와 그 수용소에 격리된 일본인 집단이 그것이다. 해방 직후 일본인들이 "도망도 가고 더러 총두 맞아 죽구"(447) 하는 가운데 "남아 있는 놈"(447)들을 가둔 곳인 수용소는 과거 식민자/피식민자 간 위계화된 권력구도가 역전된 곳으로 조선인의 분노—탈식민적 정념이 투사된 상징적 장소이다. 그러나 수용소는 일본인을 응징하고 처벌하며 "그 밖에선 못살게 하"(447)는 장소이지만, 반대로 조선인들로 하여금 자신들을 36년간 통치했던 자들이 과연 어떤 존재였는지 볼 수 없게 하는 장치이기도 했다. 수용소 감시의 임무를 맡은 한 소년은 오직 그곳을 탈출하는 자들을 잡아 "아오지나 고무산 같은 데"(447)로 보내버리는 것에만 관심을 가질 뿐, 수용소 내부의 있을 일본인에게는 전혀 주목하지 않는다. 「잔등」에서 '거리'의 일본인들이 조선인의 시선에 쉽게 포착되며 언젠가는 사라질 동적(動的)인 존재로 재현되었다면, '수용소' 내 일본인들은 조선인과 동일한 시·공간에 두텁게 깔려 있지만, 그 이력은 물론 얼굴조차 보이지 않는 비가시적 존재이자 정적(靜的)인 존재로서 재현된 것이다.

식민지시기 일본인 가운데에는 고위 관료, 정치가 집단, 군부 등 식민지배체제를 직접적으로 구축했던 집단뿐만 아니라 그 지배체제를 간접적으로 운용하며 일상을 영위했던 일반 서민에 이르기까지 다양한 계층이 섞여 있었다. 또한, 오랜 도한(渡韓)의 이력을 지닌 식민 1세대에서부

---

3) 허준, 「잔등」, 『잔등』, 을유문화사, 1946, 447쪽. 이하 인용 시 괄호 안에 해당 쪽수만 표시.

터 '자신들의 게이죠'를 살았던 식민 2세대는 물론이고[4] 여러 이유에서 조선에 일시적으로 머물렀던 자들 역시 있었다. 하지만 그 구체적이고도 개별적인 신체와 언어를 통해 식민통치를 했던 일본인의 모습은 분노와 적대, 응징과 처벌이라는 탈식민적 열망 속에서 '민족의 적'이란 하나의 기표로 추상화되어 재현되었다. 이는 반대로 식민자의 다층적인 모습뿐만 아니라, 과거 식민통치구조에서 일본인에게 억압당하고 수탈당하며 위계화된 권력 구조에 놓여 있었던 동시에, 각종 근대적 제도와 사회적, 문화적 실천 속에서 일본인과 접촉하며 그들에게 반감과 동시에 매력을 느꼈던 조선인의 식민지 경험 역시 모두 단일한 수난의 기억으로 추상화시켜 버린다. 이 상상·재현의 사각지대를 비가시적인 방식으로 비추었던 「잔등」은 당대 탈식민적 열망에 의해 괄호 쳐진 무엇인가를 간접적인 방식으로나마 제시한 이례적 텍스트인 셈이었다. 이 글은 이후 한국 소설에서 잔류 일본인을 둘러싼 이 재현의 사각지대가 어떤 맥락에서 가시화되고 어떤 방식으로 펼쳐지는지, 과거 식민지·해방 경험은 어떤 방식으로 기억되며 재맥락화되는지 살펴보고자 한다.

한국에서 잔류 일본인에 관한 연구는 주로 미·소 점령군의 송환 정책을 중심으로 진행되거나,[5] 식민지 조선에서 총독부, 금융 업계, 대학 등 공적 영역에서 활동했던 일본인의 송환 전/후 기록, 한반도를 포함하여

---

4) 사와이 리에, 김행원 옮김, 『엄마의 게이죠, 나의 서울』, 신서원, 2000, 45쪽.
5) 해방 후 한반도 내 일본인 귀환문제를 둘러싼 점령군의 송환 정책 및 일본인의 귀환 체험에 대해서는 이연식, 「해방 후 한반도 거주 일본인 귀환에 관한 연구—점령군, 조선인, 일본인 3자간 상호작용을 중심으로」, 서울시립대학교 박사학위논문, 2009 참고. 더불어 해방 직후 조선 내 일본인이 처했던 상황 및 이들의 구체적인 귀환 과정은 이연식의 논픽션 『조선을 떠나며』(역사비평사, 2012)을 참고할 수 있다.

만주, 사할린으로부터 귀환한 한 개인의 기록 등을 대상으로 진행되어 왔다.[6] 하지만 이와 더불어 살펴봐야 할 것은 잔류 일본인에 대한 동시기 및 이후 남한 사회의 공론화 양상 및 기억·재현 양상이다. 특히 후자에는 제도적·담론적 차원에서 가시화되지 못한 부분이 드러나 있을 수 있다는 점에서 주목을 요한다. 하지만 조선인의 시각에서 잔류 일본인을 구체적으로 재현한 텍스트의 양은 많지 않다. 탈식민화와 민족국가 형성 과정에서 과거 식민지배체제의 잔여물인 이들은 아예 재현되지 않거나, 재현된다 하더라도 신생 조선인의 자기 정립 차원에서 부차적인 존재로 다루어지는 경우가 다수였기 때문이다. 하지만 이들에 관한 기억·재현은 비록 그 양이 드물기는 하지만 지속적으로 해방기 및 한국전쟁 이후 다양한 맥락에서 산출된 바 있다.

그런 점에서 구식민지에 관한 전후 일본의 기억—기록 방식과 남한에서의 한·일 간 '월경적 서사'의 수용 및 창작 양상 등을 '인양서사'에서부터 시작하여 각종 소설, 영화에 이르기까지 폭넓게 분석한 김예림의 논문은 주목을 요한다.[7] 그러나 각각 특정 시기를 중심으로 한·일 간 비교에 분석의 중점을 두다 보니, 해방기 및 이후 남한 사회에서 잔류 일본인에 대

---

6) 이에 대해서는 정병욱, 「해방 직후 일본인 잔류자들—식민지배의 연속과 단절」, 『역사비평』 제64호, 2003; 나카네 다카유키, 「패전의 기억—재조선 일본인의 심성 궤적」, 『일본학보』 제9호, 2004; 황선익, 「해방 전후 재한일본인의 패전 경험과 한국 인식」, 『한국학논총』 제34호, 2010; 이규수, 「식민지 체험자의 기억 속의 '제국'과 '식민지'」, 『역사와경계』 제79집, 2011 참고.

7) 김예림, 「불/안전국가의 문화정치와 포스트콜로니얼 문화상품의 장—1960년대 영화와 "현해탄 서사" 재고」, 『현대문학의 연구』 제42집, 2010; 김예림, 「포스트콜로니얼의 어떤 복잡한 월경적 연애에 관하여: 구식민자와 구제국 그리고 기억—기록의 정치학」, 『서강인문논총』 제31집, 2011; 김예림, 「종단한 자, 횡단한 텍스트: 후지와라 데이의 인양서사, 그 생산과 수용의 정신지」, 『상허학보』 제34집, 2012.

한 기억·재현의 변화 양상을 통시적으로 파악하기 어렵다. 탈식민화와 냉전질서의 구도 속에서 잔류 일본인에 대한 재현은 한편으로는 식민·해방의 경험을 어떻게 기억(/기념)할 것인가의 문제와 결부되어 있으며, 다른 한편으로는 후식민의 상황에서 일본과의 관계를 어떤 방식으로 구축·상상할 것인가의 문제와 결부되어 있다. 이 글에서는 이러한 문제의식을 바탕으로 해방기~1970년대 남한에서 산출된 잔류 일본인에 관한 소설을 중심으로 잔류 일본인이 남한의 문화 정치적 구조에서 어떠한 굴절과 변용의 과정을 거쳐 기억되고 재현되었는지 살펴보고자 한다. 특히 이 글에서는 기억·재현의 대상으로 소환되는 잔류 일본인이 '여성'으로 한정되어 있었다는 점에 주목하여, 식민 기억의 (재)구성을 둘러싼 젠더 정치의 함의를 살피고자 한다. 이를 위해 2장에서는 신생 민족국가가 수립되었던 해방기(1945~1948) 서사를 중심으로, 3장에서는 한국전쟁 이후 냉전체제가 심화된 1950년대 및 한일 간 새로운 관계 모색이 이루어진 한일협정 이후 서사를 중심으로, 잔류 일본인에 관한 기억·재현이 각 시기에 따라 변용되고 재구성되었던 양상을 밝히고자 한다.

2. 식민의 잔여, '위장'·'모방'을 둘러싼 월경(越境)의 기억들

1944년 5월 기준으로 한반도에 거주했던 총 70여만 명의 일본인은 해방 직후 조선에서 축출되어야 할 존재로서 이들의 공백에 대한 상상은 조선 사회에 중요한 원동력이 되었다. 신문에는 연일 조선인 귀환자 수와 일본인 송환자 수가 실렸는데, 이 동시다발적인 귀환/송환을 시각화한 통계에는 일본인의 공백을 신생 조선인이 즉각 채울 수 있다는 상상, 일본인이 점유했던 제도·계급·재산 등을 조선인이 되찾을 수 있다는 열망이 투영되어 있었다. 하지만 그 열망과는 달리 이들의 송환은 즉각 완료되지 않았다. 40년간 구축되었던 식민네트워크가 일소되기는 어려웠으며, 송환에 필요한 물적 기반 역시 부족했다. 일본 본국에서도 이들의 한반도 잔류를 권장하기도 했으며, 일본인 내부에서도 조선에서 오랫동안 생활 기반을 닦거나 일본 본토에 연고가 없는 자, 폐허가 된 본토로 돌아가느니 차라리 조선에서의 생활이 낫다고 판단한 자 등을 중심으로 잔류를 지향하는 집단이 형성되기도 하였다.[8] 38이남/북 미·소 점령군의 서로 다른 정책 아래 이들의 송환은 약 1년간 지속되었으며, 일본인들은 각각 시기[9], 계층(급), 지역, 성별 간 서로 상이한 경험을 하게 된다.[10]

〈한반도에서 철퇴하는 일본군〉

〈1945년 10월 부산항 귀국선에 오르는 일본인〉

(좌) 출처:每日新聞社, 『一億人の昭和史 日本占領1—降伏·進駐·引揚』, 每日新聞社, 1980.
(우) 출처: 한국학중앙연구원 왕실도서관 장서각 디지털 아카이브

---

8) 이연식, 앞의 글, 181쪽.

9) 일본인 귀환은 크게 본격 귀환 시기(1945~47), 공산권 귀환 시기(1948~1950), 대공백기(1951~1952), 속(續)공산권 귀환 시기(1953~59)로 구분할 수 있다.

10) 마루카와 데쓰시, 장세진 옮김, 『냉전문화론—1945년 이후 일본의 영화와 문학은 냉전을 어떻게 기억하는가』, 너머북스 2010, 234쪽.

38이남의 경우, 미군정은 일본 본토와 구식민지 분리 정책 아래 일괄 송환·계획송환정책을 시행했다. 무장해제당한 일본군이 우선 송환되었고, 10월 10일부터 민간인 송환이 시작되었다. 그러나 다른 한편으로 미군정은 과거 식민지배체제에서 축적된 정보와 기술을 이용하여 보다 빠른 사회 안정을 이루고자 총독부 일본인 관료 및 전문가를 잔류시킨다. 미군정에 의해 조선 사회 재건설에 투입된 일본인에 대한 조선 사회의 불만은 높아져 갔으며, 잔류 일본인 전체에 대한 분노와 불신 역시 고조되어갔다. 조선학도대 대원이 일본 경관의 총에 맞아 사망하는 삼각지 사건(1945. 9. 10) 이후, '총'을 든 일본인 군인·헌병·경찰에 의한 조선인 상해 사건이 반복해서 공론화되었다. 더불어 일본인 민간인에 의한 '테러', '강도', '사기', '주요 서류파기', '허위 신고', '아편', '밀항' 등의 사건이 이어졌으며, 잔류 일본인은 조선인의 일상을 위협하고 치안을 교란시킬 수 있는 '잠재적 범죄자'로 공론화되었다.[11] 조선인에게 잔류 일본인은 민족국가 건설의 타자로서 탈식민적 욕망을 증폭시키는 존재였지만, 동시에 식민주의의 연속에 대한 불만/불안을 촉발시키는 존재이기도 했다. '왜노소탕본부(倭奴掃蕩本部)'라는 이름을 내걸고 일본인을 향해 '일본인 완전 철퇴'와 '주택 명도', '기관 퇴직'을 요구하며 10월 말일까지 전부 철거하지 않으면 분기·소

---

11) 이들은 "조선인을 음해하고자"(「비산을 소다로 속여 동포 암해한 일본인—6인 가족도 생명 위독」, 『매일신보』, 1945. 9. 27), "건국을 방해하고자"(「권총 탄황 다수 휴대한 일군인 작당 총검거—조선건국 방해가 목적」, 『매일신보』, 1945. 10. 8), "조선 사회의 치안이 교란시키고자"(「허위신고 한 일인을 처벌」, 『매일신보』, 1945. 10. 11) 범죄를 저지르거나, 사유재산 소유를 위해 밀항을 시도하거나 아편 밀매를 한 것으로 기사화된다.

탕할 것이라는 주장[12]이나, 인종적으로 식별할 수 있도록 일본인에게 별을 달거나 완장을 채워 감시해야 한다는 주장 등의 과잉된 반응은 그 불만(/불안)의 반증이었다.[13] 그러나 이러한 공론화는 일본인 송환이 거의 완료되는 1946년 4월을 지나며 서서히 사라진다.

하지만 이와는 달리 재현·상상의 영역에서는 해방 직후 일본인과 접촉하거나 분리되었던 경험들이 비로소 산출되기 시작했다. 이때 잔류 일본인은 그 나름의 구체적인 외양, 이력, 삶의 상태 등이 부여된 인물로 나타났으며, '쫓겨 가는 형상'으로서만이 아니라 패전의 일상을 영위하는 모습으로 재현되었다. 이러한 현실과 재현의 시간적 차이는 물론 과거 식민 통치자였던 일본인을 재현의 대상으로서 객관화할 수 있는 시간적 거리가 필요했기 때문일 수 있다. 그러나 다른 한편으로는 해방 이후 1여 년간 일본인과 공존해야 하는 상황에서 그 공존을 기록한다는 것의 부담감 때문일 수도 있다. 해방 이후 조선인에게 일본인은 한반도에 공존하는 '지금—여기'의 존재라기보다는, '기억'의 대상으로서 부재하는 자여야만 했다. 그런 점에서 해방 직후 산출된, 조선인에게 응징당해 쫓겨 가는 일본인 형상에는 해방을 즉각적인 사태로 낭만화함으로써 식민주의로부터 벗어나고자 했던 조선인의 탈식민적 욕망이 투영되어 있다고 할 수 있다. 즉, 이러한 형상은 해방 이후에도 일본인 관료가 조선의 공적 영역에서 활동하거나 '일본인'='잠재적 범죄자'로 여겨졌던 현실, 혹은 대다수 일본인이 귀환을 준비하며 패전의 일상을 영위했던 현실 등을 덮으며 해방

---

12) 「殘溜 日本人에 고함」(倭奴掃蕩本部, 1945. 10. 20)
13) 「다 가자면 앞으로 반년—늦어지는 일본인 송환」, 『자유신문』, 1945. 10. 31.

을 낭만화한 결과이기도 했다. 이런 측면에서 일본인 송환이 완료된 이후, 실제로 '부재하는 자'가 된 이들은 조선인들에게 기억의 대상으로 소환되어 구체화된 인물로서 재현될 수 있었다. 그런데 이와 더불어 주목해야 할 것은 담론 공간에서 공론화되었던 일본인이 주로 관료 혹은 범죄자 '남성'에 맞춰져 있었다면, 이후 재현되었던 일본인은 주로 '여성'으로 한정되어 있었다는 점이다. 이러한 젠더의 차이는 잔류 일본인을 기억하는 주체가 누구인지, 그 기억을 통해서 무엇이 구성되는지 등을 고려하게 한다.

황순원의 「술 이야기」(『신천지』, 1947.2~3)는 해방 직후 38이북 지역을 배경으로 적산처리문제 및 그 과정에서 발생한 조선인 간 갈등을 다룬 텍스트이다. 식민지시기 일본인이 운영하는 양조장에서 주임 서기로 근무했던 주인공 준호는 해방 이후 '적산은 조선 민족·노동계급의 것'이라는 슬로건 아래 양조장 임시 대표직을 맡아 공장을 지킨다. 이 과정에서 그는 과거 민족적/계급적 차이로 그에게 미지의 장소였던 공장 사택에 거처하게 된다. 준호는 적산가옥 외부에서부터 가장 깊은 안쪽까지 들어서면서 마치 처녀지를 탐색하듯 집 안 이곳저곳(현관, 보통객실, 온돌방, 하녀 방, 양실, 응접실, 물치간, 쪽방, 안뜰 등)과 그곳에 놓여 있는 각종 물건들(매화나무, 현판, 사진, 족자, 돌사람 등)을 꼼꼼하게 탐색하고 그 외양을 묘사하며 목록화한다. 준호에게 해방은 일본인에게 '빼앗겼던' 재산을 되찾는 순간인 동시에 그것에 대한 시선의 권력을 획득하는 기점인 셈이었다. 그리고 그 시선의 대상에는 일본인 여성 역시 있었다. 사택 내부와 마찬가지로 식민지시기 준호에게 비가시적인 존재였던 지배인 부인은 적산을 점령하고자 들어선 준호에 의해 "노년기에 들어서 탄력 없는 털색 살덩이"라든지

"살이 찐 듯하면서도 여전히 시퍼런 살색"[14], "흰자위와 검정자 위가 서로 풀려 섞인 듯 힘없이 검기한 한 눈"(149) 등의 무성화된 모습으로 묘사된다. 이혜령에 따르자면 식민지시기 일본인은 '부재하는 현존'으로만 재현될 수 있었다. 식민화란, 식민자를 식민자로서 말해질 수 없도록 만드는 은폐된 이데올로기로서의 '식민주의'를 수반하는 것으로, 식민자와 그 지배를 말해질 수 없도록 하는 것이 식민지 재현 체계의 메커니즘이었다는 것이다.[15] 그렇기에 해방은 곧 조선인이 일본인에 대해 시선·발화의 권력을 획득하고, 식민자와 식민주의를 구체적으로 재현할 수 있는 기점이 된다. 물론 그 구체화는 앞서 언급했듯 잔류 일본인이 실제 한반도에 부재하며 기억의 대상이 된 이후에야 보다 가능해진 것이지만 말이다.

공장 사장을 비롯하여 지배인, 지배인의 아들이 각각 실종, 병사, 전사하여 부재하는 가운데, 남겨진 일본인 여성과 그를 근접한 거리에서 세심하게 탐색하는 조선인 남성의 구도는 식민지시기 보는 주체로서의 '제국 일본=남성'/보여지는 대상으로서의 '식민지 조선=여성'이라는 젠더적으로 위계화된 권력 구도가 역전된 것이다. 이러한 '해방 조선=남성'/패전 일본=여성'의 구도는 다수의 해방기 서사에 공통적으로 나타나는 것으로, 국가나 민족을 남성성으로 대체하는 남성중심주의적 민족주의에 기반하고 있음은 두말할 필요가 없다.[16] 그러나 이 젠더적 위계화를 통한

---

14) 황순원, 「술 이야기1」, 『신천지』, 1947. 2, 145쪽. 이하 인용 시 괄호 안에 해당 쪽수만 표시.

15) 이혜령, 「식민자는 말해질 수 있는가」, 『대동문화연구』 제78집, 2012, 317~349쪽.

16) 식민지시기를 남성(의 힘)이 부재하는 상황에서 여성이 수난 받는 시간으로, 해방의 순간을 '탈식민 남성성의 회복'으로 구성했던 해방기 서사의 젠더화된 문법이 조선인/일본인 간 관계에 적용된 것이다. 이에 대해서는 이혜령, 「해방기 식민기억의 한 양상과 젠더」, 『여성문학연구』 제19호, 2008, 241~251쪽 참고.

식민주의 극복의 비전은 이후 소설이 진행됨에 따라 좌절된다. 처음 적산가옥에 들어서며 지배인 부인에게 적의와 분노를 품었던 준호는 그녀가 그곳에 머무르는 대가로 제공하는 일본식 일상을 향유하며 점차 적산을 자신의 사유재산으로 욕망하기 시작한다. 급기야 준호는 과거 조선에 빈 몸으로 와서 양조장 사장이 된 '나까무라의 입신출세담'을 자신의 이야기로 환치하거나, 지배인의 모습을 떠올리며 그를 모방한다.

비록 지배인 부인이 무성화된 노파라 하더라도, 그와의 접촉은 조선인 남성의 탈식민적 욕망을 훼손시키고 사적 욕망을 증폭시키는 불온한 접촉으로 그려지고 있다. 이후 준호는 공장 동료들과의 갈등 끝에 파국을 맞고, 공장 역시 과거 일본인들과 긴밀히 교류했던 조선인 자본가의 손에 넘어가게 된다. 준호가 몰락하는 과정은 결국, 과거 조선인에 대한 동화와 차별의 이중 지배전략이 펼쳐졌던 식민주의 아래 일본인을 모방하고자 하지만 결국, 분열할 수밖에 없었던 조선인의 또 다른 초상을 추적하는 과정인 셈이었다. 일본인은 사라졌지만, 식민주의를 구성했던 각종 제도와 자본 등이 여전히 횡행하는 가운데 이들을 기억한다는 것은 식민주의 청산의 비전이 어떻게 흔들리는지, 그리고 탈식민적 열망 아래 무엇이 망각되어 왔는지를 말하는 것이기도 하다. 이 소설에서 준호와는 반대로 끝까지 탈식민의 열망을 외쳤던 건섭의 '큰 입'은 해방 이후 공적 영역을 휩쓸었던 수많은 슬로건 그 자체이기도 했다. 식민지시기와의 단절 및 식민주의 청산을 외치는 슬로건이 쏟아지는 가운데, 그것과는 반대로 한 개인의 내밀한 욕망이 식민지시기 이루지 못한, 하지만 결코 이룰 수도 없고 충족될 수도 없었던 어떤 지점으로 회귀해가는 과정은 궁극적으로 탈식민의 열망 아래 망각되어야만 했던 식민지시기 조선인의 또 다른 모습을 기억해내는 도정이기도 했다.

　그렇다면 일부 일본인에 한해서 남한 내 잔류가 미군정에 의해 합법화되었을 때, 식민주의의 잔여이자 신생 국민국가의 잠재적 국민이 된 이들은 어떤 방식으로 기억, 재현될 수 있었을까. 1948년 『자유신문』에 연재된 염상섭의 장편소설 『효풍』은 1947년을 배경으로 해방기 남한의 미래상에 대한 작가 나름의 모색을 제시한 작품이다. 주요 인물인 혜란, 병직, 화순, 베커는 미국인을 대상으로 '조선적인 것'을 전시하는 '골동품점 경요각'이나 미국 문화가 혼종적으로 향유되는 '댄스홀 스왈로'를 돌아다니며 제국주의/민족주의, 좌/우 프레임 안에서 갈등·경합하며 네트워크를 구축해 간다. 그러나 이 네트워크 형성에 중요한 또 하나의 장소로 '취송정'이란 술집 또한 있다. '취송정'은 식민지시기 "화양절충으로" "웬만한 요릿집이었거나 호텔이었던"[17] '가네마스(金松)'가 해방 이후 그 이름만 달리한 곳으로, 일본인 여성 가네코(金子)가 마담으로 있다. 가네코는 일본인이지만, 그곳을 찾는 조선인들은 가네코에게 적대감이나 분노보다는 호기심과 연민을 갖는다. 더 나아가 "혜란이 마담 같고 마담이 혜란 같다는"(28) 대목에서 나타나듯, 남한의 미래상을 암시하는 조선인 여성과 식민주의의 잔여이기도 한 일본인 여성은 민족 간 갈등이나 경합 없이 겹쳐지기까지 한다.[18] 이러한 잔류 일본인에 대한 조선인들의 호의는 당대 탈

---

17) 염상섭, 『효풍』, 실천문학사, 1998, 25쪽. 이하 인용 시 괄호 안에 해당 쪽수만 표시.

18) 이는 염상섭의 다른 소설과 비교했을 때 흥미로운 지점이다. 「해방의 아들」(1949)(원제: 「첫걸음」(1946))은 한·일 간 혼혈아이자 일본인 여성과 결혼하여 일본인으로 살았던 한 남성이 해방 이후 자신의 과거를 반성하며 조선인으로 새롭게 거듭나는 과정을 다루고 있으며, 「모략」(1948)은 해방 직후 만주를 배경으로 중국인/조선인/일본인 간 새로운 에스닉 간 갈등이 발생한 상황에서, 조선인을 위해하는 일본인 남성을 조선인 자치단체가 검거, 응징하는 과정을 다루고 있다. 이 두 소설 모두 해방 직후 한반도 혹은 만주를 공간적 배경으

식민적 정념과 배치되는 것으로 보인다. 하지만 가네코가 어떤 맥락에서 1947년 남한에 수용되었으며, 어떤 방식으로 조선인들 사이에서 언급되는 지를 살펴본다면 가네코라는 인물 설정이 결코 탈식민적 상상과 괴리된 결과만이 아님을 알 수 있다.

1947년 남한에서 '취송정'을 기반으로 조선인과 교류하는 가네코에 대 해서는 우선 그녀가 식민지시기 조선인 남성과 결혼한 '일본인 처'라는 점 에서 생각해볼 수 있다. 가네코를 두고 조선인 사이에서 이루어졌던 "아 직도 일본사람이 남아 있어요?/응, 남편이 조선사람이거든"(26)이라는 문 답에서 드러나듯, 그녀는 남한 사회에서 조선인 가족의 구성원으로 자연 스럽게 받아들여지고 있다.[19] 이 자연스러움은 법적 차원에서 보장받는 것으로, 그녀는 신생 민족국가의 잠재적 소속 대상자이기도 했다.[20] 해 방 직후 남한에 있던 약 27만 명 중 861명만이 남게 되는 1946년 4월경, 미 군정은 과거 조선인 남성과 결혼한 일본인 여성에 한해서 잔류를 합법화 한다.[21] 반대로 조선인 아내를 둔 일본인 남성의 한반도 잔류는 불허되는

로 하며, 일본인과의 결별 혹은 일본인에 대한 응징을 통해 조선인 남성이 신생 조선인으 로 거듭나는 과정을 다룬다.

19) 조선인 유모의 손에 자란 가네코는 조선어에 익숙하며, 학창시절에는 M백화점 점원으로 있던 임평길(林平吉)이란 조선인 청년을 보고 호감을 느껴, 일본인 약혼자가 있었음에도 불구하고 그에게 적극적으로 구애를 한다. 약혼자가 징집되자 그는 아예 M백화점에 취직 하였고, 부모의 반대를 꺾고 임평길과 결혼한다. 이후 해방/패전을 맞자 일본으로 돌아가 지 않고 부모가 남긴 적산으로 요릿집을 사서 취송정을 만든다.

20) 김석란, 「재한일본인 아내의 국적에 관한 연구—해방이전 결혼자를 중심으로」, 『일어일문 학』 제88집, 2007 참고)

21) 해방 이후 계획송환정책을 펼치며 특정 경우를 제외하고는 전면 송환을 시행하였던 미군 정청은 1. 식민지시기 조선인 남성과 정식으로 결혼한 자, 2. 호적상의 수석의 8.15 전에 된 자, 3. 만일 아니되었다 하더라도 정처라 인정하는 일본인 여성에 한해 잔류/귀화를 합 법화했다.(「외무처, 조선남자와 결혼한 일본여성의 잔류허가계출 요망」, 『동아일보』, 1946. 5. 21) 1947년 4월 남한 내 총 861명의 일본인 가운데 820명은 조선인과 결혼한 여성들로 잔류/귀

데, '국적'='호적'을 기준으로 그들은 탈식민 민족국가 수립 과정에서 배제되어야 마땅할 불법적 존재로 간주되었다. 식민지시기 일본인 남성/조선인 여성 간 내선결혼의 비율이 조선인 남성/일본인 여성 간 비율보다 높았던 것을 상기한다면, 해방 이후 조선인·일본인 부부의 '가족―됨', '(잠재적) 국민―됨'에 나타나는 젠더적 차이는 남성중심주의적 재구조화를 수반했던 국민국가화 과정을 여실히 보여주는 것이었다. 이러한 현실적 차원과 더불어 가네코가 조선 사회에서 '안전한' 존재로 여겨지고 있는 또 다른 이유는 그녀가 한복을 입고 조선어를 능수능란하게 구사하는 등, "일본사람으로 조선사람이 되"[22]어 살아가고 있다는 데 있다.[23] 식민지 후반기 내선결혼을 다룬 소설에서 식민지 조선 남성의 결핍과 욕망이 투영된 장면 중 하나는 일본인 여성이 조선 여성의 한복을 입고 있는 장면이었다.[24] 해방 이후 남한에서 "쪽발이 왜녀가 진솔 버선을 뭉굴러 신"(26)고 사는 모습에 조선인 남성들이 느끼는 호기심과 통쾌함에는 과거 식민/피식민 간 위계화된 권력관계의 역전과 더불어 상실된 조선 남성성의 회복이라는 탈식민적 상상이 투영되어 있다.

화가 합법적으로 허용된 자들이었고, 전문기술자 30명과 일본인세화회 관계자 11명은 임시 잔류가 허용된 이들이었다(「민정장관 안재홍, 군정청기구개혁문제 등에 대해 회견」, 『동아일보』, 1947. 4. 3).

22) 앞의 책, 27쪽.

23) 이는 반대로 잔류를 선택한 '일본인 처' 가운데 조선 여성에 대한 모방이 실패했을 경우, 법적으로 잔류가 인정되었다 하더라도 조선 사회 내 안착이 어려워질 수 있었음을 의미한다. 실제 재한일본인처 모임 '부용회'에 소속된 일본인 여성 가운데 상당수는 언어적 어려움으로 인해 남한 사회에 쉽게 정착할 수 없었음을 증언한다. 이들에 대해서는 최석영, 「일본인 처들은 한국 사회에서 어떤 모습으로 살아가고 있는가」, 『실천문학』, 2001년 가을 참고.

24) 조윤정, 「내선결혼 소설에 나타난 사상과 욕망의 간극」, 『한국현대문학연구』 제27호, 2009 참고.

덧붙이자면 이 위험하지도 불온하지도 않은 가네코는 취송정을 찾는 조선인, 미국인에게 별다른 영향을 끼치지 못한다. 남편이 "기생첩을 떼어들이고 거드럭거리며"(33) 곁에 없는 상황에서 가네코는 때로는 조선인 청년 병직이나 미국인 청년 베커를 유혹하기도 하고, 또 혜란에게 병직의 월북 비용을 빌려주기도 하지만, 그녀의 이러한 행동은 별다른 결과를 낳지 못한다. 새로운 제국주의 세력 미국이 등장한 상황에서 과거 제국─식민지 체제의 잔여인 가네코가 조선인 청년들에 미치는 영향력은 미미할 뿐이다. 그러나 가네코를 대면한 조선인들이 기억의 주체가 되어 가네코의 해방 전/후 이력을 추적해간다는 점은 흥미롭다. 즉, 그녀는 조선인들에게 식민의 기억을 환기시키는 존재인 셈이다. 통감부 시대 조선으로 이주 온 식민계급의 집안에서 태어나 식민 2세대로 '게이조'를 누비며 부유하게 살았던 가네코의 과거나 해방 이후 부모가 남긴 적산으로 취송정을 차린 그 이력 등은 취송정을 찾은 조선인들 사이에서 회자된다. 더불어 가네코의 남편 임평길(林平吉) 또한 회자되는데, 가네코의 데칼코마니와도 같은 그는 식민지시기 가네코와 결혼한 후, 징병제를 피하고자 '길야평길(吉野平吉)'로 창씨개명을 하고, 이후 가네코 집안의 데릴사위로 들어가 아예 일본인으로 위장하여 살아갔던 인물이다. 그는 해방되자 "길야라는 성을 떼어버리고 임가 행세를 하"(33)며 조선인으로 다시 탄생해 적산 덕을 보며 살아간다. 과거 임평길이 일본인을 모방하면서 식민지 조선을 살아갔다면, 해방 이후에는 가네코가 조선인을 모방하면서 남한을 살아간다. 조선인/일본인의 경계를 월경했던 가네코와 임평길의 이력은 '가해자로서의 일본인/피해자로서의 조선인'이라는 이분법적 구도를 넘어 과거 식민자/피식민자 간 착종되었던 관계를 환기시킨다. 이러한 조선인/일본인 간 민족적 정체성의 경계를 넘나들었던 식민지 경험의 세목들은 '지금—여기'를 뒤흔들 수 있는 불온한 것이기보다는, '식민의 후일담' 정도에 가까울 따름이다.

일본인 여성이 남한 사회에서 더 이상 위험하고 불온한 존재가 아니라, 조선인 네트워크에 깊숙이 개입하여 그들과 일상을 영위하는 합법적 존재로 살아간다는 설정은 실상 미국이라는 새로운 제국주의 세력이 등장한 가운데 과거 식민주의 혹은 식민지 경험이 이제 일상적 차원에서 기억되어가는 것을 드러낸다. 하지만 과거 조선인/일본인 간 민족적 정체성의 경계를 넘나들었던 '월경의 후일담'이야말로 또 하나의 새로운 제국주의 세력이 등장한 상황에서 주변부의 서사로서 끊임없이 반추되고 회자될 수밖에 없는 것이었다.

3. 38이북 '일본인 수용소'와 냉전적 상상력

해방 직후, 38이북에서 소군정은 미군정 및 일본과의 외교적 협상을 거부하고 전후 소련의 재건과 북한의 노동력 충원을 위해 일본인 송환거부 및 집단수용 정책을 펼쳤다. 일본인 전문가 집단이나 민간인 남성은 노동력으로 차출되었으며, 과거 군인·경찰·공직자로 활동한 자들은 투옥되거나 시베리아 등지로 압송·억류된다. 남성 부재·국가 부재 상황을 맞은 약 30만 명의 일본인 노약자 및 부녀자들은 1946년 5월까지 학교, 사찰, 지역조합 창고, 신사 등을 개조한 수용소에서 집단수용 생활을 경험했으며, 이들 가운데 상당수는 1946년 봄부터 소련군의 묵인 아래 집단 남하한다. 일본에서 전후 전쟁 피해자로서의 일본인 상을 만드는 데 이데올로기적 효과를 발휘했던 '인양 서사'에서 고난의 경험으로 강조되었던 것 가운데 하나는 38이북에서의 경험, 특히 수용소 생활이었다.[25]

〈한반도 내 일본인 수용소 내부 풍경〉

출처: 에듀니트 미디어립-한국저작권위원회

수용소는 일본인이 조선인·소련군의 폭력으로부터 보호받을 수 있는 공간이기도 했지만, 다른 한편으로는 기아와 질병, 일본인 내부의 갈등, 소련군의 물리적·심리적 폭력 등으로 수난받았던 장소이기도 했다.[26] 수

---

25) 1946년 4월 소련군의 묵인 하 집단 남하하기까지 수용소에서 1945년 겨울을 넘기던 일본인 중 2만 5천 명이 질병과 영양실조로 목숨을 잃게 된다. 일본인 여성의 수용소 체험에 대해서는 이연식, 「패전 후 한반도에서 돌아간 일본인 여성의 귀환체험—남북간의 지역차를 중심으로」, 『한일민족문제연구』 17, 2009; 아사노 도요미, 이길진 옮김, 『살아서 돌아오다—해방공간에서의 귀환』, 솔, 2005 참고.

26) 38이남/북에 따라 그 구체적 성격은 판이하였지만, 미·소 점령군이라는 의사(quasi)—국가 권력, 과거 조선총독부 관료들을 중심으로 조직된 원호조직 '일본인 세화회(世話會)', 조선군 사령관 혹은 인민위원회와 같이 조선인 세력 간 관계에서 만들어진 일본인 수용소는 구 식민자이자, 패전국 국민, 난민이 된 일본인을 관리·통제하는 공간이었다. 이민족 월경자들을 관리·통제하는 것이 국가 운용의 핵심 사항이라고 했을 때, 일본인을 조선인으로부터 격리시켜 통제하는 이 '외국인 수용소'는 송환의 제도적 절차인 동시에, 민족국

용자가 대부분 여성이었다는 현실적 차원과는 별도로, 다수의 인양서사에서 38이북 수용소가 일본인 여성들의 장소로 제시되며 강간에의 공포가 강조되었던 것에는 인종·계급·지역을 막론하고 국가 부재의 상황에서 여성이 이중·삼중의 마이너리티의 상황에 처하게 되는 점이 반영되어 있다. 하지만 이러한 성적 긴장 상태는 그들 자신을 식민자로서가 아니라 공산군에게 수난받은 자로서만 기억하게끔 하며, 냉전 이데올로기적 효과를 자아내기도 하였다.[27] 일본인 귀환자에게 한반도 내 수용소에 대한 기억은 38이북으로 집중되어 있었으며, 38이남 수용소는 그 고난을 거쳐 발견한 '불빛'과도 같은 공간으로 언급된다.[28]

〈38이북에서 남하한 일본인을 대상으로 검역을 실시했던 의정부 일본인 수용소(좌), 미군의 구호식량을 받는 일본인 난민(우)〉

출처: 아사노 도요미, 이길진 번역, 『살아서 돌아오다』, 솔, 2005.

가 수립에의 제도적 장치(Dispositif)였다.

27) 일본의 경우, '인양(引揚)'이라는 용어로 명명되었던 이들의 귀환은 당사자의 의지로, 혹은 일본 사회의 요청으로 다양한 기록물을 통해 기억되고 재현되었는데, 그 기록들은 과거 '외지인'이었던 '귀환자'의 정체성을 정립하거나, 과거 식민지배자로서의 경험을 망각하고 전쟁 피해자로서의 일본인상을 만드는 이데올로기적 효과를 자아낸 바 있다. 박광현, 「인양 서사란 무엇인가」, 『플랫폼』 제20호, 인천문화재단, 2010. 3·4.

28) 해방 이후 한반도 내 일본인 수용소가 38이북에만 있었던 것은 아니며, 부산 수용소를 비롯해 국경 근처에 총 10개의 수용소가 있었다. 더불어 그곳들은 단순히 송환의 제도적 장치만이 아니라 미군정이 '방역', '방첩' 차원에서 남하 일본인을 관리·통제하는 성격을 띠었다.(「日本戰災者收容所 議政府에 設置」, 『동아일보』, 1946. 6. 12)

한편, 38이남/북 일본인 수용소를 둘러싼 조선인의 심상지리는 조금 상이했다. 잔류 일본인은 한국전쟁을 거치며 공산군의 전사(前史)와도 같은 민족의 적으로 기억되었지만,[29] 다른 한편으로는 조선인과 사랑, 슬픔과 같은 정동을 나누었던 개인으로도 언급되었다.[30] 특히 후자의 경우, 일본인 여성들이 수용되었던 '부산 수용소'를 중심으로 현해탄을 초월한 한·일 간 사랑이나 비극적인 이별 이야기 등으로 회자되었다. 이는 전쟁으로 인한 개인사적 비극에 대한 대중적 감수성과 남한 내 합법적 잔류 일본인이 모두 여성들이었다는 사실, 조선/일본 관계에 대한 역전된 젠더화의 상상, 냉전 체제 하 한·일 간 친연성 상승 등의 차원에서 구성된 것으로 추측된다.

그러나 1950년대 중반, 국제적십자사를 매개로 이루어진 북·일 양국 간 비/공개적 접촉으로 재일 조선인 북송과 재북(在北) 일본인 송환 문제가 논의된 끝에 1955년 4월에 약 2,061명으로 추정되는 북한 잔류 일본인 중 총 36명이 일본으로 송환된 이후[31], 남한 사회에서 잔류 일본인에 대한 기억·재현은 새롭게 구성된다. 재산 청구권 및 어업 문제, 오무라 수용소 문제 등을 놓고 일본과의 외교 관계가 민감했던 남한에서 재북 일본인 송환은 비난과 경계의 대상이었다. 하지만 이 사건은 동시에 당시 비가시적 공간이었던 38이북에 대한 새로운 상상의 지평을 열어준다. 그간 일본

---

29) 이는 한국전쟁 이후 반공주의적 관점으로 식민지 및 해방의 순간을 기억하는 서사에서 나타난다. 해방 직후 일본인은 한국전쟁 당시 공산군과 '민족의 적'이라는 층위에서 겹쳐지며, '쫓겨 가는 일본인' 형상은 공산군의 전사(前史)이자 이들의 '패망할' 미래로서 재현되었다. 이와 관련된 텍스트로는 주요한의 「이것이 꿈이라면」(『사상계』, 1955.2)과 박종인의 「물망초」(『사상계』, 1955. 8) 등이 있다.

30) 「내가 본 출입처: 운수편」, 『민주신보』, 1950. 12. 28.

31) 최영호, 「전후 북일 외교관계의 형성과정」, 『현대한일관계사』, 국학자료원, 2002, 164쪽.

인의 귀환 기록, 월남자의 증언을 통해서만 그 존재가 미미하게 드러났던 재북 일본인이 제국—식민지 체제의 미해결된 문제로 전면 가시화되었을 때, 이후 송환된 일본인의 북한에 관한 기록은 공산국가에 억류되었던 고난의 기록이라는 반공적 맥락으로 남한 사회에 수용되었다.[32] 더불어 총 36명 송환자 가운데 35명이 여성이라는 압도적 비율과 훨씬 더 많은 일본인 여성이 남아 있으리라는 추측 속에서 38이북은 공산주의 세력에 의해 일본인 여성이 헐벗은 삶을 살고 있을 공간으로, 일본인 수용소는 그 통제의 상징적 장소이자 여성 수난의 장소로 상상이 되기 시작했다.

염상섭의 「짖지 않는 개」(『문학예술』, 1955. 6)는 1945년 겨울, 38이북에서 조선인 남성이 소련군 및 일본인 여성들과 접촉한 에피소드이다. 적산문화기관 임시 담당자로 활동하는 주인공 나는 "좌익계열이 차츰 드세어가서 일이 될상스럽지 않"[33]으리라 예상하며 월남을 준비하고 있다. 담벼락을 사이에 두고 옆집에 일본인 부녀자 수용소를 둔 나는 어느 날 밤, 횡설수설하며 길을 물어보는 소련군을 돌려보내고 다음 날 일본인 여성들로부터 인사를 받는다. 소련군이 "닭도둑처럼 일본여자만 모아놓은 데로 야습을 하러 다니는" 상황에서 "제 발등의 불을 끄기 위해서나 민족적 감정으로나"(16) 조선인이라면 당연히 일본인 수용소의 위치를 소련군에게 알려주리라 여겼지만, 예상과는 달리 자신들을 보호해주어 감사하다는 인사였다. 수용소 내부는 나에게 여전히 가시화되지 않지만, 일본인 여성들의 말을 통해 그 내부 사정을 짐작한 나는 소련군의 무법적 장소에서 머

---

32) 「日人이 본 北韓: 거리, 거리에 乞人사태」, 『조선일보』, 1956. 4. 25.

33) 염상섭, 「짖지 않는 개」, 『문학예술』, 1955. 6, 17쪽. 이하 인용 시 괄호 안에 해당 쪽수만 표시.

물러야 할 그들의 상황을 동정한다. 이후 나는 소련군의 거처에서 그의 시중을 드는 한 일본인 여성을 만나는데, 그 여성에게서 "해말간 예쁘장한 모습"과 함께 "우울한 기색"(19)을 발견하고 안타까운 심정에 빠진 동시에 "계집아이 둘을 낮 번, 밤 번으로 끌어들여 놓고 쥐죽은 듯이 자빠져"[34] 있을 소련군을 상상하며 반감을 느낀다. 과거 "지방 법원 판사"였던 일본인 남성이 해방 직후 시베리아로 압송되었다가 소련군의 시중을 드는 딸의 도움으로 기적과도 같이 돌아왔을 때에도, 나는 일본인 남성의 수난에 통쾌함을 느끼기보다 초라하고 무력한 그의 모습에 연민을 느낀다. 일본인을 동정하거나 미약하게나마 조력하는 나의 태도는 월남이란 방향성이 정해진 가운데 공산주의 세력에 대한 반발로부터 나온 것으로서, 식민/해방의 기억은 냉전적 상상력을 통해 재구성되고 있다.

손창섭의 「人間時勢」(『현대문학』, 1958. 11) 역시 일본인 여성의 수난사로 한국전쟁 이후 냉전적 상상력을 통해 식민/해방의 기억을 구성하고 있다. 소련의 대일 선전포고 이후 일본 쪽 전세가 악화되자, 만주 일본인 관사촌 내 일본인들은 과거 자신들이 지배했던 중국인에게 두려움과 공포를 느끼며, 일본인 수용소가 있는 하얼빈을 향해 떠난다. 이 과정에서 야스코는 무리로부터 떨어져 아이 하나만을 데리고 홀로 길을 나선다. 그 도정에서 중국인 남성에게 발각된 야스코는 이후 "동물원에 갇힌 원숭이처럼 부락민들의 구경감이"[35] 되거나, "인육시장"(77)의 상품으로 팔리며 중국인 남성들에게 성적 린치를 당한다. 간신히 탈출한 그녀는 이번에

---

34) 위의 글, 20쪽.
35) 손창섭, 「인간시세」, 『현대문학』, 1958. 11, 65쪽. 이하 인용 시 괄호 안에 해당 쪽수만 표시.

는 소련군에게까지 성적 린치를 당하게 되고, 결국 아이마저 잃게 되면서 "숨이 붙어 있으면서도 자신을 의식하지 못하는"(70) '산—죽음'이 된다. 이 잔혹하고도 비참한 죽음의 도정은 '일본인＝집합적 유죄'로 보는 탈식민적 관점에서는 괄호로 쳐진 채 결코 기억·재현될 수 없었던 것이다. 이는 물론 과거 일본인에 의해 "보잘것없는 열등 국민이요 견마와 같이 혹사당하는 자"로 살았던 피식민자의 복수극으로 읽힐 수도 있고,³⁶⁾ 또 '난민'의 비극적 삶으로 여겨지며, 반전(反戰)을 주장하는 보편주의적 휴머니즘의 맥락에서 읽힐 수도 있다.³⁷⁾ 그러나 이 휴머니즘의 구도에서 타자화되는 대상은 한국전쟁 이후 새로운 적으로 등장한 중국인·소련인으로 일본인 여성 수난사가 냉전적 상상력을 통해 재구성되고 있음은 부정하기 어렵다.

이처럼 염상섭의 「짖지 않는 개」와 손창섭의 「인간시세」에 나타나는 '수난받는 일본인 여성'상은 한국전쟁 이후, 식민지 경험에 한국전쟁 경험이, 반일주의에 반공주의가 덧씌워진 채 식민 기억이 재구성된 결과이다. 특히, 재북 일본인 송환이 이루어지며 공산주의 세력이라는 선명한 적이 눈앞에 부상한 상황에서 식민지 경험은 상대적으로 먼 과거가 된다. 그러나 다른 한편으로 이 소설들에서 조선인 여성이 부재하고 있다는 점, 다시 말해 공산주의 세력으로부터 수난받는 여성이 조선인이 아닌 일본인

---

36) 이 소설에서 또 하나의 흥미로운 점은 조선인 남성은 애초에 부재한다는 점이다. 부재하는 조선인 남성에게는 일본인 여성의 고통스러운 수난에 대해 그 어떤 책임도 없으며, 반대로 조력할 의무도 없다.

37) 야스코의 항변에 대해 서술자는 "민족적인 감정의 발악만은 아니었다. 남성에 대한 여성의 분노였다. 운명에 대한 모성의 도전이었다. 따라서 신에 대한 인간의 항의이기도 했다."(67)라고 언급한다.

으로만 한정되어 있다는 점 역시 주목해야 한다. 전후 강력한 반공주의와 더불어 여전히 일본을 적대적 대상으로 인식하는 반일주의가 담론장을 구성했던 1950년대, 식민/해방에 관한 기억은 이 두 담론이 착종된 형태로 재구성되었던 것이다.

잔류 일본인을 둘러싼 이 같은 상상은 이후 한·일 국교 정상화가 이루어지고 문화자본 또한 한·일 국경을 넘기 시작한 1960년대, 국제연애·국제우정·국제가족 등의 모티프를 기초로 한·일 간 월경 서사로 이어졌다.[38] 이범선의 『검은 해협』(『조선일보』, 1976.4.28. ~1977.5.1)은 해방 직후와 1970년대를 교차시키며 조선인 남성/일본인 여성 간 만남을 다룬 소설로서 이후 두 차례에 걸쳐 8.15 특집 TV드라마로 극화되기도 했다. 주인공 한동욱은 식민지 후반기 학병 징집을 피해 숨은 고향에서 일본인 여성 미치코와 사랑에 빠지며 '착한 일본인'도 존재할 수 있음을 깨닫는다. 해방 이후 그는 새로운 법질서가 마련되지 않은 상황에서 자치대 대장을 맡아 마을 치안 유지를 담당한다. 특히 일본인 수용소를 설치하여 일본인을 조선인의 무차별적 폭력으로부터 보호하는 동시에 합리적 규율을 만들어 통치·관리하며, 그들 스스로 자신의 죄를 인정하도록 만든다. '좋은' 일본인과 '나쁜' 일본인이 공존하는 수용소 내 일본인의 삶은 한동욱의 통치 아래 의복·음식에서부터 노동에 이르기까지 구체화되어 제시된다. 허준의 「잔등」(1946)에서 감춰졌던, 그러나 염상섭의 「짖지 않는 개」(1955)에서는 일본인 여성의 '말'을 통해 간접적으로 밝혀졌던 일본인 수용소 내부는 한

---

38) 이에 대해서는 김예림의 「불/안전국가의 문화정치와 포스트콜로니얼 문화상품의 장―1960년대 영화와 "현해탄 서사" 재고」, 『현대문학의 연구』 제42집, 2010, 563~608쪽 참고.

반도에서 치안 및 통치권을 발휘하며 '국민―됨'으로 나아가는 조선인 남성이 등장한 이범선의 『검은 해협』(1976)에 이르러서야 전면 가시화된 셈이다.

그러나 "헐렁한 군복에 괴상한 총을 꺼구로 멘 두 소련군"[39]의 등장으로 치안은 다시 불안정해지고, 수용소 역시 "흡사 곧 잔치에 잡아쓸 닭을 가두어 놓은 닭장"(117)처럼 일본인 여성들이 소련군에게 겁탈당하는 무법적 공간으로 변모한다. 하지만 이를 막을 물리적 힘이 없는 한동욱은 결국 미치코를 남기고 월남을 선택한다. 소련군의 등장은 수용소 내 일본인 여성뿐만 아니라, 조선인 남성에게도 '국민―됨'의 층위에서 트라우마적 경험으로 제시되는 것이다. 이후 한동욱은 20여 년간 그를 그리워했던 미치코와 1970년 서울에서 다시 만나며, 이들의 만남은 "당당한 주권국가로 대등한 처지"(253)에서 이루어지는 한일수교의 메타포로 제시된다. 이는 소련군에게 통치권을 빼앗긴 채 '국민―됨'을 수행할 수 없었던 한동욱이 월남을 통해 그것을 완성한 것에 관한 확인이기도 하다. 더불어 국민국가 남한이 식민지시기 경험 및 트라우마적인 냉전 체험에서 벗어나 성숙한 '남성'이 되었음을 제시하는 것이기도 하다.[40]

하지만 한동욱의 월남 이후, 미치코를 비롯해 약 반 년간 여전히 38이

---

39) 이범선, 『검은 해협』 하, 태창문화사, 1978, 85쪽.

40) 1945년 8월 15일 직후를 소련군의 진주와 그로부터 수난 받은 일본인(여성)의 모습으로 기억하는 방식은 비단 일본으로 돌아간 식민지배자의 기억에서만이 아니라 조선인에 의한 기억을 통해서도 구현되는, 한국전쟁 이후 일정 부분 스테레오 타입화된 방식이다. 해방 당시에 대한 한 월남자의 회고에서 해방은 소련군에게 치안 권력을 빼앗기고, 소련군에 수난 당하는 일본인 여성을 무력한 일본인 남성 대신 일시적으로 구해주었던 경험으로 기억된다. 월남은 그에게 소련군에 의해 미완으로 남은 탈식민의 기획을 완성하는 것으로 실행된다. 이와 관련해서는 손진, 「언론투쟁이 뭐냐, 신문사를 부수는 거지」, 문제안 외 22명 지음, 『8.15의 기억』, 한길사, 2005, 46~47쪽 참고.

북 수용소에 남았던 것으로 언급되는 일본인들의 삶은 더 이상 재현되지 않고, 괄호에 처진다. 이제 비정상적이고 예외적인 장소인 수용소 운영을 통해서가 아니라, 질서와 정상의 세계 남한으로의 이동을 통해 조선인 남성이 궁극적으로 주권자이자 국민으로 거듭나는 과정에서 일본인 수용소 혹은 집단 수용된 존재들은 다시금 비가시적 공간/존재로 가라앉게 되는 것이다.

4. 결론을 대신하여
: (불)가능한 표상들

이 글에서는 해방 직후 잔류 일본인이 해방기 및 이후 남한의 문화 정치적 구조에서 어떠한 굴절과 변용의 과정을 거쳐 기억되고 재현되었는지를 살펴보았다. 잔류 일본인과 접촉하거나 분리되었던 경험은 남한에서 아시아―태평양 전쟁과 한국 전쟁이라는 두 개의 '전후(戰後)'를 중심으로 지속적으로 (재)구성되며 기억·재현되었다. 해방 이후 한반도 내 일본인은 미·소 점령군의 정책에 따라 약 1년에 걸쳐 송환되었는데, 이 시기 잔류 일본인과 접촉·분리되었던 조선인의 경험은 실제 이들의 송환이 완료된 이후에야 본격적으로 구체화되어 재현되기 시작하였다. 식민의 잔여인 이들은 조선인들에게 '지금―여기'에서 공존하는 존재라기보다는, '기억'의 대상으로서 부재하는 자여야만 했던 것이다. 이 글에서는 특히 기억·재현의 대상으로서 잔류 일본인이 '여성'으로 한정되어 있다는 점에 주목하여 식민 기억의 (재)구성을 둘러싼 젠더 정치의 함의를 살펴보았다. 여성으로 젠더화된 일본인은 조선인(남성)의 탈식민의 열망을 오염시키는 불온한 존재로 제시되거나, 조선인 여성을 모방하는 '일본인 처'의 모습으로, 그 불온성이 모두 제거된 채 식민의 기억을 환기시키는 후일담 그 자체로서 제시된다. 그러나 한국전쟁을 거치며 냉전적 상상력을 통해 식민/해방의 순간이 다시금 기억되는 가운데, 이들은 더 이상 식민(주의)의 잔여로서가 아니라, 38이북 '일본인 수용소'를 배경으로 공산주의 세력에 수난받는 피해자로서 기억·재현되기 시작했다. 반일주의와 반공주의의 착종 속에서 과거 잔류 일본인과 접촉하거나 분리되었던 경험들은 재구성되었던 것이다.

제국─식민지 체제의 붕괴 및 국민국가로의 전환 과정에서 동아시아에는 국적국 보호 밖에 놓인 채 생존에의 위협에 처했던 '난민' 역시 발생했다. 과거 식민자/피식민자의 경계를 넘어 이 '난민'들이 직면했던 현실적 조건들은 국민국가 시스템 그 자체가 생산해내는 것이기도 했다. 국가(State)에 따라 개인의 삶의 상태(state)가 결정되었던 것은 비단 조선인에게만 한정되는 것이 아니었다. 구식민지, 그것도 일본인 송환 정책이나 이들에 대한 처우가 열악했던 지역에서 패전을 맞은 일본인의 경우, 계급·성별에 따라 차이는 있었으나 기본적으로 국가 보호가 부재하고 생존권을 위협당하는 상황에서 '난민'으로 전락할 가능성이 있었다. 이러한 측면은 다양한 '인양 서사'에서 전후 피해자로서의 일본인상을 만들며 식민지배자로서의 경험을 망각하는 물질적 기반 가운데 하나가 되었다. 그러나 패전 직후 일본인이 처했던 현실이 전후 국가 재건의 이데올로기를 통해 어떻게 '인양 서사'에 왜곡되어 재현되었는지를 살피는 것과 동시에 중요한 것은 실제 구 식민자이자 난민이라는 이중적 위치에 놓인 잔류 일본인이 과거 식민통치를 받았던 피식민자의 입장에서는 어떻게 기억되고 재현되었는지를 살피는 작업일 것이다.

과거 식민지였던 지역에서 해방 직후 구식민자와의 접촉을 기억하고 재현하는 작업은 비단 한국에만 한정되는 게 아니라, 중국, 대만을 비롯하여 과거 일본의 식민통치지배 아래 있었던 지역에서 공통으로 나타날 수 있는, 그 자체로 해방을 기억/기념하는 전략적 방법이다. 이는 더 나아가 제2차 세계대전을 거치며 구(舊)제국주의 시대가 종결됨에 따라 유럽 각지에서도 발생한 공통적인 현상으로, 구식민자에 대해 시선의 권력, 발화의 권력을 획득한 피식민자의 자기 구축을 보여준다. 그렇기에 해방 직후 식민자와의 접촉에 대한 피식민자의 경험이 기억·재현되었던 양상은 전후 보편적 현상이자 서로 다른 맥락에서 차이를 지니는 개별 현상임을 염두에 두어야 한다. 해방 직후 구식민자와의 접촉에 대한 기억·상상이 제국—식민지 체제에 대한 경험 혹은 한국전쟁의 경험 속에서 지속적으로 생산되었을 때, 중요한 것은 그것들이 어떤 맥락과 국면에서, 어떤 굴절과 변용의 과정을 통해 재구성되는지 다각도로 살피는 작업이다. 이는 패전을 맞은 잔류 일본인의 삶 혹은 그들과의 접촉을 기억하고 재현하는 과정이 비단 식민지배자로서 일본인의 다양한 얼굴뿐만이 아니라, 조선인의 얼굴 역시 다각도로 되 비춰준다는 점에서 중요하다. 즉, 해방 이후 과거 조선을 통치했던 일본인이 과연 어떤 존재였는지를 대면하는 과정은 역설적으로 식민지시기 조선인은 과연 어떤 존재였으며, 어떤 생각을 하며 어떤 삶을 살았는가에 대한 자기성찰적(self-reflexive) 물음을 던진다는 점에서 중요하다.

그렇기에 젠더적으로 위계화된 탈식민적 상상력에 의해 역설적으로 촉발되었고, 냉전적 상상력을 통해 소거되었던 이 물음은 또 다른 층위와 함께 새롭게 제시되어야만 한다. 잔류 일본인에 대한 다양한 기억·재현 속에서 여전히 괄호로 쳐 있는 부분은 다름 아닌, 일본인 남성과의 구체적인 접촉의 기록일 것이다. 이를테면 조선인 여성과 결혼했던 일본인 남성이나 공적 영역에서 식민지배자로 활동했던 식민지배권력층 일본인 남성 등은 탈식민적 상상력, 냉전적 상상력에서 쉽게 기억·재현의 대상이 되지 않았다. 해방의 기억 속에서 이들이 공백으로 설정되어 있거나, '쫓겨 가는 형상'으로 동질화되어 추상화된 측면은 역설적으로 식민지시기 조선인의 초상을 다각도로 되비추지 못할 뿐만 아니라 더 나아가 망각하게 한다. 냉전 이데올로기에 의해 망각된 기억을 재구하기 위해서라도 이들에 대한 논의는 필요할 것이다.

'전후' 일본사회와 식민자 2세의 문학

신승모

1. 식민자 2세 문학의 범주

1945년 8월 일본의 패전 후 '인양(引揚げ)'이라는 체험을 거쳐 조선에서 일본으로 귀환한 재조일본인들 중에는 1950년대부터 일본문단에 등단해서 작품을 발표하는 작가들이 존재한다. 가지야마 도시유키(梶山季之), 고바야시 마사루(小林勝), 고토 메이세이(後藤明生), 이쓰키 히로유키(五木寛之) 등 '인양' 당시 주로 10대 중반의 학생이었던 이들은 일본의 패전 때까지 등단하지 않았던 식민자 2세(The second generation colonizer)들이고, 이들은 1950년대부터 60, 70년대에 걸쳐 일본문단에서 두각을 나타내면서 문단 내 굴지의 문학상을 받거나 후보에 올랐다. 작가마다 형상화하는 주제, 또한 작품마다 작품성의 차이는 있으나 이들은 주로 '전후[1]'의 일본사

---

1) 주지하다시피 일본은 패전 이후를 '戦後(센고)'라고 부르지만, 한국에서는 한국전쟁 이후를

회에서 유소년 시절 자신들이 체험했던 '조선'에 어떻게 마주 대하고 기억할 것인가, 또는 자신과 '조선'의 관계를 어떻게 재정립할 것인가의 문제를 작품 속에서 치열하게 모색했다.

우선 유의해야 할 점은 이들에게는 제국—식민지 시기에 이미 등단해서 기성작가로 활동하고 있던 기존의 재조일본인 작가들과는 다른 창작의 동기(motif)와 문학적 원점이 존재했던 것으로 보인다. 1930년을 전후(前後)해 식민지 조선에서 태어난 이들 작가[2]에게 있어 '조선'은 유소년 시절의 '원향'임과 동시에 강렬한 '상흔(trauma)'이기도 했다. 자신의 국가가 과거에 조선에 대해서 무엇을 해왔는가를 성인이 된 전후의 일본에서 사후적으로 깨닫고 느끼는 죄의식과 조선에서 있었던 다양한 개인적인 체험이 얽히면서 이들은 자신의 수합되지 않는 모순과 갈등을 문학적 표현과 창작활동을 통해서 전후 일본사회에 알리고 토로하고자 했던 것으로 보인다. 동시에 그 작업은 타자의 고통과 기억을 망각·배제하면서 정위해가는 전후 일본사회와 식민지와 전쟁을 경험하지 않은 일본의 전후세대에게 역사적 경험에 대한 기억의 분유(分有)와 공동의 책무를 환기하는 의미심장한 기능을 가지고 있었다.

가리킨다. 박광현은 한일 양국의 문학자들이 제국—식민지 시대의 기억을 어떻게 공적으로 재현하고 있는지를 논의하면서, 양국에서의 '전후' 인식이 어떤 방식으로 (제도적으로) 자리하게 되었는가를 비판적으로 고찰한 바 있다.(박광현, 「'전후'와 '센고戰後'—식민지 역사에 관한 기억/망각—」, 『국제언어문학』 제10호, 국제언어문학회, 2004 참조) 이 글에서는 일본에서 지칭하는 '전후'라는 용법을 비판적으로 인식하면서 이 용어를 사용하고자 한다. 이하 표기의 편의상 인용부호는 생략한다.

2) 고바야시 마사루는 1927년 경남 진주에서, 가지야마 도시유키는 1930년 '경성'에서, 고토 메이세이는 1932년 함경남도 영흥군에서 태어났다. 이쓰키 히로유키의 경우는 1932년 후쿠오카(福岡)현 야메(八女)시에서 태어났으나 생후 얼마 지나지 않아 조선으로 건너가 살게 된다.

이 글에서는 '조선'과 '인양'을 체험한 일본인 작가의 세대 간 차이점과 집단적 아이덴티티의 특징에도 유념하면서, 우선 이들 식민자 2세 출신의 문학이 1950년대부터 등장하게 되는 문맥과 그 시점의 의미를 동시대 일본사회와 문학계에서의 정황을 참조하면서 파악하고자 한다. 그리고 이를 바탕으로 이 글에서는 케이스 스터디로써 작가 가지야마 도시유키의 경우를 그의 '조선' 소재 작품과 히로시마(広島)에서 피폭당한 사람들의 전후 생활을 그린 작품을 중심으로 논의하고자 한다. 후술하겠지만 전후에 등단한 식민자 2세 출신의 작가 중에 '조선' 체험을 소설로 쓴 것은 가지야마 도시유키가 가장 빨랐고, 그는 작가활동 초반에 '조선'을 소재로 한 작품을 다수 남기고 있다. 가지야마의 작품세계를 검토하는 일은 식민자 2세의 문학이라는 테마와 관련한 연구를 진행하는 데 있어 우선 거쳐야 할 기초적인 작업이 될 것으로 판단한다.

2. 식민자 2세의 문학이 등장하게 되는 '전후'의 변화와 배경

제국—식민지 체제를 통해서 "전방위에 걸친 집약적인 방사형의 식민지 제국 구조"[3]를 형성하고 있던 대일본제국은 강압적 귀속에 의한 다민족국가였으나, 전후의 일본은 타자를 일방적으로 배제하면서 '단일민족 신화'라는 이데올로기[4]로 회귀하고자 했다. 이 과정에서 재일(在日)의 존재는 국민적 동일성에 수합되지 않는 이질적인 '외국인'으로 배제되어 갔

---

3) 姜尚中, 『オリエンタリズムの彼方へ』, 岩波書店, 1996, 86쪽.
4) 小熊英二, 『単一民族神話の起源〈日本人〉の自画像の系譜』, 新曜社, 1995 참조.

고, 동시에 패전 직후 일본사회에서는 과거 '제국'의 역사를 말하는 것 자체를 '소아병적'이라고 할 만큼 금기시해왔다. 이는 물론 과거의 역사를 망각·은폐하고자 하는 의식적인 차원에서의 작위였다. 그리고 논의의 결은 다르겠으나 전후의 일본문학도 가와무라 미나토(川村湊)가 적확하게 표현한 바 있듯이 '돌아오는 것(帰ること)'에서부터 시작되었다.[5] 잘 알려진 후지하라 데이(藤原てい)의 『흐르는 별은 살아 있다(流れる星は生きている)』(1949)로 대표되는 패전 후의 인양 서사들은 주로 패전 국민으로서 인양 과정에서 겪은 갖은 고초(박해와 굶주림, 가족의 죽음 등)와 일본에 귀환한 이후에도 계속되는 어려운 생활을 묘사하고 있는데, 거기에서는 식민자로서 자신들이 해온 일은 무/의식 속에 봉인되고, 전도된 '피해자'로서의 자기 상이 자연스레 전면에 묻어난다. 즉, 패전 직후 발표된 이들 인양 서사에서는 제국 일본으로 인해 이산되었던 피식민지인들의 고난이나 타자의 상처는 드러나지 않는 것이다.

그런데 1950년대 이후에 등장하는 식민자 2세 출신자들의 문학은 이런 패전 직후의 인양 서사와는 그 문맥과 성격을 달리한다. 우선은 1930년을 전후해서 조선에서 태어난 이들, 따라서 패전 당시 미성년이었던 이들이 20대 성인이 되어 1950년대 일본문단에 등단한다는 연령적인 조건이 전제되지만, 여기에 이들이 자신의 체험과 사상을 표현하게 되는 동시대 정치, 사회, 문학사적 맥락과 이들의 창작을 촉발시킨 외적인 동인(動因)도 또한 개재해 있었다고 보아야 할 것이다. 여기서는 식민자 2세 출신자들의 문학이 등장하게 되는 '전후'적 변화와 배경을 몇 가지 주요한 사항들

---

5) 川村湊, 『戦後文学を問う』, 岩波新書, 1995, 1쪽.

을 중심으로 소묘하면서, 내·외적인 요소가 조응하는 양상을 논의해보고
자 한다.

　먼저 동아시아의 냉전체제 속에서 발발한 한국전쟁과 이로 인한 전쟁
특수를 발판으로 삼아 진행된 일본의 전후 부흥, 고도경제성장이라는 정
치·경제적인 추이에 주목할 필요가 있다. 동아시아에서 '전후'라는 시공
간은 한국/북한과 일본, 중국, 타이완만이 아니라 소련과 미국이라는 강
력한 냉전의 정치적 자장 속에서 영위되었고, 식민지 기억이라는 문제도
이 같은 현실 정치와 연동하는 측면이 있었던 것으로 보인다. 주지하다
시피 패전/해방 당시 미·소 양국의 한반도 분할점령 군사분계선이었던
38도선은 일본의 관동군과 조선군을 양국이 분담해서 접수하기 위해 관
할을 나눈 분계선에 불과했으나, 이후 동아시아 전역을 끌어넣는 냉전구
조 속에서 고착화되면서 한국전쟁은 발발했다. 일본의 36년간에 걸친 식
민지 지배는 패전/해방이라는 결절점을 사이에 두고 한반도에 분단과 전
쟁을 가져온 빌미를 제공한 셈이고, 아이러니하게도 한국전쟁은 후방의
병참기지와 무기고 역할을 한 일본에 전례 없는 전시특수를 불러일으켰
다. 해방 후 불과 5년이 지난 시점에서 일어난 한반도의 또 다른 비극—
냉전과 열전(熱戰)이 역설적이게도 일본의 전후 '부흥'과 '독립'에 기여하였
고, 이 군수 호경기가 이후 일본의 고도경제성장기로 이어진다는 일련의
'사태'를 겪으면서 식민자 2세 출신의 작가들은 반조적으로 자신의 '조선'에
대한 기억을 소환하게 된 것으로 보인다.

　가령 문예잡지 『문학계(文學界)』 1960년 7월호에 발표된 후 그 해 아쿠
타가와상 후보작이 된 고바야시 마사루의 작품 「가교(架橋)」에서 식민자
2세 출신의 도다 아사오(戶田朝雄)와 한 재일조선인 청년의 연대는 한국전

쟁에 참전한 미국에 대한 공통적인 인식을 통해서 가능해진 것이며, 아사오는 이 재일조선인 청년과 행동을 같이하면서 자신의 '조선'에 대한 기억과 복잡한 심성을 끊임없이 반추하게 된다. 이 소설의 서사는 1952년의 현시점에서 '조선전쟁' 중인 한반도에 보낼 미군 지프차, 트럭, 전차 등을 수리하는 일본의 한 공장 앞에서 두 청년이 대기, 잠복하고 있는 상황에서 시작된다. 식민지 조선에서 태어나고 자란 아사오는 양친과 '북조선'의 소련 국경 가까운 마을에서 살고 있었고, 일본의 패전 후 인양을 거쳐 일본으로 귀환했다. 현재 19세인 아사오는 한국전쟁에 군수물자를 납품하면서 전쟁특수를 누리고 후방의 병참기지가 되어버린 일본을 비판하고 이에 저항하는 일본 공산당의 군사행동에 공감한다. 그래서 그 자신 당원은 아니지만, 군수물자를 수리하는 공장에 화염병을 투척해서 무기를 쓸모없게 만들려는 당의 이번 계획에 참가한 것이다. 이처럼 식민자 2세 출신 작가들의 '조선' 소재 작품에는 한국전쟁과 그 특수 경기에 의한 일본의 전후 부흥이나 안보투쟁 등과 같은 시민운동이 작품 속 현재의 배경으로서 배치되고 있는 경우가 많다.

한국전쟁 이후 일본에서는 1952년의 샌프란시스코 강화조약 발효와 미일안보시스템의 확립, 55년 체제의 성립,[6] 60년의 신(新) 미일안보조약

---

6) 이는 1952년 샌프란시스코 강화조약이 발효되고 그 체제를 통해 일본의 '독립'이 성립되었다는 인식을 의미한다. 즉 55년 체제 이전의 '전후'란 연합국에 의해 신탁통치를 받던 시기를 가리키는 것이었고, 55년 체제를 기점으로 '이미 전후가 아니다'라는 포스트 전후 체제를 둘러싼 논쟁이 논자들 사이에서 논의되기 시작했다. 가령 평론가 나카노 요시오(中野好夫)는 1956년에 "이미 '전후'가 아니다."라는 선언을 발표한다.(中野好夫, 「もはや「戦後」ではない」, 『文藝春秋』, 1956. 2月 号, 文藝春秋社) 경제계에서도 1956년 발행된 일본의 『경제백서』는 "더 이상 전후가 아니다."라고 선언하고, 1960년에는 당시 수상인 이케다 하야토(池田勇人)가 '국민소득배가계획(國民所得倍加計劃)'을 발표했다. 이후 일본의 고도성장은 국민소득의 향상과 더불어 본격화된다. 한편 일본공산당은 1955년 7월에 개최된 공산당 제6회 전국협의회(6전협)

체결과 이를 반대하는 시민의 안보투쟁[7], 65년의 한일수교와 그에 반대하는 한일 학생들의 데모가 일어나는 등 이 시기는 경제적으로도 사상적, 정치적으로도 격변하던 시기였다. 이러한 시기에 식민자 2세 출신자들의 목소리가 등장하고 '조선'에 대한 기억이 소환되는 문제도 같이 생각해보아야 할 것이다. 가지야마 도시유키는 1964년에 발표한 「한국의 "소리 없는 소리"를 추리하다(韓国の"声なき声"を推理する)」(『中央公論』 1964년 2월호)라는 제명의 에세이에서 1963년 12월, 18년 만에 방문한 한국에서의 견문과 체험을 바탕으로 한일국교정상화를 앞두고 '일한회담'이 진행 중인 현 상황에서 노정하고 있는 한국에서의 '반일 무드'와 한일 양국민의 역사인식에서의 현격(懸隔)한 입장의 차이를 거론하고 있다. 그럼에도 그는 앞으로의 공생적인 미래관계를 모색하고자 하는 차원에서 어떻게든 인식의 공통분모를 찾고자 노력한다. 여기에는 이승만 정권 시절부터 현 박정희 대통령 하의 한국사회의 여러 면모와 문제점을 분석하고, 이를 타개할 구체적인 방법을 모색하고자 하는 시각도 개재해 있다. 이 에세이와 같은 달에 발표된 또 하나의 에세이 「박 대통령 하의 제2의 고향(朴大統領下の第二のふるさと)」의 마지막 대목에서는 다음과 같은 가지야마의 독백이 등장한다.

돌아오는 비행기 안에서 오야(大宅)선생님이 단 한마디,

"앞으로의 오 년 사이에 경제적으로 자립할 수 있을지 없을지가 한국의 운

에서 무장투쟁 노선 방침을 포기하고 군사조직은 해체된다.

7) 1959~60년에 전개되었던 미일안전보장조약 개정 반대투쟁으로, 자민당이 개정을 강행 체결한 후인 1960년 5월부터 6월에는 전국적인 반대운동으로 발전했다.

명을 결정하겠군."

이라고 말했을 때, 나는 마음속에서 무심결에

"네. 열심히 하겠습니다!"라고 중얼거리고 있었다.[8]

이처럼 일본인이면서 한국 내의 문제를 "무심결에" 자기 일처럼 간주하는 가지야마에 대해서는 우선 이같이 '체화'된 인식 자체가 일찍이 내면화하고 있던 식민자 의식의 발로이자, 한반도의 일이라면 다른 일본인 그 누구보다도 '조선' 출신인 자신이 가장 잘 알고 있다고 하는 오만한 착각에 빠져있다고 비판해야만 한다. 더구나 동시대 북한에 대한 가지야마의 인식은 관계 개선을 도모하고자 하는 의지는 표명되지 않고, 공산권 세력을 견제하는 반공국가군의 반응과 별반 다를 바가 없어 그의 인식은 이미 냉전체제 속에 휩쓸려 들어간 한계를 보이고도 있다. 다만 같은 시기 일본에서 통용되던 일본인 다수의 역사인식을 염두에 둘 때, 이 같은 가지야마의 심성은 한편으로는 이채를 띠기도 한다. 전쟁과 식민지를 경험한 1세대들이 과거 제국의 역사를 말하는 것 자체를 금기시해오는 동안, 전후의 부흥과 고도경제성장 속에서 일본의 젊은 세대(전후 세대)들은 이웃의 한반도에 대해서는 무관심과 무지, 나아가 편견으로 시종했다. 한 가지 예로 이시하라 신타로(石原慎太郎)의 「태양의 계절(太陽の季節)」(『文學界』 1955년 7월호, 제34회 아쿠타가와상 수상) 발표 이후, 고도 소비경제사회가 시작되는 속에서 '연애 유희'나 '완전한 유희'에 탐닉하는 무궤도적이며 분방한

---

8) 梶山季之,「朴大統領下の第二のふるさと」,『文藝春秋』, 1964年 2月号, 文藝春秋社. 이 글에서의 인용은 川村湊 編·解説,『李朝残影—梶山季之朝鮮小説集』, インパクト出版会, 2002, 293쪽.

젊은이라는 '풍속 현상'이 정착하였고, 이들은 '태양족'이라 불렸다. 이 역사인식을 결여한 일본의 젊은 세대들과 한국전쟁 특수를 누리며 고도경제성장을 이루어가는 일본사회 속에서 동시대 식민자 2세 출신 작가들이 느낀 괴리감과 자기 정체성은 그 윗세대나 전후 세대와는 이질적인 것이 있었다고 여겨진다. 그들은 자신의 원향(原鄕)으로서의 '조선'='고향'과 지금─여기 일본 사회와의 균열, 혹은 괴리와 같은 것을 감지했던 것으로 보이고, 그것은 그들의 문학작품 속에서 다양한 형태로 변주되면서 형상화되었다.

그럼 다음으로 문학사적인 맥락에서 이들 식민자 2세 문학의 등장은 어떤 위상을 차지하고 있으며, 이들의 문학이 문학계에서 받아들여지는 양상에 대해 검토하고자 한다. 이 검토를 위해서는 우선 '돌아오는' 데서 시작된 전후 일본문학계에서의 전개과정과 그 지형도를 소략하게나마 파악해야 할 필요가 있을 것이다. 패전 직후 일본의 사상계와 문단은 크게 '정치와 문학 논쟁'을 주도한 '근대문학파'와 전후 민주주의 문학을 표방한 신일본문학회 간의 논쟁과 언설풍토 속에서 전개되었다고 볼 수 있다. 여기에 김달수를 중심으로 한 재일조선인 주체의 잡지 『민주조선』이 '민주주의 문학'의 확립을 기치로 내걸며 신일본문학회와 큰 틀에서 연대를 구축9)해간다는 구도가 자리 잡게 되었다. 히라노 겐(平野謙), 혼다 슈고(本田

---

9) 단, 나카네 다카유키(中根隆行)는 전후 '민주주의'라는 이념하에 재일조선인문학이 신일본문학회의 헤게모니에 편입되어가는 과정을 비판적으로 논의하면서, 신일본문학회 측 일본문학자들이 "연대라는 지표의 안쪽에 있는 민족이라는 차이를 계급론적 시좌(視座)에서 파악하고" 있었다고 지적한 바 있다. 中根隆行, 「民主主義と在日コリアン文学の懸隔」, 『〈朝鮮〉表象の文化誌 近代日本と他者をめぐる知の植民地化』, 新曜社, 2004, 278쪽.

秋伍) 등을 포함한 근대문학파 동인 7명[10]은 문예잡지『근대문학』(1946년 1월
호~64년 8월호, 총 185호 발행)을 중심으로 정치 이데올로기로부터 자립한 문
학의 '근대화'와 자율성을 주장하면서 작가(인텔리겐차)의 내면 탐구를 강
조했다. 이른바 '전후파'의 중심이 된 근대문학파 동인들은 근대적 자아의
확립=문학의 주체성 자각과 확립을 강하게 주장하며 인간 내면에 대한
깊은 관심을 중시했는데, 이 같은 관심은 문학자의 '전쟁책임' 문제에 대
한 논의로도 이어져 근대문학파는 이 문제를 주제로 좌담회를 열기도 했
다.[11] 그런데 근대문학파가 주장했던 문학의 자율성이라는 것은 어디까
지나 일본 공산당의 과도한 정치 주의에 대한 비판이었고, 그 배후에는
더욱 철저한 '근대화', 또한 개인적인 차원에서의 '근대적 자아'가 이루어졌
다면 일본사회가 파시즘에 휩쓸리지 않았을 것이라는 서구 중심적 역사
관이 자리 잡고 있었다.[12] 따라서 근대문학파의 시야에는 '동아시아'라는
관점이 없었고, 동아시아가 논의되는 경우도 거의 없었기 때문에 이들의
사상과 언설이 식민자 2세 출신 문학자들에게 끼친 영향도 희박했을 것

---

10) 히라노 겐, 혼다 슈고, 야마무로 시즈카(山室静)가『근대문학』창간동인이었고, 이후 세타
    가야(世田谷)에 거주한다는 데서 '세타가야 트리오'로 불린 아라 마사히토(荒正人), 사사키
    기이치(佐々木基一), 오다기리 히데오(小田切秀雄)가 합류하였고, 마지막으로 잡지『구상
    (構想)』을 통해 이들 그룹과 연결된 하니야 유타카(埴谷雄高)가 동인이 되었다. 이들은 1930
    년대부터 동인지를 중심으로 정신적인 교류를 해왔고, 마르크스주의 문학운동의 영향을
    받았다는 공통점을 지니고 있었다. 근대문학파의 구성 및 활동에 대해서는〈日本近代文学
    館 編,『日本近代文学大事典 第五巻 新聞·雑誌』, 講談社, 1979, 76~77쪽〉과〈서동주,「근대
    의 문학·문학의 근대―창간 직후 '근대문학파'를 중심으로―」,『한국일어일문학회 2011년
    도 하계국제학술대회 발표논문집』, 한국일어일문학회, 197~201쪽〉을 참조했다.
11) 사사키, 오다기리, 아라에 의한『문학시표(文學時標)』의 창간 및 잡지『인간(人間)』(1946.4)의
    지면을 통해 전개된 문학자의 전쟁책임에 관한 동인들 간의 좌담회 등.
12) 안천,「일본 전후 문학담론과 아시아적 시각 역사적 상상력과 자본주의적 상상력」,『창작
    과 비평』154호, 창비, 2011겨울, 85쪽 참조.

으로 보인다.

한편 나카노 시게하루(中野重治) 등 구 프롤레타리아 문학계의 작가들이 결집한 신일본문학회(1945년 12월 30일 발족)는 기관지 『신일본문학(新日本文學)』(1946년 1월 창간준비호, 동 3월 창간호~2004년 11·12월 합병호 종간)을 간행하면서 '민주주의 문학'을 전후문학의 새로운 지표로서 제시했다. 고바야시 마사루의 경우, 1948년에 일본공산당에 입당한 뒤 신일본문학회의 활동에 협력하다가 55년에 신일본문학회에 입회했다. 그는 잡지 『생활과 문학(生活と文学)』의 편집위원으로 활동하면서, 예전 한국전쟁과 파괴활동방지법안 반대 데모에 참가해 화염병 투척으로 체포·수감된 경험을 쓴 작품 『단층지대(斷層地帶)』(1958)를 발표했고, 1956년에 발표한 「포드, 1927년(フォード、一九二七年)」(『新日本文学』 1956년 5월호), 「군용노어교정(軍用露語敎程)」(『新日本文学』 1956년 12월호)과 1960년에 발표한 「가교」는 각각 그 해 아쿠타가와상 후보에 오른다.[13] 앞서 언급했듯이 '민주주의 문학'의 확립을 전후문학의 새로운 지표로 내건 신일본문학회와 『민주조선』은 큰 틀에서 연대를 구축하고 있었고, 고바야시 마사루와 같은 식민자 2세 출신의 문학자가 재일조선인을 자신의 작품 속에 꾸준히 등장시키면서 신일본문학회의 활동을 하고 있었다는 사실에 대해서는 고바야시 마사루 연구와 더불어 좀 더 논의가 필요하다.

우선 고바야시의 작품 중에는 '조선'에 대한 기억과 체험이 전후 일본사회에서 재일조선인과의 관계 속에서 소환되는 모습을 형상화한 경우

---

13) 고바야시 마사루의 연보적 사항은 〈日本近代文学館 編, 『日本近代文学大事典 第二卷』, 講談社, 1977, 48~49쪽〉과 〈이원희 옮김, 『쪽발이』, 도서출판 소화, 2007〉에 수록된 「지은이 연보」(315~317쪽)를 참조했다.

가 많은 만큼, 재일조선인의 존재라는 사실도 함께 생각할 필요가 있다. 앞서 언급했듯이 작품 「가교」에서 도다 아사오는 재일조선인 청년과 행동을 같이 하고 대화를 주고받으면서 자신의 '조선'에 대한 기억과 강렬한 체험을 반추하게 된다. 작품 「쪽발이(蹄の割れたもの)」(『文藝』 1969년 2월호)에서도 폐 외과 전문의인 가와노(河野)는 자신이 담당하고 있는 재일조선인 환자를 통해 일찍이 식민자 2세로서 자신이 경험했던 '조선'을 내면에 현현(顯現)시키게 되고, 마찬가지로 식민지 조선에서 가와노의 중학교 동급생이었던 오우치 기요시(大內潔)는 전후의 일본에서 '재일조선인문제를 생각하는 학생과 시민의 모임'이라는 연구회를 조직해서 리더로서 활동하고 있다. 고바야시의 「이름 없는 기수들(無名の旗手たち)」(『文學界』 1962년 7월호), 「눈 없는 머리(目なし頭)」(『文藝』 1967년 11월호) 등에서도 재일조선인을 통해 '조선'에서의 체험과 기억을 상기하는 식민자 2세가 주인공으로 등장하는데, 이 같은 작품 속 관계설정은 고바야시 마사루 문학이 의식적으로 형상화하는 두드러진 특징이라고 할 수 있다.

그리고 이 같은 재일조선인의 존재와 관련해서는 전후에 재일조선인 문학이 본격적으로 시동하게 되는 문맥도 같이 파악할 필요가 있다고 생각하는데, 이는 재일조선인의 존재와 문학을 같이 생각함으로써 식민자 2세 문학이 등장하게 되는 배경을 보다 폭넓게 이해할 수 있을 것으로 판단하기 때문이다. 종합잡지 『민주조선(民主朝鮮)』(1946년 4월 창간, 50년 7월까지 간행. 총 33호)을 중심으로 시작되는 전후의 재일조선인 문학[14]은 일본인의

---

14) 전전의 김사량이나 장혁주 등과 같은 이중언어 작가와는 층위를 달리하여 전후 재일조선인 문학이 탄생한 배경에는 이미 조선어를 구사해서는 쓸 수 없는 세대, 구 종주국의 언어로 자신을 표현할 수밖에 없는 조선인들에 의한 일본어 작품이 등장한다는 비틀린 상황이

왜곡된 '조선인' 이미지를 바로잡고, 일본인 독자들에 대해 '재일'이라는 자신의 존재성을 어필하는 매체라는 측면도 있었다. 이 같은 재일조선인 작가의 활동과 문학 작품은 '조선'에서 유소년 시절을 보낸 식민자 2세들에게 자신들의 식민지 체험과 아이덴티티를 문학적 표현으로 발표하게 이끄는 일종의 촉매 역할과 유인(誘因)으로 작용했을 것으로 보인다.

한편 가지야마 도시유키는 22세 때인 1952년 5월에 식민지시기 창씨개명을 소재로 한 소설 「족보」를 잡지 『광도문학』에 발표하면서 작가 활동을 시작했다. 경성 중학교에 다니던 도중 일본의 패망을 맞이하여 양친과 함께 1945년 11월 양친의 고향인 히로시마(広島)현 사에키군 지고젠무라로 귀환한 가지야마는 히로시마 2중학교 3학년으로 편입, 이후 히로시마 고등사범학교(현 히로시마대학 교육학부)까지 히로시마에서 마치게 된다. 대학 재학 중에 동인지 『천사귀(天邪鬼)』를 창간하고 히로시마문학협회와 히로시마 펜클럽을 설립하여 그 운영에도 참가한다. 이후 동인지 『広島文学(광도문학)』에 초기 작품을 발표해가면서, 히로시마 출신의 시인 하라 다미키(原民喜)의 사후 기념 시비를 건립하는 등 지역을 중심으로 한 문학 활동을 전개했다. 따라서 가지야마의 경우는 초기에 지방 동인지를 거점으로 습작과 창작활동을 시작해, 이후 중앙문단에 진출한 사례가 된다. 작가 가지야마에 관한 사항은 다음 절에서 좀 더 자세히 살펴보도록 한다.

가지야마의 남대문 소학교 3년 후배였던 작가 이쓰키 히로유키는 식민지 조선 출신인 자신의 위치를 '외지인양파(外地引揚派)'라고 표현하

가로놓여 있었다.(林浩治, 『戦後非日本文学論』, 新幹社, 1997, 13쪽; 中根隆行, 앞의 책, 263쪽 참조)

면서, 만주, 조선 등지의 '외지'=식민지에서 살다가 패전으로 인해 '내지'=일본으로 귀환한 인양자로서의 경험을 작품 속에서 그려냈다. '외지인양파'로서의 아이덴티티와 발화위치를 다른 전후파 작가와는 절대적으로 다른 경험적, 세대적 차이로 인식한 이쓰키 히로유키는 태양족 등 전후 일본사회의 세태 풍속을 작품 속에서 다루는 한편, 식민지에서 성장한 체험을 바탕으로 러시아, 유럽 등을 무대로 한 작품도 다수 발표한다. 소설현대신인상(1966년), 나오키상(1967년), 요시카와 에이지(吉川英治) 문학상(1976년) 등 일본 문단 내 굴지의 문학상을 다수 수상했고, 1978년부터 32년 동안 나오키상 선정위원을 맡는 등 신인문학상 선정위원으로도 오랫동안 활동해왔다.

1960년대 중반부터 본격적인 작가활동을 시작한 고토 메이세이는 자신의 패전체험과 인양과정을 모티프로 삼은 작품을 발표하면서 작가적 입지를 다졌다. 「무명 중위의 아들(無名中尉の息子)」(1967), 「뭐?(何?)」(1970), 「아버지에게 보내는 편지(父への手紙)」(1972), 「생각의 강(思い川)」(1974), 「아버지의 꿈(父の夢)」(1974), 『꿈 이야기(夢かたり)』(1976) 등 고토의 초기 작품군에는 자신이 태어나서 자란 '북조선'의 작은 마을(함경남도 영흥군 영흥읍)과 패전 직후 조선에서 사망한 부친에 대한 회상, 일본으로의 인양과정 등이 중심적인 주제를 이루고 있다. 연작 『꿈 이야기』로 1977년 히라바야시 다이코(平林たい子) 문학상을 수상한 것을 비롯하여 다수의 문학상을 수상한 고토 메이세이는 앞서 언급한 '외지인양파'의 일원으로 구분되면서, 동시에 일본문학사에서는 이른바 '내향의 세대(內向の世代)'로도 분류되고 있다. '내향의 세대'라는 표현은 『근대문학』의 동인이자 문예평론가인 오다기리 히데오가 1960년대 말부터 두각을 나타낸 작가 그룹을 가리켜 1972년

에 편의적으로 부른 호칭이 이후 정착한 것인데, 오다기리는 고토를 포함해 구로이 센지(黑井千次), 후루이 요시키치(古井由吉), 다카이 유이치(高井有一) 등의 작가들을 '자아와 개인적 상황'으로 자폐한 "탈이데올로기적인 내향적 문학세대"라고 비판했다. 이에 대해 문예평론가 아키야마 슌(秋山駿)은 '내향의 세대' 작가는 사회나 전후의 '문제'를 자신이 현재 살고 있는 일상성을 기반으로 한 언어로 이야기하고 있다고 반론한 바가 있는데,[15] 고토의 경우는 식민지와 인양 체험을 전후의 일본사회에서 반추하면서 현대인의 자기 존재감이라는 문제를 내면적으로 추구한 것으로 보인다.

중요한 것은 이들 식민자 2세 출신자들이 전후의 일본에서 작가로 데뷔하고자 할 때 가장 먼저 이들의 심상에 떠오른 문학적 소재는 역시 소년 시절의 원풍경으로서의 '조선'이었고, 이는 전후 일본문단에서 자신의 작가적 입지를 다져나가는 데 있어 더없이 좋은 문학적 소재였다는 사실이다. 이런 의미에서 이들은 자신들이 체험했던 '조선'을 작가로서의 출발에 있어 '이용'했다고 볼 수 있다. 동시에 그러면서도 이들은 자신들의 원점으로서의 원향='조선'에 대해 자신의 국가=일본이 과거에 무엇을 해왔는가를 전후의 일본에서 사후적으로 깨닫고 그 역사적 사실에 대해서 책임을 져야 한다는 '당사자적 의식'도 지녔다. 그리고 이 같은 의식을 자신의 작품 속에서 여러 가지 형태로 변주하면서 형상화하고자 노력했던 것도 사실이다. 전후에 등단한 식민자 2세 출신자들의 문학을 논의할 때는 이상의 두 가지 측면을 함께 고려하면서 개별 작가의 활동과 개개의 작품에 대한 분석을 해나가야 할 필요성이 요구된다.

---

15) 真下三朗·饗庭孝男, 『新編日本文学史』, 第一学習社, 1994, 183쪽 참조.

3. 가지야마 도시유키(梶山季之) 작품에 관한 시론

〈가지야마 도시유키 초상〉

가지야마 도시유키(1930~1975)는 아버지가 조선총독부의 토목기술자로 경성부청에서 근무하고 있었던 관계로, 1930년 식민지 조선의 경성에서 태어났다. 경성중학 4학년 때(15세) 일본의 패전으로 귀환할 때까지 유소년 시절의 15년 동안을 조선에서 생활한 가지야마는 앞서 언급했듯이 22세 때인 1952년 5월에 식민지시기 창씨개명을 소재로 한 소설 「족보」를 잡지 『광도문학』에 발표하면서 작가 활동을 시작했다. 가와무라 미나토는 1996년 5월 11일에 열린 제1회 가지야마 도시유키 기념강좌의 강연에서 조선에서 생활한 작가들이 각각 조선과 관련된 작품을 남기고 있지만, 전후에 조선시절의 체험을 소설로 쓴 것은 가지야마가 가장 빨랐으며, 가지야마는 식민지 체험을 문학화한 선구자였다고 말한 바 있다.[16] 가지야마는 작가활동 초반에 '조선'

---

16) 「梶葉」刊行委員会,『梶葉』Ⅳ, 1996, 280쪽. 본고에서는 〈이원희, 「가지야마 도시유키(梶山季

을 소재로 한 작품을 다수 남겼는데, 사실 일본에서 가지야마 도시유키라는 작가는 폭넓은 자료조사, 현장조사를 바탕으로 르포라이터, '기업소설(경제소설)', '산업스파이소설', '풍속소설', '추리소설', '포르노 작가' 등 당대의 유행작가로서 왕성한 집필활동을 하여 방대한 작품을 남겼으며, 매년 고액납세자 반열에 오르는 등 전후 일본의 대표적인 대중문학작가로서 잘 알려져 있다. 그러나 그에게 있어 평생의 테마는 그 자신이 밝히고 있듯이 '조선', 이민, 원폭이었고,[17] 그가 수집한 장서 가운데 조선, 이민, 원폭 관계의 자료 7천여 점은 그의 사후인 1977년에 하와이 대학 해밀턴도서관에 기증되어 '가지야마 도시유키 기념문고'로서 남아있다. 여기서는 초기에 발표된 가지야마의 '조선' 소재 작품 중의 하나인 「이조잔영(李朝殘影)」과 히로시마에서 원폭 피해를 당한 사람들의 전후 생활을 그린 「켈로이드 정사(ケロイド心中)」를 중심으로 가지야마 작품세계의 일단을 논의해보고자 한다.

之)와 조선」, 『일본어 문학』 제38집, 일본어 문학회, 2007, 408쪽)에서 재인용했다.

17) 가지야마의 어머니 노부요(ノブヨ)는 일본계 이민2세로 미국 하와이의 오아후 섬에서 태어나 9세 때에 히로시마에 있는 친척집의 양녀가 되어 일본으로 돌아온 이력을 지니고 있다. 토목기술자인 아버지 유이치(勇一)는 조선에 오기 전에 대만총독부에서 근무한 경험이 있어서 가지야마 일가는 '조선' 출신이라는 도시유키의 이력뿐 아니라 부모 모두가 이민을 경험한 가계였다. 또한, 가지야마는 패전 후 부모의 출신지인 히로시마에서 생활했기 때문에 원폭 문제에도 깊은 관심을 가지게 된 것으로 보인다. 牛口順二, 「梶山季之文学の中の朝鮮」, 『季刊三千里』第28号, 1981年冬 참조.

3-1. 부모 세대의 오욕(汚辱)을 짊어진다는 것

: 「이조잔영(李朝殘影)」(1963)론

「이조잔영」은 『別冊 文藝春秋』 1963년 3월호에 발표한 소설로, 1953년 4월에 『광도문학』에 발표한 「무지개 속(預のなか)」[18]을 개작한 작품이다. 제49회 나오키(直木)상 후보에 올랐고, 1967년 최초의 한일합작영화로 신상옥 감독에 의해 영화화되어 그해 대종상 대상 후보가 되기도 했다. 「이조잔영」은 1963년에 간행된 가지야마의 첫 작품집인 『이조잔영』(文藝春秋新社)에 표제작으로 수록되었고, 이 작품집에는 '조선'을 소재로 한 소설을 포함한 5편의 작품이 실렸다. 가지야마의 사후 그의 관 속에 넣은 저서가 베스트셀러가 된 『검은 시주차(黑の試走車)』나 「붉은 다이아(赤いダイヤ)」도 아니고, 이 첫 작품집을 원판으로 한 고단샤(講談社)판 『이조잔영』이었다는 사실[19]은 생전의 가지야마가 이 작품에 얼마만큼 애착이 있었는지를 말해준다.

작품 「이조잔영」은 1940년 여름, 경성의 사립여학교 미술교사 노구치 료키치(野口良吉)가 우연히 기생 김영순(金英順)이 추는 조선의 궁중무용을 보고 감동하여 그 아름다움을 그림으로 그려 선전(鮮展=조선미술전람회)에 출품하기까지의 과정을 묘사하고 있다. 1919년 경성에서 태어나서 자란 노구치는 어린 시절부터 종로거리가 좋아서 자주 돌아다녔을 만큼

---

18) 「무지개 속」은 후에 '조선소설'만을 모은 작품집 『성욕이 있는 풍경(性欲のある風景)』(河出文庫, 1985)에 재수록된 작품으로, 작품 속 구성과 내용은 「이조잔영」에 비해 소략하고 「이조잔영」의 습작으로서의 면모를 띤다.

19) 牛口順二, 앞의 글, 220쪽에 의함.

조선인과 조선 풍물에 친밀감을 지니고 있었지만, 왜 조선인들이 일본인을 적대시하는지 그 이유를 의문스럽게 생각할 정도로 역사적 경위에 무지한 '순진무구한' 식민자 2세로서 성장해왔다. 자신의 미술학교 졸업 작품도 종로를 무대로 삼아 파고다공원에서 쉬고 있는 조선인 노부부를 그렸던 그는 현재도 조선의 풍물과 풍속을 화폭에 담고 싶어 한다. 일본인에게는 반발과 적대적인 태도로 시종하는 김영순은 그림의 모델이 되어 달라고 부탁하는 노구치의 청탁을 거듭 거절하지만, 인간적인 교류를 쌓아나가는 과정에서 어렵게 이를 수락하고 덕수궁 잔디밭 위에서 15일 동안 모델이 되어준다. 하지만 그림이 완성되어 가는 도중에 노구치의 아틀리에에서 육군 대위시절의 노구치 아버지의 사진을 본 김영순은 앨범을 캔버스에다 내던지고는 뛰쳐나가 버리고 이후 두 번 다시 노구치를 만나주지 않는다. 김영순은 1919년 3·1 독립운동 때 4월 15일 수원 근교의 제암리에서 일어난 일본군의 조선인 학살사건[20]으로 아버지가 살해당했고(당시 그녀는 4세), 이때 학살을 주도했던 수원 발안장(發安場) 수비대의 책임자인 수비대장이 노구치의 아버지였던 것이다. 자신이 태어나던 해에 '3·1 소요사건'이 있었다는 사실조차 몰랐던—역사 교과서에도 일본인 생활 그 어디에서도 이 사건은 언급되지 않았다—노구치 료키치는 당시 일본군 측의 팸플릿 『朝鮮騷擾經過槪要』 등의 한정된 자료를 통해 제암리 사건을 치열하게 추적해가는 과정에서 "그런 무도한 살육을 한 인간으로는

---

20) 주지하듯이 제암리 학살사건은 역사적 사실로서 1919년 4월 15일에 수원 근교의 제암리에서 일본군이 독립운동의 참가자로 간주된 천도교, 기독교 신도를 포함한 민간인 수십 명을 방화, 학살한 사건이었다.

여겨지지 않"[21]는 자신의 아버지가 자행한 사실들에 절망한다.

「이조잔영」에 대해서는 지금까지 단평을 포함하여 몇 편의 선행연구가 있으나,[22] 이 글에서는 식민자 2세의 문학이 전후 일본사회에서 갖는 역사적 의미라는 문제의식하에서 이 작품을 부모 세대의 오욕을 짊어지고자 하는 식민자 2세의 심리와 태도를 형상화한 텍스트로서 해석하고자 한다. 외동아들인 자신을 더없이 아끼고 귀여워해 준 자신의 아버지가 그런 학살을 자행할 수 있다는 괴리감. 결혼 후에는 군인을 퇴직하고 현재는 경성의 남산 기슭에서 '千代田楼'라는 이름의 여관을 경영하고 있는 아버지 고헤이(荒平)가 적어도 당시 수비대의 책임자인 수비대장만큼은 아니었기를 간절히 바라는 노구치의 실낱같은 희망은 작품의 마지막에 덧없이 깨어지고 만다. 김영순을 모델로 한 유화 작품 〈이조잔영〉은 1942년의 선전에서 특선 제1석으로 입선하지만, 기생을 모델로 삼았다는 것과 "이조가 자취를 남기고 있다."는 제명이 문제가 되어 노구치는 용산의 헌병사령부로 끌려가 취조를 당한다. 당국으로부터 제명을 고칠 것을 강요받게 되는 과정에서 노구치는 취조관인 헌병 중위를 통해 그 사실을 알게 된다.

---

21) 梶山季之, 「李朝残影」, 『李朝残影─梶山季之朝鮮小説集』(川村湊 編·解説), インパクト出版
会, 2002, 81쪽. 이하 인용은 쪽수만 표기함

22) 吉田煕生, 『「李朝残影」雑感』, 『別冊新評·梶山季之の世界 追悼特集号』, 新評社, 1975年夏号
; 牛口順二, 앞의 글; 川村湊, 『妓生─「もの言う花」の文化誌』, 作品社, 2001; 이원희, 앞의
글 참조. 또한, 「이조잔영」에 대한 본격적인 논의는 아니지만, 작품 「족보」를 중심으로 가
지야마의 조선 소재 작품을 비교문예론적인 관점에서 논의하고 있는 황호덕의 글도 참조.
황호덕, 「적대적 공통감각, 민족지의 통국가적 공동상상 ─가지야마 토시유키(梶山季之)와
임권택의 〈족보〉에 대하여」, 『比較文學』Vol.36, 한국비교문학회, 2005.

노구치는 귀를 의심하고 아연해졌다.

"아버지가……그……수비대장……"

"그래. 몰랐나?" 중위는 〈뭐야, 불효자식 같은 놈〉이란 표정을 지었다. (중략)

노구치의 뺨은 눈물로 엷게 젖어 있었다. 울고 있던 것이다. 그가 가장 두려워하고 있던 일은 역시 사실이었다. (중략)

"그건 그렇고 제명은 뭐라 붙일 건가?" (중략)

"역시……바꾸지 않겠습니다. 아니, 바꾸고 싶지 않습니다."

"뭐라고?" 중위는 노기를 띠었다. 노구치는 다시 한 번 머리를 흔들고 천천히 대답했다.

"그 대신 특선을 취소하셔도 상관없습니다……"(88~89쪽)

이 작품에서 주목하고자 하는 것은 노구치라는 한 식민자 2세가 자신의 부모 세대의 오욕을 사후적으로 깨닫게 되었을 때 갖게 되는 죄의식과 고뇌의 의미이며, 그것을 형상화한 문학작품이 텍스트를 넘어 전후의 일본사회와 세대에게 발신하는, 역사적 경험에 대한 기억의 분유의 가능성이다. 가지야마는 1961년, 당시 잡지 『사상계』를 주재하던 장준하에게 보낸 편지에서 "저는 일본이 귀국(貴國)을 식민지로 삼고 있던 시대의 과거의 죄를 도려내서 일본 사람들에게 알리고 싶다고 생각합니다."[23]라고 말한 바 있는데, 이 「이조잔영」의 집필은 그 실천의 하나였다고 여겨진다. 물론 여기서도 한국 지식인에게 써 보내는 편지에서 이 같은 발언을 하는 가지야마의 의도–'조선' 출신의 양심적 일본문학자라는 자기 상의 현시

---

23) 牛口順二, 앞의 글, 222~223쪽에서 재인용.

(顯示)—를 비판적으로 의식해야겠지만, 적어도 그가 식민지와 전쟁을 경험하지 않은 세대에게 그것을 알리는 역할을 자임하고 실천했다는 점은 '조선'을 소재로 한 그의 초기 작품군을 통해서 확인할 수 있는 사실이다. 일본인 작가가 3·1독립운동과 제암리 학살사건을 소설작품 속에서 다룬 경우는 유아사 가쓰에(湯浅克衛)의 「간난이(カンナニ)」와 더불어 이 「이조잔영」이 거의 유일한 사례가 될 터인데, 이 사건을 형상화한 작가의 문제의식만으로도 작품이 갖는 의미는 적지 않다고 생각한다.

3−2. 죄와 자살, 그리고 책임의 소재(所在)
: 「켈로이드 정사 (ケロイド心中)」(1971)론

「켈로이드 정사」는 잡지 『소설현대(小說現代)』 1971년 3월호에 발표한 중편소설로, 히로시마에서 1945년 8월의 원폭 피해를 입은 사람들의 전후 생활을 다룬 작품이다. 앞서 언급했듯이 가지야마 부모의 출신지가 히로시마였고, 조선에서 귀환한 뒤 가지야마 자신도 대학 졸업 때까지 히로시마에서 생활하면서 지역을 거점으로 한 문학 활동을 펼쳤기 때문에 원폭 문제에도 깊은 관심을 가지게 된 것으로 보인다. 한 가지 예로 히로시마 출신이자 피폭을 입었던 시인 하라 다미키(原民喜)가 1951년 자살하자 그를 기념하는 시비 건립을 추진해서 동인들과 함께 실행에 옮기기도 하였고,[24] 「켈로이드 정사」 외에도 「홀린 여자(憑かれた女)」(1970), 「실험도시(實

---

24) 생전의 하라 다미키는 가지야마 등이 대학 재학 중에 창간한 동인잡지 『천사귀(天邪鬼)』에 단문을 기고하기도 했고, 죽기 직전에 가지야마 앞으로 편지(유서 중 하나)를 남기는 등의 교류가 있었다. 『천사귀』를 둘러싼 활동과 하라 다미키와의 교류, 추도 시비 건립과정 등

驗都市)」(1973) 등 원폭에 관한 주제를 다룬 작품을 남겼다. 「켈로이드 정사」
는 발표 당시 〈히로시마현 원폭피해자단체협의회〉, 〈원·수소폭탄금지 히
로시마현협의회〉, 〈원폭문헌을 읽는 모임〉 등의 시민단체로부터 피폭자
차별을 조장한다는 항의가 쇄도했지만, 가지야마는 피폭자의 입장에서
실화를 모델로 작품을 썼다는 코멘트를 『쥬고쿠(中國)신문』에 게재하기도
했다. 켈로이드(keloid)는 화상, 궤양 등이 아문 뒤에 생긴 흉터를 말하는
데, 일본에서는 원자폭탄의 방사능과 열선(熱線)으로 피폭당한 자국을 지
칭하는 경우도 있다.

　작품의 서사는 주간지의 그라비어 담당의 기자 가케이 세이이치(筧誠
一)와 카메라맨 고지마(児島)가 취재차 방문한 홋카이도(北海道) 고마가다
케(駒ヶ岳)의 인적 없는 설원에서 서로 껴안고 동반 자살한 남녀의 시신
을 우연히 발견하면서 시작된다. 남녀의 신원을 알만한 것이 하나도 없는
가운데 사망한 두 사람 다 얼굴 반쪽에 흉한 켈로이드 반흔이 있고(남자는
오른쪽, 여자는 왼쪽) 경찰 부검 결과 여성이 임신 6개월이었다는 사실 등이
밝혀지면서, 가케이는 여러모로 석연찮은 점이 많은 두 사람의 생전 행적
을 추적하기 시작한다. 사건의 진상을 밝히고자 하는 취재기자 특유의 근
성과 특집기사가 될지도 모른다는 기대가 어우러지면서 조사를 시작한
가케이는 사망한 남자가 남긴 미발표의 소설과 일기, 편지, 기록, 주변 사
람들의 증언 등을 통해서 이들 두 사람이 동반 자살이라는 극단적인 선택
을 하기까지의 경위를 알게 된다. 거기에는 사토 다카오(佐藤隆夫)·요시에
(芳枝)라는 어린 남매가 1945년 8월 6일의 히로시마 원폭으로 부모를 잃고,

은 가지야마의 회상 에세이 「天邪鬼」のころ(『小説新潮』 1972. 1月 号, 新潮社)에 자세하다.

고아원(戰災孤児育成所)을 거쳐 성인이 되어 사회에 나왔지만, 여러 가지 요인이 겹치면서 세상을 등지고 근친상간 끝에 아이까지 임신하게 되는 과정이 기록되어 있다. 간단하게 요약했지만, 이 작품이 형상화하는 이 남매의 반생은 희망의 빛이라고는 보이지 않는 고뇌의 연속이었고, 읽고 있자면 우울해지는 절망의 서사이다. 다만 이 글이 이 작품에서 주목하는 바는 기자 가케이라는 화자를 통해 의식적으로 제기되고 있는 인간의 죄와 책임이라는 문제이다.

작품 속에서는 1954년에 일어난 후쿠류마루(福竜丸) 선원들의 피폭[25]을 비롯하여, 원폭상해조사위원회(ABCC)의 활동[26], 히로시마 메이든 (Hiroshima Maiden) 프로젝트 등 전후 미국이 실행한 일련의 핵병기 실험과 그 사후 처리방식이 비판적인 어조로 배치되고 있다. 다카오·요시에 남매는 1955년 미국이 주도한 '겐바쿠오토메(原爆乙女: 피폭당한 처녀들)의 모임'=히로시마 메이든 프로젝트에 단 한 번 희망을 품게 된다. 실제로 이 기획은 미국 시민의 자발적인 기부로 25명의 히로시마 출신 젊은 여성 피폭자들을 뉴욕에 초대하여 미국의 발달된 성형수술과 백인 가정의 따뜻한 환대 속에서 '양녀(adoptee)'로 지내는 가족적인 문화 체험을 제공했다. 당시 태평양을 건너 미국에 온 히로시마의 희생자 처녀들은 미국과 일본

---

25) 주지하듯이 1954년 3월 1일 미국의 수소폭탄 실험(비키니 환초)으로 인근에서 조업 중이던 원양어선 제5 후쿠류마루 선원들은 전원 방사능 피폭을 당했다. 실험 당시 후쿠류마루 선원들은 미국이 설정한 위험 수역 밖에서 조업하고 있었지만, 수소폭탄의 위력은 예상을 훨씬 뛰어넘어, 당시 피폭자는 2만 명이 넘는 것으로 알려져 있다. 이를 계기로 일본 국내에서는 강렬한 반핵운동이 일어났지만, 미국은 사건을 왜소화하고 선원 사망이 "방사선이 직접적인 원인은 아니다."라는 견해를 공식적으로 발표했다.

26) ABCC(Atomic Bomb Casualty Commission)는 1945년 8월의 원자폭탄에 의한 상해의 실태를 조사기록하기 위해 미국이 히로시마 히지야마(比治山)에 설치한 기관으로, 조사가 목적이라는 이유로 피폭자의 치료에는 일체 임하지 않았다.

양측 국민들 모두에게서 열렬한 지지와 성원을 받았으며, 공히 감동적인 '용서'와 '화해'의 트랜스내셔널한 드라마를 연출한 바 있다.[27] 가난한 처지의 다카오 남매는 그때까지 성형수술 등의 치료를 받을 수 없었고, 다카오는 요시에가 미국에 건너가 치료를 받는 동안 자신은 결혼을 해서 가정을 이뤄놓고 요시에를 맞아들일 것을 공상하며 삶에 희망을 품는다. 하지만 본국으로 데려갈 '겐바쿠오토메'를 선발하는 담당 미국인 의사는 켈로이드가 고쳐질 만한 사람만을 골라 선발했고, 완치가 어려울 정도로 심한 켈로이드를 지닌 요시에는 그 선정에서 떨어지고 만다. 피폭당한 사람의 치료받을 당연한 권리라고 생각했던 다카오는 이 기획이 결국 인간적인 차원에서의 선의에서 시작된 것이 아니라, '용서'와 '화해'를 내건 허울뿐인 '보여주기'이며 기만적인 이벤트임을 깨닫고 절망한다. 이후 시작되는 두 사람의 근친상간과 주변의 차가운 시선, 임신 후 피폭에 의한 백혈병과 기형의 염려 등 서사는 다카오 남매가 "죄 깊은 생애의 막을 내리기"[28]까지의 과정을 그려내고 있는데, 동반 자살에 즈음하여 남긴 다카오의 일기에는 근친상간을 비롯한 자신의 죄악을 속죄하고자 하는 심정이 토로 되고 있다.

하지만 이들을 죄와 자살로 몰고 간 더 깊은 죄악과 책임이 따로 있지 않은가? 그 책임의 소재(所在)를 화자 가케이는 작품 마지막 장면에서 다

---

27) 히로시마 메이든 프로젝트에 관한 내용은 〈장세진, 「귀화의 에스닉 정치와 알리바이로서의 미국—'해방' 이후 장혁주의 선택과 「아, 조선(嗚呼朝鮮)」(1952)—」, 『현대문학의 연구』 Vol.45, 한국문학연구학회, 2011, 61쪽〉의 해당부분을 인용했다. 덧붙여 장세진의 논의는 〈Caroline Chung Simpson, An absent presence: Japanese Americans in postwar American culture, 1945~1960, Duke University Press, 2001, 116쪽〉에 의거하고 있다.

28) 梶山季之, 「ケロイド心中」, 『梶山季之傑作集成15 さらば京城』, 桃源社, 1973, 287쪽. 이하, 인용은 쪽수만 표기함.

음과 같이 반문한다.

"하지만 사토 남매를 이렇게 만든 것은 도대체 누구의 죄인가?"(288쪽)

가케이는 인쇄소에서 근무하던 사토 다카오가 마지막으로 남긴 인쇄용의 지형(紙型)이 『일그러진 사랑이야기(歪んだ恋の物語)』라는 제명의, "우리들 남매의, 고통스러웠던 25년의 전후 생활"(277쪽)을 담은 미발표의 자전적 소설임을 알고 추도를 위해서라도 이것을 책으로 출판해서 세상에 내놓으려고 마음먹게 되는데, 여기서는 원폭을 비롯하여 미국이 전후 동아시아의 냉전체제 안에서 자행한 각종 핵병기 실험과 그 사후 처리방식, 또한 피폭 사건이 일어날 때마다 미국 정부의 일방적 합의처리에 그대로 따를 뿐 피폭당한 자국민은 그대로 방치해두는 일본 정부의 행태에 대한 화자의 분노를 느낄 수 있다. 그리고 이 분노는 특정한 국가나 국민이라는 위치, 구획을 넘어 인간적인 차원에서 발신하는 정당한 비판으로서 받아들일 수 있다고 생각한다.

가지야마 도시유키의 소설 「잘 있거라, 경성(さらば京城)」(1971)에서 식민자 2세 출신의 여주인공 오나 야스코(小田康子)는 자신이 태어나고 자란 서울(경성)을 전후의 일본에서 그리워하면서도, 회향의 정을 품는 스스로에게 "그 착취와 압정(壓政)에 가담한 측의 인간이 과연 그리워하거나, 옛날 그대로라고 기뻐하거나"[29] 해도 용인되는 것인지를 필사적으로 반문

---

29) 梶山季之, 「さらば京城」, 『李朝残影—梶山季之朝鮮小説集』, 209쪽.

한다. 이 글의 본문에서 지적했듯이 가지야마를 비롯해서 전후에 문학 활동을 시작한 식민자 2세들은 '조선'에서의 체험을 문학적 소재로 삼아 이를 자신의 작가적 입지 확립에 '이용'했다. 이 점은 식민자 2세 출신자들의 문학을 평가할 때 가장 우선적으로 거론되어야 할 사항이며 비판받아야 할 사실임이 틀림없다. 다만 동시에 이들이 작품 속에서 표현하고자 했던 일본(인)의 전쟁과 식민지 지배에 대한 책임의식에 일말의 진정성이 담겨있음도 또한 사실이라고 봐야 할 것이다. 가지야마 도시유키라는 작가는 일본에서 당대의 유행작가로서 유명했지만, 한편으로 그는 식민자 2세 출신으로서 식민지와 전쟁을 둘러싼 부모 세대의 오욕을 자신이 어떤 방식으로 짊어지고, 전후 세대에게 알려야 할지를 '조선'을 주제로 한 초기 작품군에서 고민한 것으로 보인다. 동시에 원폭을 비롯하여 미국이 전후 동아시아의 냉전체제하에서 자행한 각종 핵병기 실험과 그 사후 처리방식을 인간이라는 보편적 차원에서 비판한다는 두 가지 작업을 진행한 작가였다고도 평가할 수 있을 것이다.

이 글에서는 식민자 2세의 문학이 전후 일본사회에 등장해서 받아들여지는 맥락과 배경을 살피면서 작가 가지야마 도시유키 작품세계의 일단을 논의해보았다. 향후 가지야마를 포함하여 고바야시 마사루, 고토 메이세이, 이쓰키 히로유키 등 다른 식민자 2세들이 산출한 문학도 통합적으로 논의하면서, 조선체험과 '인양'의 기억을 둘러싼 일본인 작가의 세대 간 차이와 특징, 그리고 그것의 역사적 의미를 부각시켜보고자 한다.

제 3부 · '흥행'하는 제국의 극장·영화

제국─식민지를 이동하는 영화인들

양인실

1. 시작하며

이 글에서는 일본 내지에서 식민지 조선으로 건너가 영화계에 종사했던 이들과 조선에서 생활하던 일본인사회에서 영화가 수행했던 역할을 살펴보고자 한다. 최근 많은 학제적 연구들이 식민지시기의 문화에 대해 높은 관심을 보이고 있지만 재조일본인[1]과 영화에 관한 연구는 아직 미비한 편이라고 할 수 있다.

그런데 재조일본인과 영화의 관계를 살펴보기 위해서는 몇 가지 시

---

[1] 본 연구에서 사용하는 재조일본인이라는 용어는 일정기간이상 조선에 거주한 일본인이라는 의미이다. 영화계와 관련이 있는 일본인들의 경우 일본 내지의 영화사에서 파견된 임시직 사원인 경우도 많았는데 이들은 본 연구대상에서 제외했다. 그리고 특별한 제시가 없는 한 편의상 일본 내지는 일본, 식민지 조선은 조선, 게이조/경성은 경성으로 통일했다. 또한, 일본인/조선인으로 호칭을 통일하여 사용했으나 통계자료의 인용 및 1차 자료를 인용할 경우 원문대로 표기했다. 지명과 영화관 이름은 될 수 있는 한 일본식 표기를 따랐다.

점과 그에 따른 자료를 살펴볼 필요가 있다. 첫째, 식민지에 살았던 식민자의 생활에서 영화가 담당하는 역할은 무엇이었을까 하는 점이다. 구체적으로 말하자면 영화가 어떻게 그들 사이에서 수용되었는지를 생각하는 생활사적 접근법이다. 이를 위해서는 재조일본인들이 남긴 일기와 수기, 그리고 당시 잡지와 신문기사들이 1차 자료가 될 것이다. 두 번째로는 영화정책의 문제이다. 이는 정치적 입장에서 재조일본인과 영화의 관계를 생각하는 접근법인데 조선 내의 영화검열이나 취체법관련 자료들이 주 대상이 될 것이다. 세 번째 시점은 제국일본 내의 영화산업을 분석하는 접근법이다. 당시 조선보다 영화산업이 발달한 일본을 떠나 왜 조선에서 영화산업에 종사하려고 했는지, 즉 주로 조선에서 활동하던 영화인들에 대한 접근이 될 것이다. 이 세 가지 시점으로부터, '국경'을 넘어 제국일본의 영화공간에서 그 일부를 구성했던 재조일본인들과 영화를 재조명하려는 것이 본 연구의 목적이다. 이를 위해서 당시에 일본에서 발행된 영화잡지와 신문을 주로 살펴보겠다.

그리고 이 글은 재조일본인 커뮤니티의 형성시기인 19세기 말에서 20세기 초가 아니라, 영화의 전성기와 변화를 맞이하던 1920년대 및 30년대를 대상으로 한다. 왜냐하면, 한국영화사를 보면 1930년대, 1960년대, 1990년대 후반에서 2000년대 초반이라는 세 시기가 한국영화의 르네상스기로 평가되고 있는데, 이들 시기에는 국경을 넘는 영화인들의 존재가 영화의 질적, 양적 증가를 가져왔다는 특징이 있기 때문이다. 그리고 영화가 대중매체로 자리 잡는 과정이었던 19세기 말부터 20세기 초까지 세계사적으로는 제국이 팽창하던 시기였으며 이와 더불어 사람들은 제국에서 식민지로, 또는 식민지에서 제국으로, 또는 나라에서 나라로 이동하게 되었다. 이런 사회적, 정치적 변화는 영화에도 큰 영향을 미치게 되었다. 20세기는 바야흐로 이민과 전쟁과 제국의 시대였으며 영화도 이를 반영하면서 성장했다고 할 수 있다.

이 글은 한국영화의 첫 전성기였던 1930년대에 식민지 조선과 일본을 왕래하면서 영화계에 몸담았던 이들을 연구하기 위한 시론이다. 최근에 식민지시기의 영화와 문화에 대한 연구가 활발하게 진행되고 있지만, 조선과 일본을 오가며 영화계에 종사했던 일본인들에 대한 연구는 아직 미흡한 편이다. 이 글은 그러한 점을 보완하고 영화사에서 잊힌 이들을 다시 불러내어 그들이 한국영화사에서 차지하는 역할에 대해 재조명하는 작업이 될 것이다.

2. 내지에서 조선으로, 영화인의 이동

1895년에 뤼미에르 형제가 영화의 대중화에 성공한 지 6개월 만인 1896년 일본에도 영화가 유입되었다. 영화는 19세기 말까지 발명/발견된 많은 대중매체 중에서 가장 빨리 세계 곳곳에 동시다발적으로 보급된 미디어 중 하나였다. 카메라를 어깨에 멘 많은 이들이 동시에 세계 곳곳으로 파견되어 '이국적인 정취와 풍경'을 찍기 시작했다. 이처럼 영화는 그 시작부터 국경을 넘나들며 이동하는 미디어라는 특징을 가지고 있었다.

한편 일본에서는 각 영화사가 영화상영에만 만족하지 않고 자체적인 영화촬영소를 설립하기에 이르렀다. 1904년에는 요시자와상점(吉沢商店)[2]

---

2) 요시자와상점은 가와우라 겐이치(河浦謙一)가 도쿄 긴자(銀座)에 설립한 회사로 창립년도

이, 1905년에는 요코다상회(橫田商会)[3]가, 1908년에는 M파테상회가, 1910년에는 후쿠호도(福宝堂)가 각각 촬영소를 정비했고, 1911년에는 영화를 상영할 수 있는 영화관들이 많지 않아 상설관을 둘러싸고 치열한 경쟁이 벌어졌다. 촬영소가 설립되기 시작한 1905년을 전후로 하여 일본국내 영화시장은 1901년 중국에서 일어난 의화단사건, 1903년 오사카박람회, 1905년 청일전쟁 등 인쇄매체보다 스펙터클한 '눈으로 보는 뉴스'를 필요로 하는 관객들이 나날이 늘어가는 상황이었다. 그러나 청일전쟁이 끝나고 전쟁특수도 사라진 일본사회는 극심한 불황에 빠졌고, 급성장한 영화산업에 위협을 느낀 도쿄극장조합이 동 조합소속 배우들의 영화출연을 금지시키면서 각 영화사는 고민에 빠지게 되었다. 개인 경영의 소규모 영화사로는 이 상황을 타개할 수 없는데다가 영화사들끼리의 경쟁보다 협력이 필요하다는 판단하에 1912년에 위의 네 회사는 트러스트인 닛카쓰(日活)를 설립했다. 이외에도 1910년대 말에서 1920년대에 걸쳐 쇼치쿠(松竹), 다이쇼카쓰에이(大正活映画), 데이코쿠키네마(帝国キネマ)가 새롭게 영화제작을 시작했다.

이런 일본국내 시장의 포화상태에 한계를 느낀 각 영화사는 해외에 일본인들이 많이 거주하고 있는 지역으로 눈을 돌리게 되는데 주로 그 대

는 명확하지 않다. 가와우라 겐이치는 도야마(富山) 출신이었는데 친척뻘인 도쿄의 요시자와 가(家)의 양자로 들어가, 게이오대학에 다니면서 아르바이트로 사진, 환등기, 우키요에, 우표 등의 수출을 주 목적으로 하는 요시자와상점을 설립했다. 1897년 이 가게의 단골이었던 이탈리아 용병 브라치알리니(Bracialani) 소좌가 시네마토그래프를 가져오면서 본격적으로 영화산업에 나서게 된다(田中純一郎, 『日本映画史発掘』, 冬樹社, 1980, 227~239쪽).

3) 요코다상회의 창립주는 요코다 나가노스케였는데 그의 본명은 다카기 나가노스케이다. 형인 요코다 만주노스케와 함께 파리만국박람회를 시찰한 후 시네마크래프트를 가지고 교토로 돌아와 1903년에 '요코다형제상회(橫田兄弟商会)'를 개업했다. 나중에 이를 요코다상회로 개칭했다. 한편 요코다상회 이외의 촬영소는 모두 도쿄에 설립되었다.

상이 된 곳은 하와이, 샌프란시스코 등의 미주지역과 '남지나 및 인도남
양방편'이었다. 1910년 말 요코다상회의 사원들은 필름을 가지고 미국으로
건너가 활약하기 시작했다. 미국에서 일본인이 경영하는 영화관들이 설
립되기 시작한 것은 1920년대였고, 일본의 다른 영화제작사들이 미국 내
영화배급을 시작한 것도 1920년대였는데 요코다상회는 백인들이 경영하
는 영화관에 자사 영화를 배급한 것이다. 초창기 요코다상회의 미국 내
영화배급은 일본인이 많이 거주하는 곳인 샌프란시스코와 오클랜드가
중심이었다.[4]

한편 일본 내 영화시장의 포화상태는 이미 일본인들의 이주가 활발히
이루어지고 있던 조선과 타이완, 그리고 중국대륙의 봉천, 대련 등지에
도 각 영화사가 시장을 확대할 수 있는 계기가 되었다. 요코다상회의 조
선 진출은 미국보다 이른 1908년인 것으로 추측된다. 1908년 3월 28일 자 황
성신문의 「활동사진어람」을 보면 요코다상회가 조선 경성의 진고개에 출
장소를 차리고 조선의 황태자가 일본에 체류할 당시의 상황을 전하는 필
름을 상영했다고 한다.[5] 그리고 같은 신문 4월 15일 자에는 요코다상회의
기사가 도한(渡韓)하여 상영회를 했다는 기사가,[6] 4월 17일 자에는 요코다
상회 일행이 창덕궁에서 활동사진회를 개최했다는 기사가,[7] 4월 30일 자
에는 인천 가부키자(歌舞伎座)에서 활동사진을 상영한다는 기사가 실렸

---

4) 미국 내 일본영화의 배급에 관해서는, 板倉史明, 「映画にみる戦前の米国日経移民」, 京都大
　　学人間環境科学研究科博士号請求論文, 2005를 참고했다.
5) 「활동사진어람」, 『황성신문』, 1908. 3. 28.
6) 「사진어람」, 『황성신문』, 1908. 4. 15.
7) 「활동사진어람」, 『황성신문』, 1908. 4. 17.

다.[8] 이 기사들을 보면 요코다상회가 처음에는 경성에서 주로 영화 상영을 하다가 일본인이 많이 거주하는 인천 등지로 그 대상을 확대했음을 확인할 수 있다.

참고로 여기에서 구체적으로 언급하지는 않겠지만, 대만의 경우에도 조선과 비슷한 시기에 일본의 영화사들이 진출한 것으로 보인다.[9] 그러나 조선에서처럼 일본의 영화사들이 지속적인 성공을 거두지는 못했다. 일본 영화사들이 대만에 진출하기 시작한 1910년대 중반의 상황을 보면 "마침 대만 재계의 황금시대와 맞물려 니시무라 라쿠텐(西村楽天)[10]군이 자랑삼은 활변을 토해내면서 대대적인 해설을 할 때의 대만은, 영화만 훌륭하다면 반드시 성공한다는 식민지흥행의 좋은 본보기였는데, 지금은 침체되어 활영계는 한산"해졌다.[11] 1933년 11월에는 대만의 신주시(新竹市)에 일본제국 내 최초의 시영영화관이 생기기도 했는데 이는 영화계의 부진상태를 타파하기 위한 노력의 일환이었다.[12]

이와는 대조적으로 조선에 진출한 영화사들의 경우 식민지통치가 끝나갈 무렵까지 지속적인 성황을 누렸다. 닛카쓰가 1918년, 쇼치쿠는 1921년, 데이코쿠키네마도 명확하지는 않지만 1921년을 전후하여 각각 경

---

8) 「가무사진」, 『황성신문』, 1908. 4. 30.

9) 식민지 타이완과 일본영화의 관계에 대해서는, 다무라 시즈에(田村志津江)의 『はじめに映画があった―植民地台湾と日本』(中央公論社, 2000)을 참조할 것. 그리고 식민지 타이완에서 상영된 일본영화에 관한 자료집으로는 가와세 겐이치(川瀬健一) 편, 『植民地台湾で上映された映画 1899年～1945年』(전2권, 東洋思想研究所, 2010)을 참조. 이 자료집에는 식민지 타이완에서 상영된 모든 영화의 목록과 관련 광고가 게재되어 있다.

10) 일본인 변사의 이름

11) 『映画年鑑』 1926, 102쪽.

12) 『国際映画年鑑』 1934, 131쪽.

성에 진출했다. 일본 내 영화사의 조선 진출은 이와 맞물려 많은 영화관 계자 또한 조선으로 이동했음을 의미한다고 할 수 있다. 영화관 운영자, 영화해설자(변사), 각 영화사의 사원들, 그리고 각 영화사 직영관의 동향을 취재하는 영화 관련 신문사와 잡지사의 기자(특파원)들이 '국경'을 넘어 조선으로 이동했다.

한편 조선에서는 19세기 말부터 개항도시에 이미 일본인들이 많이 거주하고 있었다. 개항도시에는 일본인 거류지가 형성되었고, 1910년대에 이르면 부산, 인천 등에는 일본극과 마술, 신파극과 더불어 활동사진을 상영하는 극장도 많이 생겨났다. 개항도시뿐만 아니라 조선 내 일본인 최대 거류지가 있던 경성에도 일본인이 경영하는 극장이 있었고, 일본 내 영화제작사들의 순회 상영도 이루어졌다. 조선 내 영화흥행에서 일본인의 비율은 점점 높아졌고 1910년대 조선의 영화흥행계는 일본인들이 장악하게 되었다.[13] 결국, 일본국내 영화시장의 포화상태라는 배출요인과 조선 내 영화계에서 이미 안정적으로 자리를 잡은 일본인 영화관 및 산업이라는 흡입요인이 맞물려 제국일본 내의 영화인들의 이동이 이전보다 훨씬 활발해졌다.

재조일본인들의 대표적 잡지 『조선공론』은 이런 상황에 대해, "만선 영화계는 지금 놀랄 만큼 장족의 진보를 거두었으며 키네마계의 황금시대를 형성하고 있다."고 평했다. 또한, 이 기사는 이어서 경성의 영화관 경영주 및 영화해설자 17명, 부산의 영화관 경영주 및 영화해설자 9명, 이

---

13) 초창기 조선영화에서 일본인들이 차지하는 비율과 역할에 대해서는, 한상언, 『활동사진시기 조선영화산업연구』(한양대학교대학원 영화전공 박사학위논문, 2010)를 참조했다.

외에도 대구, 인천, 원산, 평양에 있는 영화관경영자 및 영화해설자들에 대한 평을 기술하고 있는데, 대련을 제외한 만주의 영화계는 조선에 비하면 많이 뒤처진다고 논하고 있다.[14] 1927년의 조사에 따르면 조선에서 활동하고 있는 활동 변사의 수는 내지인과 조선인을 합쳐서 115명인데, 이 중 내지인이 73명, 조선인이 43명이었다.[15] 조선의 영화계에서는 일본으로부터 이동하는 사람들이 많아지자 이를 조정하는 역할을 담당하는 사람들까지도 있었다.[16]

3. 재조일본인들의 역할

위에서 언급했듯이 1910년대에서 1920년대에 걸쳐 일본 내 영화사들은 조선으로 진출하는데 이후 조선 전국의 도시에 영화관들이 건축되었으며, 1931년 당시 일본인 명의 또는 조선인과의 공동명의로 등록된 영화관은 78곳에 이르렀다. 조선 내 영화관의 경영주가 대부분 일본인이었다고도 볼 수 있는데, 영화검열의 구체적 내용을 보면 영화관 경영 이외에도 당시 조선의 영화산업에서 일본인 영화인들이 담당한 역할을 알 수 있다. 조선총독부경무국에 따르면 1926년 8월 1일부터 1927년 7월 31일까지 1년 동안 흥행을 목적으로 검열을 신청한 건수는 내지인/조선인 신청이 1,268/404(단위는 건)이며, 비흥행목적의 검열신청건수는 내지인/조선인 신

---

14) 本誌記者, 「満鮮映画界人物総捲くり 経営者評論＝説明者評論」, 『朝鮮公論』, 1922. 10~11, 144~153쪽.

15) 한국영상자료원 편, 『1910~1934 식민지시대의 영화검열』, 한국영상자료원, 2009, 285~286쪽.

16) 『映画年鑑』 1926, 103쪽.

청이 18/0이었다. 또한, 검열신청자를 보면 내지인이 전체 신청자 2,422명 중 1,286명으로 전체의 54%를 차지한 반면 조선인 검열신청자 수는 404명으로 전체의 16%를 차지했다.[17] 그리고 1932년 조선총독부경무국 도서과의 조사자료에 따르면 조선 내에 주재하는 영화배급업자의 수 및 배급상태는 【표】와 같다.

한편 1923년에서 1934년까지 조선의 영화계에서 영화제작자들을 조사한 통계자료를 보면, 내지인 경영의 제작사가 10곳(제작편수는 내지극 22편, 순조선극 23편, 합계 45편), 조선인 경영의 제작사가 16곳(순조선극 31편)인데, 영화제작사들의 대부분이 소멸하여 현존하는 곳은 6사에 불과한 것으로 되어 있다. 구체적으로 살펴보면 내지인 경영의 제작사는 오카자키프로덕션(岡崎プロダクション, 소멸), 고니시영화제작소(小西映画製作所, 소멸), 조선시네마프로덕션(朝鮮シネマプロダクション, 소멸), 도쿠나가 활동사진협회(德永活動写真協会, 제작활동전무), 선만활동사진상회(鮮満活動写真商会, 제작 활동 전무), 동아문화협회(東亜文化協会, 소멸), 도야마 미치루프로덕션(遠山満プロダクション, 이름만 남아 있음), 나카가와프로덕션(中川プロダクション, 이름만 남아 있음), 오타영화제작소(太田映画製作所, 소멸), 반도키네마사(半島キネマ社, 소멸) 등이다. 그리고 조선인 경영 제작사는 고려영화제작소, 나운규프로덕션, 금강키네마사, 계림영화협회, 대륙키네마프로덕션, 백남 프로덕션(이상 소멸), 단성사 촬영소(사업중지 중), 조선영화사, 아성키네마사, 동양영화사, 정기택프로덕션, 극동키네마사, 평양키네마사, 금강서광합동 프로덕션, 서선시네마프로덕션, 김택윤프로덕션, 강현원프로덕션(이

---

17) 한국영상자료원 편, 앞의 책, 177쪽.

상 소멸) 등이었다.

【표】 1933년 조선 내 영화배급업자 수 및 배급상태[18]

계통별	업자별	업자 수	1932년 중 배급영화			비고
			건수	권수	길이	
외국 영화 계통	외국인 경영	1	42	243	60,284	대부분 내선인 배급업자와 거래하는 것이 보통.
	내지인 사원 파견	1	47	389	94,710	점차 배급지 반을 잃고 있음.
	내지인 배급업자와 특약	2	75	578	143,012	수요 부진.
	조선인 배급업자와 특약	1	104	821	207,537	주로 지방선인을 대상으로 한 흥행장에 배급하여 업적은 성황.
	소계	5	268	1,931	505,537	
일본 영화 계통	회사직영	1	172	1,412	27,315	현재 닛카쓰뿐임.
	내지인 배급업자와 특약	4	423	2,812	781,630	쇼치쿠, 신코, 다이토, 다카라쓰카 등의 모든 작품.
	조선인 배급업자와 특약	1	68	349	74,139	주로 조선물만 취급.
	계	6	663	4,573	863,084	
계통 없는 브로키	내지인	5	347	1,644	386,353	
	조선인	1	23	158	35,844	
	내선인 공동	1	13	89	22,364	
	계	7	383	1,981	444,561	
총계		18	1,313	8,497	1,833,182	

　【표】처럼 영화제작사들은 일본인이 경영하는 곳도 조선인이 경영하는 곳도 거의 소멸하거나 이름만 남아 명맥을 유지하고 있었는데, 영화

---

18) 『国際映画年鑑』 1935, 128쪽을 참조하여 필자가 작성.

관경영은 이와 반대로 활황을 이루었다. 1933년 현재 조선의 영화관은 영화전문관이 49곳이었는데 이 중 38곳이 일본인 경영이었으며 조선인 경영은 11곳이었다. 또한, 공연을 포함한 기타 영화흥행장으로 분류되는 곳은 47곳이었으며 이중 일본인 경영이 41곳, 조선인 경영이 4곳, 공동명의가 2곳이었다.[19] 일본인이 경영하는 곳은 주로 일본인 관객 그리고 조선인 중에서는 비교적 젊은 층과 지식인계층이 관객층을 형성한 데 비해 조선인이 경영하는 곳의 주 관객층은 조선인이었다.[20] 1932년 현재 조선에 사는 일본인이 영화를 보는 비율은 1년에 6회 미만이었지만, 조선인의 영화관람률은 23명당 1회꼴이었다.[21]

결국, 일본인과 젊은 조선인들, 그리고 조선의 지식인층을 관객으로 끌어들이기 시작한 일본인 경영의 영화관이 흥행에 성공하면 할수록 조선인 측의 영화관은 영화를 상영할 수 없게 되었고 영화가 아닌 연극이나 레뷰 등으로 영화흥행장을 운영하게 된다. 1934년 4월 당시 단성사는 영화를 상영하지 않았고 조선극장도 한 달 동안 3번밖에 영화를 상영하지 않았다.[22] 원래 조선인을 주 대상으로 하는 조선인 측 영화관은 양화

---

19) 『国際映画新聞』 114号, 1933. 11(下), 18쪽.

20) 이 비율에 대한 구체적인 수치는 『国際映画年鑑』(1934年版)에서 찾아볼 수 있다. 이에 따르면, 1932년 당시 일본인이 경영하는 흥행장의 관객 중 내지인 비율은 전체의 66%, 조선인 비율은 34%인데, 조선인이 경영하는 흥행장의 내지인 비율은 13%, 조선인 비율은 87%이다. 공동명의인 곳은 내지인 비율이 5%, 조선인 비율이 95%인데 전체 비율로 계산하면 내지인 관객이 54%, 조선인 관객이 46%가 된다(『国際映画年鑑』 1934年版, 141쪽). 다만 조선의 전체인구에서 일본인이 차지하는 비율을 볼 때 영화흥행장의 관객층에서 일본인이 차지하는 비율이 얼마나 높은지를 알 수 있다.

21) 『国際映画新聞』 114号, 18쪽.

22) 『国際映画新聞』 124号, 1934. 4(下), 20쪽.

를, 일본인 측 영화관은 일본영화를 상영했으므로[23] 양화에 관심이 있는 일본인 관객들은 조선인 측 영화관에 가서 영화를 관람하기도 했지만,[24] 1920년대 초에 양화 전문관인 나니와칸(浪速館)이 일본인 측 영화관에 설립되면서 일본인 관객들은 조선인이 경영하는 영화관에 가지 않아도 양화를 관람할 수 있게 되었다. 참고로, 조선인 측 영화관에서 외국영화를 상영하는 경우 변사는 조선어로 해설했으며, 해설대본은 일본어로 인쇄되어 있었다고 한다.[25] 또한, 1920년대 중반부터 일본인이 경영하는 영화관에서도 일본영화와 더불어 양화 프로그램이 편성되어 조선인과 일본인 관객을 같이 끌어들였다.[26] 단성사나 조선극장에서 영화를 상영하지 않게 되자 지속적으로 영화를 상영할 수 있었던 우미관은 같은 조선인 측 영화관이면서도 오히려 수익을 올리게 되는 현상도 벌어졌다.

---

23) 일본 내지가 아닌 곳에서 일본영화가 상영될 경우 관객이 재류일본인에 한정된다는 사실은 조선에만 국한되는 현상은 아니었다. 미국의 경우에도 "미국동해안에 수출된 일본영화가 오직 재류방인만 대상으로 공개되"고 있었다(柴田良保, 「朝鮮の映画統制に就いて」, 『キネマ週報』, 1933.11.17, 184쪽).

24) 우타네코(詩寝子), 「おきき下さい　朝鮮の話しを」, 『キネマ旬報』, 1929.10, 156쪽.

25) 우타네코, 위의 글.

26) 일본인 경영의 영화관에 조선인 관객이 많아지게 된 계기는 서양영화의 상영이지만, 또 다른 이유로는 일본영화와 서양영화의 재상영프로그램을 설정하여 입장료를 낮춘 점, 그리고 일본어해독능력이 없는 조선인 관객을 위해 일본영화에 조선어해설을 시도하거나 조선어 타이틀을 병기한 일본영화가 만들어지면서 조선인 관객층이 확대된 점도 아울러 생각해 볼 수 있다.

4. 식민지 통치권력과 재조일본 영화인들의 균열 및 긴장관계

앞에서 서술한 일본인 경영의 영화관 수, 검열신청필름 건수, 영화 관람률 등을 보면 당시 조선의 일본인 관련 영화흥행은 별 긴장 관계없이 순탄하게 진행된 것처럼 보인다. 그러나 영화관흥행은 끊임없이 관객을 끌어들이기 위해 새로운 시설과 설비에 대한 투자가 요구되었고, 영화 홍보에도 관심을 기울이지 않으면 안 되는 사업이었다. 예를 들면 1930년 11월에 닛카쓰의 직영사였던 기라쿠칸(喜樂館)은 경성일보, 경성일일신문, 조선신문 등에 매일 연재광고를 실었으며, 도아계열 직영관이었던 도아구락부(東亜俱樂部)는 타사보다 싼 요금제를 적용했고, 마키노와 데이키네 계열사였던 주오칸은 캐러멜회사와 특약을 맺어 캐러멜을 관객들에게 나누어주는 특이한 홍보방법을 채용했다.[27] 그리고 쇼치쿠계열인 다이쇼칸(大正館)은 타사의 추종을 불허하는 대량의 포스터와 선전광고지를 시내에 붙이거나 신문에 끼워 넣는 식으로 홍보를 했다.[28] 이렇듯 일본인 상설관에서도 경쟁은 피할 수 없는 현상이었다. 각 영화관주들은 조금이라도 더 관객을 모으기 위해 직접 일본 내지의 교토나 오사카로 가서 새로운 필름을 가져오는 경우도 많았다.[29]

또한, 1935년에 박승필이 단성사를 매입하여 경성부내 최신시설을 완

---

27) 식민지 조선에서 캐러멜회사와 영화회사는 불가분의 관계를 가지고 있었다. 특히 모리나가(森永)제과는 캐러멜영화라는 말을 만들어낼 정도였는데, 홍보사원을 영화관이 없는 지역에 파견해 캐러멜선전영화의 순회상영을 했다. 순회상영에는 영화입장권이 필요했는데 캐러멜상자가 바로 입장권이었다(渡辺正熙, 『望郷　釜山港』, 望郷釜山港出版会, 1988, 134쪽).

28) 『国際映画新聞』 45号, 1930. 11, 41쪽.

29) 『国際映画新聞』 118号, 1934. 1(下), 23쪽.

비하면서 경성부내 지식인층을 중심으로 서양영화를 보려는 관객들이 줄을 이었다. 한편으로 1935년에서 1937년 사이 경성의 영화흥행계는 영화관의 신축과 개축이 줄을 이어 단성사를 라이벌로 하는 영화사들이 설립되었다. 1935년 12월에 개장한 경성부민관을 필두로, 1936년 1월에는 혼마치(本町) 3정목(丁目)에 와카쿠사영화극장(若草映画劇場, 다이쇼칸 경영자인 오카모토 세이지로(岡本淸次郎)가 개관)이 냉난방시설과 웨스턴표준형발성영화기를 설치하고 570평의 부지에 완성되었으며, 1936년 10월에는 선만(鮮滿) 최대규모라는 메이지자(明治座, 나니와칸의 관주 이시바시 료스케(石橋良介)가 개관)도 신축되어 영화관경쟁은 각축전을 벌였다. 그리고 1936년 가을에는 도쿠나가 구마이치로(德永熊一郎)가 고가네자(黃金座) 건물을 낙성했다. 이에 다른 영화관들은 재상영프로그램을 편성하여 입장료를 낮추는 방법으로 경쟁했다. 관객들은 새로운 설비(냉난방, 재생기, 발성기 등)에 투자하고 외형적으로 규모가 큰 영화관을 점점 선호하였지만, 그 한편으로는 싼 입장료를 찾기도 했다. 영화관들은 이에 맞춰 끊임없이 경쟁을 하고 조금이라도 더 특이한 홍보방법을 생각해야 했다.

그러나 이러한 영화관의 투자도 내지나 만주, 타이완에 비교하면 훨씬 뒤처진 것이었다. 재조일본인들은 "서양영화를 보기 위해 조선인 측 상설관에 가야 한다는 것이 어처구니가 없는 일"이며 "예술로서의 영화를 이해하지 않고 영리를 위한 경영밖에 알지 못하는 경영자를 배격하지"[30] 않으면 이런 상황이 해결될 수 없을 것이라고 보았다.

---

30) 宮崎生, 「朝鮮映画大観」, 『朝鮮公論』 276호, 1936. 3, 114~115쪽.

〈냉난방시설을 완비한 메이지좌〉 〈와키쿠사극장〉

〈경성다카라즈카극장〉   〈경성극장〉

출처: 경성의 영화관 『영화순보(映画旬報)』 1942년 8월 21일호

한편 조선총독부에 신청한 검열신청필름건수의 50% 이상이 일본인에 의한 것이었음은 이들도 식민지필름검열에서는 피검열자의 입장에 설 수밖에 없었다는 점을 보여준다. 예를 들면 미검열필름상영으로 영화취체규칙위반에 적발된 최초의 사건은 조선인 측 영화관이 아닌 일본인 경영 영화관이었다. 혼마치에 있던 닛카쓰 직영의 기라쿠칸에서 〈파우스트〉의 두 가지 버전을 주문한 후 검열에서는 사용하지 않았던 '접문(接吻)'

장면을 3미터 정도 상영한 것이다. 이 일은 총독부 영화검열의 권위를 실추시킨 조선영화사 최초의 사건으로 기록되었다.[31] 한편 조선인이 경영하는 영화관의 경우 조선총독부의 검열을 통과하지 않은 소위 '상해영화(上海映画)'가 가끔 상영되기도 했다. 이 상해영화에는 일본 내지에서도 아직 개봉되지 않은 영화들도 포함되어 있었는데, 그것을 조선에서 미리 개봉해 버리는 경우도 있었다.[32]

이런 현상은 조선뿐만 아니라 내지에서도 빈번히 일어나는 일이었다. 1934년 3월 9일 자 『키네마주보』를 보면 "최근 도쿄시를 중심으로 각지에 비밀리에 부정영화를 상영하는 모임이 개최되"고 있어 "경시청보안부가 이를 검거하기 위해 노력하고 있다."는 기사가 있다[33]

또한, 조선인들은 영화검열의 틈새를 이용하여 "'합법'과 '불법' 사이의 아슬아슬한 경계를 타고 뜻밖의 대흥행을 기록할 수 있는 기회"를 만들기도 했다.[34] 1929년 단성사에서 상영된 〈벤허〉의 검열 당시 동 영화관의 선전부장이었던 이구영은 이 영화담당 검열관인 요시다가 아사히 담배와 하이쿠를 좋아한다는 점을 이용하였는데, 검열실 시사 중 문제가 될 장면이 가까워지자 요시다에게 말을 걸어 그의 하이쿠실력을 추켜세워 문제의 장면을 못 보고 지나치게 했다고 한다. 〈벤허〉는 대대적인 흥행을 기록했다.[35]

---

31) 『国際映画新聞』 28号, 1929. 6, 28쪽.

32) 前田夢郎, 「朝鮮映画の現状」, 『キネマ旬報』 358호, 1930. 3, 57쪽.

33) 「不正フィルム密売団検挙さる」, 『キネマ週報』 190, 1933. 3. 9, 15쪽.

34) 이화진, 「식민지기 영화 검열의 전개와 지향」, 『한국문학연구』 35집, 2008, 437쪽.

35) 『이영일의 한국영화사를 위한 증언록-김성춘, 복혜숙, 이구영 편』, 도서출판 소도, 2003, 279~291쪽(이화진, 위의 글에서 재인용).

그리고 검열은 영화홍보수단으로도 사용되었다. 조선총독부의 검열
관이었던 오카 시게마쓰는 이에 대해 다음과 같이 기술했다.

어느 신파 연애극이 수속단계에서 검열이 늦어지고 첫 상영으로 정해진
날에 맞추지 못하자, 머리 좋은 흥행자는 광고문에서 "문제의 영화, 검열관
을 아연실색케 하여 검열통과 곤란", 그리고 이삼일 지나 검열이 끝나면 "드
디어 검열을 통과한 문제의 대 영화"라고 말하였다. 이때 효과는 그야말로
백퍼센트이고 재미없는 영화도 연일 대만원의 광경이 펼쳐지는데, 영화에
는 아연실색하지 않았던 검열관조차 세상 영화팬의 경박한 모습에는 아연
실색한다.[36]

영화관 측은 조선총독부의 검열을 역이용하여 홍보 효과로 사용했
고 관객들은 이에 호응했던 것이다. 영화관 경영주들은 이렇듯 검열의
틈새를 이용하면서도 그 한편으로는 검열료 인하운동을 벌이기도 했다.
1927년 2월에 필름 3미터에 5전씩 내야 하는 검열수수료[37]가 부담이 된 극
장주들이 "대만과 가치 5미돌에 5전씩으로 하고 두 번째 검열을 받는 것
에는 무료로 해달"라고 경무당국에 요청한 것이다.[38] 이는 영화상설관주
회가 주축이었는데, 대표는 고가네칸주였던 하야카와 고슈(早川孤舟)였

---

36) 岡稠松, 「檢閱を巡るナンセンス」, 『朝鮮及滿州』 308호, 1933. 7.
37) 원래 도쿄에서 검열료를 지불한 필름은 조선에서 검열수수료를 지불할 필요가 없었으나,
    1926년에 제정된 '활동사진필름검열규칙'으로 영화관주들은 조선으로 필름을 유입할 때의
    운송료와 검열당국에 납부하는 검열수수료까지 지불해야 하자 이에 대해 항의를 하게 된
    것이다. 1926년에 3미터당 5전씩 내야 했던 수수료는 1928년 9월에는 1미터당 1전, 재검열
    은 1미터당 5리로 인하되었다.
38) 『동아일보』, 1927. 2. 19.

다.[39] 높은 검열수수료는 조선인 경영의 영화관보다 상대적으로 그 수가 많았던 재조일본인 경영의 영화관에 타격을 준 것이다.

한편 검열실에서 취급해야 하는 영화가 많아지면서 검열실이 '무료영화상영장' 같은 상태가 되기도 했다. 영화잡지나 신문의 영화란 관련 기자들, 시내 영화관에서 영화를 보는 것이 품위를 해친다고 하여 총독부의 영화검열실을 찾아오는 "도도한 높은 분"들은 영화검열실을 소란스럽게 만드는 주범들이었다. 이에 검열관 오카다 준이치(岡田順一)는 "오락관람을 위해 검열실에 오는 자는 사절"이라는 팻말을 붙이기도 했다.[40]

검열뿐만 아니라 영화통제에 의한 국산영화장려책도 조선 내 영화관 주들에게는 큰 고민거리를 제공하는 아이러니컬한 상황이 벌어졌다. 왜냐하면, 1936년부터 시행된 상영영화 총미터수의 3분의 1 이상은 국산영화를 상영해야 한다는 규정에 부합할 만큼 일본 내지에서 제작되는 영화들이 원활하게 공급되지 못했기 때문이다. 게다가 1937년 3월에는 쇼치쿠와 닛카쓰, 신코(新興), 다이토(大都) 등 4사가 새로 생긴 도호(東宝)와 마찰을 빚자,[41] 조선 및 만주의 영화관에도 도호의 영화를 상영하지 못하게

---

39) 하야카와 고슈는 조선영화사에서 매우 중요한 역할을 한 재조일본인이다. 그는 동아문화협회를 만들어 조선영화사상 최초로 흑자를 기록한 영화 〈춘향전〉을 제작(1923년 12월 조선극장에서 개봉)하였으며 1924년에는 조선극장을 매수했다. 1924년 11월에는〈비련의 곡〉을 제작하고 이후 조선의 구전설화에 바탕을 둔 영화 〈토끼와 자라〉(1925. 3), 〈흥부놀부전〉(1925. 5) 등을 제작했으나, 1926년 9월에 동아문화협회를 해산, 조선극장 경영에서도 물러났다.

40) T.Y生, 「検閲時事片々」, 『朝鮮公論』 292号, 1937. 7, 74~75쪽.

41) 1931년에 설립된 사진과학연구소(Picture Chemical Laboratory, PCL)는 토키시스템을 개발하는 회사였는데, 1933년에 교토에 설립된 영화제작소인 JO스튜디오와 제휴를 하게 되었다. 이 제휴회사는 영화의 원활한 배급을 위해 배급소를 찾고 있었다. 같은 시기에 한큐전철의 고바야시 이치조는 1933년에 완성되었으나 경영난에 허덕이고 있던 니혼극장을 매입하여 도쿄다카라즈카극장으로 개칭하고 1934년 1월에 개장, 그다음달에는 히비야영화극

하면서 불만이 터져 나왔다. 영화의 원활하지 못한 공급에 도호의 영화마저 상영하지 못하게 되자 총독부의 규정을 위반해야 할 상황이 된 것이다. 국산영화의 상영 이전부터 경성을 제외한 지방의 일본인 경영 영화관의 경우, 거류일본인만으로는 흥행이 되지 않아 조선인 관객도 대상으로 삼아야 했다. 예를 들면 일본인 7천 명, 조선인 2만 명이 거주했던 도시 신의주에서 세카이칸(世界館)이라는 영화관을 경영하고 있던 노다 하쿠스이(野田白水)는 "내지인 상설관이 둘, 조선인 전용관이 하나가 있어 악전고투하고 있다."며, 지방관이 구제될 수 있는 방법을 알려달라고 『국제영화신문』에 투고했다. 조선 전체에서 내지인 인구에 비해 지나치게 많은 내지인 경영관은 내지인뿐만 아니라 조선인도 관객으로 끌어들여야 했는데, 이를 위해 양화의 상영은 필수조건이었다. 앞에서 언급한 노다는 5일 동안 일본영화로만 프로그램을 편성하는 것으로는 유지가 되지 않자 3일에 한 번 양화를 끼워 넣기도 하고 재상영 프로그램의 입장료를 낮추는 방법으로 관객을 끌어들였다. 그 결과 조선인 관객도 많이 늘어나고 있는데 이 중에는 "계급이 낮은 이도 많아 고민"이라고 했다.[42]

이런 상황에서 국산영화장려책이나, 도호의 영화를 상영하지 못하도록 하는 내지 영화사 4사의 정책은 조선의 지방영화관의 입장에서는 곤

장을 개장했다. PCL은 자신들의 영화를 배급하기 위해 당시 화제가 되고 있던 도쿄다카라즈카극장에 제휴를 제안하여, 1935년 3월에는 도호블록이 탄생했고, 1936년 6월에는 도호영화배급회사가 탄생했다. 도호블록은 당시 많은 부채를 지니고 있던 닛카쓰와 제작제휴를 하여 더 많은 영화를 제작함으로써 영화의 공급을 원활하게 하려고 했지만, 쇼치쿠가 닛카쓰의 주식을 획득함으로써 이 계획은 수포로 돌아갔다. 도호블럭은 다른 회사가 그때까지 시도하지 않았던 독특한 방식과 저렴한 입장료로 젊은 층을 관객으로 끌어들였고, 나머지 4사는 이에 위기감을 느껴 도호영화를 배척하기 시작했다.

42) 『国際映画新聞』 62号, 1931. 6(下), 81쪽.

란을 불러일으키는 것이었다. 예를 들면 인구 20만의 도시 부산에서는 거주일본인이 4만 5천 명, 그중에서 영화를 관람할 것이라고 추측되는 관람인구는 3만 명이며 영화관은 서부지역에 편재되어 있어 영화관까지 오는 전차비까지 계산하면 3만 명의 절반인 만5천 명이 실제 관람객이라고 할 수 있다. 그런데 내지인 대상 영화관이 부산 시내에 3관이니 이를 배분해야 한다.[43] 따라서 영화관을 유지하려면 양화를 상영하여 조선인 관객을 끌어들이고, 토요일과 일요일에는 일본에서 부산으로 관광을 온 관광객들과 지식인층 조선인들을 끌어들이기 위한 특별프로그램을 편성해야 하는 상황인 것이다.[44] 그럼에도 불구하고 조선에 있던 4사의 출장소 주임들은 본사의 명령이기 때문에 이를 엄중히 지키라고 하며 도호의 영화상영중지안을 관철했다. 이에 조선총독부는 "일부 방화의 상영을 저지하는 강압수단을 집행하여 업자들이 방화부족으로 통제령을 위반할 불안한 상황에 빠지게 되는" 것에 불만을 나타내기도 했다.[45] 이는 영화통제령을 만든 조선총독부와 조선 내의 영화계, 그리고 일본 내지 영화사들의 관계가 때로는 긴장관계와 균열을 보였음을 의미하기도 한다. 일본내지에서 도호의 영화 상영을 저지하기로 결의한 4사의 협정단체인 대일본활동사진협회는 조선의 영화통제령으로 인해 국산영화가 장려되어 자신들의 영화제작이 활발해질 것을 기대하며 영화통제령을 크게 환영한 단체였다. 그러나 이 통제령으로 인해 도호를 배격하기가 힘들어진다는 것

---

43) 『キネマ旬報』 1929년 10월에 의하면 경성의 경우 내지인 인구 10만명에 영화상설관은 5관이었다.

44) 『国際映画新聞』 193号, 1937. 3(上), 18~19쪽.

45) 『国際映画新聞』 202号, 1937.7(下), 89쪽.

은 의도하지 않은 결과였다. 즉, 일본영화의 상영 수가 모자라는 상황에서 도호의 영화를 상영하지 않으려면 서양영화를 상영해야 하고, 영화통제령을 따르려면 도호의 영화를 상영해야 하는 딜레마에 빠진 것이다.[46]

한편 영화통제령에 의해 이와는 반대되는 상황이 벌어지기도 했다. 1939년 3월에 경성흥행협회에서는 외국영화의 상영을 제한하자는 취지의 회의를 열어 "이런 시국이니 외국영화의 상영은 될 수 있으면 피하자"는 약속을 했다. 총독부에서는 이에 대해 "흥행협회의 이해 깊은 자발적 신청을 크게 기뻐하며 고려하겠다."는 뜻을 대표자에게 전했다. 『국제영화신문』의 기사에 따르면 이 협회의 결정은 "겉으로는 국책에 순응하겠다는 것"으로 보이지만 실제로는 "일본영화에 비해 외국영화는 막대한 권리금을 필요로 하며, 올해는 (지난해의—인용자) 약 3배에 이르는 권리금이 예상되므로 될 수 있는 한 양화를 제한한다."는 결론을 내린 것이다.

5. 제국 일본의 내/외부에 있던 재조일본인들

한편 일본 내지에서 제작된 영화에도 재조일본인들이 나타나기 시작했다. 1933년에 요코하마상회가 제작한 〈경성소식(京城だより)〉은 재조일본인과 영화의 관계 및 당시 조선을 다룬 영화들이 어떤 관객층을 겨냥했었는지를 알려준다. 이 영화는 전일본활영교육위원회가 제작했는데 원작은 경성에 소재 소학교의 교재였던 『심상소학국어독본(尋常小学国語読

---

46) 도호와 4사의 마찰부분, 그리고 대일본영화사진협회의 딜레마에 대한 부분은 양인실, 「일본의 영화저널리즘과 그 특징」, 한국영상자료원 편, 『일본어 잡지로 본 조선영화 1』, 현실문화연구, 2010, 332~333쪽에서 재인용했다.

本)』(이하『국어독본』)의 한 부분이었다.[47] "경성의 친구로부터(京城の友から)"라는 제목의 이 글은 경성에 3개월째 거주하면서 느낀 점을 일본에 있는 친구에게 소개하는 형식으로 되어 있다.『국어독본』에는 경성소식뿐만 아니라 샌프란시스코 소식, 대련소식 등 일본 내지 이외에 일본인들이 많이 거주하던 곳에 사는 이들이 일본에 있는 친구에게 편지를 보내 자신들이 살고 있는 소식을 알리는 서간문을 다수 게재하고 있다. 이 중에서 영화의 원작이 된 서간문은 〈경성소식〉뿐이다.

영화는 일본인 학생 두 명이 편지를 읽는 목소리에서 시작한다. 이와 함께『국어독본』10권과 그 안의 '경성의 친구로부터'라는 글자가 카메라에 클로즈업된다. '경성역'이라는 크레딧이 보이고 편지의 내용이 경성 시내를 나타내는 지도와 함께 설명되면서 영상이 조금씩 나타나기 시작한다. 영화 속의 경성시가지 지도에는 혼마치와 종로통이 비춰지는데 이와 비슷한 비중으로 조선신궁이 강조되어 있다. 또한, 경성의 옛날과 오늘날의 발전상황을 보여주는 경복궁, 경성부청, 조선호텔, 경성우체국, 그리고 용산의 건물들이 차례로 제시된다. 조선인들의 생활상에 대한 묘사도 나타나는데, "조선인의 복장은 색다릅니다."로 시작되는 조선인 남녀복장에 대한 설명과 강에서 빨래하는 모습 및 온돌의 설명(여기에서는 애니메이션이 사용되었다), 삼한사온을 특징으로 하는 조선의 겨울에 대한 설명 등이 이어진다. 마지막으로 일본인 학생은 편지를 접고 "수학여행으로 가자, 비행기로 가면 금방이야"라는 대사를 같은 반 친구들에게 전하는데, 이때 교사가 미소를 지으며 조선의 위치를 설명하는 것으로 영화는 끝난다.

---

47) 「第十三課 京城の友から」, 『尋常小学国語読本巻十』, 大阪書籍株式会社, 1929.

이 영화의 제작사 요코하마상회가 문화영화와 학교교육현장에서 사용되는 교육영화를 주로 제작했었다는 점을 감안한다면 이 영화도 일본 내지의 각 학교에서 상영되었다고 추측할 수 있다.[48] 식민지 조선의 재조 일본인들과 일본 내지의 학생들은『국어독본』과 영화를 통해 제국 일본을 보다 더 용이하게 상상할 수 있었을 것이다. 이처럼 영화는 내지 일본과 식민지 조선에 사는 이들을 제국 일본 내의 '국경'을 넘어 제국 일본이라는 하나의 틀로 묶어 주는 역할을 했다.[49]

영화가 제국 일본 내의 원격지에 살고 있는 사람들을 제국 일본이라는 틀로 묶어 주고 있을 때 영화인들은 직접 '국경'을 넘어 이동하기 시작했다. 영화관주들에 대해서는 앞에서 설명했기 때문에 여기서는 영화인들에 대해서만 간략하게 소개하기로 하겠다. 식민지 조선에서 영화인들은 당시 동양의 할리우드로 불리던 상하이에 가서 영화활동을 하기도 했는데 일본 내지에서 식민지 조선으로 건너오는 영화인들도 다수 존재했다. 예를 들면 일본 내지와 조선, 인도네시아에서 영화활동을 했던 허영,[50] 상하이에서 활동했던 대표적인 영화인인 김염[51], 정기탁 등이 있으

---

48) 또한, 관련기사가『映画教育』53号, 34쪽에도 실려 있다.

49) 같은 맥락에서 만들어진 영화로 시미즈 히로시(清水宏)의 영화〈친구(友だち)〉(1940)를 들 수 있다. 이 영화는 식민지 조선에 살던 일본인과 조선인 학생의 교류를 그리면서 서로 옷을 바꿔 입는 것을 통해 제국 일본 내에서 하나로 통합되는 일본인과 조선인을 그리고 있다.

50) 內海愛子, 村井吉敬,『シネアスト許泳の「昭和」』, 凱風社, 1987.

51) 김염은 중국 렌화편영공사(聯華片影公司)의 간판 남자배우였다. 영화〈전영황제(電影皇帝)〉로 호평을 얻었다고 한다(王子平, 「最近中国映画界の動向」,『朝鮮及満州』, 1937.3, 83~84쪽). 자세한 내용은 스즈키 쓰네카쓰(鈴木常勝),『大路－朝鮮人の上海電影皇帝』, 新泉社, 1994를 참조할 것.

며,[52] 식민지 말기에서 전후까지 한국에서 활약했던 대표적 영화인인 이규환, 이병일, 김유영, 강홍식 등이 일본과 조선을 왕래하며 영화를 만들거나 영화업에 종사했다.

한편 초창기 조선영화에서는 일본인들의 활약이 두드러졌는데, 앞에서 서술한 하야카와 고슈 이외에도 부산의 상인들이 무대 예술연구회의 회원을 모아 만든 영화회사인 조선키네마 주식회사[53] 소속의 왕필렬도 대표적 인물이다. 왕필렬은 다카사 간조(高佐貫長)라는 본명을 가진 승려인데 일주일에 하루는 검은 승복을 입고 승려 생활을 하면서 나머지 6일은 영화를 만들었다고 한다.[54] 왕필렬은 조선키네마 주식회사의 첫 작품인 〈해의 비곡〉에서 영화에는 문외한임에도 불구하고 촬영소 소장 겸 각본 겸 감독까지 맡았다. 또한, 초창기 조선영화에서 빼놓을 수 없는 일본인은 도야마 미쓰루(遠山満)인데,[55] 그는 1930년 11월부터 본격적으로 조선에서 영화활동을 재개했으며, 구체적으로는 와케지마 슈지로(分島周次郎)를 사장으로 하는 일본영화흥행주식회사를 조직하고 이 회사 사업의 일환으로 경성촬영소를 설립했다. 그밖에 배우로 활약했던 주삼손(본명 大澤柔), 1920년부터 경성에 살기 시작하면서 도쿠나가 활동 사진상회를 경영하고 도아구락부라는 영화관을 운영했던 도쿠나가 구마이치로(德永熊一

---

52) 안태근, 「일제강점기의 상해파 한국영화인 연구」, 한국외국어대학교 정책과학대학원 석사논문, 2001.

53) 조선키네마 주식회사는 '조선키네마' 또는 '조선키네마 회사'라고도 불렸다. 여기에서는 『키네마준포(キネマ旬報)』(1925년 7월 21일 호, 200호, 28쪽)의 「邦画座談」에서 '조선키네마 주식회사'라고 표기한 내용을 따랐다.

54) 홍상철, 『부산근대영화사』, 산지니, 2009.

55) 도야마 미쓰루에 대해서는 다나카 노리히로(田中則広), 「在朝日本人の映画製作研究—剣戟俳優·遠山満の活動をめぐって—」, 『メディア史研究』 17, 2004, 123~142쪽을 참조할 것.

郎),⁵⁶⁾ 일본 내지의 쇼치쿠시모가모(下加茂) 소속 감독이었던 야마자키 유키히코(山崎行彦)⁵⁷⁾ 등도 조선의 영화계에서 중요한 역할을 했다.

여기에서 재미있는 점은 와케지마 슈지로와 도야마 미쓰루, 야마자키 도키히코의 관계이다. 도야마는 1925년부터 1951년까지 일본의 검극배우로 활약했는데, 그 중 몇 년간을 조선에서 보냈다. 와케지마 슈지로는 당시 경성 흥행가의 거두였는데, 도야마가 경성에 도야마 프로덕션을 설립할 때 자본금을 대고 촬영소를 만들어 사장으로 취임했다.⁵⁸⁾

야마자키는 본래 야마자키 후지에(山崎藤江)라는 이름이었는데 1932년에 조선영화흥행주식회사 경성촬영소에 입사하면서 유키히코로 개명했다.⁵⁹⁾ 세 편의 영화를 찍고 다시 일본으로 돌아간 도야마에 비해 야마자키는 조선에 대한 애착이 강했던 것으로 보인다. 예를 들면 당시 신문기사에서 〈피묻은 매트(血染めのマット)〉라는 권투영화를 촬영했다는 기사가 있는데,⁶⁰⁾ 이 작품은 와세다 대학교 출신의 복서 다가 야스로(多賀安郎), 필리핀 복서 보비 루이스, 여배우 복혜숙을 주연으로 하여 효고현 고시엔의 링에서 보비와 대전 중에 죽은 조선 출신의 고바야시 선수를 기리기 위해 만든 영화였다. 영화에서는 다가가 고바야시 선수의 전우로서 그의 영혼을 위로하기 위해 사력을 다해 보비를 이기고 고바야시의 여동생

---

56) 도쿠나가 구마이치로는 처음에 일본 내지의 닛카쓰사에 입사했으나 1920년에 조선으로 건너왔다. 1934년에는 강원도 춘천의 읍애관을 경영하기도 했으며, 조선내외영화배급업 조합 고문, 경성흥행협회 회계를 담당했다.
57) 조선에서는 야마자키 유키히코 또는 김소봉이라는 이름으로 활약했다.
58) 『경성일보』, 1930.11.22.
59) 『キネマ旬報』 439号, 1932. 6. 21, 6쪽.
60) 『동아일보』, 1933. 9. 16.

역을 맡은 복혜숙과 악수한다는 내용이다.[61] 조선과 도쿄에서 촬영하기로 하고 조선에서의 촬영은 거의 다 끝냈지만, 다가 야스로가 경성에 만든 선만권투협회를 해산하고 일본으로 돌아갔기 때문에 영화는 완성되지 못했다.

또한, 야마자키는 오사카에서 상영중지처분을 받은 〈홍길동전〉 제작에도 관여했었는데, 상영중지처분 사태에 대해 "조선의 감독 당국이 허가한 영화를 같은 국내인 내지에서 공개하도록 허가하지 않는 것은 근본적으로 이해할 수 없는 중대한 모순과 착오가 있다."고 하면서 일본에서 조선영화의 특수성을 보는 시점이 "무의미하게 왜곡되어 있다."고 비판했다. 그리고 일본정부가 국산영화 상영을 강제하듯이 조선의 모든 상설관에도 조선영화의 상영을 강제해야 한다고 주장했다.[62]

야마자키가 왜 조선에 오게 되었는지 그리고 언제까지 조선에 있었으며 왜 이름을 두 번이나 변경했는지에 대해서는 자료부족으로 아직 알 수 없지만, 앞으로 새로운 자료발굴을 통해 규명해야 할 부분이라고 생각한다.

6. 결론을 대신하여

일본의 영화시장이 포화상태가 된 1910년대 조선은 일본의 입장에서 보면 좋은 영화시장이었다. 이미 재조일본인들 중에는 극장흥행업에 종

---

61) 재경성 마쓰야마 구사히라(在京城　松山草平), 「朝鮮の映画界」, 『朝鮮公論』, 1936. 5, 72~79쪽.

62) 야마자키 유키히코(山崎行彦), 「朝鮮映画の現在と将来」, 『朝鮮公論』, 1936. 10, 72~74쪽.

사하거나 영화관을 소유하고 있는 이들이 존재했고, 일본의 배출요인과 조선의 흡입요인은 서로 맞물려 영화인들의 이동을 초래했다. 조선총독부의 법적 논리와 일본 내 영화시장의 급격한 변화, 그리고 조선 내 영화흥행에 작용한 자본과 산업의 논리는 의도하지 않은 결과와 딜레마를 만들어 냈다. 예를 들면 총독부검열의 피검열자이면서 자본과 산업의 논리에 따라 같은 영화의 두 가지 버전을 구입하여 영화검열의 권위를 실추시킨 사건은 재조일본인이 경영하는 영화관인 기라쿠칸이 주체였다. 또한, 인구대비를 생각했을 때 조선인보다 훨씬 그 비율이 높았던 재조일본인 경영 영화관의 수는 영화통제령의 방화강제상영, 그리고 일본국내의 영화제작 4사와 도호의 대립에서 의도하지 않은 결과와 딜레마를 초래했다. 덧붙여 말하자면 1940년 8월 29일 경성흥행협회가 총회에서 모든 양화의 상영을 금지하기로 하고 이 결의문을 각 경찰서와 도청에 제시하면서 영화의 산업과 자본의 논리는 자취를 감추게 되었다.[63]

마지막으로 일본에 살던 재일조선인들과 영화의 관계에 대해 잠깐 살펴보자. 당시 재일조선인의 대부분은 노동자였는데 이들의 하루 일당은 1원이었다. 이에 비하면 영화입장료는 매우 비싼 편인 4, 50전이었다. 그럼에도 불구하고 취미선호도에서 영화를 선택하는 비율은 1928년에 2.4%였던 통계가 1935년에는 7%로 3배가 되었다.[64] 재일조선인들과 영화의 관계는 아래 인용문에 잘 나타나 있다.

---

63) 『国際映画新聞』 278号, 1940. 9(下), 36쪽.

64) 다무라 다카시(田村敬志)「戦時期における在日朝鮮人メディアの形成と展開」『一橋大学研究年報　社会学研究』(2002) 181～233쪽을 참조할 것.

조선사람들은 퍽으나 조선사람들 자신의 영화이나 연극을 갈망하고 있다. 일상 젊은 사람들은 일본영화를 구경한다. 학생이나 지식층의 젊은이들은 일본 신극이라든가 긔타 서양영화를 구경하고 잇다. 그 반면 조선사람들의 자신의 영화라는 거슨 구경할 수가 업스니 자연 조선에서 연극이라든가 혹은 활동사진이 온다면 조흐나낫브나쓰러 구경을 가는 지경이다(중략). 입장요로 치드래도 조선서 건너온 것이라고 해서 일본에서는 시외로 좀 나가서 제이류, 제삼류의 활동사진관에서 십전이나 십오전이면 마음측은하게 구경할 것을 조선에서 온것이라고 사십전오십전을 주구래야 구경할 수가 있으니 참 빗싸기가 여간이 아니다.[65]

조선에 유입되는 일본영화의 주요 관객이 일본인들이었듯이 일본에 유입되는 조선영화의 주요 관객도 조선인이었다. 도쿄의 고주칸(吳壽館)은 이런 상황을 잘 이용하여 영화흥행에 성공한 예이다. 1937년 7월 도쿄의 고토구(江東区)에 있는 고주칸에서는 조선영화 〈다비지(旅路)〉를 상영하기로 했는데, 그 전단지에 조선어 선전문을 넣었다. 『국제영화신문』에 의하면 이 지역은 시내에서 "반도인이 꽤 많은 지역"이었는데, 전단지와 읽기 쉬운 포스터 및 현상공모를 통해 "시내 어느 곳에서도 관객이 없었던 〈다비지〉로 굉장한 성적"을 거두었다.[66] 그러나 조선영화가 일본에서 흥행으로 성공을 서두는 일은 거의 없었으며, 〈다비지〉는 특수한 경우였다.

한편 일본 내지에 유입되는 조선영화들의 주관객이 재일조선인이라

---

65) 「日本에 잇는 우리들의 文化生活 그 비참한 상태의 一面」, 『朝鮮新聞』, 1936.3.1, 朴慶植篇, 『朝鮮問題資料叢書第5巻 在日朝鮮人運動関係機関紙』(戦前), 1975.
66) 『国際映画新聞』 199号, 1937. 6(上), 30쪽.

는 점은 당국도 주지하고 있는 사실이었다. 예를 들면, 1936년 일본에 유입된 조선영화 〈홍길동전〉은 일본과 조선의 동화운동에 지장을 준다는 점과 조선인 대중이 모임으로써 여러 불결한 면이 있다는 점을 들어 상영중지처분이 내려지는데, 〈홍길동전〉은 앞에서 서술한 재조일본인들의 촬영소였던 경성촬영소가 제작한 영화였다. 감독은 야마자키 유키히코 즉 김소봉이었는데, 이 영화의 상영중지처분은 즉시 취소되었다.[67]

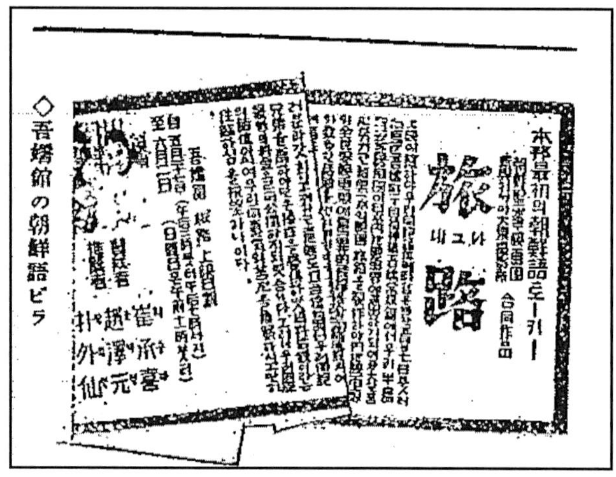

도쿄의 고주칸에서 상영되던 조선영화 〈다비지〉의 조선어광고 전단지. 전단지 왼쪽의 영화 추천인 명단에 무용가 최승희, 조택원, 박외선의 이름이 인상적이다.

출처: 『국제영화신문(国際映画新聞)』 1937년 6월 상순호에서

또한, 1936년에 조선영화 〈장화홍련전〉이 오사카의 신세카이파크극장에서 개봉되자 많은 조선인이 몰려들었지만, 같은 영화를 도쿄 아사쿠사

---

67) 야마자키에 의하면 상영중지처분이 "어느 경감의 독단적 행위"였다고 한다(야마자키, 앞의 글, 72쪽).

의 도쿄구락부에서 상영했을 때에는 화제에도 오르지 못했다.[68]

한편 위에서 살펴보았듯이 재조일본인과 영화의 관계를 규명하는 일은 호미 바바가 이야기한 국민문화의 외부/내부라는 경계의 혼종성을 보여주기도 한다. 호비 바바에 의하면 "국민 문화의 경계는 야누스의 얼굴을 하고 있으므로 외부/내부라는 문제는 그 자체로 항상 혼종의 과정"이다.[69] 재조일본인(또는 재일조선인)들의 영화경험은 제국 일본 내의 외부/내부라는 문제가 혼종의 과정이라는 점, 그리고 검열과 같은 영화정책과 자본의 총아인 영화가 빚어내는 충돌 및 길항관계를 여실히 보여주는 것이라 하겠다.

---

68) 도쿄에서 개봉되었을 당시의 제목은 〈유령은 말한다(幽靈は語る)〉였다(「朝鮮映画の現状を語る」, 『日本映画』, 1939. 8).

69) 호미 바바, 류승구 옮김, 『국민과 서사』, 후마니타스, 2011, 15쪽.

만주개척단 영화 〈오히나타 마을(大日向村)〉

강태웅

1. '동경하는 만주'를 향하여

"다케오의 아버지와 기차 속에서 상담한 적이 있다.

 모두 같이 만주로 가서 농장을 경영하자고 하더군."

"만주!"

게이치의 눈이 반짝였다.

드넓은 만주!

끝없는 농장!

그곳은 게이치의 동경의 대상이었던 것이다.

"아버지 빨리, 하루라도 빨리 만주로 가요!"

이는 '사회교화'를 위한 종이연극(紙芝居)의 대본을 모은 책에 나오는, 〈동경하는 만주(憧れの満州)〉라는 연극의 한 대목이다. 가야만 하는 곳 만주, 그리고 그곳은 일본인에게 '새로운 땅'이고, '기회의 땅'이라는 당시의

인식을 이를 통해 알 수 있다. 종이 연극의 다음 장면에서 게이치와 다케오 가족은 함께 만주로 간다. 그 후 게이치가 다니던 학교에 한 장의 사진이 우송된다. 거기에는 트랙터를 운전하는 게이치와 다케오가 찍혀 있고, 이를 수업 시간에 선생님이 소개하는 것으로 이 연극은 끝이 난다.[1] 이처럼 당시 만주국은 일본인이 동경하는 대상으로 표상되는 경우가 많았다. '만주개척단'이라는 이름하에 행해진 대규모 이주에는 이러한 동경이 반영되어 체현되었을 터이다.

〈「동경하는 만주」의 첫 장에 나오는 그림〉

만주개척은 1931년 만주사변 이후부터 시작되었다. 하지만 정부 차원의 본격적인 개척단 파견독려는 관동군이 20년간 100만 호를 건설하려는 계

---

1) 遠藤正二『農村紙芝居の演り方』晴南社, 1942, 169~180쪽.

획을 세우고, 히로타 내각도 '만주개척이민 추진계획'을 결의한 1936년부터이다. 일본 각지에서 모인 사람들이 하나의 개척단을 이루었던 초기와는 달리, 1936년부터는 단체 이주가 바람직하게 여겨졌다. 이주 전부터 이미 알고 지내던 이들이 보다 더 현지적응에 뛰어나다는 고려에서였다. 이에 따라 하나의 마을에서 집단으로 이주하는 '분촌(分村)'이 고안되었다. 1937년 분촌을 하여 만주에 이주한 나가노(長野)현의 오히나타 마을(大日向村)은 가장 유명한 모범적인 사례로 손꼽혔다. 오히나타 마을의 이야기는 소설로 쓰였고, 연극으로 상연되었고, 영화로도 만들어지는 등 큰 화제를 모았다.[2] "오히나타 마을의 만주분촌은 단지 농촌갱생의 방향뿐 아니라, 대륙에 토착하여 일만일여(日滿一如)가 되어 새로운 동아를 건설하려 하는 일본민족의 중대사명을 띤 국가적 장거(壯擧)"로서, "이 역사적 사실을 예술의 힘으로 세상에 고양"하기 위하여 영화 〈오히나타 마을(大日向村)〉(1941)이 만들어진 것이다.[3] 그런데 이 영화가 정작 만주국의 '만인(滿人)'들에게는 상영되지 못하였다. 이는 '일만일여' 또는 '일만일덕일심(日滿一德一心)'이라고 외쳐지면서도, 만주국을 표상함에 있어서는 일본과 만주국이 공유하지 못하는 면이 있었음을 보여주는 예라 할 수 있다. 이 글은 만주국에서 상영이 금지된 영화의 분석을 통하여 만주국의 표현공간을 살펴보려 한다.

만주국의 영상적 표현은 국영영화회사인 만주영화협회(이하 만영)를 중심으로 이루어졌다. 최근의 만영에 관한 연구들은 만영과 패전 이후의

---

2) Sandra Wilson, "The 'New Paradise': Japanese Emigration to Manchuria in the 1930s and 1940s", *The International History Review*, 17. 2 (May 1995), 273~275쪽.

3) 梶山銀八「歴史的な分村移住を描く〈大日向村〉撮影記」『エスエス』1940, 9, 106쪽.

중국영화제작의 관계에 주목하고 있다.[4] 이러한 연구들은 동아시아 영화 교류의 새로운 측면을 밝혀냈다는 의의가 있다. 하지만 가장 핵심이 되어야 할 만영이 산출해낸 영상에 대한 연구는 답보상태이다. 1937년 설립된 만영은 〈장지촉천(壯志燭天)〉(1938)[5]의 제작을 시작으로, 1945년 8월 패전까지 108편의 극영화를 만들어내었다. 그중에서 현재 남아있는 필름이 네 편[6]에 불과하다는 점이 연구에 큰 제약으로 작용한다. 하지만 만영이 산출해낸 영상이 어떠한 방향성을 가지고 만들어졌는지, 그리고 어떠한 영상이 만주국에서 바람직하다고 여겨졌는지 등과 같은, 만주국의 표현공간을 규명하는 연구가 아예 불가능하지는 않을 것이다. 만주국 홍보처 검열반의 이케미즈 기이치의 말을 빌리면, "한 나라 영화의 성격을 알기 위해서는, 그 나라에 영화 검열이 실시되고 있다면, 그 검열기준을 보는 것이 지름길이다."[7]

지금까지 와다 쓰토(和田伝)의 원작소설에 대한 연구는 그다지 많지 않았고,[8] 영화화된 작품 〈오히나타 마을〉에 대해서는 개설적인 연구서에

---

4) 만주국과 중국에서 모두 영화를 연출했던 중국인 감독에 대한 연구로 龐濤「朱文順と満映娯楽映画」『饕餮』第15号 (2007.9)가 있고, 이와 같은 경향의 논문을 모은 연구서로는 四方田犬彦, 晏妮編『ポスト満洲映画論: 日中映画往還』人文書院, 2010이 있다. 그밖에도 만주국과 중국에서 모두 활동한 일본인 편집기술자의 회상록으로 岸富美子『はばたく映画人生ー満映·東影·日本映画ー』せらび書房, 2010가 있다.

5) 개요만 알려져 왔던 〈장지촉천〉의 시나리오가 최근 발굴되어 잡지에 게재되었다. 有馬学「初期満映の活動に関する資料」『朱夏』22号, 2007.10.

6) 현재 남아있는 극영화 네 편은 〈迎春花〉(1942), 〈皆大歓喜〉(1942), 〈私の鶯〉(1944), 〈晩香玉〉(1944)이다.

7) 池水喜一「支那映画の検閲について」『宣撫月報』52号 (1941. 5. 1), 35쪽.

8) 田中益三『大日向村』という現象: 満州と文学」『日本文学誌要』38 (1987. 12. 25), 堀井正子「和田伝『大日向村』の屈折」『近代文学論の現在』1998 등이 있다.

서 다루어졌을 뿐이다.[9] 이처럼 많지 않은 선행연구 중에서 소설과 영화를 비교하려는 시도는 행해지지 않았고, 이를 만주국에서의 검열과 결부시켜 보려는 연구는 없었다. 이 글은 만주국에서 '만인'에게 상영 금지된 영화의 분석을 중심으로 하면서, 원작소설과의 대조, 그리고 만영이 만들어낸 영상과의 비교를 통하여, 만주국의 표현공간을 규명해 보도록 하겠다.

2. "신(神)도 재건할 수 없는 마을"

1939년 겨울부터 1940년 봄에 걸쳐 촬영되어, 1940년 10월에 개봉된 영화 〈오히나타 마을〉은 와다 쓰토의 동명 소설을 원작으로 도요타 시로(豊田四郎)가 연출하였고, 제작은 도쿄발성영화제작소(東京発声映画製作所, 약칭 도하쓰 東発)[10]가 맡았다. 영화는 다음과 같은 내레이션으로 시작한다.

"나가노현 미나미사쿠(南佐久)군 오히나타 마을은, 군마(群馬)현과의 경계에 있는 줏코쿠(十石) 고개로부터 흐르는 누쿠이(抜井)강의 계류에 따라 형성된, 좁고 긴 협곡에 위치한 마을이다. 동서 2리 24정 사이에 여덟 개의 부락이 있고, 밤이 길고 해가 빨리 져, 예부터 속칭 '반일(半日)마을'이라 불리기도 한다. 오히나타 마을은 말뿐으로, 어둡고 그림자가 드리운 마을이다."

---

9) 佐藤忠男『日本映画史 2』岩波書店, 2006, 79~83쪽, ピーターB. ハーイ『帝国の銀幕: 十五年戦争と日本映画』名古屋大学出版会, 1995, 238~240쪽. 등에 언급되고 있다.

10) 도쿄발성영화제작소는 쇼치쿠 감독이었던 시게무네 츠토무(重宗務)가 1935년 독립하여 만든 회사로, 시게무네의 형이 사장으로 있던 전기회사 메덴샤(明電舎)의 자본이 바탕이 되었다. 이 영화사는 〈오히나타 마을〉을 제작하고 다음해인 1941년, '영화신체제' 운동의 일환으로 토호에 합병되고 만다. 田中純一郎『日本映画発達史』中央公論社, 1957, 272~276쪽.

양지를 뜻하는 '오히나타(大日向)'라는 마을 이름과는 정반대로, 햇빛이 잘 들지 않는 곳임을 강조하는 내레이션과 더불어, 카메라는 밝은 산등성이에서 계곡 밑의 어두운 마을 쪽으로 이동한다. 내레이션은 계속된다. 이 마을은 토지가 척박하고 기온이 낮아 일모작밖에 할 수 없다. 1년의 수확을 모두 합쳐도 5개월분밖에 되지 않기 때문에, 주민은 누에를 치거나 산으로 들어가 숯을 구어야 한다. 하지만 산도 점점 벌거숭이로 변하고 있기에, 주민의 생활은 어려워질 따름이다. 내레이션이 끝나고 등장하는 주민이 더 이상 잘라낼 나무가 없음을 걱정한다. 마을 전체의 대출금은 48만 엔으로, 세대당 1,200엔(전체 400호)씩 있는 셈이 된다. 마을운영에 자신을 잃은 나이 든 촌장이 사직을 하고, 도쿄에서 회사를 다니던 아사카와가 돌아와 촌장을 맡게 된다. 그는 마을을 둘러보며 "신(神)이라 해도 이 마을의 재정을 재건하기는 어렵다."고 말한다. 그리고 이는 이 마을만의 문제가 아니라 일본의 좁은 토지에 사람이 너무 많기 때문이라고 한탄한다. 〈오히나타 마을〉이 제작되기 3년 전인 1937년에, 일독방공협정(日獨防共協定)을 기념하여 만들어진 합작영화 〈새로운 땅(新しき土)〉에서, 독일유학을 하고 돌아온 주인공이 만주국으로 이민을 떠나는 이유도 인구과잉이었다.[11]

---

11) 이 영화는 일본에서 개봉된 지 한 달 뒤에 〈사무라이의 딸(Die Tochter des Samurai)〉이라는 제목으로 독일에서도 상영되어 큰 반향을 일으켰다. 베를린에 있는 중국대사가 영화의 마지막에 나오는 만주국 장면을 삭제해달라고 요청하자, 독일당국은 장면삭제 대신 영화에서 만주국에 대한 언급만을 지우는 정도로 성의를 보였다. Janine Hansen "The New Earth: A German-Japanese Misalliance in Film", *In Praise of Film Studies: Essay in Honor of Makino Mamoru*, Kinema Club, 2001, 193~194쪽.

〈오히나타 마을〉 영화포스터

1920년대 세계 대공항을 전후하여 인구과잉론이 일본에서 널리 확산되었고, 이는 만주개척논의의 확산에 큰 동인을 제공하였다. 하지만 루이즈 영에 따르면 농촌지역의 잉여인구해소는 이민결정 과정에서 그렇게 큰 요인은 아니었다고 한다. 가장 현저하게 인구가 과잉되었던 오이타(大分)현과 2위인 나가사키(長崎)현에서는 거의 개척단을 보내지 않았기 때문이다. 그는 단순한 인구지표보다는 지역에 따른 농업위기의 차이가 더욱 주요했다고 본다. 즉 개척이민에 가장 적극적이었던 나가노 현은 생사 생산량 일본 1위였지만, 생사가격의 하락으로 인하여 세대당 부채가 666.7엔으로 일본 최고가 되었다고 한다.[12] 특히 오히나타 마을의 부채는 나가노현 평균의 두 배에 달했으므로, 주민이 일상적인 삶의 영위가 불가능할 정도로 대출금 변제에 시달렸고, 이는 영화에 그대로 반영된다. 따라서 영화 〈오히나타 마을〉은 만주에 대한 동경이 우선하기보다는, 일본이 처한 실정으로부터 만주개척단 파견이라는 안을 도출해내는 식으로 전개된다.

아사카와 촌장은 마을의 절반에 해당하는 세대를 만주개척단으로 보낼

---

12) ルイーズ・ヤング(加藤陽子他 訳)『総動員帝国』岩波書店, 2001, 207〜210쪽.

계획을 세우고, 이를 촌장 환영회에서 밝힌다. 그러나 그 자리에 참석한 이들이 촌장의 계획에 환영을 하며, 만주개척에 대한 결연한 의지를 피력하기는커녕, 대부분 걱정을 내비친다. 한 마을 원로는 메이지 13년(1880년)의 기록을 살펴보니 당시 마을에는 240호가 있었으니, '분촌(分村)'계획은 메이지 초기 상태로 돌리려는 것이냐고 지적하며, 그렇다고 남은 사람들의 생활이 나아질까라고 질문을 던진다. 또 다른 원로는 "벌이나 새처럼 날아갈 수 있는 건지, 갈 힘이 있으면 괜찮지만, 가고 싶어도 갈 수 없는 사람이 많을 텐데"라며 걱정을 잇는다. 가고 싶어도 갈 수 없는 사람이란 누구냐고 촌장이 반문하자 빚이 있어 못 가는 사람이라고 답을 한다. 촌장이 그 문제에 대해서는 연구하고 있다고 말하자, 너무 이상적이라고 하며 원로들은 수군거린다. 이에 오히나타 마을 산업조합의 전무인 호리카와가 앞뒤 설명 없이 "만주에 가겠습니다."라고 말함으로써 이 장면은 끝이 난다.

3. 두 개의 〈오히나타 마을〉 1
: 분촌을 둘러싼 대립

촌장의 분촌계획에 대한 원로들의 반응에서 예상되듯이, 이후 마을은 만주개척추진파와 이를 막으려는 파로 나뉜다. 오히나타 마을은 일본 나가노현과 만주국으로 분촌 되지만, 그 전에 만주개척을 둘러싸고 마을 내부가 두 파로 나뉘어 대립하게 되는 것이다. 한 채권자는 허가를 내주었던 산야에서의 채벌을 중지시켜 마을 사람들의 생활을 더욱 곤궁하게 만든다. 항의하러 온 사람들에게 그는 만주라도 가든지 라며 빈정댄다. 또 다른 채권자는 마을 주부들에게 접근하여 만주는 누에도 치기 힘든 곳이고, 아사카와 촌장이나 호리카와 전무도 실제로 가본 적이 없지 않느냐고 하며, 만주행에 대한 주민의 반발을 부추긴다. 이러한 마을의 분열을 봉합하는 것은 대출자들의 빚을 어떻게 처리할 것인가에 대한 해결책이 아니라, 만주에 대한 영상이다.

만주의 벼를 보고 흡족해하는 호리카와
(《오히나타 마을》에서)

드넓은 평원의 트랙터
(《오히나타 마을》에서)

마을 사람들이 분열되어 우왕좌왕하는 장면이 이어지고 나서, 카메라는 만주에 간 호리카와 전무를 비추어준다. 드넓은 평원 한가운데에서 호리카와는 잘 익은 벼를 손에 쥐고 흡족해한다. 그리고 앞서 종이 연극에도 등장하고 〈새로운 땅〉에서는 주인공이 직접 운전을 하고 나타나는 트랙터가 이 영화에서도 빠짐없이 등장한다. 이 밖에도 탈곡기 등과 같이 다양한 농기계를 등장시켜 '첨단화'된 만주농촌의 모습을 구성한다. 그리고 여물 먹는 살진 돼지, 방목되는 양 떼들의 장면이 이어진다.[13] 언제나

---

13) 이 장면은 하얼빈시 교외에 위치한 '국립개척지도원 대훈련소'에서 촬영되었다. 河原崎長十郎「満州ロケの旅」『エスエス』1940.10, 97~99쪽.

어둡거나 흐리고, 그리고 곡식이나 가축은 찾아볼 수 없던 오히나타 마을과는 대조적으로, 만주의 모습은 햇살이 따사롭게 내리쬐고 풍요로운 모습이다. 진정한 양지마을=오히나타 마을은 바로 이곳이라는 것을 감독은 보여준다.

호리카와는 "만주국 추위에 일본인이 견디지 못할 리 없다. 훨씬 북쪽에 있는 시베리아에도 마을이 있다."는 내용의 엽서를 보낸다. 이를 받아 본 마을청년들은 안심했다면서, 호리카와의 문장을 구호처럼 외치며 돌아다닌다. 이러한 구호는 담을 넘어 얼굴을 찌푸리고 모여 있는 지주들의 귀로 들어간다. 마을로 돌아온 호리카와 전무는 귀국보고회를 개최한다. 그는 채권자들이 채무자들의 만주행을 막고 있다고 질책하고, 그런 눈앞의 이익만을 노려서는 안 된다고 훈계한다. 그리고 만주에서 쌀이 경작되는지 의심하는 사람들 때문에 가져왔다며 벼를 보여준다. 비료 없이 키운 벼라고 설명하며, 그 정도로 비옥한 만주의 흙도 나누어 준다. 참석한 주민이 여기저기서 보여 달라고 소리친다. 그때 이거 진짜 만주에서 가져온 것이냐며 묻는 자가 나온다. 그러자 청년들이 채권자의 앞잡이가 아니냐고 그를 몰아세우면서 보고회는 소란스러워지고, 채권자들과 그들과 친한 주민이 하나둘씩 보고회장을 떠난다.

요모타 이누히코는 이 영화에서 마을 사람들이 만주개척단에 대하여 처음에는 반신반의하다가, 점점 "동아민족의 공존공영"이라는 슬로건에 동조해간다고 분석하였으나,[14] 호리카와가 분위기를 역전하기 위하여 꺼

---

14) 四方田犬彦「満州をめぐるメロドラマ」『ポスト満洲映画論: 日中映画往還』人文書院, 2010, 83~84쪽.

내 드는 카드는 "동아민족의 공존공영"이라는 슬로건도, 빚을 해결하는 묘안도 아니다. 그건 일본인의 '희생'이었다. 호리카와는 만주의 흙을 가리키며, "만주에는 1,700만 평이라는 토지가 있고, 우리가 개척해주길 기다리고 있다."고 하고, 이 흙에는 바로 일본인의 피가 스며들어있음을 상기시킨다. 바로 러일전쟁, 만주사변에 흘린 피를 말하는 것이다. 그때 러일전쟁에서 장남을 잃은 할머니가 손에 흙을 쥐고 울기 시작하자, 어수선했던 보고회장은 숙연한 분위기로 바뀐다.

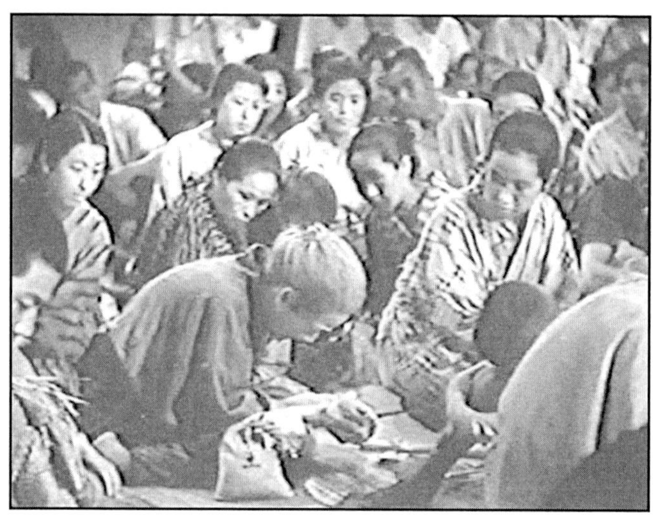

만주의 흙을 쥐고 눈물을 흘리는 할머니 (《오히나타 마을》에서)

만주에서의 과거의 희생을 일동이 되새기는 중에 새로운 희생이 발생한다. 보고회장에는 산에 일하러 갔다 돌아오던 두 명이 다리에서 떨어져 죽었다는 급보가 전해진다. 다음 장면에서 카메라는 낡디낡은 나무다리의 난간이 부서져 있음을 보여준다. 두 명은 빚을 갚기 위해 밤늦게까지 일하다가 어두운 밤길에 사고를 당한 것이다. 이 사고는 근대화되지 못하고 낙후한 마을의 모습을 두드러지게 하는 역할도 하지만, 채권자들에게 채무자들의 만주개척단 파견을 수용하도록 하는 결정적인 계기가 된다. 희생은 거기서 끝나지 않는다. 중병을 앓고 있던 마을처녀 스에가 자기 때문에 어머니와 오빠가 만주로 가지 못하는 것을 알게 되자, 앞서 두 명이 죽었던 다리로 가서 자살하고 만다. 촌장은 "만주에 가면 지옥 같은 산에 들어가지 않아도 된다고 들었습니다."라는 내용의 유서를 모두의 앞에서 읽고 나서, "스에는 여러분을 격려하기 위해 한발 먼저 만주에 갔습니다."라고 외친다.

이러한 희생은 오히나타 마을의 만주행을 결정짓는다. 이제 마을주민의 절반에 해당하는 사람들이 만주에 또 하나의 오히나타 마을을 만들기 위하여 출발한다. "만주 오히나타 마을 만세!"라는 주민들의 환호를 받으며 만주개척단이 떠나는 장면으로 영화는 끝이 난다.

4. 두 개의 〈오히나타 마을〉2
: 소설과 영화

와다 쓰토가 1939년에 발표한 원작소설은 영화와는 많이 다르다. 이는 와다가 오히나타 마을이 분촌하여 간 곳을 직접 찾아가 취재한 내용을 토대로 집필하였기에 허구적 이야기가 적어, "소설로서의 형상화가 약하여 도큐먼트르서 읽어야 할 작품"[15], 또는 "르포르타주풍의 소설"[16]이라

---

15) 尾崎秀樹 「満州国における文学の種々相」『旧植民地文学の研究』勁草書房, 1971, 140쪽.
16) 堀井正子 「和田伝『大日向村』の屈折」『近代文学論の現在』蒼丘書林, 1998, 272쪽.

는 평가를 받고 있다. 원작소설에는 지주계층과 빚을 진 주민 간의 대립도 그려지지 않고, 촌장의 분촌계획에 모두 다 동참할 따름이다. 그러한 계획에 찬동하지 않는 자가 있음은, 만주로 파견되어 가는 선견대(先遣隊)를 배웅하는 플랫폼에서 아사카와 촌장이 그 자리에 나오지 않은 지주의 집을 쳐다본다는 서술 정도로 표현될 뿐이다. 게다가 영화의 절정 부분에 해당하는, 만주라는 대상을 직접 손으로 만져보고 체험하는 장을 제공하는 호리카와 전무의 귀국보고회와 모든 갈등을 뛰어넘어 만주개척단의 파견이 이루어지는 결정적인 계기인, 러일전쟁의 희생에 대한 기억과 현재 마을에서 일어난 희생과 같은 내용도 소설에 나오지 않는다.[17] 이 모두 영화를 위하여 고안된 것이었다. 감독 도요타 시로는 영화를 제작함에 있어, "국책적인 내용이라 해서 그 테마를 처음부터 밀어붙이려는 연출을 극력 피했고, 디테일을 단지 고풍스러운 리얼리즘으로 관철하려는 연출도 가능한 한 피했다."고 설명하였다.[18] 즉 원작소설이 마을 사람들 간의 대립에 대한 묘사를 거의 하지 않고 일치단결하여 분촌 준비를 해나가는 모습을 중점적으로 그려나갔다면, 도요타는 이를 "고풍스러운 리얼리즘"으로 단정하고 마을 내부의 대립과 일본인의 자기희생 등의 소재를 첨가함으로써 영화를 보다 극적으로 만들어낸 것이다.

와다의 소설 『오히나타 마을』은 유치진의 희곡 「대추나무」(1942년)에 영향을 준 것으로 알려졌다.[19] 「대추나무」 역시 분촌운동을 소재로 한 희

---

17) 소설은 1939년 朝日新聞社에서 처음 출판되었다. 이 글의 집필에는 昭和戦争文学全集編集委員会編 『戦火満州に挙がる—昭和戦争文学全集1』 集英社, 1964, 115~171쪽에 다시 실린 것을 참조하였다.

18) 井上友一郎 「大日向村製作について豊田四郎氏と語る」 『エスエス』 1940. 10, 103쪽.

19) 이상우 「일제 말기 유치진의 만주 체험과 친일극—〈흑룡강〉과 〈대추나무〉를 중심으로—」

곡으로, 울타리 사이에 있는 대추나무를 두고 티격태격 싸우던 두 집이 마을에서 일어나는 분촌운동을 계기로 화해하고 같이 만주로 가겠다고 결심하기까지를 주 내용으로 한다. 하지만 앞서 살펴보았듯이 와다의 소설에는 극적인 요소가 결핍되어있기에, 유치진의 희곡은 소설보다는 영화와 비슷한 요소들이 많이 있다. 만주개척민 선봉대로 만주에 갔다가 1년도 안 되어 도망쳐온 길수는, 고향에 와보니 그래도 만주가 좋았다고 하며 다시 돌아가려고 한다. 지주(地主)는 그에게 여비를 빌려주겠다고 하며 만주는 살만한 곳이 못 된다고 소문을 퍼뜨려달라고 부탁한다. 분촌 계획에 동참하려는 등장인물들에게 다가가 만주에 대한 나쁜 말을 일삼다가, 극의 마지막 부분에서 길수는 그동안의 자신의 행위를 반성하고, 마을 사람들에게 만주에서 가져온 "굵은 콩과 백옥 같은 흰 쌀"을 보여주며 만주의 '실상'을 알려준다.[20] 이와 같은 길수의 캐릭터는 소설에서는 찾아볼 수 없고, 영화에서 동네 주민 사이를 이간질하는 지주와 만주를 경험하고 곡식을 가지고 돌아온 호리카와 전무를 합쳐놓은 듯하다.

이처럼 유치진의 「대추나무」는 와다 쓰토의 소설뿐 아니라 도요타 시로의 영화와도 공통점을 가지고 있다. 그러나 명백한 차이점이 존재한다. 소설과 영화는 빈곤한 마을 사람들을 분촌계획을 통하여 '동경하는 만주'로 이주하게 만드는 지도자, 즉 촌장과 전무를 중심으로 이야기가 전개된다. 「대추나무」에는 그러한 지도자가 등장하지 않는다. 분촌계획을 담당하고 있는 면서기는 4막으로 구성된 연극 중에서 3막과 4막에 잠간 출

『연극의 이론과 비평』No.1 (2000), 68~69쪽.

20) 유치진의 희곡 「대추나무」는 『한국근대희곡작품자료집』 10, 1989, 亞細亞文化社, 106~172쪽에 실린 것을 참조로 하였다.

연하고, "분촌계획이란 대동아건설의 가장 기본적인 경국(頃国)의 대사업이오!"라는 구호를 외칠 뿐이다. 또한, 분촌의 가장 근본적인 원인이 되는 농민들의 빈곤한 삶도 전혀 그려지지 않는다. 이러한 차이는 분촌계획이 조선의 필요에 의해서 발의된 것이 아니라 일본에 의해 하달된 정책이었기 때문이겠으나, 이로 인하여 해방 후 「대추나무」의 '변신'이 용이해진 측면이 있다. 유치진은 「대추나무」의 내용을 바꾸어 1957년 「왜 싸워」라는 제목으로 발표한다.[21] 「왜 싸워」에서도 대추나무를 사이에 둔 이웃 간의 갈등이 중심에 있는 점은 「대추나무」와 같지만, 「왜 싸워」의 시대배경은 1919년 3.1운동이 일어나기 직전으로, 그리고 주인공이 향하려고 하는 목적지가 만주가 아니라 간도의 독립군 군관학교로 바뀐다. 즉 유치진은 자신이 그려내었던 식민지 시기 일본의 국책에 따르려는 제국의 신민들을 해방 후에는 독립지사들로 바꾸어 표현하였던 것이다.

『오히나타 마을』은 식민지 조선뿐 아니라 미국의 문학과도 비교될 수 있다. 『오히나타 마을』과 똑같이 1939년에 출간되어, 똑같이 1940년에 영화화된 존 스타인벡(John Steinbeck)의 『분노의 포도(The Grapes of Wrath)』가 그것으로, 빈곤한 농민들이 신천지를 찾아 나선다는 유사한 내용을 갖고 있다.[22] 1940년의 한 영화평론가는 두 작품의 차이를 다음과 같이 표현하였다.

같은 국민의 박해 때문에 살 땅이 없어 주(州)에서 주로 쫓겨 다니는 농민

---

21) 희곡 「왜 싸워」는 『東明柳致眞全集』 3, 1993, 서울예대출판부, 247~311쪽을 참조하였다.
22) 『분노의 포도』에서는 오클라호마의 농민들이 캘리포니아로 향한다. 이 소설은 1940년 존 포드(John Ford) 감독에 의해 영화화되어, 아카데미 감독상 및 조연여우상을 수상하였다.

과 비교하면, 우리 농민이 행복하다고 생각하지 않을 수 없다. 오히나타 마을 사람들의 행운을 축복하지 않을 수 없다. 그 정도로 스타인벡은 눈을 가리기 싫을 정도로 처참하고, 증오에 가득한 묘사로 일관하고 있다. 이 소설에 흐르고 있는 따뜻함은 주인공 일가의 애정과 가난한 자들끼리의 우정뿐으로, 미국의 자유주의나 박애주의라고 하는 것이 얼마나 겉치레에 지나지 않은지는 이 작품을 보면 명료하다.[23]

이 영화평론가는 두 작품의 차이를 통하여 미국을 능가하는 일본의 체제적 '우수성'을 찾아내고 있다. 그의 시각에 따르면『분노의 포도』가 당시 미국사회가 가진 모순을 보여주는데 철저하였고, 반면 〈오히나타 마을〉은 그러한 모순에서 벗어날 수 있는 만주이주라는 해결책을 제시하고, 이러한 국책에 따르면 '행복'이 자리함을 보여준 것이다.

그렇다면 〈오히나타 마을〉이 이처럼 일본국가의 '우수성'을 보여주고 있고, 만주의 농토에 대한 찬미도 곁들이고 있음에도 불구하고, 왜 만주국에서 상영금지를 당했을까?

5. 상영금지 된 〈오히나타 마을〉

홍보처 검열반장 기즈 안고(木津安伍)는 만주국이 해당 국가별로 다른 영화검열기준을 가지고 있다고 하며, 반추축국(反樞軸國), 추축국, 그리고 일본으로 구분하여 설명한다.[24] 반추축국의 국력을 우위로 다루는 영화

---

23) 筈見恒夫「映画の窓を透して」『エスエス』1940. 11, 91~93쪽.
24) 木津安伍「映画の特殊指導取締に就て」『宣撫月報』53号 (1941. 6. 1), 30~38쪽.

는 가차 없이 금지시키거나 삭제해야 하고, 반추축국에게 불리한 영화는 이용한다. 추축국의 영화에 대해서는 반대의 기준이 적용되어, 추축국의 국력선전영화는 적극적으로 이용하고, 불리한 영화는 철저히 금지시켜야 한다. 이와 같은 반추축국과 추축국 영화에 대한 단순한 기준과는 달리, 일본영화의 검열에 대해서는 판단 기준이 상세히 분류되어 있다. 이는 일본영화 상영이 만주국에서 갖는 의미가 다른 국가의 그것과는 확연히 달랐기 때문일 것이다. 협화회 중앙본부 계몽주임 장싱(姜興)의 말을 인용해보자.

일만일덕일심(日滿一德一心)을 국시로 하는 우리가, 동아신질서를 건설해야만 하는 사명이 있는 우리가, 일본을 이해하고 일본인을 인식하자고 외쳐온 우리가, 그 방법으로 일본영화를 보여주는 것이 가장 구체적인 첩경이 아니겠는가.[25]

일본영화 상영이 만주 국민의 일본에 대한 이해로 이어진다는, 이러한 당시 관료의 인식은 일본영화검열에 대한 중요성을 반증해준다. 그렇다면 어떠한 기준이 있었을까.

기즈는 세 가지 기준을 말하는데, 첫째로 일본의 국력에 의문을 갖게 하는 종류의 영화이다. "국민의 긴장된 생활면을 소개하고 선전하거나, 국민 생활에 자숙자계(自肅自戒)를 촉구하거나 경고하기 위하여 제작된 영화가, 소재가 적절치 않고 표현이 너무나도 과장되기 때문에, 반대로 물자의 궁핍, 국민 생활의 고도 핍박 등, 국력의 철저한 소모를 연상시켜

---

25) 姜興「満映に対する一つの提議」『宣撫月報』第5卷 第3号 (1940. 3. 25), 18쪽.

오해하게 하는 영화"가 문제라고 밝힌다.

둘째로는 '민족협화'를 방해하는 종류의 영화이다. "영화 속에서 만주로 오는 일본인은 대개 생활의 실패자, 범죄 도피자, 전과자 등을 내용으로 하는 경우가 많다. 지도적 지위에 있는 재만(在滿)일본인이 소질을 오해당하고, 신뢰감을 희박하게 만드는 영화, 또한 일본의 만주개척의 진의를 오해시켜 만주인으로 하여금 일본인에 대하여, 공포심과 혐오의 감정을 불러일으키는, 소위 개척영화"가 문제라는 것이다.

셋째로는 '시국편승(時局便乘)' 영화와 '독선영화(独善映画)'가 문제로 지적된다. 이는 "일본인의 감정만을 그려, 일본인 이외 사람에게는 어떠한 감흥도 주지 못하는 영화"를 말하고, 주로 리코란(李香蘭)=야마구치 요시코(山口淑子)가 주연을 한 〈백란의 밤(白蘭の歌)〉(1939), 〈지나의 밤(支那の夜)〉(1940), 〈열사의 맹세(熱砂の誓ひ)〉(1940)[26] 등을 그 예로 들 수 있다.

이와 같은 검열기준을 밝히고 나서, 기즈 안고는 "복합민족국가적 견지로부터, 만계(滿系)영화관의 상영을 금지한 영화"로 〈오히나타 마을〉을 거론한다. 기즈가 이 글을 쓴 1941년 당시, 만주국에 있던 영화관은 총 150곳으로, 그중에서 일계(日系) 영화관이 76곳, 그리고 만계 영화관은 74곳이었다.[27] 대략 절반에 해당하는 영화관에서 이 영화는 상영이 금지되었던 것이다. 물론 나머지 절반의 영화관에서는 관람이 가능하였으나, '만인'을 대상으로 하는 영화관에서 만주개척단을 다룬 영화가, 부분삭제

---

26) '대륙 3부작'이라 불리는 리코란이 주연한 이 영화들은, 일본에서 흥행에는 성공하였으나, 중일관계를 남녀의 애정관계로 비유한 설정은 많은 비판을 받았다. 이후의 대륙영화에 있어서 연애는 민족을 뛰어넘지 않은 관계에서 이루어진다. 이에 대해서는 拙稿「표상으로서의 滿映」『만주연구』 제4집 (2005. 4) 참조.

27) 石井照夫「満州国に於ける映画上映」『文化映画』 1943. 8·9월 합병호, 40쪽.

정도가 아니라 상영금지조치를 당했다는 사실이 갖는 의미는 크다. 더군다나 당시 만계영화관에서 가장 인기가 있던 상하이영화는 '위장 항일영화'라는 평가를 받았지만, 부분삭제의 조치에 그치고, 계속 상영이 허용되고 있었기 때문이다.

당시 만계영화관에서 가장 많이 상영되던 상하이영화들은 중국의 역사나 전설에 나오는 구국의 영웅들 이야기였다. 즉 옛이야기를 빌어 일본에 대한 반감을 표현하는 '차고풍금(借古諷今)'적인 영화였던 것이다. 만주국 측에서도 이러한 문제점에 대하여 충분히 인식하고 있었지만, 관객들의 수요를 아예 무시할 수가 없었다. 따라서 검열반 이케미즈는, 상하이에서 제작된 '위장 항일영화'를 "악질적이고 위험하다는 것을 알면서도 (중략) 독소를 제거하고 오물을 여과하여, 무해 청결한 것을 만들어 민중의 수요"에 맞출 뿐이라고 토로한다.[28] 이처럼 '위장 항일영화'들도 부분삭제가 되어 영화관에서 상영될 수 있었으나, 〈오히나타 마을〉은 아예 상영금지가 될 정도로 '문제작'이었던 셈이다.

6. "만주스타일"과 〈오히나타 마을〉의 괴리

기즈의 글에서 상영금지가 된 작품들 하나하나의 직접적인 설명은 찾아볼 수는 없다.[29] 그가 제시한 검열기준에 의거하여, 〈오히나타 마을〉을

---

28) 池水喜一, 앞의 글, 40~41쪽. 이러한 상황은 만영의 영화제작방향에 커다란 영향을 준다. 이에 대해서는 拙稿 「만주국 극영화의 제상(諸相)」『한국문학연구』 제33집 (2007 하반기)에 자세하다.

29) 〈오히나타 마을〉과 더불어 만계 영화관에서 상영금지된 영화는 다음과 같다. 극영화로는 〈작은 섬의 봄(小島の春)〉(1940), 〈타오르는 창공(燃ゆる大空)〉(1940) 등이 있고, 문화영화

재검토해보기로 하자. 첫 번째 기준인 일본의 국력에 의문을 갖게 하는 요소는 이 영화에 분명히 존재한다. "신도 재건할 수 없는" 오히나타 마을의 상황은 "물자의 궁핍, 국민 생활의 고도 핍박 등, 국력의 철저한 소모를 연상"시키는 영화가 아니라고 할 수 없다. 즉 〈오히나타 마을〉에 묘사되고 있는 일본은 낙후되고 살기 힘든 "지옥 같은" 곳이지, 결코 반추축국에 국력의 우위를 보여줄 수 있는 모습은 아니다.

이에 비하면 만영이 제작하여 만주국은 물론 일본 전국의 영화관에서 상영된 문화영화 〈북을 지키다 제4집—승리의 울림(北の護り 第4輯—勝利の響)〉은 만주국의 생산성을 강조한다. "풍부한 천혜의 자원을 총력을 기울여 개발하여, 그 약진은 눈부시다. 이제는 대동아공영권건설의 추진력으로 일본의 대동아전쟁완수에 중대한 역할을 다하고 있다."는 자막을 배경으로, 철광석과 석탄을 파내는 장면이 나오고, 이어서 "하얀 석탄"이라는 자막하에 송화강 댐이 비추어진다. 즉 수력발전을 석탄에 빗댄 것으로, 이어서 화력발전과 제유공장, 그리고 "이 돌로부터 적을 해치우는 알루미늄이 나온다."는 자막과 더불어 무기의 재료가 되는 알루미늄 채취현장이 이어진다. 만주국의 산업적 생산성은 그 밖의 많은 만영의 문화영화에서 강조되지만, 일본에서 만들어진 극영화에서의 만주는 농촌부만이 주목받았다. 이처럼 만주국이 표상하고자 하는 바를 "만주스타일"[30]이라는 말로 수렴해본다면, 〈오히나타 마을〉은 "만주스타일"에 어울리지 못하는 문

로는 〈하늘의 아메리카(空のアメリカ)〉, 〈히노마루 글짓기(日の丸綴方)〉, 〈명랑일본(明朗日本)〉, 〈절약부인(節約夫人)〉, 〈살리자 폐품(活せ廃品)〉, 〈잡초부인(雜草夫人)〉, 〈싸움은 계속된다(戦ひはつづく)〉, 〈이동경작반(移動耕作班)〉 등이 있다.

30) "만주스타일"은 아가 시게오(英賀重雄)가 만주국의 독자적 공예양식 발전을 주창하며 만든 표어이다. 英賀重雄「満州スタイルに就て」『満州芸文通信』1943. 3, 40~41쪽.

제점을 노정한 것이다.

일본영화 검열기준의 두 번째에 해당하는, '민족협화'를 방해하는 영화에도 〈오히나타 마을〉은 해당된다. 이에 대하여 기즈는 일본의 극영화에서 "생활의 실패자"들이 만주로 오는 점을 문제로 지적하였다. 〈오히나타 마을〉에서 만주개척단에 참가하는 주민은 대부분 평생을 일해도 갚지 못할 빚을 지고 있는 이들로, 만주국 측의 기준으로 보면 "생활의 실패자"라 불리어도 변명의 여지가 없다. 그리고 "지도적 지위에 있는 재만(在滿) 일본인이 소질을 오해당하고, 신뢰감을 희박하게 만드는 영화"여서도 안 되었다. 하지만 이 영화에 나오는 일본인들은 의심이 많다. 만주국 추위에 일본인이 견딜 수 있을 지부터 시작하여, 쌀은 정말로 경작되고 있는지, 그리고 그곳에서 가져온 벼를 보고도 의심하는 이들로 가득하기 때문이다. 이는 앞서 인용한 종이 연극에 나오는 '만주'라는 말만 들어도 가슴이 뛰는, '사회교화'된 일본인과는 거리가 있다.

그렇다면 만영이 그리는 "만주스타일"적인 일본인은 어떤 모습일까. 만주국 건국 10주년을 기념하여 만들어진 〈영춘화(迎春花)〉(1942)를 예로 들어보자. 주인공은 도쿄에 있는 대학을 나오고, 만주 건설회사에 취직한 남성 무라카와이다. 그는 중국인의 집에서 하숙하면서 그 집 딸에게 중국어를 배우고, 일본에서 탄 적도 없는 스케이트를 중국인 여회사원에게 배운다. 그는 만주국의 이곳저곳에 출장을 가기 때문에, 자연스럽게 화면에 만주국 풍경이 다채롭게 구성된다. 영화는 무라카와가 하숙집 아들에게 검도를 가르치는 장면으로 끝이 난다. 이처럼 만주국을 이해하려고 하면서 '건설'과 '지도'에 매진하는 남성이 만영이 바라던 "만주스타일"이었을

것이다.[31]

셋째로 "일본인 이외에게는 어떠한 감흥도 주지 못하는, 일본인의 감정만을 그린 영화"라는 기준에는, 이 영화에서 모든 갈등의 해결로 제시하는 일본인의 '희생'이 해당할 것이다. 러일전쟁과 만주사변에서 흘린 일본인의 피에 대한 묘사가, '만인'에게는 감독의 의도대로 수용되기는 힘들었을 것이다. 게다가 병에 걸린 여성의 자살 장면은, 만주국을 목숨을 걸지 않고는 아무나 범접할 수 없는 곳으로 오해하게 만들 소지도 있었다. 만영의 제2대 이사장 아마카스 마사히코(甘粕正彦)도 "일본인의 독선을 버리고, 만인을 위한 영화를 만들어야한다."는 점을 강조한 바 있다.[32]

7. 나가며

이 글은 만주개척단을 다룬 영화가 만주국의 '만인'에게 상영 금지당했다는 사실을 토대로 하여, 만주국이 갖고 있던 만주문화의 표상이 어떠하였는지, 그리고 이를 일본과 공유하지 못했던 측면이 있었음을, 일본영화와 만영의 영화, 그리고 검열자료 등으로 살펴보았다. 또한, 만영이 추구하고, 보여주려고 했던 영상이 무엇인지를 "만주스타일"이라는 용어로 수렴하여, 이것과 〈오히나타 마을〉의 차이를 지적하였다. 만주에 대한 동경보다도 현실적인 문제를 해결하기 위하여 떠난 이들의 영화 〈오히나타 마을〉이, 만주국에 의해서 상상되어진 "만주스타일"과 괴리가 있었음은

---

31) 〈영춘화〉에 대해서는, 拙稿, 위의 글, 2005. 4 참조.
32) 甘粕正彦 (談), 「満人のために映画を作る」, 『映画旬報』 55号, 1942. 8. 1.

당연할 것이다. 이러한 표현상의 괴리의 발견은 만주국이 일본이 만들어 낸 '가구(假構)'에 불과했음을 반증하는 의미도 있을 것이다.

재경성(在京城) 일본인의 '극장'과 문화정치

홍선영

1. 식민지 도시 경성과 '극장'의 등장

극장은 근대성의 산물이다. 근대 이전의 연극에서 극장은 반드시 건축물을 필수적인 것으로 하지 않았고, 무대와 관객석에 대한 제약도 없었다. 실제 1900년대 초반의 '협률사'에 이르러 조선에 극장 건축물이 처음 등장하였다. 이는 조선의 전통연희가 지정된 공간을 필요로 하지 않는 '야희(野戲)'였기 때문이며 근대 이전의 조선에는 고정된 건축물 속에서 실현되는 극 전통이 존재하지 않았다.[1] 이에 반해 일본에는 근대 이전부터 극장이라는 건축물이 존재해 왔으며 1890년대 도쿄에 신토미좌(新富座), 나카무라좌(中村座), 이치무라좌(市村座), 가부키좌(歌舞伎座) 등의 가부키 극

---

1) 박노현, 「극장의 탄생—1900~1910년대를 중심으로—」, 『한국극예술연구』 제19집, 2004년, 12~13쪽.

장들은 새롭게 신축하여 근대적 극장으로 재탄생하였다.[2] 한편 경성에는 1902년부터 1910년 전후의 시기 동안 20여 개의 극장이 생겨났다. 이들 극장 가운데 조선인이 설립한 6개의 극장—협률사(1902), 광무대(1907), 단성사(1907), 연흥사(1907), 원각사(1908), 장안사(1908)—을 제외한 나머지 16개의 극장은 일본인에 의해 설립되었다.[3]

이 글은 경성의 일본인 극장을 둘러싼 다양한 문화표현이 생성되고 소멸되어가는 과정에 주목함으로써 '극장'을 제국 권력의 다양한 문화적 역동성이 생성되는 공간으로서 파악하고 제국 일본의 문화권력 구현을 둘러싼 핵심적인 근대 미디어로서 경성의 일본인 경영 극장을 실증적으로 고찰하고자 한다.[4] 그리고 일본인 배우, 흥행사, 극단에 관한 연구, 공연 레퍼토리 연구, 연극 상연 작품의 텍스트 연구 등 다양한 접근방식이 가능하지만, 이 글에서는 특히 '극장'이라는 물리적 공간—건축물로서의 극장—에 국한하여 이를 근대적 미디어의 주요한 부분으로서 재조명하고자 한다. 그런데 식민지시대 재조일본인의 문화 연구에서 특히 일본 연극과 일본인 극단 및 일본인 경영 극장과 관련한 연구 즉, 누가 어느 장소에서 어떻게 연극을 보여주었는가, 관객이 어떻게 연극을 향유하였는가라는 역사에 대한 규명은 매우 소극적이었다.[5] 또한, 일본 국내에서 최근

---

2) 後藤慶二, 『日本劇場史』, 岩波書店, 1925, 51쪽.

3) 홍선영, 「1910년 전후 서울에서 활동한 일본인 연극과 극장」, 『일본학보』 제56권 2호, 2003, 244~252쪽.

4) 이 글은 다음 두 편의 논문을 바탕으로 집필하였다. 홍선영, 앞의 글, 2003. ; 홍선영, 「경성의 일본인 극장 변천사—식민지도시의 문화와 '극장'—」, 『일본문화학보』 제43집, 2009 참조.

5) 유민영의 『한국근대극장변천사』(1998)에서는 한국 근대연극과 관련한 언급에 그침. 木村健二, 『在朝日本人の社会史』, 未来社, 1989. ; 홍선영, 앞의 글. ; 홍선영, 「경성의 일본인 극장 변천사—식민지도시의 문화와 '극장'—」, 『일본문화학보』 제43집, 2009. ; 홍선영, 「일본어 신

식민지 문화 형성의 실상에 대한 연구가 이루어지고 있지만 재조일본인들의 연극을 비롯한 문화적 영위에 관한 실증적인 연구는 여전히 부족하다. 최근 재조일본인의 역사 연구자 다카사키 소지는 일본의 조선 침략과 식민지 지배는 정치가와 군인들에 의해서만 이루어진 것이 아니라 오히려 이름 모르는 사람들의 '풀뿌리 침략'을 통해 유지되고 지탱되었다고 지적한 바 있다.[6] 다카사키가 언급한 '풀뿌리 지배'는 문화적 영역에서 보다 극명하게 나타나며 그것의 문화적 파급력은 보다 심층적이다. 따라서 식민지 도시 '경성'의 문화적·물적 기반의 주요한 부분을 차지했던 연극장, 활동사진관, 요세(寄席)를 비롯한 극장 전반에 대한 연구는 매우 시급하다. 아울러 극장이라는 공간을 식민지 문화의 '왜곡성'을 증명하는 흔적으로만 국한시키는 것이 아니라, 식민지 도시의 '극장'이라는 특수한 문화적 복합성을 배태하고 있다는 점에 주목하고 그것의 역사적 맥락의 중요성과 문화사적 의미를 고찰하고자 한다.

20세기 동아시아의 '근대화'에서는 대개 서구 문명/문화의 산물 즉, 정전(캐넌)을 포함한 문학, 예술작품들의 공연(상연) 등이 동아시아로 이입되었다. 그러나 그것은 서양에서 동아시아로라는 직선적(단선적)인 일방 통행에 국한된 것은 아니었다. 거기에는 다양한 형태의 문화의 이동과 교통이 동아시아 전반에 걸쳐 일어나고 있었다. 이 글은 근대 동아시아에서 일어난 사람과 문화의 교류/교통, 이동에 관한 연구의 일환이며, 문화가

문 『朝鮮時報』와 『釜山日報』의 문예란 연구─1914년~1916년─」, 『일본학보』 제57권 2호, 2003. ; 박노홍, 「한국극장사」, 김의경·유인경 편, 『박노홍의 대중연예사』 1, 연극과 인간, 2008, 150쪽.

6) 다카사키 소지 저, 이규수 역, 『식민지 조선의 일본인들』, 역사비평사, 2006, 3쪽.

'국민국가'의 틀을 넘어서는 가능성을 타진하고, 민족·언어·국경이라는 제반의 경계를 넘나드는 문화의 존재 양태에 관한 고찰이기도 하다. 특히, 1910년 전후의 시기에 한국에 이입된 일본 연극의 실증적인 연구조사를 토대로 일본인이 경영하는 극장의 흥행내용, 일본인 극단의 연극활동, 공연내용을 밝혀 언어·문화를 달리하는 지역에서 이문화(異文化) 간의 접촉과 충돌을 고찰하기 위한 기초 작업으로 자리매김하고자 한다.

그런데, 1910년 전후 한국에서의 일본 연극에 대한 연구는 한·일 양국의 연극사에서 충분히 논의되지 못한 감이 있다.[7] 특히, 일본 근대연극사에서 경성, 상해, 만주 등지의 동아시아 지역에서 활동한 많은 일본 연극인에 관한 어떠한 연구도 이루어지지 못한 것이 사실이다. 따라서 우선, 1900년대 중반부터 1910년대 전반까지 한국에서 활동한 일본인 극단의 연극 활동, 구체적으로는 극단, 흥행주, 극장, 무대장치, 흥행시스템, 공연형태 등에 관한 기초적인 조사가 우선되어야 한다. 이를 위한 조사방법으로 이 글은 당시 비교적 안정적으로 발행되고 있던 일본어 신문『경성신보(京城新報)』[8], 『경성일보』등의 일본어 신문 문예란과 기사에 주목하였

---

7) 1910년대의 한국의 신파연극과 관련해서는 홍선영, 「1910年前後のソウルにおける日本人街の演劇活動－韓国劇団の〈翻案劇〉と関連して－」(『メディアと文学 明治から大正へ』, 筑波大学近代文学会, 2001), 101~119쪽과 양승국, 『한국신연극연구』, 연극과 인간, 2001, 85~122쪽 참조.

8) 1900년대 중반 이후 신문잡지 언론에 대한 규제가 강화되고 나중에 총독부의 기관지가 된 『京城日報』를 제외한 대다수의 일간지가 통폐합되는 가운데『京城新報』만이 민간신문의 하나로 살아남아 1910년 전후의 일본인 거류지의 사회·문화적 상황을 파악할 수 있는 자료이다.『京城新報』와 1910년 전후부터 일제시대 한국에서 발행된 일본어 신문에 관한 자세한 내용은 홍선영, 「一九一○年前後のソウルにおける日本人街の演劇活動－日本語新聞『京城新報』の演芸欄を中心に－」, 『明治期雑誌メディアにみる〈文学〉』, 筑波大学近代文学会, 2000, 70~90쪽 참조.

다. 그밖에는 당시 경성 등지에서 출판된 일본어 문헌의 기사들을 정리하였다. 그리고 연구 방법으로서 희곡이라는 문학텍스트의 연구에 국한시키는 것이 아니라 일본 연극 수용에 긴밀히 관여해온 극장, 무대장치, 흥행시스템, 상연내용, 극단, 관객이라는 제반 요소와의 상관관계를 중시하며, 인적 문화적 교류를 뒷받침했던 물질적인 기반에 대한 실증적인 연구를 추구하고자 한다.

먼저 가와바타 겐타로(川端源太郎)가 쓴 『경성과 내지인(京城と內地人)』(1910년)의 발간을 축하하며 당시 경성거류민단장이던 후루키(古城菅堂)가 쓴 서문 일부를 먼저 인용한다. 조선에 오는 일본인을 대상으로 경성을 소개하는 글이다.

생각건대 경성의 연혁은 조선에서의 일본 세력 팽창의 성패를 의미하므로 경성의 과거를 되짚어보고 또 경성의 현재를 아는 것은 우리 동포들에게 무한한 감흥을 주는 일이다. 뿐만 아니라 향후 많은 신도래자(新渡來者)들에게 교훈을 주고 각오를 촉구하는 일이 될 것이다. 친구 가와바타 겐타로(川端源太郎) 군이 최근 한 권의 책을 펴냈는데『경성과 내지인』이라고 한다. 이 책의 의의는 경성의 내지인과 관련한 과거의 역사를 전달하고 또한 현재 상황을 알려 신도래자(新渡來者)에게 참고로 삼게 하고자 하는 것이다.[9]

식민지 도시 경성의 역사를 "일본 세력 팽창의 성패"를 상징하는 것으로 인식한다는 점에서 재조일본인의 심성을 짐작게 하는데, 이와 같은

---

9) 경성거류민단장 후루키(古城菅堂), 「서문」, 川端源太郎, 『京城と內地人』, 日韓書房, 1910, 239~240쪽.

1900년대에 이미 조선으로 도항한 '도래자'가 '신도래자(新渡來者)'들에게 전하는 경성 안내서에서는 경성의 극장과 관련한 상세한 안내를 찾아볼 수 있다. 즉, 경성 일본인 극장의 설립은 재조일본인 거류 역사와 함께 시작되었던 것이다. 한국병합 당시(1910년)의 경성의 일본인 인구를 보면[10][11], 약 4만 5천여 명이 거주하였는데 이들 가운데 1910년 이전부터 경성에서 극장, 요세 관련 종사자와 배우가 살고 있었다는 당시의 기록들을 확인할 수 있다.[12] 또 이 시기 일본인의 해외 거주 인구 가운데 가장 압도적인 숫

---

10) 1885년 88명, 1895년 1839명, 1906년 11,724명, 1910년 34,468명이었다.(青柳南冥, 『新撰京城案內』, 京城朝鮮研究會, 1913, 266~268쪽) 용산을 포함한 경성에 거주하는 인구가 약 4만 5천여 명, 그리고 이는 공식 기록에 의한 것이며 실제 일시적인 유동 인구(일시적인 체류자 등)까지 포함하면 1.5배 가까이 될 것이다.

11) 용산에 거주한 일본인은 10,638명이었다.(川端源太郎, 앞의 책, 327쪽) 이 책의 서문은 경성거류민단의 단장인 후루키(古城菅堂)와 경성일본인상업회의소 회장 야마구치(山口太兵衛)가 썼다. 총243쪽 분량의 책으로써 일본어로 기록된 경성의 일본인 거류지와 관련한 초기의 기록이다.

12) 1909년 현재 극장 관련 일에 종사하는 가구 수 3, 인구 8, 요세 관련 종사 가구 수 2, 인구 9이며, 배우는 가구 수 1, 인구 10으로 되어 있다.(川端源太郎, 위의 책, 333쪽 참조) 뿐만 아니라 비슷한 시기에 발간된 『경성발달사(京城發達史)』(京城居留民團役所, 1912) 서문은 당시 경성거류민단의 단장인 후루키(古城菅堂)와 경성발달사편찬 '촉탁'이라는 위치에 있던 아오야기(青柳南冥)가 썼으며, 경성의 일본인거류민단의 역사를 기술한 책이다. 편찬 및 발행자는 경성거류민단역소(京城居留民團役所), 인쇄소는 일한인쇄주식회사(경성 명치정 소재), 인쇄인은 야마구치(山口竹二郎)이다. 전체 목차를 보면 서설, 거류지 발달의 상황, 경제 발달의 상황, 일본인상업회의소의 연혁, 교육 발달의 상황, 위생기관 발전의 상황, 종교 발전의 상황, 교통 발전의 상황, 용산발전소사, 여록의 순으로 총 제10편으로 구성되어 있으며, 총 504쪽의 분량이다. 경성거류민단은 1906년 8월 2일 자 통감부 고지 제76호에 의해 같은 해 8월 15일 설립되었고, 용산민단은 1907년 9월 통감부 고지 116호에 의해 같은 달 15일 설립되었으나, 1910년 6월 24일 자로 통감부 고시 제130호에 의해 같은 해 7월 5일 양 민단은 통합되었다.(京城居留民團役所, 위의 책, 398쪽 참조) 재조일본인 가운데 경성거류민의 직업별 구성에 의하면, 유희장업(遊戲場業) 44 요세(寄席) 2 [계 146종 17,288명](1909년 현재), 그리고 유희장업 19 흥행사 1 유희가업(遊藝稼業) 44 요세(寄席) 2 [계 146종의 직업 총 17,281명](1911년 6월 현재).(위의 책, 456~460쪽). 다른 기록에는 遊戲場業 19 흥행사 1 遊藝稼業 44로 되어 있다.(青柳南冥, 『新撰京城案內』 京城朝鮮研究會, 1913, 289~294쪽) 1909년에는 46명, 1911년에는 66명이 극장, 요세 등의 연극, 예능 관련 종사자들이 경성에 거주하고 있었음을 확인할 수 있다.

자를 기록하고 있다는 점에서 '내지'를 넘어 해외로 팽창하고자 했던 '제국'의 역사를 여실히 보여주는 부분이기도 하다. 당시 조선으로 건너온 일본인 대다수는 '신천지 조선'에 운을 건 일본의 하층민이었다.[13] 그리고 조선 내에 거주하는 일본인들은 그들 내부에서 상층과 하층의 차이가 극심하여 계층적 갈등으로 인한 소외의식과 함께 '제국'의 식민자라는 왜곡된 문화적 우월의식이 공존함으로써 그들의 문화적 영역의 활동에서도 매우 중층적이고 복잡한 성격을 띠었으리라 짐작할 수 있다. 이러한 가운데 조선에 도항한 재조일본인의 문화적 영위에서 무엇보다 눈에 띄는 사업이 있었는데 그것이 '극장' 건설이었다.

경성의 일본인 극장 설립 과정을 살펴보기 전에 먼저 동시기 일본에서의 극장 상황에 대하여 언급할 필요가 있다. 왜냐하면 경성의 일본인 극장사는 도쿄 도시의 극장 설립사와 괘를 같이하는 측면이 있기 때문이다. 도쿄의 경우는 대략 1890년대에 신토미좌(新富座, 1878), 나카무라좌(中村座, 1886), 이치무라좌(市村座, 1892), 가부키좌(歌舞伎座, 1889) 등 과거 가부키 극장의 후신으로 새롭게 신축한 근대적 극장이 등장하였다. 그리고 서양극장 이념의 영향을 받은 프로시니엄 무대를 설치한 극장 가와카미좌(川上座)도 1896년 간다(神田)에 신축 등장하였고, 순서양풍 극장건물인 유라쿠좌(有樂座, 1908)는 객석의 의자가 지정석이었다. 또한, 도쿄에 본격적인 서양식 극장이 탄생하게 되는데 코미디 프랑세즈 건축양식을 본떠 건설한 제국극장(1911)이다. 그 명칭이 '제국극장'이지만 국립극장이 아닌 민간자본에 의해서 건설된 극장으로서 일본 극장사에서 중요한 의미를 차

---

13) 다카사키 소지 저, 이규수 역, 앞의 책, 115쪽.

지한다. 제국극장은 관동대지진으로 인하여 소실되기까지 상연 레퍼토리를 연극에 국한하지 않고 가극, 연주회 등을 비롯하여 근대적인 오락의 전당으로서 그 역할을 수행하였다.[14] 이러한 일본 내 극장 설립 열기의 배경에는 경성 극장 설립 배경을 짐작하게 하는 움직임이 있었는데, 즉 러일전쟁 후 일본사회에는 '일등국'이라는 의식이 팽배해짐과 동시에 예능의 영역에도 영향을 미치게 되어 그것의 구체적인 결과물로서 등장한 것이 '제국극장'의 건설이었다. 이와 관련한 당시 기사를 보면 연극 개량의 동기를 밝히고 연극 개량을 위한 핵심적인 사안으로서 '연극장'의 건설을 제안하고 있다.

> 도쿄 중앙에 일대 연극장을 건축하여 다른 기회에 다시금 외국의 황족, 대통령 등이 내왕하더라도 장소로 인하여 곤란함이 없도록 준비가 되었으면 한다.[15]

이 기사는 영국 황실이 일본을 방문했을 당시 가부키좌에 초대하여 공연을 보이는 과정에서 전등 설비로 인하여 겪은 해프닝 때문에 '일등국' 다운 대형 연극장의 건설 필요성을 제안하는 내용이다.[16] 이상에서 언급

---

14) 菅孝行, 「리얼리즘의 의미·차이의 해소·다양화」, 『演劇人』 제17호, 무대예술재단연극인회의, 2004, 178쪽.

15) 「社説演劇改良の動機」, 『やまと新聞』, 1906. 2. 28.

16) 실제 1906년 1월 일본 우선(郵船)의 이토 히로부미, 시부사와 에이치, 곤도 렌페, 가토 마사요시, 미쓰이은행의 하야카와 센기치로, 후쿠자와 스테지로(후쿠자와 유키치의 차남), 미쓰비시의 원로 쇼다 헤고로, 오쿠라구미 사장 오구라 기하치로, 제국석유와 도부철도 사장 네즈 요시이치로 등의 대자본가들의 '금권'에 의해 제국극장 설립을 위한 의기투합이 이루어졌다. 그리하여 이들에 의해 12월 '제국극장주식회사 발기인대회'가 열렸고 니시노 게노스케가 흥행 책임을 맡아 전무이사직에 취임하였다. 건축양식은 르네상스풍 프랑스식으

한 극장들은 연극장이며 1915년 전후 일본의 영화관의 모습은 다음과 같다.

　이 시기 신축된 대형 상설 영화관의 대부분은 서양식 건축이다. 영화관의 선전은 입구 부근에 대형 그림 간판, 노보리, 호객이 주를 이룬다. 오늘날처럼 영화 포스터를 입구에 나란히 붙이는 것은 그림 간판이 제한되고 호객이 금지된 1917년까지는 거의 볼 수 없다. 영화관 외관은 전체적으로 뒤숭숭한 인상을 준다.
　일반 영화관에서는 게다 차림이 많던 시절에 하족제(下足制-신을 벗고 오르는 연극장의 유제)를 하지 않고 매트나 카펫을 까는 것은 거의 불가능했기 때문에 플로어는 검은 흙바닥이 그대로이거나 시멘트 바닥이었다. (중략) 연극장에서 바뀐 지방의 영화관은 1930년 즈음까지 의자석이 아닌 하족제의 경사진(雛壇) 다다미석이 적지 않았다. 영화관 내 벽은 아무런 장식이 없는 흰 벽, 스크린은 흰 벽이거나 흰 천이었다.[17]

그런데 이 글에서 논의의 대상으로 하는 극장은 경성의 일본인 극장 가운데 사실상 연극장에 국한하지 않고 위에서 인용한 '활동사진관'을 포함하는 극장 전반을 대상으로 하였다. 그 이유는 당시에도 극장의 기본 성격 면에서 연극장과 활동사진상설관, 요세로 크게 나뉘지만, 흥행 내용에서는 완전히 분립되어 있지 않았기 때문이며, 이는 일본인 극

로 외관은 흰색 벽돌, 내부와 계단에는 하얀 대리석을 깔았다. 지하를 포함해서 5층 건물에 1, 2, 3층의 관객석은 모두 의자로 되었고, 정원 1,700명으로 일본 최초의 철골철근의 본격적인 서양식 극장이라는 점에서 특징적이다.

17) 加藤幹郎, 『映画館と観客の文化史』, 中央公論, 2006, 210~211쪽.

장 형성의 초창기부터 그러했다.[18] 예를 들어 1932년의 극장흥행 일람표에 의하면, 연극장 1,388(흥행 일수) 181,071(입장 인원), 활동사진관 543(흥행 일수) 214,425(입장 인원), 요세 16(흥행 일수) 2,199(입장 인원)에서 알 수 있듯, 연극장 이외의 활동사진관과 요세에서도 연극 흥행이 이루어지고 있었다.[19] 더구나 활동사진관의 경우, 활동사진 흥행의 경우는 3,788(흥행일수) 1,846,383(입장인원)이고, 이보다는 적지만 연극 흥행에서 흥행일수 543일, 입장인원은 연극장보다 많은 21만여 명인 것이다.[20] 이처럼 활동사진관에서 다수의 연극 흥행이 이루어지고 있었음을 확인할 수 있다.

구체적인 경성 극장의 현황을 언급하기 위하여 먼저 극장의 명칭 문제를 지적하지 않을 수 없다. 왜냐하면, 극장 명칭이 '―극장'이라는 식으로 통일되어 있지 않을 뿐만 아니라 일본인 경영 극장의 경우 명칭에서도 그 특징이 드러나기 때문이다. 한국인(경영, 혹은 한국인 관객 대상) 극장명이 '―사(社)'로 끝나는 명칭이 대부분인 반면, 일본인 극장명의 특징은 '―좌(座)'로 끝나고 점차 '―관(館)'이 많아졌으며 나중에는 '―극장'이 일반적이게 되었다. 이는 일본의 메이지유신 이후 근대시기의 극장명을 보더라도 동일하다. 즉, 도쿄의 대표적인 극장을 보면, 가부키좌, 도쿄좌, 이치무라좌, 혼고좌 등에서도 '―좌(座)[21]가 일반적일 뿐만 아니라 유락좌, 수좌,

---

18) 홍선영, 「1910년 전후 서울에서 활동한 일본인 연극과 극장」, 앞의 글, 251쪽.

19) 「道別興行一覽表」, 『朝鮮年鑑』, 1932, 468쪽.

20) 위의 책, 468쪽.

21) 일반적으로 일본에서 좌(座)란 예능을 전업으로 하는 예인(藝人)이 寺社로부터 독점권을 얻어 조직한 예인 집단을 가리키는 말이었다. 에도시대 닌교조루리와 가부키가 활성화되어 감에 따라 흥행에 막부의 허가가 필요해졌다. 흥행권을 얻은 나다이(名代 なだい)는 극장을 건설하고 극장명에도 좌(座)를 붙이게 되었다. 오늘날에도 좌(座)를 붙인 극장명이 많이 남아 있다.

개성좌 등 같은 명칭의 극장이 경성의 일본인 극장에서도 찾아볼 수 있다. 이는 일본의 전통적인 연극양식인 가부키 공연을 하던 극장을 '―좌(座)'로 부르던 것에서 유래하며, 이와는 달리 1911년 도쿄에 건립된 본격적인 서양식 극장 '제국극장(帝国劇場)'은 특별히 '극장(劇場)'이라는 새 명칭을 붙이게 되었고, 이후 1924년 신극전문극장으로 쓰키지소극장(築地小劇場)이 등장하기 이전까지는 도쿄의 극장시설을 대체로 '―극장(劇場)'이라고 부르게 되었던 것이다. 그러나 1930년대까지만 하더라도 일본 전국에 '―좌(座)'와 '―관(館)', '―극장(劇場)'이 붙는 명칭이 혼재하였으며, 이는 현재도 혼용되고 있다. 극장 명칭을 둘러싸고 이러한 역사적인 변화 과정이 있었다는 점과 함께 경성의 일본인 극장의 또 하나의 특징적인 점은 지명에서의 복잡함이다. 다음 장에서 언급하는 구체적인 극장의 세부 사항에서 지명은 당시 경성에서 쓰였던 일본식 지명을 그대로 표기하였다. 예를 들어 본정(本町)은 충무로 일대이며[22] 명치정(明治町)은 명동 일대, 황금정(黃金町)은 을지로, 영락정(永樂町)은 충무로와 을지로 사이로 추정할 수 있다.

각 극장에 대한 세부적인 사항은 주요 성격, 개장(관), 소멸, 소재지, 규모, 극장주, 특이사항이라는 7가지 항목으로 나누어 정리하였다. 극장의 주요 성격은 연극장, 요세, 활동사진상설관 가운데 특히 중심적인 성격을 기준으로 기술하였다. 개장(관)은 연대별로 나누어 개장 혹은 개관 시기를 중심으로 서술하였고, 명칭 변경과 개축, 신축에 대한 부분도 병

---

22) 당시 기록에 1910년대 중반까지 등장하는 수정(壽町), 욱정(旭町)은 본정으로 지명을 변경한 것으로 추정된다.

기하였다. 시기별로 같은 소재지의 극장이 개축을 거치면서 명칭 변경을 하는 경우가 상당히 많았기 때문이다. 소멸은 극장이 화재로 소실되거나 없어지는 경우, 그리고 다른 극장명, 다른 성격의 극장으로 변경되는 경우를 포함하여 기술하였다. 그리고 소재지의 경우는 당시 지명으로 기술하였고, 규모는 극장의 수용 인원을, 극장주는 대표, 사장, 경영주, 대주주 등 다양한 표현으로 기록이 남아 있는데 특별한 경우에만 명시하고 나머지는 극장주로 통일하였다. 끝으로 특이사항은 이상의 조사항목에 포함되지 않는 주요 기타 사항들을 기술하였다.

2. 한국 내 일본인 거류지역의 형성

조선왕조시대부터 한·일 외교의 거점이 된 부산의 왜관을 제외하고는 한국에 외국인 거류지를 형성한 것은 1876년의 '강화도조약(조·일수교조약)' 이후의 일이다. 이것은 한국이 근대화 이후 외국과 맺은 첫 불평등조약이다. 이 조약으로 인천, 부산, 원산을 개항, 이를 계기로 한국에 도항한 일본인 도항자 수는 1876년부터 1904년까지 연평균 2,686명에 이르고 1885년 하와이 '관약이민(官約移民)' 개시까지 조선은 일본 최대의 도항처였다. 이와 같이 급증한 데는 도항여권이 필요하지 않았다는 점, 그리고 한국을 '보호국화'(1905년)함에 따라 도항하면 돈을 벌 수 있다는 정보가 신문·잡지, 입소문 등에 의해 일본에 전해졌기 때문이라는 점 등이 지적되었다.[23] 즉, 1910년 전후의 재한일본인은 하와이나 북미의 이민과는 달리,

---

23) 梶村秀樹, 「植民地と日本人」, 『日本生活文化史第八巻生活の中の国家』, 河出書房, 1974.

일본정부의 보호정책하에 비로소 한국으로 진출하고 정착할 조건이 갖추어진 것이다. 그러나 당시 한국의 일본인 거류지는 "끊임없이 일확천금의 성공자를 낳으면서도 또한 끊임없이 훨씬 더 많은 무일푼의 유랑민을 낳고 있었다."[24]고 한다. 그리고 "일본 국내보다 자금이나 수입이 높지만, 지출도 많고 더욱이 변동도 심해서 일부의 중·상층의 무역상을 제외하고는 재산을 모을 수 있는 부분은 그다지 많지 않았"[25]던 듯하다.

그럼에도 불구하고 서일본을 중심으로 한 각지에서 성공을 지향하는 일본인이 한반도로 건너와 그들은 각각의 다양한 방언과 습관, 문화를 이 땅에 가져오고 인천, 부산, 원산을 중심으로 한 거류지에 일본인 사회를 형성하게 되었다. 특히, 청일전쟁, 러일전쟁을 계기로 한국거주 일본인의 인구는 더욱 급증하게 되고 1910년 당시 한국에 거주하는 일본인은 약 17만 명에 이르러 해외거주 일본인 중 최다규모에 달했다.[26] 뿐만 아니라 어떤 형태로든 조선에 체류하거나 아시아의 각 도시를 떠돌던 일본인의 수는 그 몇 배에 이를 것이다. 그 중 1910년 당시 인구 28만의 도시 경성에 거주하는 일본인은 약 3만 8천 명, 그 대다수가 경성의 남부, 즉 진고개에서 남대문에 이르는 지역에 일본인 거류지를 형성하여 살고 있었다.

일본인들 사이에서 '혼마치(本町)'라는 이름으로 불렸던 진고개, 그리고 남대문 거리에 이어지는 지역을 '고가네초(黃金町)', '다이헤이초(太平町)'라는 이름으로 불렸던 이곳 일본인 거류지역은 1900년대 중반부터 서서히

---

24) 위의 책.

25) 木村健二, 『在朝日本人の社会史』, 未来社, 1989.

26) 1910년 12월 현재, 경성지역 거주자 38,397인. 그 중 남자 20,0445명, 여자 18,352명이었다. 木村健二, 위의 책, 12쪽 참조.

그 모습을 드러내고 있었다.[27] 그곳에 극장이 생겨나고 요세(寄席)가 생겨나고 활동사진관도 생겼다. 상업에 종사하는 사람, 관리, 육체노동자 등 다양한 직업을 가진 일본인들이 모여들고 그중에는 극장, 요세(寄席)의 경영자, 연극배우, 거리예능인 등 경성의 극장 무대에 서게 될 예능인들이 섞여 있었다.[28]

3. 경성의 일본인 경영 극장 변천사

3-1. 1900년대 일본인 경영 극장

일본인이 경영하는 극장이 처음 경성에 등장한 것은 1907년 전후로 추정된다.[29] 특히 1907년 전후에 집중적으로 극장이 생겨난 것은 나름대로의 배경이 있었으리라 여겨지는데 러일전쟁 직후, 일본인의 한국 이주 인구가 급증하면서 그들과 함께 많은 극단도 한반도에 흘러들어오게 된 것이다. 또 한 가지 주목할 사실은 일본 내의 연극계 상황과의 관련성이다. 1910년을 전후한 시기에 한국에 건너온 일본인 극단, 흥행주, 극장경영자 등 연극에 관련된 사람들이 경성의 일본인 거주지역을 중심으로 하는 연극활동의 담당자로서 부상하게 된다. 오카 료스케(岡良介)라는 이는 경성 시내에 극장들이 왕성하게 설립되던 당시의 모습을 『경성번창기』에 서술

---

27) 青柳南冥, 「京城の市街」, 『新選京城案内』, 朝鮮研究会, 1913, 54~55쪽 참조.
28) 川端源太郎, 『京城と内地人』, 앞의 책, 331~338쪽.
29) 『京城新報』 창간호, 1907. 11. 3, 1쪽.

하고 있다.[30] 이 글에 의하면, 1910년 전후, 당시는 지금처럼 일본인이 다수 살지 않음에도 불구하고 욱정(旭町) 일정목(一丁目), 본정(本町) 이정목(二丁目)에, 어성좌(御成座), 수좌(壽座) 등 다섯 개의 극장이 있었는데, 일부는 화재로 소실되고 일부는 노후하여 그 중 어성좌(御成座), 수좌(壽座)만이 1915년까지 남아 있었다고 한다.

특히 이 글은 "경성의 풍속사를 편찬코자 한다면 반드시 극장 수좌(壽座)를 피해 갈 수 없으리라"고 지적하고, 수좌(壽座)를 경성 최초의 극장으로서 주목하고 있다. 이 극장의 개장 시기는 적어도 1908년 8월 이전으로 추정되는데,『경성신보(京城新報)』의 문예란 등에서 그 이전부터 가부키좌(歌舞伎座), 본정좌(本町座), 경성좌(京城座), 판본좌(坂本座) 등의 극장 이름을 발견할 수 있어서 이상의 5개 정도의 극장이 경성의 일본인이 경영하던 극장으로서는 가장 초기의 극장이라고 볼 수 있다. 수좌(壽座)는 처음에 수정(壽町) 삼정목(3丁目)에 세워졌고 나중에 본정(本町) 삼정목(3丁目)으로 이전되었다.[31] 극장주는 후루사코(古迫)라는 인물이고, 그는 경성의 일본인 거류지역의 일부였던 본정(本町)에 위치한 후루사코상점(古迫商店)의 사장일 가능성이 짙다.[32] 후루사코 사후의 경영자는 사카모토 고이치(坂本伍市)라는 인물인데, 상업자본가로서 부를 축적한 이들은 극장을 설립하여 일본, 만주 등지로부터 극단을 초청, 경성 남부지역의 극장주로 변신한 것이다.

수좌(壽座)를 비롯한 이들 극장은 이후 몇 차례의 변천을 거치게 된다.

---

30) 岡良介,『京城繁昌期』, 博文社, 1915, 476~479쪽.
31) 「壽座の大改築」,『京城新報』, 1909. 5. 6.
32) 岡良介, 앞의 책.

예를 들어 수좌(壽座)는 1907년 6월에 개축, 8월에 다시 개장하였고 이때부터 활동사진관도 겸하게 된다.[33] 본정좌(本町座)의 경우, 1909년 2월 화재로 인하여 소실된다.[34] 여기서 경성 남부지역을 중심으로 하는 일본인 거류지의 일본인 극장의 역사에서 수좌(壽座)의 개축, 그리고 용산좌(龍山座), 고등연예관(高等演芸館)의 신축은 커다란 사건임을 지적해 두어야겠다. 이 일련의 움직임의 계기가 되었던 것은 다름 아닌 1908년 12월, 가와카미 오토지로(川上音二郎)의 내한이었다. 당시 자료에 의하면 1908년의 그의 내한은 세 번째였고[35], 당시 경성에서의 '혁신극 제2단' 흥행을 위한 사전답사의 성격을 띤 것이었다. 원래 일본 국내에서 가와카미 오토지로(川上音二郎)의 '혁신흥행극단 구상'에 기초해서 새로운 흥행 활동을 전개하고 무대장치 등을 극단과 함께 이동시키면서 각지에서의 순회공연을 하고 있었다. 소위 '연합순환흥행법'이었다.[36] 따라서 무대장치와 도구를 경성의 극장에 가지고 왔을 때 그것이 관객에게 제대로 보일 수 있는 정도의 극장의 무대 상태를 점검할 필요가 있었을 것이다. 또한, 흥행의 성공을 위해서는 관객동원의 정도도 타산해야 했다. 그런데 당시의 기록에 의하면 무대의 규모, 극장의 관객수용 능력, 조명을 위한 전기시설 등이 여러 가지 면에서 곤란하다는 사실이 지적된 듯하다.[37] 결국, 가와카미(川上)극단의 내한은 보류되었다. 그 직접 원인은 극장 문제였던 것으로 짐작된다. 이후, 경성에 대극장 건축이 거론되었고 극장의 개축과 신축에 투자

---

33) 『京城新報』, 1909. 5. 6, 3쪽.

34) 「劇場本町座大火災」, 『京城新報』, 1909. 2. 18.

35) 「川上音二郎渡韓」, 『万朝報』, 1894. 10. 5. ; 『読売新聞』, 1904. 3. 26.

36) 白川宣力, 『川上音二郎·貞奴—新聞にみる人物像』, 雄松堂, 1985, 458쪽.

37) 『京城新報』, 1908. 12. 19, 3쪽.

하는 유지들이 나타나는 등 대규모 극장 건설의 움직임이 활발히 진행되었다. 그 결과 1909년 4월, 용산좌(龍山座)가 개장되었고, 이어 1910년 2월경 고등연예관(高等演芸館)이 신축되었다. 1910년 봄, 경성의 연극거리에 "점차 거물연극인과 새로운 구경거리가 도래했다."는 당시의 기사는 이상의 극장 출현의 움직임과 함께하는 것이었다. 경성의 남부지역을 중심으로 하는 이와 같은 기운은 같은 시기 일본 국내에서 연극계의 침체를 우려하는 소리가 잇달았던 상황과는 대조적이라 하겠다. 기이할 정도로 활기에 차 있던 1900년대 경성에는 다음과 같은 일본인 경영 극장 및 공연 시설이 존재하고 있었다. 극장, 활동사진관, 요세(寄席) 등 공연장의 명칭과 성격, 위치, 개장시기, 극장주 등의 사항을 정리하면 다음과 같다.

① 본정좌(本町座) 연극장 본정 이정목(本町二丁目) 1907년 전후 개장. 1909년 화재로 소실.

② 수좌(寿座) 연극장 본정 삼정목(本町三丁目)(처음 개장장소는 수정 삼정목(寿町三丁目)) 관주는 후루사코 쓰노지로(古迫角次郎), 사카모토 고이치(坂本伍市) 1907년 전후 개장.

③ 가부키좌(歌舞伎座) 연극장 욱정 일정목(旭町一丁目) 1907년 전후 개장. 1915년 전후에 소실된 것으로 추측됨.

④ 어성좌(御成座) 연극장 남대문통 1907년 전후 개장 1910년 신축.

⑤ 용산좌(竜山座) 연극장 용산 1910년 전후 개장.

⑥ 낭화관(浪花館) 요세(寄席) 명치정(明治町) 1907년 전후 개장.

⑦ 대정관(大正館) 활동사진상설관 앵정정 일정목(桜井町一丁目) 제1대정관(第一大正館) 관주는 이다 고이치(飯田耕市) 정원 1,200명 규모 1910년 개장.

⑧ 영락정(永樂亭) 요세(寄席) 위치 불명. 1907년 전후~1915년 전후까지
   존재했다.

⑨ 판본좌(坂本座) 극장 위치 불명. 1907년 전후 개장.

⑩ 사쿠라좌(佐久良座) 성격 불명 위치 불명. 1907년 전후~1915년 전후
   까지 존재했다.

이들 중 본정좌(本町座), 판본좌(坂本座), 어성좌(御成座), 수좌(寿座), 가
부키좌(歌舞伎座), 용산좌(竜山座)는 연극 상연극장으로 출발했고 개장 시
기는 대부분 1907년 전후이다. 용산좌(竜山座)와 고등연예관(高等演芸館)만
이 1910년 전후에 세워진 극장이다. 이들 중 낭화관(浪花館), 영락정(永樂
亭)이 강담(講談), 라쿠고(落語), 나니와부시(浪花節) 등을 전문으로 흥행하
는 요세(寄席)이다. 그리고 고등연예관(高等演芸館)은 활동사진 상설관이
었다. 이들 공연장의 위치는 용산좌(竜山座)가 용산에 그 밖에는 본정(本
町), 욱정(旭町), 수정(寿町), 명치정(明治町)이라 불리던 경성의 남부지역에
위치한 일본인 거류지에 집중해 있었다. 1915년 즈음이 되면 이들 공연장
중, 수좌(寿座)와 어성좌(御成座), 낭화관(浪花館), 고등연예관(高等演芸館)만
이 남고 수관(寿館 수정寿町), 황금관(黃金館), 황금정(黃金町), 대정관(大正館
앵정정桜井町), 세계관(世界館), 황금정(黃金町), 유락좌(有樂座 남산정南山町)
가 신축되어 관객 천여 명 수용 가능한 연극장이나 활동사진 상설관이 늘
어나게 된다.

3-2. 1910년대 경성의 일본인 극장

1910년 제국 일본에 의한 한국의 식민지통치와 함께 시작된 데라우치(寺內)의 무단정치, 그리고 1919년의 3·1 운동 등, 1910년대는 한·일관계사에서 가장 불행했던 시기이다. 한편, 문화사적으로는 인적 문화적 이동이 왕성하게 이루어졌던 시기이기도 한데, 특히 1910년을 전후한 시기에 경성지역을 중심으로 일본인이 경영하는 극장, 요세(寄席), 활동사진관 등의 무대예술 공연시설과 오락시설이 우후죽순으로 생겨났다. 이 글에서 언급한 1910년 전후시기만 하더라도 경성의 남부지역을 중심으로 형성된 극장가에는 극장 10개소, 요세(寄席) 2개소, 활동사진관 3개소가 있었고, 그곳에서 1907년부터 1911년 사이에만 55개의 일본인 극단, 흥행단이 가부키(歌舞伎), 조루리(浄瑠璃), 나니와부시(浪花節), 활동사진, 다이도게(大道芸 거리에서 하는 예능), 신파극, 서양연극(「햄릿」, 「베니스의 상인」 등 세익스피어극)이라는 다양한 장르의 무대 공연을 하고 있었다.

당시의 일본인 경영 극장은 각 장르의 전용극장으로 전문화되어 있지 않은 대신, 각 극장에서는 당시 인기가 있었던 신파극을 제외하고는 같은 시기에 같은 장르의 공연물을 겹치지 않도록 상연한 것으로 보인다. 또한, 가부키(歌舞伎), 조루리(浄瑠璃)는 물론이고 신파극, 활동사진이 같은 극장에서 상영되고 때로는 나니와부시(浪花節)와 강담(講談), 라쿠고(落語), 마술, 초능력, 거리 예능 등 다양한 장르의 것이 동일한 극장에서 공연되고 있었다. 대부분의 극장이 각 장르에 따라 별도로 존재하지 않고 일정한 기간을 두고 제각각의 장르를 선보이고 있었다는 점은 당시 경성의 일본인 경영극장의 특징이라고 할 수 있겠다. 결국, 한 장르를 고집하지 않으며 홍행 내용에서도 '대중' 예술과 '고급' 예술의 구분이 그다지 의미가 없었다는 사실은 일본국내의 극장가와 연극계의 분위기와는 확연하게 구별 짓는 특징이라 하겠다.[38] 이 점은 1910년대의 경성의 극장가와 이 지역의 문화를 특징짓는 점이며 대중문화의 태동기에 예술의 '고급', '저급'이라는 선 긋기를 무효화 하는 혼효(混淆)의 상황이 강력하게 존재했다는 사실을 상상할 수 있게 해 준다. 또한, 이러한 자유분방한 분위기야말로 1910년대 전후 경성에서 나타난 다수의 극장 개장과 일본, 만주, 상해에서 경성으로 연극인, 예능인들의 활발한 이동을 견인한 원동력이 되었으리라 생각한다.

(1) 수좌(壽座) *사진

주요 성격: 연극장

개장(관): 1907년 6월 개축, 8월에 개장.[39] 1915년 전후까지 남아 있 음.[40]

소멸: 1919년 경성극장(주식회사)으로 바뀜.[41]

---

38) 이 점에 관해서는 홍선영, 「「通俗演劇」をめざすこと―明治期演劇界における新派劇の定位―」(『文学研究論集』 제20호, 2002)에서 이미 언급한 바 있다.

39) 홍선영, 「1910년 전후 서울에서 활동한 일본인 연극과 극장」, 앞의 글.

40) 岡良助, 『京城繁昌記』, 博文社, 1915, 510쪽. 이 책의 저자 오카 료스케(岡良助)는 『京城と內地人』(1910)의 발행에도 관여한 것을 보인다.(인쇄자로 나음. 日韓書房)

41) 靑柳綱太郎, 『大京城』, 朝鮮研究會, 1925, 552~556쪽. 이 책의 「대경성의 오락기관」에서는 "경성에서 가장 대규모 홍행을 하는 극장은 경성극장이다. 원래 수좌였는데 최근 경영조직이 바뀌어 주식회사로 되었고 설비가 조선 최고의 대극장으로써 동도(東都)의 유명 배우들이 오는 경우에는 반드시 이 극장에서 초연을 하며 관객도 상류층의 사람들이 다수 입장한다."라고 설명하고 있다.

소재지: 본정(本町) 3정목[42] / 수정(壽町)[43]

규모: 불명

극장주: 후루사코(古迫角次郎) → 사카모토(阪本伍市)[44]

특이사항: 경성에서 가장 오래된 일본인 극장[45]에 속함.

　　(2) 수관(壽館) *사진

주요 성격: 연극장

개장(관): 1912년 12월 5일[46]

소멸: 1920년대에는 본정좌(本町座)로 바뀜.[47]

---

42) 岡良助, 앞의 책, 510쪽.

43) 石原留吉, 『京城案內』, 京城協贊會, 1915, 297쪽.

44) 岡良助, 앞의 책, 511쪽.

45) 위의 책, 511쪽.

46) 위의 책, 511쪽.

47) 靑柳綱太郎, 앞의 책, 555쪽. 본정좌는 이전에 1909년 화재로 소실된 같은 이름의 극장이

소재지: 본정(本町) 3정목[48], 수정(壽町)[49]

규모: 정원 약 800명

극장주: 설립당시 후루사코(古迫かつ女), 1913년에 구로가와(黑川初伍郎),
1914년에는 가네코(金子專之助)[50]로 경영주가 여러 번 바뀌었다.

특이사항: 경성의 상설연예장(定席-원문)으로서 비교적 시설이 완비된
극장으로 알려져 있다.[51]

(3) 연기관(演技館)

주요 성격: 연극장

있었다. 홍선영, 「1910년 전후 서울에서 활동한 일본인 연극과 극장」, 앞의 글 참조.
48) 岡良助, 앞의 책, 512쪽.
49) 『京城日報』 1915. 9. 26, 4쪽. ; 靑柳綱太郎, 앞의 책, 555쪽.
50) 岡良助, 앞의 책, 511쪽.
51) 岡良助, 앞의 책.

개장(관): 1913년[52]

소멸: 불명

소재지: 황금정(黃金町) 4정목

규모: 불명

극장주: 다무라(田村義次郞)

특이사항: 조선인 박승필(朴承弼)이 경영하는 광무대라는 좌명으로 조선
극을 공연했다는 기록이 있으며 당시 관객은 조선인이었고 흥
행 내용은 무용과 전통극, 근대극이었다고 한다. 특히 연기관
은 황금유원(黃金遊園) 내에 활동사진관 황금관(黃金館)과 함께
있었으며 그 밖에 루나파크라는 놀이공원, 정원, 운동장, 다양
한 관람물 등이 모여 있는 현재의 테마파크에 가까운 시설이
었다.[53]

　(4) 경성좌(京城座)

주요 성격: 연극장

개장(관): 1914년 신축, 1915년경 완공[54]

소멸: 불명

소재지: 명치정(明治町) 1정목

---

52) "본 원은 대정 원년(1912) 田村義次郞 씨가 설립하여 동 2년(1913) 1월에 개업하였고"라고
되어 있다.(岡良助, 위의 책, 508쪽 참조)

53) 황금유원은 황금정에 위치한 놀이공원으로 넓은 공간에 신사와 상점, 음식점, 유희장이
있고 신분에 상관없이 도시와 벽지에서 남녀노소가 찾아와 즐기는 이가 많고 특히 여름
의 야간에는 사람들로 북적대는 모습이 대단하다고 알려져 있다.(岡良助, 위의 책, 508쪽 참
조)

54) 岡良助, 위의 책, 514쪽.

규모: 정원 2,000명

극장주: 사쿠라이(櫻井丈太郎), 히메노(姫野龜吉)[55]

특이사항: 현재로서는 경성좌에 관한 기록이 충분하지 않다.

　　(5) 어성좌(御成座)

주요 성격: 연극장

개장(관): 1907년 전후[56]에 개장하여 1910년 개축.

소멸: 남성좌(南成座)로 바뀌어 1935년경까지 존재함.[57]

소재지: 남대문통(南大門通).[58] 어성정(御成町)[59]

규모: 400명[60]

극장주: 불명

특이사항: 1911년 林聖九 중심의 혁신단 일행이 〈 불효천벌(不孝天罰) 〉이
　　　　라는 제목으로 창립 공연을 하였다.

　　(6) 사쿠라좌(佐久良座)

주요 성격: 연극장

---

55) 히메야(姫野龜吉)는 1919년 설립한 경성극장(수좌의 후신)의 대주주이기도 했다.
56) 오카 료스케(岡良助)는 어성좌가 수좌와 함께 1907년 전후 경성에 생겨난 극장 가운데 1915년 전후 시기까지 유일하게 남아 있는 극장이라고 언급한 바 있다.(『京城繁昌記』, 앞의 책, 510쪽) 이에 대해서는 홍선영, 「1910년 전후 서울에서 활동한 일본인 연극과 극장」, 앞의 글 참조.
57) 박노홍, 앞의 책, 251쪽 참조.
58) 石原留吉, 앞의 책, 297쪽.
59) 『京城日報』 1915. 9. 2, 3쪽.
60) 박노홍, 앞의 책, 251쪽.

개장(관): 불명

소멸: 불명

소재지: 용산

규모: 불명

극장주: 불명

특이사항: 1915년 9월 도쿄 신파극단 오에(大江義雄) 일행의 〈月魄〉이라
는 공연이 있었는가 하면[61], 가부키 공연[62]도 있었던 것으로
보아 연극장으로써 주로 이용되었음을 알 수 있다.

　(7) 낭화관(浪花館)

주요 성격: 요세

개장(관): 불명

소멸: 불명

소재지: 명치정(明治町) 소재[63]

규모: 불명

극장주: 불명

　(8) 황금관(黃金館)

주요 성격: 활동사진상설관

---

61) 『京城日報』, 1915. 9. 2, 3쪽.

62) 『京城日報』, 1915. 9. 2, 3쪽. 大阪若手歌舞伎俳優大一座

63) 石原留吉, 앞의 책, 297쪽.

개장(관): 1913년[64]

소멸: 불명

소재지: 황금정(黃金町) 4정목

규모: 불명

극장주: 하야카와(早川增太郞)

특이사항: 황금유원(黃金遊園) 내에 위치하였다. 경영주 하야카와(早川增太
郞)가 천연색활동사진주식회사의 조선 독점 대리점으로서 황
금관을 근거지로 하여 인천과 그 밖의 조선 각지까지 활로를
개척하였다. 활동사진 변사와 연주단을 선정하고 제반 설비를
세심하게 정비함으로써 관객의 호응이 좋고 만원사례를 기록
했다고 전한다.[65]

　(9) 대정관(大正館) *사진

주요 성격: 활동사진상설관

개장(관): 1910년

소멸: 불명

소재지: 앵정정(櫻井町) 1정목[66]

규모: 정원 1,200명

---

64) "본 원은 대정 원년(1912) 田村義次郞 씨가 설립하여 동 2년(1913) 1월에 개업하였고"라고
　　되어 있다.(岡良助, 앞의 책, 508쪽 참조)
65) 岡良助, 위의 책, 508~509쪽.
66) 「著名なる劇場及寄席」, 石原留吉, 앞의 책, 297쪽.

극장주: 닛다 고이치(新田耕市)[67], 오
　　　　카모토 세지로(岡本淸次郎)의
　　　　부친[68]

특이사항: 제1대정관이라고도 한다.
　　　　전속기관으로써 연예부(演
　　　　藝部)가 있었다. 황금정 도
　　　　로 정비에 앞서 극장주 닛
　　　　다 고이치(新田耕市)가 이
　　　　지역에 토지를 매입하여
　　　　크게 이익을 얻었고 이러

한 때를 적절하게 만나 1910년 활동사진 전문 상설관인 제1대
정관을 설립하게 된다. 2층 건물로 건물 면적 총 2백여 평에 흡
연실과 식당, 화장실 등의 설비를 갖추고 경축일 등에는 주야
로 개관하여 황금정 번영에 기여하였다. 닛다 고이치(新田耕市)
는 세계관을 동시에 경영하여 부속기관으로서 연예부가 있으
며 직원 50여 명을 두어 두 관을 관리하였다.[69]

　(10) 세계관(世界館)

주요 성격: 활동사진상설관

개장(관): 1915년 3월

---

67) 岡良助, 앞의 책.
68) 박노홍, 앞의 책, 252쪽.
69) 岡良助, 앞의 책, 512~513쪽.

소멸: 불명

소재지: 황금정(黃金町) 2정목[70]

규모: 1,200명

극장주: 닛다 고이치(新田耕市)

특이사항: 제2대 정관이라고도 한다. 고등연예관(1910년 전후)에서 세계관
(1915)으로 개칭되었다. 고등연예관을 극장주 닛다 고이치(新田
耕市)가 매입하여 제2대 정관으로 개칭하고 애초에 조선인 관
객을 대상으로 하는 극장이었다가 황금정이 정비된 이후에는
1915년 3월 이후에는 일본인 관객을 중심으로 하는 극장으로
바뀌었다. 총 건면적은 150여 평으로 제1대 정관에 비견하는 성
황을 보였다.[71] 연예관 준공기 연예관은 오는 5일까지 준공하
기에 이르러 7일부터 경성호텔에서 연습 중인 나가우타(長唄)
와 기타 시연을 한다고 한다.[72]

   (11) 유락관(有樂館)

주요 성격: 활동사진상설관

개장(관): 1915년 9월 개장[73]

소멸: 불명

소재지: 본정(本町) 1정목

---

70) 「著名なる劇場及寄席」, 石原留吉, 앞의 책, 297쪽.

71) 岡良助, 앞의 책, 514쪽.

72) 『京城日報』, 1915. 9. 2, 2쪽.

73) 『京城日報』, 1915. 9. 26, 4쪽. 「演藝案內」에 유락관 '신축낙성'이라고 되어 있다.

규모: 불명

극장주: 불명

특이사항: 1915년 9월 26일 신축낙성의 시기에 활동사진 상영과 함께 신파
비극 공연에 대한 안내가 있다.[74]

(12) 용광관(龍光館)

주요 성격: 활동사진상설관

개장(관): 1915년 9월.[75] 그 밖의 사항 불명.

이 밖에 유락좌(有樂座, 남산정(南山町) 소재)[76], 사쿠라좌(佐久良座)[77]가
있으나 명칭 이외에 자세한 사항을 알 수 없다.

3−3. 1920년대 경성의 일본인 극장

(1) 경성극장(京城劇場)

주요 성격: 연극장

개장(관): 1919년 9월 주식회사설립[78]

소멸: 1929년 2월 화재로 인해 소멸. 경성연예관(1931)으로 바뀜.

---

74) 『京城日報』, 1915. 9. 26, 4쪽.

75) 「演藝案內」, 『京城日報』, 1915. 10. 10, 3쪽.

76) 石原留吉, 『京城案內』, 앞의 책, 297쪽.

77) 『京城日報』, 1915. 9. 2, 3쪽.

78) 『朝鮮銀行會社要錄』, 1921.

소재지: 본정(本町) 3정목[79], 수정(壽町)[80]으로 각각 소재지에 대한 기록에 혼란이 있으나 이는 지명의 변동으로 인하여 혼용한 것으로 추정됨.

규모: 불명

극장주: 후루키(古城菅堂)[81]

특이사항: 수좌(1907)에서 경성극장(1919), 그리고 경성연예관(1931)으로 변천됐다. 한편, 임성구가 사동에 같은 이름의 경성극장을 설립하고자 했다는 기사가 있으나 이후 관련 기사가 없는 것으로 보아 무산된 것으로 추정된다.[82] 그리고 1923년 6월에 김도산의 신극좌의 〈 人肉의 市 〉, 〈 사랑 업는 사람들 〉 공연을 한 바 있다.[83] 또한, 영락정(永樂町)에 위치한 동명의 극장이 있었을 가능성이 있다.[84] 1926년 5월에 일본의 흥행단 덴카쓰 일행(天勝一行)의 공연이 있었다.[85] 1929년 2월 화재로 극장 소실되었으

---

79) 『동아일보』, 1929. 2. 14, 2쪽.

80) 青柳綱太郎, 「제21편 대경성의 오락기관」, 앞의 책, 552~556쪽.

81) 『朝鮮銀行會社要錄』(1921년판~1929년판)에 의하면, (사장 대표)古城菅堂 (전무이사)村上幸次郎, (이사)釘本藤次郎, 梶原末太郎, 矢澤近次郎, 佐野彦藏, 小川勝平, (감사)池田長兵衛, 三田政次郎, 椎木宇之助, 關繁太郎, 姬野龜吉. (대주주)滿鐵社友會富田重平(300), 朝鮮銀行行友會不破重兼(300), 東拓京城支店吉田英三郎(250), 三井物産三友俱樂部板井才吉(100), 殖産銀行行友會渡邊彌幸(100), 京城電氣會社共濟會木本倉二(100), 姬野龜吉(100), 村上幸次郎(86), 伍味安太郎(86) 등이 임원과 주주로 참여하고 있다.

82) 『매일신보』, 1919. 12. 18.

83) "경성극장에서는 재○이십파일부터 동경 신극좌(新劇座-김도산이 임성구의 혁신단에서 나와서 만듬-필자)일행이 조선신문사 후원하에 개연을 하엿는데 예제는 「人肉의 市」「사랑 업는 사람들」 등 여러가자 참신한 것으로 매오 평판이 좃타더라."(「「新劇座」 開演, 조선신문 후원으로」, 『동아일보』, 1923. 6. 30, 3쪽)

84) 藤井龜若, 『京城の光華』, 朝鮮事情調査會, 1926, 94쪽.

85) "일본 송욱재텬승(松旭齋天勝) 일행은 금 십삼일밤부터 시내 수뎡(壽町) 경성극장(京城劇

나 재건하여 1930년 3월경성연예관이 되었다.[86]

(2) 개성좌(開盛座)

주요 성격: 연극장

개장(관): 1917년으로 추정[87]

소멸: 불명

소재지: 용산 영정(榮町)[88]

규모: 불명

극장주: 가토 긴타로(加藤金太郎)

특이사항: 용산에서 유일한 극장으로 설립 당시부터 관객들에게 평가가

좋고 성황을 이루었다고 한다.[89] 1925년 12월에는 경성여자보

場)에서 행연한다는데 작년에 동 일행이 미국에 가서 순연을 하야 적지안이한 환영도 바덧스며 더욱이 그 순연중에 여러 가지 새로운 긔마술재료와밋 연극 각본 등도 만히 어덧스며 미국인 여자 세명과 남자 일곱명을 동 단에 가입식히어가지고 음악은 순전히 미국인들이 마터하게 되엇스며 동 미국녀자 중에는 짠스 혹은 독창으로 미국에서도 상당한 인긔를 가진 사람도 잇다하며 (중략) 경성극장 흥행은 열흘동안 인바 그 흥행을 마치고는 조선사람관객 중심으로 북촌에 와서도 흥행을 하랴고 한다더라."(「天勝一行京劇興行」, 『동아일보』, 1926. 5. 13, 5쪽)

86) 「불탄 넷자리에 京城劇場 再建」, 『동아일보』, 1930. 3. 1, 5쪽.

87) 「용산 73」, 『경성부 정내지 인물과 사업안내』 국편, 1921

88) 1920년대 경성의 극장에 관한 내용은 有賀信一郎의 『大京城』을 많이 참조하였다. 이 자료에 대하여 간단히 소개하면, 서문 朝鮮每日新聞社, 편찬자 有賀信一郎, 발행자 朝鮮每日新聞 조사부이며, 인쇄는 요시오카(吉岡)인쇄소로 총533쪽 분량의 책이다. 목차를 보면 다음과 같은 내용이다. 1. 개괄, 2. 교통운수, 3. 통신, 4. 교육종교, 5. 위생, 6. 금융, 7. 공산업, 8. 특산품 및 토산품, 9. 상업, 10. 동력조명상수도, 11. 보험, 12. 빌딩 및 여관, 13. 사회시설, 14. 운동오락, 15. 환락지대, 16. 부내 및 교회의 유람, 17. 조선 내 명소 유적, 18. 조선의 풍습, 19. 구매처 안내, 부록 조선박람회. 목차에서도 짐작하듯이 1920년대 말까지의 경성의 각 산업 분야 및 문화, 오락 분야에 이르는 광범위한 경성 안내서로서 사료적 가치가 높다.

89) 「용산 73」, 『경성부 정내지 인물과 사업안내』 국편, 1921.

화학원(京城女子補化學院)이 주최하는 음악, 무도, 연극회를 개최했다. 이때 연극은 〈 희망의 눈물 〉 2막, 〈 허영 〉이라는 사회극이 상연되었다.[90]

(3) 용산극장(龍山劇場)

주요 성격: 연극장

개장(관): 불명

소멸: 불명

소재지: 한강통[91]

규모: 불명

극장주: 불명

특이사항: 조선인 철도국 직원을 위한 위안 행사를 용산극장에서 개최했다는 기록이 있다.[92] 용산극장의 일본인 전속배우가 있었던 것으로 보인다.[93] 1935년 5월에 일본 극단이 초청되어 용산극장에서 공연하였다는 기록이 있는 것으로 보아 1930년대에 이르러

---

90) "시내 가회동에 잇는 경성녀자 보화학원의 장래 유지방침에 대한 후원회에서는 동 학원의 경비의 만일의 보조라도 엇기위하야 룡산(龍山) 일대 청년단테의 후원을 어더 십사일 오후 일곱시에 시내 룡산 개성좌(開盛座)에서 음악 무도 연극회를 개최하리라는데 그 순서 중에는 아긔자긔한 소년소녀들의 무도와 일류 음악가들의 양금 오현금 등이 잇는 외에 『희망(希望)의 눈물』이 막과 『허영(虛榮)』이란 두 막의 사회극이 상장되리라는데 입장료는 청권(靑券) 삼십 전과 백권(百券) 사십 전이라더라."(「무도연극 보화학원(補化學院) 주최 용산 개성좌에」, 『동아일보』, 1925. 12. 15, 5쪽)

91) 有賀信一郎, 『大京城』, 朝鮮每日新聞 調査部, 1929, 345쪽.

92) 『중외일보』, 1929. 10. 17, 3쪽.

93) 「술 먹고 暴行 漢江通 龍山劇場俳優 餅島龜夫氏」, 『동아일보』, 1934. 12. 2, 2쪽.

서도 연극장으로써 기능하였음을 알 수 있다.[94]

(4) 낭화좌(浪花座)

주요 성격: 연극장

개장(관): 1920년 11월[95]

소멸: 불명

소재지: 본정 5정목 16번지[96]

규모: 불명

극장주: 고토(後藤卓三)[97]

특이사항: 1930년대에 조일좌로 바뀜. 1922년 본정 낭화좌에서 인력거꾼들
이 조합 총임원회를 개최.[98]

---

94) "부내 한강통 12번지 룡산극장에서는 현재 일본 최초의 녀변호사재판극단이란 연극단체
가 와서 흥행중인데 일본에는 현재 녀변호사가 업는데 불구하고 허위로 문구를 과장하야
가지고 광고를 한다는 리유로 룡산서에 고발되어 27일 동 극단의 대표자 지하일(志賀一)
(49)이 호출되어 취조를 밧는 중이라 한다."(「誇大廣告한 劇團 고발되여 취조중」, 『조선중앙일
보』 1935. 5. 28, 2쪽)

95) 『경성인물』, 욱정 22.

96) 『경성인물』, 욱정 22.

97) 1878년 출생. 효고현 출신. 젊은 시절 대만으로 건너가 신문 사업을 하다가 만주에서 사업
을 하였으나 뜻대로 되지 않아 1918년 8월 경성으로 옴. 경성권번전속 오키야(置屋)를 운영
하였고 1919년에는 본정 1정목에서 양산제조업을 운영하다가 1920년11월부터 낭화좌를 신
축하여 경영하게 되었다.(『경성인물』, 욱정 22. 참조)

98) 『동아일보』, 1922. 11. 23, 3쪽.

(5) 낭화관(浪花館)

주요 성격: 요세[99], 활동사진상설관[100]

개장(관): 불명

소멸: 1940년대까지 존재

소재지: 명치정(明治町)[101]

규모: 불명

극장주: 마쓰다(松田正男)[102]

특이사항: 1941년 기록에 의하면 소노다상회(園田商會)의 직영관으로 되어
있다. 동 회사의 직영관으로 이 밖에 광무관, 유락관(遊樂館, 원
산), 청주극장(청주), 대구극장(대구)이 있었다.[103]

(6) 희락관(喜樂館)

주요 성격: 활동사진상설관

개장(관): 1920년 설립[104]. 1916년경 주식회사

소멸: 1940년대까지 존재.

소재지: 본정(本町) 1정목

규모: 불명

---

99) 靑柳綱太郞, 앞의 책, 555쪽.
100) 「赤手空拳으로 成功한 商界人物」(『삼천리』 제7권 제8호, 1935. 9)에서는 낭화관을 활동사진
관으로 기술하고 있다.
101) 石原留吉, 『京城案內』, 京城協贊會, 1915, 297쪽.
102) 長野末喜, 『京城の面影』, 京城內外事情社, 1932.
103) 『昭和17年朝鮮年鑑』, 1941, 600쪽.
104) 有賀信一郎, 『大京城』, 1929, 351쪽.

극장주: 마쓰다(松田正雄)[105]. 마시마(間島梅吉)[106]

특이사항: 1928년 12월 닛카쓰(日活)의 직영관. 한 달에 10여 편의 영화를 상영. 희락관은 원래 만주국활동사진주식회사가 창설하여 처음에는 유락관(有樂館)이라는 명칭이었으나 1920년 희락관으로 명칭이 바뀌었고 영화회사 닛카쓰(日活)가 매수하였다. 그 후 1928년 12월부터 닛카쓰의 직영으로 바뀌면서 크게 혁신을 맞게 되었다. 즉, 자릿세(座布団代)를 폐지하고 관람료를 저렴하게 하고 관내 설비를 완비하였으며 10여 명의 안내 직원을 두어 관람객의 편의를 도모하였다. 활동사진 변사로 櫻田耕作, 花葉少洋, 花山芳美 등의 유명 변사가 활동하였다고 한다.[107]

(7) 동아구락부(東亞俱樂部)

주요 성격: 활동사진상설관

개장(관): 1928년 4월[108]

소멸: 불명

소재지: 황금정 4정목

규모: 불명

극장주: 도쿠나가 구마이치로(德永態一郎).

특이사항: 원래 황금관(黃金館)에서 명칭이 바뀜. 동아구락부는 1922년 9월

---

105) 有賀信一郎,『大京城』, 朝鮮每日新聞 調査部, 1929, 351쪽.

106) 『昭和17年朝鮮年鑑』, 1941, 600쪽.

107) 위의 책, 351쪽.

108) 有賀信一郎,「府內の活動寫眞館」, 앞의 책, 352쪽.

에 경성(영락정(永樂町))에 진출한 도쿠나가 상회(德永商會)의 직
영관이다. 1928년 4월에 동아영화와 제휴하고 만주와 조선에서
의 영화배급권을 확보하였고 이후 동아(東亞)와 가와이(河合)
영화의 개봉을 목적으로 하였다.[109]

(8) 중앙관(中央館)

주요 성격: 활동사진상설관

개장(관): 불명

소멸: 불명

소재지: 영락정 1정목

규모: 1,500명

극장주: 후치모토(藤本省三)

특이사항: 마키노사, 파라마운트사의 영화를 배급. 조선활동사진주식회
사 소속이다. 활동사진 이외에 재즈 댄스 공연을 행하기도 한
다.[110]

(9) 대정관(大正館)

주요 성격: 활동사진상설관

개장(관): 불명

소멸: 불명

---

109) 위의 책, 350쪽.
110) 위의 책, 353쪽.

소재지: 앵정정(櫻井町)

규모: 불명

극장주: 후쿠사키(福崎)

특이사항: 쇼치쿠(松竹)와 제휴하여 공동경영하며 개봉 영화도 쇼치쿠의

작품이 중심이다.[111]

(10) 경룡관(京龍館)

주요 성격: 활동사진상설관

개장(관): 1922년

소멸: 불명

소재지: 연병정(練兵町)

규모: 불명

극장주: 이시하라 이소지로(石原磯次郎)

특이사항: 닛카쓰(日活) 작품 중심.

이 밖에 시민관(市民館)이 있었으나 자세한 사항은 알 수 없다.[112] 하야카와(早川)가 직영하는 황금관(활동사진 상설관)이 1910년대에 이어서 존재하였으므로 약 11개의 극장이 있었던 것으로 짐작할 수 있다.

---

111) 위의 책, 350쪽.

112) 요세 한강통 위치.

3-4. 1930년대 경성의 일본인 극장

(1) 경성연예관(京城演藝館)

주요 성격: 연극장, 활동사진상설관

개장(관): 1931년 9월[113] *경성극장 소실 후 재건하여 명칭을 바꿈.[114]

소멸: 불명

소재지: 본정(本町) 2정목

규모: 500명

극장주: 후루키(古城菅堂)[115], 와케지마(分島周次郎)[116], 이케다(池田長兵衛)[117]

특이사항: 수좌(1907년 이전)에서 경성극장(1919), 그리고 경성연예관(1931)으
　　　　　로 변천해 왔다. 경성연예관의 설립일이 1919년 9월 21일로 되
　　　　　어 있어서 경성극장의 후신임을 알 수 있다.[118]

(2) 조일좌(朝日座)

주요 성격: 연극장

개장(관): *낭화좌를 개축하여 이름이 바뀜.[119]

---

113) 『동아일보』, 1931. 9. 12.

114) 長野末喜, 『京城の面影』, 京城內外事情社, 1932.

115) (대표)古城菅堂, (이사)釘本藤次郎, 梶原末太郎, 左野彦藏, 小川勝平, (감사)池田長兵衛, (지배인)山崎鹿藏(『조선은행회사조합요록』, 1931)

116) 長野末喜, 앞의 책.

117) (사장) 池田長兵衛 (이사)山崎鹿藏, 梶原末太郎, 大宮貞次郎, 成淸竹松, (감사)佐野彦藏, 松永定次郎, 小川勝平, (대주주)分島周次郎(『조선은행회사조합요록』, 1933)

118) 『조선은행회사조합요록』, 1931.

119) 長野末喜, 앞의 책.

소멸: 불명

소재지: 본정(本町) 5정목[120]

규모: 불명

극장주: 오이시(大石貞七)[121]

특이사항: 낭화좌(1920)에서 조일좌로 그리고 장안극장(長安劇場 1946)으로 변천해 왔다.[122][123] 1936년 4월 만주를 경유하여 조선으로 흥행하던 일본극단 덴카쓰일행(天勝一行)이 조일좌에서 공연을 했다는 기록이 남아 있다.[124]

이상의 극장 이외에 1920년대부터 있던 개성좌(開盛座 용산), 용산극장(한강통) 등이 그대로 있고, 미나토좌(종로5) 등이 새롭게 생긴 것을 보이나 자세한 사항은 알 수 없다.[125] 1930년대에는 조일좌, 경성연예관, 개성좌, 용산극장, 미나토좌, 낭화관 등 5개의 극장(연극장 및 요세)이 있었고 활동사진관은 1920년대에 이어 희락관, 중앙관, 동아구락부, 대정관, 경룡관 5

---

120) 長野末喜, 위의 책.

121) 田中組(토목건축 회사)의 사원. 『조선은행회사조합요록』, 東亞經濟時報社, 1931.

122) 「1946년 長安劇場으로 改稱 朝日座의 새 出發」, 『동아일보』, 1946. 1. 16, 2쪽.

123) 朝日座 崔禮得 충무로(『經濟年鑑』, 1949)

124) "5일 오후 부내 본정(本町) 伍정목 조일좌(朝日座)에서 흥행 중인 이대(二代) 천승일행(天勝一行)의 배우로 있는 계목옥치(桂木玉治)(28) 김판산(金判山) 전중신영(田中信榮)(21) 각미애자(角尾愛子) 등 남녀배우 다 섯명치 진성천연두(眞性天然痘) 환자로 판명되어 곧 그들을 순화원에 입원시키는 동시에 일행 六十명에게 예방주사가지 준 다음 흥행까지도 임시 중단하였는데 그들 일행은 만주국 신경(新京) 봉천(奉天) 열하(熱河) 등을 걷쳐서 평북 신의주(信義州)를 비롯하야 수 개처를 경유하야 三월 三十一일에 입경한 점으로 보아 전염계통은 (후략)"(「天勝一行俳優中에 天然痘患者伍名」, 『조선중앙일보』, 1936. 4. 7, 2쪽)

125) 長野末喜, 앞의 책, 1932.

개가 존재했다.[126]

3-5. 1940년대 경성의 일본인 극장

(1) 경성극장2

주요 성격: 활동사진상설관

개장(관): 1939년 10월 재개관[127] [128]

소멸: 불명

소재지: 불명

규모: 800명

극장주: 불명

특이사항: 신흥키네마의 봉절관(封切館)[129]

(2) 명치좌(明治座)

주요 성격: 활동사진상설관

---

126) 有賀信一郎, 앞의 책, 1929, 345쪽.

127) "일직이 再築中에잇던 府內 京城劇場은 오는 十月中旬 改築을 (중략) 八百人劇場으로서 데뷔하게되엇다 右는 新興키네마의 作品封切館으로 開館할터이오 이 外에 新興專屬演藝部員들이 映○外에 出演할 豫定으로 開館이 期待되고 잇다."(「경성극장 今秋부터 新興封切館으로」, 『동아일보』, 1939. 8. 31, 5쪽)

128) "개축공사가 완성된 경성극장(京城劇場)은 그간 신청 중이던 상설영화관(常設映畵館)으로서 인가도 되겟으므로 ─일부터 四일까지는 동보극단(東寶劇團) 일행 백여 명의 출연으로 개관(開館), 伍일부터 신흥(新興)키네마 조선 제1봉절관(封切館)으로 본격적 흥행에 들어설 모양이다. 이에 앞선 三十일은 피로초대관극회(披露招待觀劇會)를 개회한다는바(후략)"(「新興封切館으로 京城劇場 開館」, 『동아일보』, 1939. 9. 29, 5쪽)

129) 「경성극장 화재 영사 중 대소동」, 『동아일보』, 1940. 1. 7, 2.

개장(관): 불명

소멸: 현존하는 유일한 극장

소재지: 명치정 2정목

규모: 600석

극장주: 불명

특이사항: 쇼치쿠(松竹)의 봉절관이었으며 현재의 명동국립극장으로 유
일하게 극장의 외형이 당시의 모습에 가깝게 남아 있다.

③ 동보약초극장(東寶若草劇場) *사진

주요 성격: 활동사진상설관

개장(관): 불명

소멸: 불명

소재지: 약초정(若草町)

규모: 불명

극장주: 불명

특이사항: 동보(東寶)영화사의 조선　제1봉절관이다.

경성 경기 지역 소재 극장이 경성에 명치좌, 동보약초영화극
장, 경성보총극장, 경성극장, 동보중앙영화극장, 희락관, 대륙
극장, 경일문화영화극장, 화신영화관, 낭화관, 도화극장, 경룡
관, 신부좌(광무극장, 제일극장, 우미관, 동양극장—조선인 경영), 인천
에 애관, 인천동보극장, 표관, 개성에 개성좌, 수원에 수원극

장, 안성에 애국극장 등 약 50개 정도 존재했음을 당시 기록을
통해 알 수 있다.[130]

4. 재경성 일본인의 문화형성에서 '극장'의 의미

경성의 일본인 극장의 형성과 소멸 과정에서 극장을 둘러싼 사회, 문화적 상황의 변화와 시기별 상징적인 극장의 설립과 소멸이라는 점을 중시한다면 1910년대에는 수좌, 1920년대에는 경성극장, 그리고 1930년대에는 경성연예관을 각 시대의 상징적인 극장으로 기억해야 할 것이다. 경성의 일본인 극장 건설의 초창기에 해당하는 1906년에서 1910년까지의 시기에는 가부키좌와 수좌와 같은 대표적인 극장이 경성의 연극, 연예계를 장악하고 있었다. 이 시기에는 대략 16개의 극장이 경성에 존재했다. 5년간의 짧은 시기에 이토록 많은 극장이 일시에 건설되었음은 매우 특이한 현상이며 당시의 기록을 살펴보더라도 1900년대 중반에서 1910년대 초반까지의 경성의 극장 건설의 열풍은 대단하였고 특히 공연 레퍼토리에서도 매우 자유로운 풍조를 엿볼 수 있다. 특히 공연 레퍼토리의 특징적인 것은 다종의 공연 형태(연극, 활동사진, 나니와부시, 강연회, 연주, 마술–다이도게 등)가 하나의 프로그램을 구성한다는 점은 일본 내에서는 볼 수 없는 특수한 문화의 표현의 '혼종성'이 나타난다는 사실은 이미 지적한 바 있다.[131] 경성 극장 변천사에서 주요한 요인의 하나로 가장 우려할 만한 일

---

130) 『昭和17年朝鮮年鑑』, 1941, 596쪽.
131) 홍선영, 「1910년 전후 서울에서 활동한 일본인 연극과 극장」, 앞의 글.

은 극장 화재였다. 대표적으로 1909년의 본정좌, 1929년 경성극장의 화재는 극장이 소멸하는 계기가 되었다.

1910년대에 들어서면 대표적으로 수관과 어성좌에서 활발하게 극장공연이 이루어지는데 이 시기는 한일합방 이전에 건너온 일본인들이 주도적으로 새롭게 식민지로 건너오는 이들 소위 '신도래자(新渡來者)'를 위하여 극장 건설에 박차를 가하는 시기이다. 특히 문화적으로는 나니와부시(浪花節)의 유행이 현저하게 나타나 대중문화 지형에 변화가 일어나게 된다. 이에 따라 극장 성격에도 다양성이 생겨나 연극장 이외에 요세와 활동사진상설관의 분립이 뚜렷해졌고 경성에만 6개의 연극장과 1개의 요세와 5개의 활동사진상설관이 존재했다.

1920년대에는 대표적으로 경성극장과 경성연예관이 주목할 만한 극장공연을 하였다. 이 시기는 1920년대 총독부의 문화정치와 극장 운영과 관련해서는 주식회사로의 전환과 대표적인 극장들의 극장주 교체와 같은 변화를 엿볼 수 있다. 아울러 1930년대에서 1945년 해방 시기에는 극장에서의 쇼치쿠(松竹), 도호(東宝) 등 대기업의 독점적인 진출과 연극장의 쇠퇴 등이 특징적인 흐름으로 나타나는데 무엇보다 활동사진관이 경성의 극장가를 장악하게 된다.

내지인을 위한 것으로 제국키네마가 직영하는 황금관, 동아키네마의 중앙관, 쇼치쿠 (松竹)키네마의 대정관, 닛카쓰(日活)직영의 희락관, 이상 네 곳이 있다. 모두 연중 거의 만원사례로 대성황을 이루어 시대를 만난 활동사진이 내지에서도 다른 모든 흥행물을 몰아내어 홀로 전성기를 누리고 있듯 경성에서도 현재 활동사진의 유행은 절정에 달하여 각 계급의 관람객들이 몰려드는 상황이다. 이러한 경향은 경성의 내지인 뿐만아니라 조선인 사이에서도 매우 성행하여 지금은 완전히 활동 왕국의 상태가 되어 있다고 해도 무방할 정도로 경영자들은 싱글벙글이다.[132]

위의 인용에서 보듯 1930년대 들어서면 경성의 일본인 극장의 총 흥행 일수는 연 1,000일을 넘겼으며 입장인원은 85만 명, 하루 평균 입장 인원수는 100인 이상의 증가폭을 보였다고 한다.[133] 그리고 이들 대부분은 활동사진상설관이었다. 1930년 6월 현재 영화관 조선 전국에 42개(경성에 9개), 대만 10개, 만주 16개, 상해 2개이다.[134]

그런데 이러한 경성의 극장들을 건설한 주체들의 기본적인 성격은 어떠한가. 앞서 인용한 경성거류민단장 후루키(古城菅堂)는 경성극장의 사장으로 유력한 인물이 되었다. 그의 이력을 보면 특이하게도 조선 의료계의 창시자라고 한다. 후루키의 최초 조선 도항의 시기는 1887년, 인천공립병원장으로서 조선에 건너왔으며 일시적으로 일본에 돌아가 개업했다가 1903년에 다시 조선으로 와서 경성의사회장, 경성거류민단민회의원, 거류민단장 등을 역임하였다. 이 밖에도 그는 굵직한 관직에 몸담게 되는데 1910년 이후 부제(府制)의 시행과 함께 경성부협의원, 경기도평의원 등에 추대되었다. 한편 재계 방면에서 그의 활약은 더욱 두드러져 조선의

---

132) 靑柳綱太郎, 앞의 책, 555쪽.

133) 長野末喜, 앞의 책.

134) 『第4回日本映畵事業總攬』, 內外映畵事業調査硏究所, 1930, 599~601쪽.

각 회사 은행의 발기인이 되어 참여하였으며 조선화재, 조선취인소, 조선상업은행, 조선토지신탁, 식산은행 등의 주역에 취임하였다. 취인소 합병 당시 적극 나서서 1935년의 조선취인소(朝鮮取引所)를 설립하였다. 조선 박람회 당시에는 협찬회 부회장으로 활동하였고 1921년에는 광업에 종사했다는 기록이 남아 있는 것으로 보아 재조일본인사회의 거물이었던 것을 짐작할 수 있다.

경성의 일본인 극장주 가운데 또 주목해야 하는 인물은 다무라(田村義次郎)이다. 그는 1860년 도쿄 출신이며 1887년 도쿄제국대학 법과대학을 졸업하고 대장성(大藏省) 공무원으로서 청일전쟁(1894) 당시 만주 각지에 파견되어 경제재정 문제에 대한 조사를 수행한 적이 있는 '제국'의 종복인 셈이다. 그가 식민지와 처음 인연을 맺은 곳은 대만이었는데 1895년 오사카(大阪) 중립은행(中立銀行)의 대만지점을 개설하기 위하여 대만에 건너왔고 이후 오사카 중립은행의 대만지점 총지배인에 선발되었으며 은행 합병 사업의 실패로 1896년 사직하였다. 다시 1900년 소에다(添田) 박사의 초청으로 대만은행 창립에 참여, 1904년 9월까지 대만에 체제하였다. 그러다가 어떠한 이유에선지 1904년 10월 경성에 들어오게 되었다. 다무라가 경성에서 처음 시작한 사업은 흥미롭게도 '전당포업'이었다. 나중에는 토지가옥 경영(부동산업)으로 사업을 확대하였고 한편 경성거류민단의 세제 조사위원, 경성거류민단의 민단장을 두루 역임하는 등 그 역시 재조일본인사회의 거물로 성장하였다. 특히 그는 1912년 경성의 황금정에 '황금유원'이라는 테마파크를 설립하였는데 그 내부에 황금연예관과 연기관이라는 극장이 포함되어 있었다. 그는 경성의 문화시설, 오락시설과 관련하여 매우 중요한 역할을 함으로써 경성의 극장사에서 빼놓을 수 없는 인물이다.[135]

끝으로 1917년경 개장한 개성좌의 극장주 가토 긴타로(加藤金太郎)이다. 그는 1864년생, 도쿄 출신으로 1904년 철도원으로 만주에 파견된 후 1년 만에 일본으로 돌아왔고 1905년 다시 만주로 건너가서 철도원 제1건축반 조장으로 4년 정도 근무하다가 귀국했다. 이후 1908년경 경성으로 와서 처음에는 길야정(吉野町)에서 요정을 개업했다고 한다. 그러다가 1917년에 이르러서는 현재의 개성좌 관련 일을 시작한 것을 보인다.[136] 그렇다면 이들은 왜 극장을 설립하였는가. 다음 인용문에서 극장 건설의 주체인 인물들이 거론되고 있다.

경성은 날로 발전하고 조선인의 경성은 이미 과거이고 그야말로 내지인의 경성이 되기에 이르렀다. 아울러 오락기관의 증설 또한 필요해져 유지자들 사이에서 경성의 중심지역인 명치정(明治町) 1정목에 신극장 건축하자는 논의가 이루어졌다. 1914년 그러한 내용의 허가를 얻어 정원 2천 명 규모의 대극장 신축 공사에 착수하였고, 이 일을 주선할 인물로서 흥행계에 잘 알려진 사쿠라이(櫻井丈太郎) 씨와 그의 아들 히메야(姬野龜吉) 씨가 맡아 여러 방면에서 활동하여 공진회(1915년 9월―인용자)까지는 완성하고자 한다고 하였다. 이 극장의 준공일은 경성 최고의 위관을 얻는 날이 될 것이다.[137]

---

135) 『실업인명』, 106. ; 『신사명감』, 204.

136) 「용산 73」, 『경성부 정내지 인물과 사업안내』 국편, 1921.

137) 岡良助, 앞의 책, 514쪽.

식민지 도시에 정착하고자 하는 그들에게 정신적 안식과 즐거움을 제공하는 '오락기관'의 증설이 너무나 절실하다는 점이 경성의 유지들 사이에서 적극적으로 논의되었음을 알 수 있다. 아울러 조선공진회의 시기에 보다 활발하게 전개되고 경성 흥행계의 '사쿠라이'라는 부자의 활약 등 당시 경성극장 설립 배경에는 식민지 도시의 '오락기관'과 관련한 근본적인 문제가 등장하였음을 알 수 있다. 그리고 오락기관에 대한 필요성은 비단 극장에 국한된 것은 아니었다.

> 문명적 도시의 이상은 도시를 향락적인 거리로 만듦에도 계획적으로 설비를 만들지 않으면 도시생활 본래의 사명을 다할 수 없다. 이를 위해서 시민의 오락, 위안에 얼마나 많은 비용이 사용되고 있는가, 예를 들면 공원과 공중의 놀이장소, 극장, 음악당, 연주당, 박물관, 동식물원, 운동장 등을 위하여 해마다 놀라울 정도의 예산이 상정되고 있는 것이다. (중략) 이들 고상한 기관에서 보고 듣고 즐기는 사이에 지식을 넓히고 취미를 고상하게 하며 품성을 도야시키는 일이 얼마나 많은지 모른다. 종일의 활동에 지친 시민이 위안오락의 장소를 찾는 당연한 요구를 채우는 기관으로서 도시의 필수적인 조건이 되지 않으면 안 된다.[138]

이와 같이 경성이라는 도시의 필수적인 조건으로 '위안오락의 장소'가 구체적으로 거론되었고, 극장 이외에 공원과 놀이장소, 음악당, 연주당, 박물관, 동식물원, 운동장 등이 도시의 새로운 경관을 예고하고 있었다. 제국의 식민자들은 낯선 '외지'에서의 정착이라는 정신적 부담과 현실

---

138) 青柳綱太郞, 앞의 책, 552~553쪽.

적 어려움으로 인하여 그들에게는 위안과 즐거움과 '내지'에 대한 향수를 달랠 오락물이 절실했다. 이러한 점을 뒷받침하듯 이 시기의 극장 설립의 열기가 매우 고조되었던 것이다.

그렇다면 식민지시대 경성의 일본인 극장은 어떠한 문화적 비중을 차지하였는가. 문자해득력을 갖추지 못한 대중에게, 그리고 오늘날과 달리 미디어의 발전이 충분하지 않았던 당시의 '극장'은 여타의 다양한 미디어를 대신할 만한 중요한 문화매체였다. 이러한 성격으로 인하여 극장은 필연적으로 이 시기 문화의 결정적인 요소인 '자본'과 제국의 '문화권력'의 영향하에 존재할 수밖에 없었다. 현재 극장이란 공연과 영상을 담아내는 문화적 공간으로 이해되고 있지만, 근대시기에는 그것에 제한되지 않았다. 당시의 극장은 공연, 영화 상영을 통해 지역민의 심미적 욕구를 충족시키는 기관이기도 했으며 동시에 강연회, 집회 등이 개최되는 공론 장(場)으로서 지역문화의 근거지이자 여론과 의제를 선도하는 공간이었다.[139]

경성에 생겨난 일본인 극장은 '신도래자'들이 만들어낸 문화공간이었고 그곳은 '제국'의 문화적 파장의 경계를 넘나들며 균질성과 비균질성의 긴장을 야기하는 영역이 되었다. 그리하여 경성의 '신도래자'들은 경성의 남부지역에 일본인 거주지역을 형성하였고 일본식 지명을 붙였으며 극장건물을 지었고 그곳에서 연극과 활동사진을 관람하였다. 이 글에서 일본인 극장의 형성과 변천 과정, 일본인 연극의 실체에 주목한 이유는 '제국일본'의 문화 권력이 극장의 영역에서 어떻게 구현되었는가를 밝힘으

---

139) 이승희, 「공공 미디어로서의 극장과 조선민간자본의 문화정치」, 성균관대 대동문화연구원 학술발표회 자료, 2009, 45~47쪽.

로써 제국 팽창의 역사에서 문화가 담당했던 역할과 그 실상을 구체적으로 규명하기 위함이다. 이때 극장을 '극장—권력(Theater—Power)'으로 인식하는 것은 이를 통해 발신하는 다양한 문화예술 표현, 그리고 이데올로기가 인간의 생활세계 전반을 통틀어 막대한 영향력을 행사할 수 있다는 '가능성'에서 비롯된다. 왜냐하면, 극장이 무대와 관객석으로 이루어져 있다는 사실에서 태생적으로 그러하기 때문이다. 본론에서 규명한 경성의 일본인 극장들의 공연 무대에서 펼쳐진 구체적인 문화표현들에 관한 텍스트 연구를 향후 과제로 남겨놓는다.

월경越境의 기록

－재조(在朝)일본인의 언어·문화·기억과 아이덴티티의 분화－

초판 1쇄 발행일 2013년 6월 30일

지은이 박광현·신승모 편저
펴낸이 박영희
편집 배정옥·유태선·김미령·박희경
인쇄·제본 태광인쇄
펴낸곳 도서출판 어문학사
　　　　서울특별시 도봉구 쌍문동 523－21 나너울 카운티 1층
　　　　대표전화: 02－998－0094／편집부1: 02－998－2267, 편집부2: 02－998－2269
　　　　홈페이지: www.amhbook.com
　　　　트위터: @with_amhbook
　　　　블로그: 네이버 http://blog.naver.com/amhbook
　　　　　　　　다음 http://blog.daum.net/amhbook
　　　　e－mail: am@amhbook.com
　　　　등록: 2004년 4월 6일 제276호

ISBN 978-89-6184-306-5 93910
정가 25,000원

이 도서의 국립중앙도서관 출판시도서목록(CIP)은 e－CIP홈페이지(http://www.nl.go.kr/ecip)와
국가자료공동목록시스템(http://www.nl.go.kr/kolisnet)에서 이용하실 수 있습니다.
(CIP제어번호: CIP2013010355)

※잘못 만들어진 책은 교환해 드립니다.